KB260391

사회보장론

사회보장론

나병균 지음

사회복지 전문출판 나눔의 집

서문

사회보장은 20세기 인류문명의 최고 걸작품인 동시에 서구 복지국가의 중심 개념이자 기본적인 제도라 할 수 있다. 우리 사회에서도 현재 사회보장 제도의 확대와 급여의 내실화에 대한 사회적 관심이 점점 커지고 있다.

사회보장에 대한 나의 학문적 관심은 1978년 프랑스 유학 시절 본격화되었다. 박사논문 지도교수였던 이브 쌩쥬르 교수는 지금은 은퇴하셨지만 프랑스의 대표적 사회보장법 전공 교수로서 나는 그 분으로부터 많은 영향을 받았다. 1983년 6월에 귀국하여 한림대학교 사회복지학과에서 대학교수 생활을 시작하면서부터 적어도 매년 한 번씩 사회보장론을 강의하고 있는데, 나이 오십이 지나서야 비로소 책을 내게 되니 부끄러울 뿐이다. 그러나 그 동안 제자들에게 한 약속을 늦게나마 지키게 되어 기쁘다. 이 책을 쓰게 된 것은 1990년 대 초반 대우학술재단의 논저지원 연구비를 받은 것이 직접적인 계기가 되었다. 지금은 더 이상 존재하지 않지만 이 재단의 호의에 깊이 감사드린다.

이 책은 사회보장 이론서의 성격이 강한 책으로 사회보장 개념을 인간의 기본적 권리로 인식하고 사회보장을 관통하는 기본원리를 찾아보고자 노력하였다. 후반부에서는 앞에서 제시한 개념과 기본원리를 통해 한국 사회보장의 개념과 제도에 접근을 시도하였다. 이 책은 논저 형식으로 썼으나 교과서적인 성격을 완전히 도외시하지는 않았다. 이 책의 내용은 기존 교과서들이 제시한 베버리지 사회보장 개념과 사회보장 제도의 기본원리의 범위를 능가한다. 바로 이 점이 이 책이 지니는 가치이자 정당성의 근거라고 감히 말할 수 있다. 물론 이 책에서 제시한 사회보장 이론은 얼마든지 비판의 대상이 될 수 있으며 이러한 비판을 기대해 마지않는다. 이 책은 독립된 논문들로 구성되어 있는데 이들 중 어떤 것은 관련 학회지나 학회의 학술발표회 자료집 등을 통해 이미 발표되었음을 밝혀 둔다.

책의 출판에 즈음하여 생각나는 사람들이 많다. 우선 항상 아들의 연구를 관심 있게 보아주시는 아버님과 늘 아들 편에 서 평생 자신을 희생해오신 어머님께 감사드리며 초라하나마 이 책을 그분들의 영광으로 돌리고 싶다. 나의 처인 이화여대 불어불문학과 송기정 교수는 이 책의 집필에 대해 오랜 기간동안 인내와 변치 않는 관심을 가지고 격려하며 용기를 주었고 아들 우석이는 아빠가 책을 낸다는 것에 대하여 이것저것 질문도 하면서 자랑스러워한다. 이러한 가족의 한결같은 사랑이 이 책을 쓰는 데 큰 힘이 되었다는 것을 잘 알고 있다.

내가 몸담고 있는 한림대학교 사회복지학과 동료교수들은 모두 관심과 활동의 영역은 다르지만 각자의 영역에서 최고의 실력과 정열을 보유한 분들로서 항상 내게 끊임없는 자극이 되고 있다. 특히 사회복지 정책 분야의 차흥봉 교수님은 현장에서 쌓은 사회정책의 경험과 지식, 그리고 명쾌한 논리와 이론 체계를 가진 분으로 내게는 과분한 동료이며, 최균 교수는 사회복지 정책에 대한 깊이 있는 지식과 균형 잡힌 논리로 내게는 소중한 동료이자 비판자의 역할을 맡아 주고 있다. 이들과 이웃하며 연구한다는 것에 한없이 자부심을 느낀다. 또한 강의시간에 상식논리에 기초한 비판적 의견으로 나의 논리 체계를 수정,

또한 강의시간에 상식논리에 기초한 비판적 의견으로 나의 논리 체계를 수정, 보완하는 데 도움을 준 제자들에게도 감사하며 특히 권필숙 양에게 고마움을 전하고 싶다.

중앙대학교 사회학과의 신광영 교수는 나의 오랜 친구로서 오래 전부터 이 책의 출판에 관심을 가지고 원고를 읽고 여러 가지 귀중한 조언을 해 주었다. 또한 올해 서울대학교에서 한국 사회복지정책 연구로 박사학위를 받은 촉망받는 소장 학자인 여유진 양은 지난 1년간 원고 전체를 꼼꼼히 읽어 주었을 뿐 아니라 건설적인 비판자의 역할을 맡아주었다. 끝까지 교정을 맡아 준 여유진 양에게 감사드린다.

끝으로 상품적 가치 판단을 내리기 전에 원고의 출판을 흔쾌히 승낙하신 나눔의집 출판사의 류보열 사장님께 깊이 감사드린다.

2002년 7월 14일
봉의산 자락 연구실에서

차례

제1장

사회보장의 개념

1. 일상생활에서의 사회보장

우리나라 최초의 사회보장 제도는 1961년에 제정 공포된 생활보호법에 의한 극빈층의 생활보호사업과 1963년에 제정 공포된 산업재해보상보험법에 의한 산업재해 및 직업병의 보상제도이다. 따라서 국민들이 권리로서 사회보장에 접하기 시작한 지도 40여 년을 헤아린다. 그러나 우리 사회에서 사회보장이 국민의 보편적 권리의 차원에서 논의되기 시작한 것은 1975년 의료보험법의 제정과 이듬해의 의료보험제도의 실시에서 비롯된다고 할 수 있다. 그리고 1980년대 들어서는 의료보험과 국민연금의 개보험화가 본격적으로 추진되기에 이르렀다. 이리하여 우리사회에는 이미 언급한 의료보험, 국민연금 등 전 국민을 대상으로 한 제도와 산업재해보상보험과 고용보험(1995) 등 주로 사업장 근로자들을 대상으로 하는 제도들로 구성된 사회보장 체계를 가지고 있으며 이와 함께 기초생활의 보장을 위하여 기존의 생활보호법을 개정한 국민기초생활보장법(2000)에 근거하여 빈민집단을 대상으로 최저생활 보장이 이루어지고 있다. 이리하여 1990년대 말부터 우리 사회는 본격적인 사회보장의 시대에 접어들었다 할 수 있으며 사회보장 제도들과 '사회보장'이라는 용어는 점차 국민들에게 일상적이고 친숙한 용어로 되어가고 있다.

사회보장의 개념을 한마디로 정의하는 것은 간단치 않다. 나라마다 개념의 차이를 보이고 있으며 '사회보장'이란 용어가 지칭하는 대상 역시 상당한 차이를 보이고 있는 것이 사실이다. 따라서 이 책의 개념 정의를 위해 가능한 여러 가지 시도들 중에서 '일상생활에서의 사회보장'을 생각해 보는 것도 하나의 방법이 될 수 있을 것이다.

"사회보장은 무엇인가?"라는 질문에, 많은 경우 "사회보장은 국가가 못 사는 사람들의 (기본) 생활을 책임지는 제도"라고 답한다. 이때 사회보장의 개념은 빈곤자들의 기본생활 보장을 위한 국가의 제도 또는 급여(들)를 의미한다.

'의료보험'은 국민의 건강 또는 질병의 문제를 국가가 책임지는 제도 또는 급여(들)라는 설명이 일면 타당성 있는 것이라면, 이때 사회보장으로서 의료보험의 개념은 건강과 의료에 관련된 국민의 기본 욕구를 해결하는 국가 제도 또는 급여(들)로 정의할 수 있다. 이와 같은 사회보장의 정의들은 포괄적이라고 할 수는 없으나 가능한 것들이며, 하나의 경향성을 내포한 사회보장 정의라 하겠다. 이 경향성이란 베버리지의 영향에서 비롯된다.[1] 그는 영국 사회보장의 기본 아이디어를 제공한 인물이며, 더 나아가서 2차 세계대전 이후 한국을 비롯한 제3세계 국가들의 사회보장 이데올로기의 원형을 제공한 사람이다. 그러

---

[1] 베버리지 사회보장 경향은 다음 몇 가지로 요약해 볼 수 있다.
　　첫째, 사회보장의 1차적인 목적은 국가 사회 내부에 존재하는 빈곤문제를 해결하는 것이다. 둘째, 빈곤문제의 해결을 위하여 국민 미니멈(national minimum)을 설정하고 이 수준에 해당하는 급여를 국가 사회보장 제도에서 해당자들에게 제공한다. 셋째, 국민 미니멈을 보장받을 권리는 국가 사회구성원 모두의 권리이며, 국가는 이를 보장할 의무를 진다. 그러나 국가 사회보장 급여는 국민 미니멈의 보장 수준에 그치며 이 수준을 상회하는 보장 책임은 국가나 공공서비스 영역 밖의 일이다. 또한 대상자 개개인의 자유로운 선택에 따라 가입 여부가 결정된다. 넷째, 국민 미니멈은 인간의 의식주, 문화활동 및 의료의 기본욕구 충족이 가능한 수준의 급여를 의미하며 그 수준은 평등한 수준으로 책정된다.

나 사회보장의 개념은 베버리지적 개념 정의 이외에 다른 것들이 얼마든지 가능하며, 이들 모두가 포함된 개념이 더욱 타당한 사회보장의 개념이 되는 것은 재론의 여지가 없다. 바로 이 다른 것들에 대한 논의가 우리가 계속 진행할 논의의 핵심 주제이다.

사회보장의 중심적인 개념은 대상자의 안전한 생활을 사회적인 방법으로 보장하는 것이다. 베버리지는 이 안전한 생활을 국가가 직접 보장해 주어야 한다고 생각하였고 그 수준을 최저수준으로 제한시켰다. 그러나 우리의 경우 안전한 생활에 대한 보장 수준이 최저수준으로 제한되는 것은 다소의 문제가 있다고 보며, 오히려 그 수준이 높으면 높을수록 대상자의 복지에 기여한다고 볼 수 있다.

2. 전문용어로서의 '사회보장'

1) 사회보장의 어원

사회보장(social security)은 '사회(적)'와 '보장'이 결합된 합성어이다. '사회적'이라 함은 '집단적(collective)'과 유사한 개념이다. 또한 이는 '개인적(individual)'과 대비되는 개념이다. 그리고 '보장'은 안전한 상태를 이룩하기 위한 (적극적) 행위를 지칭하는 개념이다. 여기서 안전한 상태라고 하는 것은 경제적 안정과 심리적 안정이 유지되는 상태를 의미한다. '사회보장'이란 단어는 이 두 단어들이 결합된 합성어로서 결국 다음의 두 가지 의미를 내포한다.

첫째는 하나의 상태, 즉 사회보장은 사회적으로 안정된 상태를 의미한다. 둘째는 행위적 개념의 차원으로, 개인과 가족의 안정된 상태를 보장해 주는 사회적 노력을 의미한다. 그러나 여기서의 '사회보장'은 두 번째의 것으로, 사회적으로 안정된 상태를 보장하기 위하여 사회가 행하는 노력의 의미가 크다고 할 수 있다. '사회보장'이란 단어가 지니는 뜻을 좀더 일반화시켜 설명한다면, 인간의 안정된 생활을 집단적인 방법으로 보장하는 것이라고 할 수 있다.[2]

2) 정책으로서의 사회보장

정책은 목표 지향적이다. 따라서 정책으로서 사회보장의 개념은 사회보장의 목표 또는 목적을 강조하는 경향이 크다. 일반적으로 사회보장은 건강하고 문화적인 삶의 보장을 정책적 목표로 하고, 건강한 생활이란 질병이나 영양결핍 등이 없는 삶을 의미하며 문화적인 생활이란 인간으로서 존엄성을 유지할 수 있는 수준의 의식주 조건이 구비된 일상생활을 의미한다.

사회보장 정책은 사회 구성원 개인과 가족의 건강하고 문화적인 삶을 보장하는 국가정책을 의미한다. 넓은 의미의 사회보장 정책은 소득의 감소와 상실에 대비한 모든 종류의 경제적 보장과 질병의 예방과 치료에 관련된 의료보장 정책뿐만 아니라 교육정책, 주택정책, 고용정책 등을 두루 포괄하는 국가정책을 말한다.[3] 우리나라의 사회보장 정책은 협의의 개념으로서, 소득보장 정책과 의료보장 정책으로 구성되어 있다.[4]

---

2) 사회보장은 사회적인 생활보장으로, 개인적인 생활보장과 대비되는 개념이다. 그렇다면 과연 사회적으로 무엇을 보장한다는 말인가? 'social security(sécurité sociale, sozial versicherung)'에서 'security'는 라틴어 securus 또는 secura에서 유래된 단어로 주로 걱정, 근심이 없는 상태를 의미하거나, 불안감을 해소하고 안정감을 북돋우는 노력이나 행위를 의미한다. 유광호, 「한국사회보장의 개념에 관한 연구」, 한국 사회보장 학회, 『한국 사회보장 연구』 제1호, 1986.

3) 이때의 사회보장은 광의의 사회복지정책 또는 사회정책과 동일하다. 그러나 사회보장정책의 최광의의 개념으로, 교통정책, 경제정책, 주택정책 및 건설정책, 국방정책, 교육 및 법률부조 정책 등을 포함시키는 학자도 있다. Dupeyroux(J. J.), *Droit de la Sécurité Sociale*, Paris, éd. Dalloz, 1998, p.12.

4) 보건복지부, 『보건사회백서』, 1998.

3) 제도로서의 사회보장

제도로서의 사회보장은 각국의 실정법이 규정하고 있는 구체적인 제도들을
포괄하는 개념이다. 우리나라 사회보장기본법 제3조의 사회보장 정의는 제도로
서의 사회보장을 의미하는데, "질병, 장애, 노령, 실업, 사망 등의 사회적 위험
으로부터 모든 국민을 보호하고 빈곤을 해소하며 국민생활의 질을 향상시키기
위하여 제공되는 사회보험, 공공부조, 사회복지서비스 및 기타 관련 복지제도
를 말한다"고 되어 있다.[5] 사회보장 제도의 개념을 우리나라의 관계법에 나타
나 있는 개념 정의를 중심으로 이해할 경우 여러 가지 편리한 점이 있기는 하
지만 다음의 두 가지 문제점을 해결할 수 없다.

첫째, 이와 같은 개념정의가 시도한 사회보장 제도들의 범위 설정은 자칫 논
란을 일으킬 위험이 있다. 예를 들면, '기타 관련 복지제도들'은 구체적으로 어
떤 제도들을 가리키는지 불분명하며 또한 복지제도들을 사회보장 제도의 범위
에 포함시킬 수 있느냐에 대하여 의견의 일치를 보기 어렵다. 둘째, 우리나라
의 사회보장 제도가 끊임없이 발전하는 하나의 생명체라고 할 때, 현재 시행되
고 있는 사회보장 제도의 수준에서 범위를 고정시키는 것은 바람직하다고 보
기 어렵다. 비교 정책적 접근에 기초하여 좀더 포괄적이고 일반적인 개념정의
를 시도하는 것이 중요하다.

사회보장 제도는 나라마다 차이가 있으며, 따라서 전 세계적으로 통용될 수

---

5) 사회보장기본법 제3조 1항은 사회보장 제도의 개념정의와 관련해 논란의 여지가 없지 않다.
일반적으로 사회보장 관계법이 규정하는 가입자 권리는 법적인 권리를 말하는데, 만약 법적
권리로서 사회보장의 권리를 이야기할 때 사회복지서비스와 관련 서비스 등 수혜자의 완전
한 권리라고 말하기 어려운 부분까지 포함시킬 것인지의 문제가 발생한다. 이와 관련하여
김만두 교수는 사회복지서비스가 대상자의 법적 권리로 편입되어야 한다는 것을 강조하면서
이것을 사회보장의 범위 안에 포함시키고 있다. 이때의 개념 정의는 넓은 의미의 사회보장
제도를 지칭하는 것이라고 볼 수 있다. 김만두, 『사회복지법제론』, 홍익제, 1991, p.26.

있는 보편적인 사회보장의 개념을 정의하는 것은 그리 간단한 작업이 아니다. 국제노동기구(ILO), 유럽연합(EU) 등의 국제기구와 사회보장 관련 국제법에서 사용하는 개념을 살펴보는 것은 일반적이고 보편적 사회보장 개념에 접근하는 하나의 유용한 방법이 된다. 이에 대해서는 후술하게 될 것이다.

4) 관념으로서의 사회보장

관념으로서의 사회보장은 제도로서의 사회보장보다 광의의 개념이다.

여기서 관념은 아이디어를 의미한다. 관념으로서의 사회보장은 사회적 빈곤의 문제나 노동자와 가족의 경제적 생활안전의 문제를 집단적 또는 사회적인 연대를 기초로 보장하는 방법을 말한다. 이러한 사회보장 개념에서는 법적인 권리 여부가 전혀 문제되지 않으며, 제도로서의 사회보장보다 광의의 개념으로 사용된다. 예컨대 각종 사회보험 제도들과 공적부조 이외에 가족과 친족의 부양, 자선단체 또는 민간 사회복지기관들이 행하는 자선활동 또는 박애사업, 공동체 구성원들 간의 공제사업, 상부상조 행위 등이 두루 포함되는 개념이다. 이들의 공통적 특성은 개인이나 가족의 생활안전의 문제를 사회적 연대에 기초하여 해결하고자 한다는 것이다. 현대사회에서 노동자와 가족의 사회보장의 권리는 이와 같이 다양한 사회보장의 방법들을 통해 보완 또는 보충된다고 할 수 있다.

3. 사회보장에 대한 베버리지와 피에르 라로크의 개념 정의

베버리지는 전후 영국 사회보장 체계 확립에 지대한 영향을 미친 인물로서 그의 이름이 붙여진 보고서는 영국뿐 아니라 유럽의 복지국가, 그리고 1940년

대부터 독립하기 시작한 대한민국을 비롯한 신생국들의 사회보장 제도에 큰 영향을 미쳤다. 피에르 라로크는 프랑스 사회보장 제도의 성립에 결정적인 역할을 한 인물로, 그의 사회보장 개념은 베버리지의 개념정의와 공통점을 내포하고 있다.

베버리지에 의하면 사회보장이란 "실업, 질병, 사고로 인하여 소득이 단절된 경우 그것을 대체하고, 노령으로 인한 퇴직 시 급여를 지급하고, 부양의무자 사망으로 인한 소득의 상실에 대비해 급여를 실시하며 출생, 사망, 혼인과 관련된 추가지출을 보상[6]함으로써 개인의 소득을 안정화[7]시키는 것이다"라고 정의하였다.[8] 피에르 라로크는 정의하기를 "사회보장은 노동자들에 대한 생활수단의 영속성 보장이며 적어도 모든 경우에 있어서 적당한 최저생활의 보장인 것이다. 나아가서 사회보장이란 국가적 연대책임 아래 전체 사회에 의한 모든 구성원들을 위한 안전의 보장을 의미한다"고 하였다.

두 전문가 정의의 공통점은 사회보장의 목적을 대상자의 소득보장 또는 안정화로 보고 있다는 것이다. 베버리지는 대상자를 개인으로 하고 있는 반면 라로크는 사회보장 목표의 두 가지 차원에 대하여 언급하고 있는 듯하다. 먼저 노동자들을 위하여 적어도 최저생활을 보장해 주는 것과 국가연대의 원칙 아래 사회구성원 전체에게 경제생활의 안전을 보장하여 주는 것이 그것이다. 이

---

6) 추가적 지출에 대한 보상이란 예를 들어, 가족성원의 과다로 인한 생활비의 추가적 지출에 대하여 가족수당, 아동수당, 주택수당, 취학수당 등의 명목으로 급여를 제공하여 대상자의 생활안정을 도모하는 방법을 의미한다.

7) 소득의 안정화 개념은 곧 사회보장의 개념과 일치하는 것으로, 사회보장은 질병, 사고, 실업, 퇴직, 부양의무자의 사망, 장애상태, 가족성원의 과다로 인한 추가지출 등으로 말미암아 대상자의 일상적인 소득(임금, 봉급 또는 기타의 직업활동에 의한 소득)의 단절 또는 감소에 대한 대비책을 미리 마련하여 개입함으로써 결과적으로 대상자와 가족이 경제적으로 안정된 생활을 할 수 있도록 도와주는 것이다.

8) Beveridge(W.), *Social Insurance and Allied Services*, London: Her Majestys Stationery Office, 1958.

들 정의에서 특기할 만한 것들로는 '실업, 질병, 사고, 노령' 등의 용어들, '추가적 지출에 대한 보상', '소득의 안정화', '최저생활의 보장', '국가(국민적) 연대' 등이다.

4. 사회보장과 사회복지의 개념 비교

사회보장과 사회복지는 둘 다 매우 자주 쓰이며 유사한 개념의 단어들이다. 그러나 우리 사회에서 사회보장은 법률용어로 사용되는 데 반하여 사회복지는 법률 용어는 아니다.[9] '사회보장기본법'은 존재하지만 '사회복지법'이나 '사회복지기본법'은 존재하지 않는다. 다만 '사회복지사업법'에서의 '사회복지'는 '사업'이란 단어와 결합하여 독자적인 개념을 형성하고 있다.

사회보장과 사회복지는 사회적 노력이란 점에서 공통적이다. 사회적 노력이라 함은 사회구성원들 간에 존재하는 연대에 기초하여 문제의 해결을 모색하는 것이다. 다시 말해서 사회보장 또는 사회복지는 사회구성원들의 생활안정의 문제 또는 복지의 문제를 개인적인 방법이 아닌 사회적, 연대적 노력에 기초하여 해결하는 것이라 할 수 있다.

'사회복지'와 '개인복지'의 차이점은 무엇일까? 일반적으로 사회복지에서는 복지 실현의 방법으로 집합주의적 접근 또는 연대주의적 접근 방법을 사용한다. 즉, 사회복지의 궁극적인 목표는 인간(개인 또는 가족)의 복지 실현이라는 목표로 개인복지와 다를 바 없지만 그 성취 방법에 있어서는 개인복지의 경우처럼 개별적인 방법이 아니라 집단적 방법 또는 연대주의적 접근 방법에 의존

---

9) 우리나라 사회보장기본법은 사회보장에 대한 정의가 포함하고 있다(제3조). 반면 사회복지의 경우에는 기본법이 존재하지 않으며, 사회복지사업법 등 관련 법에도 사회복지에 대한 정의는 존재하지 않는다. 이로 미루어 사회복지는 법률용어라고 할 수 없다. 다만 '사회복지사업' 또는 '사회복지서비스' 등의 용어들이 법률 용어들로 쓰이고 있을 뿐이다.

한다. 예를 들어 빈곤문제는 분명 하나의 사회문제이다. 그러나 이 문제에 대한 접근방법이 첫째, 빈곤의 원인을 개인의 무능력, 무절제와 나태 등에서 찾고 그 대응방법 역시 개인의 변화를 통한 보편적 사회질서에의 적응을 강조한다면, 그것이 아무리 원만히 해결된다고 하더라도 사회복지적 접근방법이나 사회복지 그 자체라고 볼 수는 없다. 빈곤 등의 사회문제는 사회복지학의 대상이된다. 사회문제의 조건으로서 중요한 것은 첫째, 사회구성원들 중 많은 수가 불편하다고 느끼는 문제이어야 하고 둘째, 개인의 노력이 아닌 사회적 노력에 의한 해결이 반드시 전제되어야만 한다.[10) 집단적 접근이나 연대적 노력이 전제되는 것은 '사회보장'의 경우도 마찬가지이다. 사회보장은 개인 또는 가족 간의 경제적 연대성을 조직화하여, 이들의 빈곤문제의 해결과 더 나아가 노동자와 가족들의 경제적 생활안전의 보장을 도모하는 것이다.

그렇다면 사회보장과 사회복지는 어느 것이 상위 개념일까? 앞서 언급한 바와 같이 사회보장은 법률용어로서 구체적인 제도나 관념을 지칭하는 단어이지만 사회복지는 인간의 복지를 개인적인 방법이 아닌 집단적, 연대적 노력으로 해결하고자 하는 모든 정책, 제도 또는 기타의 접근방법을 두루 포함하는 개념이므로 사회복지는 사회보장까지를 포괄하는 개념으로 보아야 할 것이다. 그러나 막상 용어로서 '사회복지'의 개념을 살펴보면 광의와 협의의 다양한 개념들이 존재하고 있음을 알 수 있다. 다음에는 사회복지학 분야에서 통용되고 있는 개론서들에 나타나 있는 상이한 사회복지 개념들을 검토함으로써 사회복지 개념에 다가가 보자.

1) 사회복지의 개념

김상규와 전재일은 『사회복지론』에서 사회복지의 개념을 다음 세 가지로 구

---

10) *Encyclopedia of Social Work*, 사회문제 편.

분하여 접근하고 있다. 첫째, 협의의 사회복지는 사회사업, 사회복지사업과 동의어로 사용된다. 즉 장애인, 노인, 아동 등 요보호 대상자들을 위한 보호, 육성, 지도, 치료, 재활 등의 제반 서비스 시책이다. 둘째, 광의의 사회복지는 협의의 개념에 속하는 내용 이외에 사회정책, 사회보장, 보건, 의료, 교육 등이 포함되는 것으로 국가에 있어서 최저 또는 평균적인 욕구가 충족되지 못하는 상태의 개인, 가족, 집단 등에 대한 여러 가지 사회적 서비스를 총칭하는 것이다. 셋째, 최광의의 사회복지는 협의와 광의의 개념에 속하는 내용 이외에 일체의 사회적 시책을 총칭하는 것으로 사용되고 있다.

결론적으로 사회복지란 인간의 행복을 증진하기 위하여 정부와 민간단체들이 여러 가지 프로그램이나 사회적 서비스 또는 제도를 통해서 범죄, 비행, 가정 폭력 등의 사회적 역기능들을 예방하고 줄이기 위한 체계적이고 조직적인 노력이며 실천행동이다.[11] 즉, 앞에서 언급한 책에서는 사회사업과 사회복지를 구분하여, 전자는 주로 사회복지사의 도움에 의하여 클라이언트[12]의 문제를 해결해 나가는 전문적 활동으로 정의하고 있다.

김만두는 사회복지를 협의와 광의로 나누어 설명하고 있다. 협의의 사회복지는 사회사업이다. 즉 "정상적인 사회생활을 영위하지 못하는 사람들을 대상으로 그들이 일반적 생활을 유지할 수 있게 구제-보호-예방-회복 등의 원조를 시행하는 시책단계이다"[13]를 말하는 것이다. 광의의 사회복지는 전체 국민을 대상으로 하는 보건, 교육, 주택, 산업복지 등의 예방과 치료, 재적응/재활(리헤빌리테이션)을 포함한 사회복지를 채택하고 있다. 즉, 김만두에게 있어서 사회복지는 모든 국민의 인간다운 생활을 보장하기 위하여 사회생활상의 곤란과 문제를 개인적 집단적 그리고 지역사회 수준에서 예방·보호하며 치료·회복하기

---

11) 김상규, 전재일 외, 『사회복지론』, 형설출판사, 1991.
12) 사회복지학의 전문용어로 피조자 또는 복지 대상자를 의미한다.
13) 김만두, 『사회복지 총론』, 홍익제, 1990, p.11.

위한 민간적, 공공적 프로그램 서비스와 제도 등의 총체적 체계라고 할 수 있을 것이다.

장인협은 사회복지를 행위나 전략이 아니라 하나의 상태로 이해하고 있다. 다시 말해서 사회복지는 하나의 상태로 "사회적으로 행복한 상태"를 의미한다. 그러나 그는 사회복지가 실천적 의미도 함께 지닌다고 보고 있다. 그는 실천적 의미의 사회복지 개념을 두 개로 나누어서 설명하고 있다. 첫째는 한정적 개념의 사회복지로서 "가족이나 시장 기구에서 탈락한 자들에게 사회생활을 유지할 수 있도록 보호, 치료, 예방 정책이나 방법을 활용하는 경우"를 말한다. 둘째는 복합적 개념으로서 "법률에 의한 보호, 선도 또는 복지에 대한 재정적 원조와 서비스를 의미하며 다른 한편으로는 국민의 보편적 욕구에 대한 공통적 책임"을 의미한다.

손준규는 사회복지 개념을 소개하는 데 있어서 사회보장과의 비교를 시도한다. 즉, 사회보장(소득보장을 의미하는 협의의 사회보장)과의 관계를 보면 사회보장이 피용자 위주의 경제적 보장을 뜻하는 데 비해서 사회사업(사회복지)은 경제적 곤궁뿐 아니라 사회적 부적응 현상을 포함한 사회 전반의 문제를 포괄하고 있다. 그러나 그에 의하면, 지금은 사회보장을 광의로 해석하여 최저생활의 보장과 복지시설, 보건, 의료 및 주택정책 등 관련사업까지 포함시키는 경향이 있다. 특히 종전의 구빈 제도는 빈곤의 결과만을 사후적으로 문제삼는 데 비하여 사회보장 제도는 빈곤으로의 전락을 미리 예방한다는 뜻이 중요하다고 설명하고 있다. 요컨대 손준규는 사회복지를 협의의 개념, 즉 사회사업과 동일한 것으로 보고 이것을 상위 개념인 사회보장의 영역 안에 포함시키고 있다.

이상의 정의들을 종합하면 사회복지는 결국 보호, 치료와 예방 또는 기타의 전문적, 비전문적 개입을 통하여 대상자의 문제를 해결하거나 욕구의 충족을 돕는 행위나 사회제도 또는 사회체계라고 할 수 있다. 그러나 이들 학자들의 개념 정의는 사회복지의 역사성이나 성격논쟁을 배경으로 하고 있지 않아 다소 미흡한 감이 있다. 예컨대 사회복지의 주체가 민간인지, 국가 또는 공공단체인지, 대상으로 하는 사람은 문제를 가진 사람 개개인이 되어야 하는지 아니면 그러한 문제를 공유한 집단 또는 계층이 되어야 하는지 분명치 않다. 사회복지가 이들의 정의에 나타난 대로 누가 누구를 일방적으로 돕는 행위 또는 그런 체계를 말하느냐 아니면 개개인 또는 집단들 간의 협력, 상부상조 등 교환적이거나 상호적 관계, 행위 또는 노력 등 일방적 도움 이외의 것이냐에 관한 논의도 문제가 되지 않을 수 없으나 여기서는 일단 사회복지의 중심개념은 돕는 행위나 노력으로 보고자 한다.

2) 사회복지서비스(사회복지 사업)와 사회보장

우리나라 사회보장기본법 제3조(정의)는 "사회보장이라 함은 …… 사회보험, 공공부조, 사회복지서비스 및 관련복지 제도를 말한다"고 하고 있다. 다시 말해서 사회보장기본법에서는 사회복지서비스가 사회보장의 개념에 포함되는 하위 개념으로 사용되고 있다는 것을 알 수 있다.

여기서 사회복지서비스가 의미하는 바는 사회보험, 공공부조 등의 범위 안에서 대상자들에게 제공되는 소득 또는 의료의 보장을 목적으로 하는 현금 또는 현물 급여 이외의 비물질적인 서비스와 사회복지사에 의한 전문서비스를 의미한다. 그러나 보건복지부에서 간행하는 『보건복지 백서』에서는 '사회복지서비스'라는 용어를 사회보장기본법에서 의미하는 개념에 비하여 더욱 광범위하고 포괄적인 개념으로 사용하고 있다. 즉, 사회복지사업 지원행정, 사회복지 인력자원 관리, 시설운영, 기금, 사회복지관 설치운영, 민간 외 원조와 노인복지, 아동복지, 부녀복지, 장애인복지, 부랑인 선도 등을 포괄하는 내용으로 구성하고 있다. 이로 미루어 우리나라 정부, 특히 보건복지부는 사회복지서비스를 우리나라 사회복지사업법에 나타난 사회복지사업의 개념과 동일한 개념으로 사용하고 있다는 것을 알 수 있다.

김만두는 '사회복지서비스'의 개념을 실정법적인 차원과 (정책)목표적인 차원으로 구분하여 설명하고 있다. 즉 실정법적인 개념은 아동, 장애인, 노인 등 스스로의 힘으로 자립할 수 없는 사람들에게 제공되는 각종 서비스로서 사회보장이 제공하는 '경제적 보호' 이외에 '케어'라고 하는 '사실적 보호'를 의미한다고 보고 있다.14) 그러나 김만두는 사회복지서비스의 실정법적 개념에 머물지 않고, 비교사회복지의 차원에서 현대적 사회복지서비스 개념의 재정립을 강조하고 있다. 그에 따르면, 일본에서는 사회복지서비스를 '사회복지서비스', '대인서비스', '비화폐적인 서비스'라는 개념 등으로 사용하며, 영국과 미국 등지에서는 '사회적인 서비스', '퍼스널 서비스' 등의 개념으로 사용하고 있음을 지적한 뒤, 우리나라의 사회복지서비스는 전문적인 사회사업 실천 이외의 다양한 원조를 제공하는 제도와 프로그램을 의미하는 것으로 이해되어야 한다고 주장하고 있다. 또한 사회복지사들에 의해서 수행되는 실천과 전문적 서비스를 새로운 개념의 중심부에 위치시켜야 함을 강조하고 있다.15)

3) 사회보장과 사회복지와의 관계

앞에서 이미 언급하였듯이 이들은 개인의 생활안전 보장 또는 복지문제 해결을 목적으로 한 사회적, 연대적 노력이라는 점에서 공통적이다. 개인의 생활안정 문제는 넓은 의미의 복지 영역에 포함되는 것이다. 따라서 사회보장은 광의의 사회복지 개념 안에 포함되는 것으로 본다. 그러나 동시에 사회보장과 사회복지는 각각의 개념적 특성들을 지니고 있다. 그 중에서 가장 두드러진 것으로 사회보에 비하여 사회복지는 도와주는 관계16)를 특징으로 하고 있다는 것이다.

---

14) 김만두, 앞의 책, pp.28-30.
15) 위의 책, p.44.

사회보장과 사회복지의 특성을 비교해 보면 다음과 같다. 첫째, 사회보장과 사회복지는 공통적으로 대상자들에 대한 사회적 차원의 보호(사회적 보호)나 원조를 의미한다. 이들 중에서 사회보장은 경제적 보호나 경제적 원조의 측면만을 강조하는 데 반하여, 사회복지는 이들과 함께 비물질적이고 비경제적인 보호와 원조, 예를 들면 다양한 형태의 케어와 전문적 상담, 치료 등의 제반 서비스를 두루 포함하는 개념이다. 이는 사회복지의 이상적 목표를 말하는 것으로서 우리나라 사회복지 학계와 실무진영에서는, 실정법상의 정의나 현실에 기초한 개념 정의보다는 이와 같이 정책적이고 목표 지향적인 성격의 개념 정의를 선호하고 있다. 이와 비교할 때 사회보장은 실정법적이고 사실에 기초한 개념으로서 광의의 사회복지 개념의 범위 안에 포함되는 개념이다.

둘째, 사회복지서비스는 사회보장기본법 제2조의 정의에 나타나 있는 바와 같이 사회보장의 일부분을 점유하고 있는 한정적인 개념으로서, 전통적 사회사업 또는 사회복지사업과 유사한 개념이다. 다시 말해서 사회복지서비스는 공공부조의 테두리 안에서 제공되는 기초생활 보장의 물적 급여 이외에 빈곤노인, 장애인, 부녀자, 아동 등의 경제적 취약계층에게 우선적으로 제공되는 각종 원조와 보호 서비스를 의미한다. 또한 이것은 사회보험과 공공부조 급여들이 지

---

16) 여기서 말하는 도와주는 관계란 국가와 국민, 국민 상호간, 특정인이나 기관 또는 특정 집단 간 관계를 모두 포함하는 것인데 이것이 사회복지 실천의 기본이 된다. 물론 도와주는 관계는 상호적일 수도 있지만(상부상조의 경우) 사회복지에 있어서는 일방적인(unilateral) 관계가 더욱 많다고 볼 수 있다. 다시 말해서 상부상조의 경우 돕는 주체는 받을 것을 생각하면서 도와주는 것이 일반적이지만(예컨대 혼례나 장례시 오고 가는 부조금) 사회복지에서의 돕는 관계는 주체와 객체 간의 일방적인 관계를 특징으로 하고 있다. 따라서 혹자는 현대 사회복지의 특성을 "모르는 사람들에 대한 원조(helping to strangers)"라고 표현하고, 사회복지사를 "돕는 전문직(helping profession)"이라고 정의한다. 이에 비하여 사회보장에 있어서의 원조(helping) 또는 부조(assistance) 등의 일방적인 관계는 공공부조의 경우에 국한하여 적용할 수 있는 개념이다. 현대 사회보장의 주된 개념을 형성하는 사회보험은 재해예견적 조치 또는 보험의 원리에 기초하고 있다. 이는 도와주는 관계로 일반화시키기에는 다소 문제가 있다.

향하는 경제적 보호 이외의 비물질적 서비스와 케어가 중심 개념이지만 실제에 있어서는 사회보장의 보호대상에서 제외된 경제적 취약계층에 대한 비법정 급여들과 서비스들, 다시 말해서 빈곤 아동, 노인, 장애인 등 경제적 취약계층에게 제공하는 자선적 성격의 제반 급여와 서비스 및 기타 혜택들을 의미한다.

복지국가는 국가 구성원 모두에게 사회보장의 법정 급여가 제공되어 결과적으로 이들의 생활상의 안전이 보장되는 국가이다. 그러나 불행히도 우리 사회는 아직 이 수준에 도달하지 못한 상태에 있다. 사회복지서비스의 불투명한 개념은 우리의 이러한 현실에서 비롯된다고 해도 틀린 말이 아니다. 우리의 사회보험과 공공부조의 각종 급여들이 사회구성원 전체의 경제생활의 안전을 보장해 주는 방향으로 확대되어 감에 따라 사회복지서비스는 점차 자선적 성격에서 탈피하여 케어와 서비스를 지칭하는 용어로 특화되고 전문화되어 갈 것으로 기대된다. 아울러 사회복지서비스의 대상자 범위도 빈곤층 또는 경제적 취약계층의 한계를 탈피하여 '욕구를 가진 모든 사람들'로 확대되어 갈 것이다.

5. 빈곤의 사회복지학에서 안전의 사회복지학으로

현대 사회복지는 이전과는 달리 빈곤자와 사회적 약자들의 범위를 넘어서이들은 물론 일반인들이 가지고 있는 사회적 욕구를 충족시키는 것을 목적으로 한다. 그러나 실제로 이러한 사회복지사들의 주장은 공허한 면이 없지 않다. 왜냐하면 실천의 장에서 사회복지사들을 찾는 사람들은 위에서 언급한 사회적 주변집단에 속하는 사람들이 대부분일 뿐더러 실제로 사회복지학 연구와 실천의 주제도 이들의 기본 욕구의 충족과 사회 적응에 집중되어 있다. 다시 말해서 우리의 사회복지학은 빈곤자와 사회적 약자집단을 위한 원조를 주된 내용으로 하고 있는 것이다. 이러한 사회복지 전문가들의 노력이 대상자 집단의 복지 향상에 기여한 것을 부정할 수는 없으나, 또 한편으로 사회복지학의 대상이 인구의 일부 집단이 지니는 빈곤과 부적응의 문제에 편중되다 보니 결과적으로 사회복지학이 사회과학 일반의 중심권에서 소외되어 왔음을 부인할 수 없다.17) 또한 실천 분야에서도 사회복지사들에 대한 일반 대중의 인식은 공익의 증진자라기보다는 빈곤자 집단과 기타 사회적 약자집단의 이해관계를 옹호하는 이익집단으로 형성되는 경향이 컸다. 이리하여 사회복지학은 사회과학 일반의 관심권에서 멀어지고 또한 사회복지 실천 분야에서도 일반 대중의 기대와 관심에서 멀어지게 되었다.

산업사회의 중심 집단은 노동자와 봉급생활자 집단이다. 우리 사회 역시 인구에서 차지하는 이들의 비율이 과반수를 넘을 정도로 산업사회적인 특성을 보이고 있다. 사회보장은 이들 노동자와 봉급생활자 집단, 그리고 그들 가족의 생활안전 보장을 1차적 목표로 한다. 구성원들의 노동기회와 생활안전 보장은 사회보장 연구의 중심이 되는 것으로, 이는 산업사회 사회복지 연구와 실천에 있어서 가장 보편적인 주제라 할 수 있다. 이를 안전의 사회복지학 또는 사회보장의 사회복지학으로 부르고자 한다.

안전의 사회복지학을 빈곤의 사회복지학과 비교해 보면, 우선 전자는 후자에 비해서 대상자 범위가 훨씬 더 포괄적이다. 둘째, 급여와 서비스의 특성만 보더라도 돕는 주체와 도움을 받는 객체 사이의 일방적 관계에 기초하기보다는 국가의 의무와 수급대상자 집단의 사회보장의 권리가 강조된다. 안전의 사회복지학은 경제생활의 안전보장을 주된 목표로 하는 사회보장 제도와 사회복지 전문가의 전문적 서비스에 의한 케어, 상담 등 비경제적, 비물질적 서비스로

---

17) 사회복지학에서 대상으로 하는 빈곤과 빈곤자에 대한 원조는 사회 전체의 조직이나 운영 원칙과 방법을 연구대상으로 하는 사회과학에서는 주변적인 문제에 지나지 않는다. 이들은 자본주의 사회 또는 특정 사회의 지배적인 사회조직 원리 또는 운영이 원활히 돌아갈 수 있도록 하는 보조적인 노력에 불과한 것이다.

나누어진다. 이 중에서 후자는 사회복지 전문 영역을 대표하는 것으로서 협의
적 개념의 사회복지의 중심부에 위치한다.

광의의 사회복지학은 노동자와 봉급생활자 집단의 생활안정과 빈곤문제의
해결을 테마로 하는 학문이다. 이 중에서 사회보장 제도는 주로 대상자의 경제
적 생활의 안전보장에 개입한다. 반면 사회복지학은 대상자들을 상대로 하여
사회 심리적 서비스 등 주로 전문적 서비스 형태로 비경제적이고 비물질적인
원조를 특색으로 한다. 다시 말해서 산업사회에 있어서 광의의 사회복지는 사
회구성원들 특히 노동자와 가족의 안전을 주된 테마로 하며, 이 중에서 사회보
장은 주로 물질적 급여를 통한 생활의 안전보장을 주된 임무로 한다. 따라서
사회보장은 안전의 사회복지의 영역 안에 포함되는 것으로 볼 수 있다.

제2장

산업화와 사회보장 개념의 변천

현대 사회보장은 산업화의 산물이다. 그러나 사회보장의 기본이 되는 아이디어들은 전산업 사회에서부터 이미 존재하고 있었다. 오늘날 서구 복지국가들의 사회보장 제도들은 공적부조(assistance publique)[1]에서 출발한 것과 사회보험에서 출발한 사회보장 제도로 크게 나눌 수 있다.[2] 전자가 빈민집단으로부터

---

1) 현대 사회보장 제도에서는 공공부조라는 용어가 광범위하게 쓰이고 있다. 여기서 공적부조라는 단어를 굳이 쓰는 이유는 공공부조의 역사성을 강조하기 위함이다. 다시 말해서 현대 사회보장 제도의 공공부조는 공적부조라는 비복지적이고 비인간적인 역사성을 포함하고 있는 것이다.

2) 예를 들면 영국 사회보장의 역사적 기원은 16세기-17세기의 구빈법에 의한 공공권력의 빈민대책에서 찾아진다. 20세기 초의 영국의 노령보험과 국민보험 역시 국가의 빈곤대책으로서의 특징이 강하다. 베버리지의 사회보장은 이와 같은 영국적 사회보호 이념에서 출발하였다. 그리하여 사회보장의 권리는 시민의 보편적 권리로서 사회적(국민적) 미니멈 수준의 생활을 국가로부터 보장받을 권리를 의미한다. 이는 자산조사에 의하지 안은 채 빈곤문제를 해결하고자 하는 베버리지의 착상에서 시작된 것이다. 반면에 19세기 말 비스마르크 사회보험은 국가와 기업체들에 의한 노동력의 보호의 차원에서 시작되었다. 이는 점차 직업활동의 안전을 보장받을 노동자와 봉급생활자 집단의 권리인 사회보장의 권리로 발전하게 되었다. 이상의 두 가지 예로 미루어, 전자의 경우 사회보장의 권리는 시민의 권리로서 기초생활의

사회적 안전을 지키려는 것에서 출발한 것이라 한다면 후자는 노동자 집단의 생활 안전의 보장을 통하여 생산의 증대를 도모한 데서 시작되었다. 이 두 가지는 시간이 흐름에 따라 각각 변화하면서 서로 영향을 미치기도 하지만 각각의 특성은 사라지지 않은 채 각 국의 사회보장 제도들의 특성들로 자리하고 있다. 현대 사회보장의 개념은 서구 사회의 역사적 경험과 제도들을 기초로 형성되었다. 이런 이유로 개념적 수준에서, 현대 사회보장은 혼종적(hybrid) 성격[3]을 특징으로 한다. 그것은 한편으로 사회문제로서 빈곤과 빈민집단에 대한 국가적 대응을 의미하는 것과 동시에 노동자와 봉급생활자 집단이 중심이 되는 경제활동인구 집단의 생활안전 대책을 의미한다.

사회보장의 전성기였던 20세기 후반부, 서구 복지국가의 사회보장 제도들은 각각의 전통에 충실하면서도 위에서 언급한 사회보장의 두 가지 목표를 달성하기 위해 노력을 기울여 왔다. 그러나 장래를 전망할 때 이러한 사회보장 제도들의 노력이 결과적으로 빈민을 위한 공공서비스 기능을 충실히 수행하는 동시에 경제활동인구 전체를 위한 경제생활의 안전을 제도적으로 보장해 줄 수 있게 될 것인지는 불투명한 실정이다. 사회보장의 세 가지 영역들, 즉 사회보험, 공공부조 그리고 사회복지서비스 중에서 사회보험 영역이 중심이라는 것은 재론의 여지가 없다. 제2장에서는 이러한 관점을 바탕으로 산업화와 사회보장 개념의 변천에 관해 살펴보고자 한다.

보장을 의미하며, 영국을 비롯하여 아일랜드, 호주, 뉴질랜드의 사회보장의 개념을 대표한다. 후자의 경우, 사회보장의 권리는 노동권에서 분화된 새로운 권리 개념으로서 직업활동을·위협하는 각종 사회적 위험들에 대한 보상을 통하여 정규적인 경제생활의 안전을 보장받을 권리를 의미한다. 이는 독일과 프랑스 그리고 중남미 국가들의 사회보장의 개념을 대표한다.

3) 여기서 사회보장의 혼종적 성격 또는 혼종성이라 하는 것은 예컨대 현대 사회보장 제도의 두 가지 축이라 할 수 있는 공공부조와 사회보험은 그 목표와 역사적 성격에 있어서 서로 조화되거나 일치되지 않는 두 가지 또는 그 이상의 목표, 성격 등을 포함하는 개념이라는 것을 의미한다.

1. 사회보장의 역사

1) 시대 구분

사회보장 역사의 시대 구분은 관점에 따라 다양하게 나타날 수 있다. 그 일례가 림링거의 시대 구분이다. 그는 정치적, 이념적 변화에 따라 구체제(ancien regime: 앙시앙 레짐)의 억압적 질서에서 19세기의 자유주의로, 이어서 현대의 복지국가로의 변화를 분석하였다.[4] 여기서는 사회보장사의 다양한 관점에 대한 논의는 생략하고 사회보장은 산업화의 산물이라는 관점을 중심으로 논의를 진행하고자 한다. 또한 산업화가 처음 진행된 서구사회에 있어서, 산업화에 따른 노동자 계급의 출현이 현대 사회보장 제도를 만들게 된 원인을 제공하는 것을 기본 관점으로 한다.

사회보장의 역사에 있어서 가장 중요한 시기는 19세기이다. 이 기간은 서구 사회의 산업화에 따른 사회적 변화가 가속화되었던 시기이다. 19세기를 중심으로 그 이전을 전산업 사회, 19세기 서구 사회를 산업화 과정의 사회, 20세기를 산업사회로 보고자 한다.

2) 인간의 권리로서 노동권과 시민권 그리고 사회보장권

서구 복지국가를 포함한 현대 사회에서 사회보장은 무엇보다도 인간의 경제·사회적 권리이다. 인권으로서 사회보장의 개념은 역사적으로 두 가지의 기원에서 유래했다는 것을 알 수 있다. 첫째는 시민권적 기원이다. 예컨대 영국의 사회정책학자 마샬은 현대 사회의 사회보장 권리를 사회권의 일종으로 보고, 이를 시민권 개념의 확대와 분화의 산물로 간주한다.[5] 시민의 권리로서 사회

---

4) 한국 사회복지학 연구회 역, 『사회복지의 사상과 역사』, 한울 아카데미, 1991.

보장은 전근대적 성격의 구빈법 제도가 시행하고 있었던 자산조사의 비인간적 측면을 개선하기 위하여 국가와 공공권력이 구축한 빈민집단과 빈곤문제에 대한 사회적 보호의 새로운 대안이자 제도이다. 이때 현대 사회의 사회보장은 사회구성원의 기본적 권리를 의미하는데 그것은 빈곤상태에서 탈피하여 국가로부터 기초생활을 보장받을 권리를 가지는 것을 의미한다.

사회보장의 노동권적인 접근은 사회보장사의 또 하나의 관점이자 방법이다.6) 여기서 사회보장의 권리는 무엇보다도 먼저 노동자와 봉급생활자들의 직업소득의 안전을 보장받을 권리를 의미한다. 19세기 사회의 산업화는 한편으로 생산의 중심을 농업에서 상공업으로 변화시켰고, 다른 한편으로는 자본과 노동의 분화를 촉진하였다. 상공업 종사자들과 도시노동자들의 생활은 전산업 사회의 구성원들에 비하여 불안정하였고 따라서 전통 사회에 있어서의 부조를 대체할 새로운 사회보호의 이념과 기술이 요구되기에 이르렀다. 전산업 사회의 상공인들이 자구책으로 운영하고 있었던 공제조합이나 기타의 상호구제를 목적으로 한 재해예견적 조치(foresight, prévoyance)들이 그 기원을 이루는 것들로서, 이들의 이념적 기초는 자율과 연대라 할 수 있다.7) 사회보험과 현대 사

---

5) 그는 시민권의 개념이 18세기의 공민권(자유권)의 개념으로부터 시작하여, 19세기에는 정치권이란 개념이 생기고 20세기에 들어서는 시민권의 셋째 영역인 사회권이 분화 발전되었다고 보고 있다. Marshall(T.H.), *Social Policy*, London, Hutchinson, 1956., 김상균, 『현대 사회와 사회정책』, 서울대 출판부, 1987.

6) 주로 사회보험 중심의 사회보장사를 다룬 논문과 저서들의 관점이 여기에 속한다고 볼 수 있다. 대표적인 것들로 전광석 역, 『복지국가의 기원과 역사』, 법문사, 1991, 佐籐進, 『社會保障의 法 體系』, 東京: 勁草書房, 1990., Evald(F.), *Etat-Providence*, Paris, Grasset, 1991. 등이 여기에 속한다.

7) 상공인 종사자들이 구성한 공제 조합들의 자율성은 오늘날 서구 사회 구성원들이 제1의 가치로 생각하는 자유 즉 국가나 공공권력으로부터의 자유이다. 이들은 생활의 자유를 보장받기 위하여 자구적인 노력을 경주하였고 이것이 오늘날 서구 사회의 자율적인 공동체로서 도시(bourg)의 근원이 되었다. 도시민(bourgeois)들은 그들간의 내규를 만들어 내외부의 위협들로부터 자신의 안전을 보장받고자 노력하였다. 공제조합은 그 일형태로서 구성원들의 유고 시에 그들간 사이에 작용하는 경제적 연대에 기초하여 미리 마련한 내규에 기초하여 이

회보장은 재해예견적 조치를 법제도화한 것으로서, 현대 사회 구성원의 대다수를 차지하는 임금노동자와 봉급생활자 집단과 가족의 경제생활 안전을 보장하는 데 목적이 있으며, 공공부조와 사회복지서비스 등이 기초하고 있는 부조 이념과 기술은 사회보험을 보완하고 보충하는 이념이자 기술에 불과하다. 여기서는 사회보장 권리의 형성과정을 노동권 개념의 확대라는 관점에서 고찰하고자 한다.

현대 사회보장의 권리는 산업사회노동자 집단의 생활안전의 보호를 목적으로 출발한 사회보험을 중심으로 구성되어 있다. 사회의 산업화 결과 광의의 노동자 계급, 다시 말해서 임금노동자와 봉급생활자 집단을 두루 포함하는 노동자 집단은 경제활동인구의 대다수를 차지하기에 이르렀고, 사회보험은 이들 모두를 대상으로 급여를 확대하기에 이르렀다. 이어서 형성된 사회보장 권리는 노동자 집단을 포함한 경제활동인구 전체의 생활안전 보장을 목적으로 한 것이고, 여기서 사회보장의 권리는 노동권 개념을 탈피하여 사회구성원들 모두에게 국가 공공서비스의 일환으로 제공되는 생활안정을 보장받는 권리로 발전하였다. 21세기 사회를 정보화 사회라고 한다. 정보화 사회에서 사회보장의 미래는 대단히 유동적인 것이 사실이다. 그러나 서구 복지국가들 중 몇몇 나라들의 사회보장의 기초생활 보장 급여들은 법적인 성격에 있어서 노동권의 연장이라기보다는 부활된 시민권의 성격이 더욱 강화되고 있다. 다시 말해서 사회보장의 갹출과 기여 사이에 존재하는 권리의 인과관계를 덜 중시하는 방향으로 흘러가는 듯하다. 그 결과 각종 무갹출 급여들과 부조 급여들이 늘고 사회보장 급여는 노동과의 인과론적 관계에서 점차 벗어나는 방향으로 전개되고 있다.

들을 돕는 방법이었다. 사회보험은 공제조합의 자율에 기초한 재해 예견적 조치의 연장으로서 자본과 노동의 분화에 따라 문제시되는 노동자 계급의 생활 불안정의 문제를 계약 아닌 실정법적인 규약에 기초하여 해결하고자하는 노력의 일 형태라고 볼 수 있을 것이다.

2. 전산업 사회의 사회보호 이념

1) 자선과 공공부조

서구 복지국가들의 경우, 산업화 이전 사회의 대표적 사회보장 이념은 자선과 공공부조였다. 이 두 가지는 빈민과 빈민집단을 도와주는 것이라는 점에서 공통적이지만 도와주는 행위의 동기와 주체의 관점에서 비교하면 이질적이다. 자선은 기독교적 가르침, 즉 종교적 동기에 기초해 행해지는 원조행위로서 주체는 교회와 신자들이었다. 반면 공공부조는 사회 질서유지의 책임을 맡은 왕과 공권력에 의한 경찰 행정의 일환으로 행해지고 있었다. 이처럼 빈곤과 빈민의 존재에 대응하기 위해 두 개의 지배적인 사회 세력들이 구빈 대책을 나누어 맡는 방식을 사용했던 것이다. 좀더 정확히 설명한다면, 왕권이 사회의 지배적인 세력으로 자리잡기 이전까지 빈곤문제는 교회와 자선의 영역에서 주로 다루어졌다. 그러나 왕권이 강화되고 안정화되어 감에 따라 교회와 공권력이 빈곤문제를 분담하게 되었다. 오늘날의 빈곤대책은 거의 전적으로 국가와 공권력에 의해 추진되고 있다. 이에 비하여 교회의 자선 기능은 지극히 보조적인 대책이 되고 말았다.

2) 국가의 자선사업과 공공부조 - 동서양의 차이

빈민을 돕는다는 것은 돕는 주체의 빈민에 대한 정신적 지배와 결코 무관하지 않으며 이런 이유로 인하여 빈민구호는 이미 오래 전부터 정치학의 연구 대상이 되어 왔다.

사회의 지배세력이 구성원들의 정신세계를 지배하던 교회와 물리적 질서의 통제에 관여하던 왕권으로 이원화되어 있었던 것이 중세 이후 서구 전통사회의 특성이었다면 한국을 포함한 동아시아의 유교국가들은 군왕으로 대표되는 권력에 의해 일원화되어 있었다. 다시 말해서 유교국가에서 군왕은 하늘의 뜻을 받아 백성을 다스리는 사람으로서 종교적 존재인 동시에 물리적 질서의 유지를 책임지는 행정의 최고 책임자였던 것이다. 따라서 유교국가의 전통을 가진 사회에서 국가의 빈민구호대책과 서구의 전산업 사회의 공공부조는 성격상의 차이를 보이는 것이다. 전자의 경우 자선의 개념과 사회질서 유지라는 수단적 개념이 기본원리로 자리하고 있는 반면 후자의 경우에는 자선의 개념보다는 사회질서의 유지라는 수단적 개념을 더욱 강조하는 경향이 있었다. 현대 국가에 있어서의 국가부조(공공부조)는 국가적 자선의 개념과 사회질서 유지라는 수단적 개념이 결합된 것으로서, 서구 복지국가에서 이러한 개념이 제도적 차원에서 실현된 것은 국가권력이 교회의 자선기능을 접수하면서부터이다.8)

3) 프로테스탄트 개혁과 민간부조의 탄생

중세 사회에서 빈민은 사회로부터 환영받는 존재였다. 일반적으로 빈민은 물질에 있어서 빈곤할 뿐 기도에 있어서는 풍부한 존재라고 믿어졌다. 자선행위는 부유한 사람이 빈민을 돕는 행위로서, 사람들은 자선행위를 통해 하느님에게 가까이 다가갈 수 있다고 믿었던 것이다. 그리고 이러한 믿음은 기독교(catholique) 교리에 기초한 것이었다. 따라서 교회와 수도원을 비롯한 종교단체들과 종교공동체들이 앞다투어 빈민들을 위한 자선활동에 종사하였다.

종교 개혁 이후, 개신교(protestant)에서 빈곤은 하나의 죄이자 징벌을 의미한다. 루터와 칼빈 시대부터 빈곤은 이미 물질적 징벌의 징표를 띠고 있었다.

---

8) 프랑스의 경우에는 제3공화국에서 있었던 교육과 자선기능의 국유화를 예로 들 수 있겠다. 프로테스탄티즘이 지배하던 사회에 있어서 교회는 자선기능을 등한시하였고 따라서 시민사회 수준의 박애활동이 교회의 기능을 대신하였다고 볼 수 있다.

유럽에서는 공통적으로 종교개혁이 개신교 국가들을 자선의 탈종교화로 인도하였다. 이들 국가들에서 교회와 수도원을 중심으로 행해지던 자선활동은 왕권, 귀족, 부르주아지에 의한 부조로 바뀌었다. 그러나 순수한 민간인, 민간단체에 의한 부조활동은 여전히 나타나지 않은 상태였다. 프랑스 철학자이면서 사회복지 시설들의 역사적 성격에 관하여 탁월한 연구 업적을 남긴 미셸 푸꼬는, 빈곤은 그 자체를 신성한 종교적 경험으로부터 점차 그것을 죄악시하는 도덕적 개념으로 탈바꿈하기 시작했다고 쓰고 있다.9) 대형 빈민 수용소들이 여러 가지 명칭들, 예컨대 구빈원, 걸인 수용소, 빈민 수용소, 합숙소 등의 이름으로 존재하였고 부랑행위와 구걸행위는 금지되었다. 그리고 단속에서 적발되는 사람들은 앞에서 열거한 시설들 강제로 수용되었다. 이들 시설 내부는 억압적 질서가 지배하였고 빈민들에 대한 인권 유린이 만연해 있었다.

민간부조는 시민사회의 형성과 함께 시작되었다. 민간부조는 종교적 가르침 대신 시민적 도덕성(moral civic)이 도와주는 행위의 동기가 된다는 점에서 자선의 개념과 구별된다. 서구 사회의 민간부조는 산업화가 본격화된 19세기에 특히 영국 사회를 중심으로 활성화되었고 이후에 사회사업의 형태로 자리잡게 되었다.10)

---

9) Foucault(Michel), *Histoire de la folie à l'âge classique*, Gallimard, Paris, 1968, pp.67-74, Dutrénit(Jean-Marc) (dir.), *Sociologie et Comprehension du travail social*, Privat, Paris, 1980, p.31. 재인용.

10) 19세기 자유주의 영국 사회에 있어서 민간부조는 빈곤문제 해결의 중추적 역할을 담당하였다. 인보관 운동(Settlement house movement)과 자선조직협회 운동(Charity Organization Society movement)을 통한 도시 빈곤 문제의 해결노력은 당시 민간부조의 대표적 형태들로서 사회복지학에서는 이들을 현대 사회복지의 기원으로 본다. 인보관 운동과 자선조직협회 조직의 내용에 대해서는 가스통 림링거(한국 사회복지학연구회 역), 『사회복지의 사상과 역사』, 한울, 1997, pp.86-87.

4) 공공부조에서 사회부조로

기 뻬렝11)에 의하면 "일반적으로 서구 사회에 있어서 공적부조는, 개인이나 사회적 통합의 수준 이하의 생활을 하고 있는 집단의 불안정 상태를 치유할 목적보다는 새로이 형성되기 시작한 사회에서 나타날 수 있는 잠재적인 불안정을 치유할 목적으로 정치 기구들이 행한 최초의 시도"12)였다. 다시 말해서, 서구의 전산업 사회에서 공공부조는 빈민집단을 위한 제도가 아니었으며 오히려 사회를 이들로부터 보호하려 했던 정치 권력의 의도에서 비롯된 시도였다. 이와 유사한 시도들이 당시 형성 과정에 있었던 유럽 국가들에서 비교적 일찍부터 나타나기 시작하였다. 특히 영국에서는 1388년부터, 덴마크에서는 개혁기부터 구걸행위를 금지했고, 프랑스에서는 1544년 파리에 빈민사무소(Grand bureau des pauvres)를 개설하였다. 이는 떠돌아다니면서 사회에 통합되지 못하는 부동층의 위험한 인구집단에 대한 사회적 방파제적 비용부담을 목적으로 하였으며 이들 부동층 인구에게 열등한 신분을 부여하는 방법을 통해 차별과 탄압을 하였다.13) 특히 국민 정치의식의 성숙과 또 한편으로 농업혁명과 인클로저 토지정책의 시행으로 말미암아 사회질서의 유지를 향한 정치권력들의 욕구는 한층 더 커졌고 이러한 경향은 영국을 선두로 여러 국가들에서 부조의 법률적 체계화로 이어졌는데, 잘 알려져 있는 1601년 영국의 엘리자베스 빈민법

---

11) 기 뻬렝은 제네바대학 교수와 국제노동기구 사회보장부의 부국장을 역임한 바 있다. 주로 사회보장 이론과 국제 사회보장법에 관한 다수의 저서와 논문을 남겼다. 기 뻬렝에 대해서는 나병균, 「기뻬렝의 사회보장 이론 연구」, 『사회복지 연구』 2001년 봄호.

12) Guy Perrin, "Pour une théorie sociologique de la sécurité sociale", revue *française de sociologie*, juillet-septembre, 1996, viii p.300.

13) "빈곤은 하나의 지위 또는 신분이었으며, 빈곤상태로 들어간다는 것은 단지 생활의 일부 이상의 전생애에 걸쳐 영향을 받는 것을 의미한다. 빈민은 모든 것을 위해서 구걸행위를 하며 그의 가족들을 데리고 다닌다. 걸인들은 2등 시민이라는 상이한 집단을 형성하며 시민으로서 지니는 중요한 권리 중에서 대부분을 박탈당한다." T.H.Marshall, *Social policy*, London, Hutchinson Univ. Library, 1965, p.16.

이 하나의 예가 된다. 이 공공부조 제도들의 공통적인 특성은 단지 역사학적인 관심에서뿐만 아니라, 가장 발전한 형태의 부조와 사회보장의 개념적 기초를 밝혀내는 데 도움이 되기 때문에 상기시켜 볼 만한 가치가 있다.

초기 공공부조의 공통적 특성은 공공부조에 위임되었던 사회적 방어라는 기본적 목적으로 특징지을 수 있다. 이와 같이 초창기의 공공부조에서는 보호와 탄압, 격리와 감금, 구호와 구금 사이의 구분이 모호하였는데, 이러한 목적상의 모호성은 오늘날의 부조에 있어서도 마찬가지이다. 예컨대 수혜자 범위, 부조를 결정짓는 사고와 방법 등에서 여전히 존재하는 무차별성과 결코 무관치 않은 것이다. 좀더 정확하게 말한다면 보호대상자 범위, 부조 행위의 원인이 되는 제반 사고들이 총체적이고 복잡한 상황 속에서 서로 섞여 있어서, 생존수단의 결핍의 문제와 지역집단에의 통합의 실패 등의 문제가 엄격히 구분되지 않은 채, 사회를 위협하는 같은 성격의 위험들로 해석되는 경향이 있다. 결과적으로 공공부조의 급여는 받는 사람의 권리이기에 앞서 사회질서의 유지에 위협이 되는 요소들을 중화시키기 위한 목적으로 제공되는 것이었다. 요컨대 초창기 공공부조에서 부조 급여가 허락된 대상자들에게 제공되는 원조를 이들의 권리로 인정하는 대신, 이들을 상대로 사회의 채권을 구축하려는 것이 특징적이었다. 이처럼 유럽의 전산업 사회 속에서 발전을 거듭한 공공부조의 기본적인 제도유형들은 당시 강조되던 전체 사회에의 소속에 배제된 소외 계층들에 대한 정치권력의 대응책으로 특징지을 수 있다.

정치집단의 권력적 기반이 확고하지 않았던 시기에 이들과 사회 내의 특수 집단들은 부조를 통해 나름대로 자선활동 또는 박애활동 사업들을 계속하고 있었던 것이다. 이들 특수집단들, 예컨대 종교공동체뿐 아니라 동업조합들, 종교적 우애조합들 그리고 기타의 노동자 조합들은 전통적으로 자선과 구호의 비용을 분담해 왔다.14) 이런 조건에서 공공부조의 출현은 중앙집권적인 정치권력의 출현 및 기반강화와 연결되어 있었다. 공공권력과 사회단체들 간의 관계는 부조의 근본적인 특성을 설명해 주고 있는데, 이때의 부조는 초기의 공공권력이 지닌 능력의 한계와 공공권력과 특수집단들 사이의 기능 분담으로 특징지을 수 있다. 그러던 것이 부조 실시의 주도권이 점차 공공권력의 손으로 넘어가게 되었다. 이들의 능력과 수단의 한계를 고려할 때, 공공권력은 점진적으로 사회 전체의 질서유지와 공동가치의 인정 등에 관한 자신의 역할을 확립하기 시작하였다. 이와 같이 초기의 공공부조는 사회적이기보다는 정치적인 의미를 지니고 있었다. 왜냐하면 당시의 공공부조는 형성 과정상에 있던 정치집단들의 자체 방어와 강화에 목적을 둔 것이었기 때문이다. 이어서 논의할 '공공부조에서 사회부조로의' 이행은 사회보장의 개념 변천에 있어서 하나의 본질적인 변화를 의미한다.

5) 프랑스 대혁명 기간 동안의 사회부조와 복지국가 이념

부조 이념의 근본적 변화는 1789년부터 19세기 초반에 이르는 혁명기 동안에 나타나기 시작하였다. 프랑스 대혁명의 발발과 함께 정부 내에 설치되었던 걸인대책위원회(Comité de mendicité)와 혁명의회가 공공부조의 개혁에 착수한 것이다. 이들은 종전까지 교권에 의해 시행되고 있었던 자선사업을 민영화하고 개인적 권리로서 욕구의 개념에 기초해 부조 받을 권리의 개념을 정립하였다. 다시 말해서 이 기간 동안에 나타난 것으로, 빈곤한 시민들에 대한 국가의 부조의무 개념이 바로 그것이다. 이는 빈민에 대한 사회의 채권[15] 개념으로 접근한 종전의 경찰행정의 일환으로서 공공부조와는 전혀 차원을 달리하는 부

---

14) A Manual of Poitical Economy, *The Works, reproduced from the Bowring Edition of 1838-1843*, New York, Russell and Russell Inc.,1962, vol. III, p.35, not, Guy Perrin 앞의 논문에서 재인용.

15) Perrin(Guy), "Pour une théorie sociologique de la Sécurité Sociale", *Revue francaise de Socioloqie*, juillet-septembre, 1967, VIII-3, pp.300-324.

조의 개념이다. 빈민에 대한 생존권 보장은 사회적 연대의 구체적인 표현이자 국가적 채무로 인식되기에 이르렀다. 또한 부조의 권리가 노동의 권리 다시 말해서 사회가 구성원들에게 실질적으로 보장해 주어야 할 권리로서 인식되기 시작한 노동의 권리 또는 일할 권리를 보충, 보완하는 대체적 개념의 권리로서 자리 매김하게 된 것이다.

혁명세력들의 새로운 복지 이념과 이를 실천할 행위자로서 국가 역할에 대한 생각은 몽테스크나 장자크 루소 등 계몽사상가들의 사상적 영향을 많이 받았다.16) 1793년 혁명정부가 선포한 세계 최초의 인권선언과 프랑스 제1공화국 헌법에는 공공구호와 공공부조 이념에 기초한 복지국가 이념이 나타나 있고 이는 현대 복지국가 이념 형성에 중요한 영향을 미쳤다.17) 이와 같이 노동의 권리와 부조 권리의 결합은 혁명기 동안에 나타난 새로운 사회보장 개념이라고 할 수 있으며 이는 국가와 국민, 사회와 사회구성원들 간의 새로운 관계 정립에 기초한 새로운 사회조직의 필요성을 정당화시켜 주는 것들이었다.

그러나 혁명기는 이들 새로운 이념들과 사회부조가 새로운 제도들로 구체화되기에는 충분하지 못한 기간이었다. 또한 산업혁명과 사회의 산업화는 혁명기 동안 서유럽 사회에 풍미한 희망찬 약속, 즉 약자들은 사회로부터 부조의 권리

---

16) 예컨대 몽테스큐는 그의 저서 『법의 정신』에서 빈민들의 생존권 보장을 국가의 역할에 포함시켰다. 또한 장자크 룻소는 빈곤한 시민들에 대한 생존권 보장을 사회와 체결한 계약에 기초한 사회의 의무로 보았다. 나병균, 「프랑스의 사회보장」, 『세계의 사회보장』, 유풍출판사, pp.209-210, 2001.

17) 프랑스 혁명기의 복지이념은 오늘날의 사회복지와 복지국가 이념에 영향을 미쳤다. 첫째, 혁명기의 인권선언은 1948년 세계인권 선언의 기초가 되었고 후자의 22조와 이하 조항들에는 인간의 권리로서 사회보장의 권리가 천명되어 있다. 둘째, 1793년의 프랑스 제1공화국 헌법에는 "사회의 목표는 공통의 행복을 가져다 주는 것이다"라고 되어있는데, 로잔발롱에 의하면 이는 시민들을 궁핍으로부터 해방시키는 것을 국가 의무로 간주하는 현대 복지국가의 개념과 유사하다. 즉, 앞의 헌법 조문의 내용은 그에 앞서 선포된 인권선언에 나타난 사회 또는 국가 역할의 실용주의적 해석으로 간주한다. Rosanvallon(Pierre), *La crise de l'Etat-providence*, éd. Seuil, 1981, p.34.

를 부여받는다는 소위 '평등사회의 신화'와는 거리가 먼 형태의 사회로 변모시키고 있었다. 사실상 생산기술과 노동조건 분야에서 초래된 변화는 경직된 계급구조의 부활과 19세기 후반부터 형성되기 시작한 노동자계급의 사회적 차별로 나타났으며, 이와는 대조적으로 부르주아지의 사회적 지위의 상승은 혁명기의 종언과 함께 대두된 경제적 자유주의의 토대 위에 이들의 세력기반을 구축해 갔다. 결과적으로, 사회부조라는 새로운 복지 이념의 출현을 가능하게 하였던 평등주의적 사회조류는 쇠퇴해 버리고 계급 간 대립과 분열이 점차 심화되는 사회로 점차 변화해 간 것이다.

19세기 유럽 사회에서 부르주아지에 의한 공공부조는 당시 가장 큰 사회문제였던 대량 빈곤에 대응하는 주된 도구이자 사회제도였다. 1834년 영국에서 제정된 신빈민법은 경제적 자유주의 독트린에 기초한 새로운 공공부조 이념을 표방하고 있었으나, 경찰행정의 일환으로서의 접근이나 부조 대상자들과 국가로부터 부조를 받는 사람들에 대한 인권 유린의 문제는 전산업 사회에서 행해지던 공적부조와 하나도 다를 바가 없었다.

공공부조의 민주화와 인간화는 19세기 말에 와서 재론되기 시작하였고 이어서 유럽 국가들의 제도 개혁이 나타나기 시작하였다.18) 영국에서의 빈민법의 폐지는 1908년 국민연금의 도입, 1911년 국민보험의 실시와 동시에 이루어졌다. 이는 사회보장 개념의 변천에 있어서 빈민에 대한 부조의 전제조건으로 시행되던 자산조사를 폐지하였다는 점에서 빈민의 인권 신장에서 한 단계 발전한 것이었다. 이처럼 부조 이념상의 급격한 변화와는 대조적으로 공공부조 제도 내에서의 부조 개념의 변화는 19세기 한 세기 동안 매우 더디게 진행되었다.

---

18) 공공부조의 민주화, 인간화 원칙들은 1889년 파리의 국제 공적부조 총회(Congré international de l'assistance publique)에서 채택되었다. 이것은 국가의 부조 의무, 거주지 구호의 원칙, 특히 가족 부양과 관련한 잔여적 개입의 원칙으로 요약할 수 있다. Alfandari (Elie), *Aide sociale, Action sociale*, Paris, Précis Dalloz, 1980, p.8.

3. 19세기 산업화와 사회보험의 출현

사회보험은 산업화의 희생자들인 노동자 계급을 보호하기 위하여 만들어졌다. 서구사회의 초기 사회보험 입법들의 이면에 숨겨진 정치적 의도들에도 불구하고 사회보험은 산업화의 부정적 결과들을 치유하고 노동자와 가족들의 기본생활을 보장하는 데 목적을 두었다는 것을 부인할 수 없다. 노동자 집단이 처해 있었던 특별한 사회경제적 상황과 이들의 특별한 요구는 전산업 사회에서 사회보장의 주된 개념을 형성하고 있었던 공공부조와는 전혀 성격을 달리하는 새로운 개념의 사회보장 제도를 만들어 낸 것이다. 이러한 개념 자체가 사회보험의 역사적 기원과 사회보험 제도의 주된 목표를 설명해 주고 있다. 사회보험은 공제조합들이나 공적 또는 사적 조합체계들로서, 초기 산업사회에서 노동자 자치정신에 기초하여 이들의 자구책들로 결성된 단체들로부터 강한 영향을 받았다. 한편으로 원래 사회보험은 산업체 봉급노동자들의 보호를 목적으로 한 도구였다. 이상에서 설명한 피보호자 집단의 차별화 이외에 사회보험의 대상이 되는 위험(사고들) 역시 종전의 것들과 다르다. 상이한 위험에 대한 보호 기술에 있어서도 차이가 날 뿐 아니라 당시의 자유주의 사회에서 노동자들이 노출되어 있었던 다양한 위험에 대해서도 종전의 것들과 상이한 점이 있었던 것이다. 점진적인 산업화는 사회보험의 피보호자 범위 및 적용대상 위험 범위의 확대 노력을 정당화하였다. 이러한 목적에 정확히 부합되는 것으로 독일의 비스마르크 사회보험 모델로부터 영향을 받은 재정방식과 행정방식이 있는데, 이 방식들은 노동자와 고용주들의 참여와 국가의 감독 또는 직접 개입을 전제로 한다.[19) 이 모델은 다소간 배타적 성격의 노동자 연대 개념에 기초하여

---

19) 국가의 재정참여는 질병보험, 산재보험, 노령보험 등 비스마르크의 3대 사회보험의 공통적 특성이라고 보기도 어려우며 뒤따라 성립되는 유럽 국가들의 다양한 사회보험 재정방식의 공통적 특성이라고 할 수도 없다. 독일의 최초 노령보험에서조차 제국 금고의 재정적 기여는 극히 사소한 수준이었는데 피보험자 일인당 연 50마르크에 불과했다. Guy Perrin, 앞의

다양한 사회보험 제도들을 만들어 갔다. 보호대상자, 대상으로 하는 사고(위험) 들 그리고 계급연대 메커니즘에 의존한 것 등은 사회보험과 부조를 구분 짓는 요소들이다.

사회과학적 관점에서 볼 때 이 두 보호형태들 간의 근본적인 차이점은 우선 어떠한 사회적 환경으로부터 영향을 받았느냐 하는 것이고 다음은 각각이 관계하고 있는 연대의 틀에서 나타난다. 사회보험의 제도화는 산업화 과정의 사회에서 새로운 계급구조의 형성에 따른, (사회구성원들 전체의 연대가 아니고) 부분적 연대에 기초하여 실현된 것이다. 그렇다면 당시 노동자들이 처해 있었던 특별한 상황과 요구는 무엇이었으며, 이에 대응하여 형성된 노동자 집단의 권리로서 사회보험은 과연 무엇을 의미하는 것일까? 사회의 산업화는 자신과 가족의 생활을 오직 임금에만 의존하는 노동자 계급의 형성을 촉진하였으며, 이들의 일상생활은 빈곤과 불안정으로 특징지어졌다. 사회보험은 이들 임금의 생계보장의 기능과 안전 보장의 기능을 맡는 노동자의 권리로서 중요한 의미를 지닌다. 그리고 이들의 경제생활 안전 보장의 권리로서 사회보험의 권리는 오늘날 사회보장 권리의 중심적인 개념을 형성하고 있는 것이다

1) 노동자 집단의 무산자화(prolétarisation)-노동자계급의 형성

산업화와 현대 사회보장의 관계는 19세기 산업화 사회에서 시작되었다고 할 자본과 노동의 분리현상의 가속화와 양극화 현상으로 설명하는 것이 적합하다. 최초의 사회정책학자 중 한 사람이었던 유젠 뷔레는 19세기 초 유럽 사회의

책, p.362 재인용. 그러나 이 모델의 중요한 특성은 사회의 재구조화에 종전의 노동자 공제조합 또는 협동조합 형태들을 적응시키고자 하는 노력의 표현이었으며, 통제와 보장에 있어서 독점체제에 대한 지지 등의 측면에서 강단사회주의자들로부터 지배적인 영향을 받았다. 이 모델은 19세기 말부터 유럽에 급속히 확산되기에 이르렀으며 이때부터 2차대전 이전까지의 시기를 사회보험의 시대라고 볼 수 있다.

변화와 관련하여 기록하기를, "우리의 관점에서 볼 때, 노동자 계급에 가장 불행한 경제적 사실은 생산의 두 요소인 자본과 노동 사이에 더욱더 강화되고 절대시되는 분리현상과 그 결과 영원히 상반되는 두 개의 이해관계 간 대립이 영속화된다는 점이다"[20]라고 하였다. 그는 노동자 집단의 계급화와 무산자화 현상을 최초로 발견한 초기 사회과학자 중 한사람이다. 대안으로서 그는 노동자 계급의 복지 증진을 위한 국가의 적극적인 개입을 주장하였다.

19세기 기간 동안, 유럽 사회의 산업화는 자본과 노동의 분리를 촉진시켰으며 또한 노동자 집단의 대량 빈곤화(paupérisation)와 생활 불안정화의 문제들을 심화시켰다. 사회보험의 출현은 이러한 일련의 변화들과 밀접히 관련되어 있다. 따라서 이 두 가지의 문제들을 좀더 자세히 살펴볼 필요가 있다.

(1) 노동자 계급의 대량 빈곤화 문제

대량 빈곤화란 초기 산업사회의 거대한 사회변화로서, 수많은 생산자들이 생산수단을 박탈당하면서 임금노동자가 된 현상을 말한다. 초기 산업사회의 수많은 자영상공인, 독립노동자, 소규모 자본가들이 경제 전쟁에서 수많은 무산자들로 변하였다. 먼저 이러한 노동자들의 대량빈곤화 현상은 앞에서 언급한 수많은 생산자들과 그들의 장인들이 저임금 노동자가 되면서 점점 자본가들에게 종속되어진 것을 의미한다. 맑스는 대량 빈곤화 현상에 대해 좀더 분석적으로 설명한다. 그는 산업사회의 노동자들이 점점 더 빈곤화되어 가는 것을 설명하기 위하여 당시 임금 노동자들의 임금 수준에 주목하였다. 그것은 리카도나 라쌀레가 말하는 생존에 필요한 최저 수준을 조금 상회하거나 또는 조금 모자라는 수준에서 정해졌다.

이러한 당시의 임금 수준을 전제로 하여 리카도와 라쌀레는 노동자의 변화

---

20) Buret(Eugène), *De la misère des classes laborieuses en Angleterre et en France*, tome I, p.68.

는 결국 노동의 수요와 공급의 법칙에 따라 불가피하게 나타나는 임금 수준의 하락에 기인하는 것이라고 결론지었다. 그러나 맬더스에게서 영감을 얻은 두 경제학자의 이러한 주장에 대해 맑스는 노동자의 빈곤화는 노동의 수요와 공급에 의해서가 아니라 자본가들에 의한 잉여가치의 착취에서 비롯되는 것이며 노동자들의 대량 빈곤화는 자본주의 생산양식이 유지되는 한 불가피하다고 진단하였다.

자본의 축적은 (상대적)인구과잉 상태를 낳는다. 여기서 상대적이라 함은 국부의 총량에 비해서 노동자의 수가 너무 많다는 것이 아니라 단지 자본이 필요로 하는 인구, 고용을 필요로 하는 인구의 과잉현상을 의미한다. 그러나 이 인구과잉 현상이 반드시 부정적인 결과만을 가져다 주는 것은 아니다. 소위 '산업예비군'의 존재는 노동계약에 있어서 자본가들을 결정적으로 유리한 위치에 서게 한다. 이것은 자본가에게 초과 착취(surexploitation)와 상대적 과잉 효과를 동시에 가능하게 하여 일당 노동시간의 연장을 가능하게 하고 일자리를 찾는 많은 실업자들을 기업체 앞에 집합시키며, 성인 남자들을 해고시키고 그 자리에 아동, 여성을 앉히는 등의 조작을 가능하게 한다. 결론적으로 맑스는 맬더스의 인구론이 자본가의 착취와 노동자의 빈곤화를 정당화하는 이론에 불과하다는 점을 비판하였다.

19세기 서구 사회에서 노동자 집단의 대량 빈곤화 현상은 명백한 역사적 사실로서, 라운트리와 찰스 부스 등이 실시한 빈민조사 결과가 그 좋은 예가 된다.[21] 이들이 발견한 빈곤은 개인의 나태와 무절제가 초래하는 개인적 빈곤이 아니라 대도시 빈민촌 지역에 모여 사는 대다수의 빈곤 노동자와 실업자들이 지닌 사회적 빈곤의 문제였다.

---

21) 사회복지연구회 역, 『사회복지 사상과 역사』, 한울아카데미, 1997, p.87.

(2) 노동자 계급의 생활불안정 문제

노동자 집단의 빈곤화와 함께 우리가 주목해야 할 산업사회의 문제는 노동자 집단의 생존 불확실성이다. 이와 관련하여 엥겔스는 "무산자들의 수와 그들의 빈곤은 점점 늘어간다. 이것을 절대적인 것으로 긍정하는 것은 정확한 것이 되지 못한다. 노동자들의 조직화와 점점 커지는 이들의 저항운동은 빈곤의 확대를 가로막는다. 그러나 분명히 확대되는 것은 생존의 불확실성이다"라고 하였다.[22] 그는 주기적인 경기불황에 따른 실업자 수의 증가, 노령, 질병, 사고 등에 의한 일시적 혹은 장기적 노동 무능력 상태의 지속과 이로 인한 경제생활 압박이 저임금의 문제보다 더 심각하다고 보았다. 오늘날 자본주의 사회에 대한 그의 진단과 전망은 정확한 것이었다. 왜냐하면 19세기 말부터 한 세기에 걸쳐 진행된 사회의 산업화는 결과적으로 자신과 가족의 생존을 자신의 노동에 의존한 인구집단, 즉 임금노동자 집단과 사무원 등 봉급생활자 집단이 인구 전체에서 차지하는 비중을 빠른 속도로 증가시켰기 때문이다. 자본 중심의 사회에서 이들의 생활안전의 정도는 특별한 조치가 존재하지 않는 한, 자본가 집단에 비하여 훨씬 낮다.

맑스와 엥겔스에게 있어서 산업화에 따른 가장 큰 변화는 소자본가, 자영농부 등 인구 다수의 임금노동자화 현상이며, 그들은 이러한 변화를 역사적 추세로 인식하였다. 임금조건은 최저 생존선으로의 하락이라는 문제만은 아니며 동시에 노동자 자신에게 강조되는 자기 착취의 조건, 다시 말해서 점점 커져 가는 불안정 상태로의 전락의 문제이다. 요컨대 임금노동의 불가피한 확산, 임금노동의 불충분성, 노동조건의 불확실성, 이 세 가지가 맑스와 엥겔스가 지적한 산업사회의 대표적 사회문제들이었다. 노동자 생존의 불안정성은 두 가지 원인으로 나누어 볼 수 있는데, 먼저 고용의 상대적 불안정성을 생각해 볼 수 있다.

---

22) Hatzfeld(Henri), *Du Paupérisme à la Sécurité Sociale*, Paris, Armand Colin, p.28 재인용.

기업주와 자유로운 계약을 기초로 고용이 보장된다고 하지만 초기 산업사회의 특성상 노동의 수요에 비하여 공급과잉 현상이 지배적이었다. 게다가 부녀자와 아동의 노동시장 진출은 사태를 더욱 어렵게 만드는 요인이 되었다. 이와 함께 경기의 주기적 불안정에 따른 실업자 수의 증가 역시 하나의 요인이 될 수 있다. 노동자 생존의 불안정성의 둘째 원인은 질병, 허약, 노령, 사고 등의 실현이다. 개연적인 위험성을 가진 이러한 것들이 실현되는 경우 임금의 단절 또는 감소가 나타날 수 있다. 이러한 변화는 결과적으로 노동자의 경제적 불안정상태로 이어진다. 경제적인 불안정은 다시 노동자와 가족의 전반적인 생활상의 고통과 심리적인 불안을 야기하고, 이는 노동자 가족의 생활을 위협하게 되는 것이다.

첫째 원인, 즉 고용 불안정 문제는 적극적인 고용촉진정책, 국가에 의한 완전고용정책, 고용보장제도의 확립을 통해서 해결될 수 있는 문제이지만 19세기 자유주의 국가에서 노동문제에 대한 이 같은 국가의 개입이나 노동정책은 찾아볼 수 없었다. 둘째 원인, 즉 노동자들에게 개연적인 위험들-이것을 20세기에 들어서는 '사회적 위험'으로 개념화함-에 대한 대책으로 초기 산업사회에서는 공제조합이나 우애조합 등의 형태가 존재했다. 이러한 형태는 생활 불안정 문제에 대한 노동자들의 자구적인 노력의 대표적인 것들이었다. 공제조합과 우애조합은 동일 직업 또는 동일 직종에 종사하는 노동자들을 중심으로 설립된 조직으로 정관 또는 회칙을 마련하여 그에 따라 회비나 기금형태의 재정수단을 기초로 질병, 사고, 실업, 퇴직 등의 문제를 당한 조합원들에게 생활에 필요한 급여를 실시하였다. 공제조합이나 동업조합은 위험에 따른 손실을 보상과 관련해 보험원칙에 의존하지만 영리성이 배제된다는 점에서 사설보험과 구별된다. 이 조합들은 공동체적 성격의 조직으로 집단 내 성원들 간의 경제적 연대성 원리에 기초하여 비용부담과 보상문제를 해결해 나간다. 공제조합 이외에 현대 사회보장 성립에 중요한 영향을 미친 단체들은 사용자금고이다. 이들 금고들은 19세기 후반부터 나타나는데, 특히 철도회사, 대규모 광업소 등 안정된 노동력의 확보를 필요로 했던 대규모 기업체들이 자체비용으로 운영했으며 노동자 생활보장을 목적으로 했다.

예컨대 국영철도회사의 노령연금 제도는 사용자금고의 형태로 운영되었다. 사용자(기업주)는 노동계약에 기초하여, 회사재정의 일부를 퇴직하는 노동자들에게 퇴직금 또는 연금급여의 형태로 지급하였다. 이것은 초기 산업사회에서 농업과 선로관리 업무를 겸하던 노동인력들의 고용안정을 보장받기 위하여 사용자측에서 실시하였다. 이 제도는 숙련된 노동자들을 안정적·지속적으로 확보하려 했던 대기업들이 실시한 사원복지 제도이자 부가적 수혜로서 노령연금 제도의 기원이 되었다.23)

2) 비스마르크 사회보험의 성립과 그 특성

최초의 사회보험은 독일에서 시작되었다. 그 배경적 요인으로 네 가지를 들 수 있다. 첫째, 경제적인 요인으로 도시 노동자 계급의 급격한 증대이다. 독일은 19세기 후반 급속한 산업화에 따라 산업체 노동자들의 수가 엄청나게 증대했고 1874년의 경제불황은 이들의 생활문제를 더욱 악화시켰다. 둘째는 이념적 요인으로 사회주의의 영향을 들 수 있다. 이 당시 독일의 사회주의는 급격한 산업화의 여파로 유럽 사회주의 운동의 중심적 위치에 있었다. 라쌀레, 베벨, 리프크네히트 등의 사회주의자들은 노동조합 운동의 이념적 기초를 제공하고 있었다. 셋째는 정치적 요인으로, 비스마르크의 사회주의 세력과 노동운동에 대한 양면적 대응이다. 그는 '사회주의 탄압법'으로 노동운동을 철저히 규제하는 동시에 사회보험 정책을 수단으로 대기업 기업주들과 노동자들에 대한

---

23) 하쉬펠드는 19세기 말 프랑스의 사용자금고가 현대 프랑스 사회보장 노령연금의 기원이라고 주장한다. 그 재원은 전적으로 사용자 부담이었다.

회유를 시도하였다. 넷째는 제도적 요인으로서, 독일은 통일 이전의 작은 국가들로 존재했을 때부터 이미 노동자 보호를 위한 사회보험 형태의 조직들이 운영되고 있었다.[24) 비스마르크 정부는 1883년 질병보험을 시작으로 재해보험(1884), 폐질 및 노령보험(1887)을 각각 제도화하였다.

당시의 사회보험은 첫째, 초기에는 빈곤한 임금 노동자들만을 상대로 하다가 점차 봉급생활자 집단으로 가입자 범위가 확대되었다. 둘째, 사회보험은 초기에는 임금노동자들의 생활 개선을 위해 충분치 못한 급여만이 실시되던 것이 점차 이들과 봉급생활자들이 일상생활에서 예견할 수 있는 위험이 실현되는 경우 임금 또는 봉급의 상실부분을 보상해 주는 것을 목적으로 실시되었다.

사회보험의 보호 기술상의 특성은 세 가지로 요약할 수 있다. 첫째는 의무적인 성격이다. 가입의 의무는 노동자들을 위험으로부터 보호하고 재정적 보상을 가능하게 한다. 둘째는 기여의 수준이 임금 또는 봉급의 액수에 비례하였다(정률제). 셋째, 기여금은 노사가 분담하고 국가는 노령, 장애 등 특정 부분에 한해 보조금을 지급하였다.

사회보험 적용 대상자 범위의 확대는 이미 1924년에 베버리지에 의해서 주장된 바도 있거니와 향후 산업사회 사회보호의 주된 방법이자 제도로서 사회보험의 적용 대상자 범위와 보호 대상 위험들의 범위가, 2차 세계대전 이전의 기간까지 점차 확대되기에 이르렀다. 또한 1920년대 말부터 1930년대 초까지의 경제대공황과 1930년대 말에 시작된 제2차 세계대전을 거치면서 영미권을 중심으로 형성되고 세계 속으로 확산되기 시작한 새로운 사회보호의 이념, 즉 사회보장 개념의 전개에 따라 자영업, 자유업, 농업 부문에 종사하는 모든 경제활동인구의 영역에까지 사회보험의 의무가입 대상자의 범위가 확대되었다. 이리하여 사회보험은 산업사회의 구성원 다수를 차지하는 노동자와 봉급생활

---

24) 예컨대 프러시아(1854)와 바비에, 빌템부르크 등에서는 1867-1875년 사이에 사회보험을 시작하였다. Dupeyroux(J.-J), *Droit de la Séc. Soc.*, p.39.

자 집단은 물론 자영업 종사자 집단의 생활안전 보장을 담당하는 중심적인 제도로 자리하게 된 것이다.

사회보험의 목표는 직업소득의 안정성 보장이다.[25] 직업소득의 안정성을 보장한다는 것은 과연 무엇을 의미하는 것일까? 이미 설명하였거니와 산업화의 과정에서 나타나게 된 노동자 집단과 이들의 생활은 이들이 점차 자본의 공유에서 소외됨에 따라 불안정해졌다. 산업사회 노동자와 가족 집단의 생활이 불안정하게 된 근본적인 이유는 자본으로부터의 소외에서 비롯되는 것이다. 따라서 이를 보완하기 위한 제도적 안전장치가 필요하게 되었는데, 그 중 하나가 임금 소득의 안정성을 보장해 주는 사회보험 급여라 할 수 있다. 이것은 법에 의하여 가입이 의무화되고 노동자는 약정된 위험이 실현되는 경우 그로부터 초래되는 비용과 소득 상실 분을 사회보험에 청구할 수 있도록 한 것이다. 이러한 착상은 생활의 안전을 지켜 주는 자본의 형성이 현실적으로 불가능한 노동자 계급을 위하여 자본의 권리와 대비되는 노동자 집단의 고유한 권리로서 사회보험을 제도화, 즉 프롤레타리아의 생활안전의 권리를 제도화하는 것으로 사회보험의 개념 형성이 완결되었다.

허쉬펠드는 사회보험의 권리를 자본가의 재산권에 맞서는 무산자 계급의 고유한 권리인 노동권의 확대 개념으로 보았다.[26] 다시 말해서 그는 자유주의 사

---

25) 세계 각국의 사회보장 제도가 추구하는 목표는 직업소득의 보장과 사회적 미니멈의 보장으로 나눌 수 있다. 여기서는 전자의 경우를 지칭한다.

26) 그에 따르면 19세기 초반까지 프랑스에서 (경제생활의)안전은 소유제도와 연결된 개념이었다. 자본 또는 재산의 기능 중의 하나는 그것을 소유한 사람들에게 안전을 제공하는 것이었다. 반면 그런 것들을 가지지 못한 사람들은 안전을 제공받지 못하였다. 따라서 이들은 궁핍상태에 이르게 되면 부모나 자선기관에 의존하지 않을 수 없었다. 요컨대, 소유권만이 안전을 보장해주는 유일한 법적 장치였다. 19세기 말부터 20세기 초의 기간 동안에는 노동자와 가족의 생활안전을 보장해 줄 새로운 형태의 권리 개념이 출현하였다. 그것은 새로운 노동권 개념에 기초한 사회보험의 권리였다. 이에 대해서는 Henri Hatzfeld, Du paupérisme à la sécurité sociale, Paris, A. Colin, 1978, pp.27-29.

회에서 통용되던 "소유권=안전"이라는 관념이 산업화 사회에 있어서는 소유권/노동권 안전의 개념[27]으로 변해갔다고 보고 있으며, 현대 사회의 사회보장의 권리도 사회보험과 가족수당으로 대표되는 노동자와 그의 가족 또는 노동에 의한 자신과 가족의 생활을 영위하는 모든 인구 집단의 생활안전의 권리로 이해한다.

3) 사회보험 개념의 확대

이상에서 설명한 사회보험의 개념을 요약하자. 우선 그 기원은 노동자 공제조합과 동업조합의 자치 원칙이 기초가 되는 공적, 사적 체계들이 제도화된 것이다. 이와 같은 것들이 산업화로 인한 열악한 생산조건에 놓인 노동자들의 보호(개인적, 또는 계급적 차원)와 노동력 보존을 통한 생산성의 향상(사회적 혹은 국가적 차원)을 목적으로 사회보험 제도가 만들어졌다.

사회보험의 재정은 노사가 부담하는 보험료와 국가의 보조로 구성된다. 행정 및 관리운영은 노사에 의한 운영과 국가의 감독 또는 개입이 병행 실시된다. 보호대상자 범위와 보호대상 위험에 관하여 말한다면, 노동에 의한 소득이 주된 생활수단이 되는 모든 사회계층에 대하여 이들의 직업활동에 의한 소득을 위협하는 모든 종류의 사회적 위험들에 대한 보상을 실시하며, 의무가입과 보험료 납부 의무를 원칙으로 한다. 또한 보호대상자 범위, 보호대상 위험의 범위 등에 있어서 사회부조와 극명한 차이를 나타낸다.[28]

---

27) 소유권이 자본가 등 유산자 계급의 생활안전을 보장하는 장치라면 노동자 계급의 안전 보장 장치는 노동자의 권리로서 일할 권리 및 질병, 실업, 노령, 산재 등 이들의 소득안전의 권리를 법제도적 장치의 마련을 통하여 보장하는 것이다.

28) 사회보험은 일차적으로 노동자들과 그 가족의 생활안전을 위협하는 제반 사회적 위험들에 대한 보상을 실시하는데 반하여 사회부조는 일시적 또는 영구적 빈곤상태에 놓인 빈곤자 집단을 대상으로 역시 일시적 혹은 항구적 성격의 구호 또는 기본욕구의 충족을 위한 급여를 실시함을 목적으로 한다.

사회보험은 유럽 각국으로 확대·실시되기에 이르렀다. 룩셈부르크(1901-1911), 네덜란드(1913), 스웨덴(1908), 이탈리아(1919)와 영국의 국민보험(1911) 프랑스(1928-1932) 등이 그 예이다. 각국의 사회보험은 대상자 범위를 저소득 노동자에서 점차 모든 임금 노동자와 봉급생활자 집단으로 점진적으로 확대하기 시작하였다. 사회보험의 위험 범위도 산업재해, 질병, 노령 등 제한된 범위에서 실업, 출산, 장애, 사망 등의 범위까지 영역을 넓혀나갔다.

4) 가족수당의 기원과 발전

가족 부양은 사회보험의 전통적 위험 범위 안에 포함되는 것이 아니었다. 그러나 19세기 말 로마교황청의 노동에 대한 태도 변화[29]와 일부 기업들의 가족수당 급여 실시에 힘입어 점차 확대되기 시작하였다. 특히 양차 세계대전 사이의 기간 동안 프랑스 등의 나라에서 시작된 출산장려 지향적 국가 인구정책과 결합되면서 가족수당은 전체 인구를 대상으로 하는 제도로 확대되었다. 예컨대 프랑스, 벨기에 등의 국가에서는 1930년대 초부터 가족수당의 보편화가 진행되었다. 1940년대에 이르러서는 영국과 프랑스 등에서 사회보장의 급여 항목으로 포함되어 오늘에 이르렀다.[30]

---

29) 로마교황청은 산업화에 따른 계급간 이해관계의 갈등구조 속에서 자본가 집단의 이해관계를 옹호하는 태도로 일관하였다. 그러던 것이 19세기 말에 이르러 태도 변화를 보이기 시작하는데 그 대표적인 예가 교황 레옹 13세의 횟장(Encyclique) 레룸노바룸(Rerum novarum)에 나타난 정당한 봉급(juste salaire)의 개념이다. 종전까지 봉급이란 제품생산에 소요되는 인건비 이상의 노동자와 족의 복지와는 무관한 것으로 인식되고 있었다. 그러나 횟장에 나타난 새로운 봉급의 개념은 노동자와 그 부양가족의 생활급으로서 인식된다. 이 새로운 봉급의 개념에 따른다면 동일한 노동에 종사하는 독신 노동자 A와 결혼하여 배우자와 부양가족을 거느린 B, 이 두 노동자의 봉급수준은 B가 A보다 많아야하며, 봉급의 수준은 노동자 자신과 부양가족의 생존에 필요한 수준으로 지급될 때 비로소 정당한 것이다. 정당한 봉급의 개념에 대해서는 Saint-Jours(Yeves), *Traité de Securité Sociale, T. 1 Le droit de la Sécurité Sociale*, Paris, L.G.D.J., 1984, p.21.

4. 산업사회에서 사회보장 개념의 형성과 제도의 발전

현대 사회보장은 국민연대의 원리에 기초하여 전 국민을 상대로 하는 소득과 의료의 보장을 제도화시키는 것을 목표로 한다. 사회보장은 인간으로서 또는 사회구성원으로서 누구에게나 주어지는 권리로 인식된다. 이 권리 구현의 중심에 국가가 위치하며, 국가가 전개하는 사회보장 행정은 현대 국가의 중요한 기능 중 하나라 할 수 있는 공공서비스의 영역에서 중요한 위치를 점유하고 있다. 그렇다면 이러한 혁신적 사회보호의 이념은 어떻게 형성되었으며 이를 가능하게 하였던 역사적 배경은 과연 어떤 것이었는지 살펴보기로 한다.

서구 산업사회의 사회보장은 1930년대의 경제 대공황과 제2차 세계대전이라는 시대적 배경 속에서 성립된 개념이다. 자본주의 국가들 중에서 사회보장이라는 용어를 가장 먼저 사용하기 시작한 것은 미국이다. 1920년대 말부터 시작된 자본주의 사회의 경제대공황은 자기조절적 시장의 신화와 경제발전에 있어서 최소 정부가 최선의 정부라는 믿음을 여지없이 뒤흔들어 놓았고, 위기관리자로서 국가 또는 정부의 중요성이 부각되기 시작하였다. 1935년 미국의 사회보장법은 경제대공황의 타개책으로 루즈벨트 정부가 제안하고 추진한 뉴딜정책의 일환이라 할 수 있는데, 이는 사회보장 급여를 통하여 빈민과 실업자 집단의 구매력을 증진시킴으로써 국가경제 회로에 막힌 물꼬를 터 주어 생산력을 회복하고 결과적으로 고용확대를 유도하는 데 목적이 있는 것이었다.

이러한 발상은 국가경제의 수요 부문에 국가개입의 강화라는 변화와 함께 사회보장 급여 대상자 범위에 있어서, 종전의 사회보험과 비교할 때 괄목할 만한 확대를 초래하였다. 종래의 사회보험에서는 주로 임금노동자 집단에 국한하여 급여가 제공되던 것이 빈곤노인, 실업자 등 사회보험에 재정적 기여 능력이

---

30) 예컨대 영국의 아동수당 제도(1942년 베버리지 보고서에서 제안함)와 프랑스 가족수당(1946년)이 그 예이다.

없거나 부족한 인구 집단에도 사회보장의 급여가 제공되기 시작한 것이다. 경제대공황의 여파는 실로 엄청난 것으로 그 영향은 임금노동자와 봉급생활자 집단은 물론이고 자영업자 집단과 농업종사자 집단을 포함한 인구 전체의 생활안정을 위협하는 결과를 가져왔다. 이제 사회보장의 과제는 임금노동자의 구매력 유지를 통한 생활안전의 문제에서 경제활동인구 전체의 생활안전 보장으로 확대되었다는 것을 알 수 있다.

1930년대 말까지 영국의 사회보험은 주로 임금노동자 집단을 중심으로 한 복잡한 제도들이 모자이크 형태로 존재하는 형국이었다. 직업 혹은 직종 간의 연대를 중심으로 발달해 온 여러 제도들이 재정적인 어려움을 겪으면서도 독자적으로 생존을 모색하고 있었다. 제도의 통합은 개별 제도 가입자들의 기득권 보호가 이들 복수제도들의 통합을 방해하는 걸림돌이었다. 1942년에 발표된 베버리지 보고서는 모자이크식 복수제도들로 특징지어지는 당시 영국의 사회보험제도들의 통합과 국민보험과 국민부조의 연합적인 노력을 통하여 영국 국민들의 기초생활을 보장함으로써 영국 사회에서 빈곤을 영원히 추방하는 데 목표를 두고 있었다. 이러한 목표의 달성에 있어서 국민연대의 원칙과 국가의 중심적 역할이 강조되었다. 베버리지 보고서의 내용은 1946년부터 1948년 기간 동안 노동당 정부가 추진한 영국 사회보장제도의 초석이 되었다.

2차 세계대전의 경험은 영국 국민들에게 전쟁에서 해방된 복지사회와 복지국가에 대한 동경과 국민연대감의 강화를 초래하였으며 이러한 변화는 1940년대 말의 영국 사회보장 제도 개혁을 가능하게 한 주요 원인들로 작용하였다. 베버리지 보고서와 영국 사회보장 개혁은 프랑스 등 인접 국가들은 물론 종전 후 생겨나는 한국을 포함한 신생독립국가들의 사회보장 발전에 지대한 영향을 미쳤다. 서구 복지국가들의 사회보장제도들이 1940년대부터 눈부신 발전을 이루었다는 것은 위에서 언급한 바와 같으며, 그 배경을 살펴보면 다음과 같이 요약할 수 있을 것이다.

우선, 사회보장은 사회보험과 사회부조라는 19세기의 2원적 사회보호 개념들의 종합인 동시에 기존의 사회보호 이념을 능가하는 현대적인 요소들을 포함하고 있다. 이것은 1940년대 이후 30년 동안 서구 산업사회를 중심으로 발전한 복지국가의 주된 기제로 기능하기에 이르렀다. 이제 사회보장을 통하여 제공되는 사회적 미니멈 급여는 국가가 시행하는 공공서비스 행정의 테두리 내에서 시행되기에 이른 것이다. 산업사회로 특징지어지는 현대 사회의 모든 구성원들의 기초생활 보장과 생활안전의 보장과 관련된 새로운 차원의 사회보호 개념이자 인간의 권리를 의미한다.

20세기 후반부터 사회보장 제도가 실시되면서 서구 각 국에서는 사회보장의 개념 안에 가족수당을 포함시키게 되었다. 부양수당은 사회보장의 새로운 발명품은 아니며, 이미 19세기 후반부터 카톨릭 교회의 가르침에 따라 일부 국가의 기업들이 행하던 것을 점차 확대하여 실시하기에 이른 것인데 이것이 사회보장 제도의 성립과 함께 그 제도 안에 포함된 것이다.

산업사회는 임금노동자 및 봉급생활자 집단이 전체 인구에서 차지하는 비율이 절대적으로 많다. 이미 20세기 초 영국에서 이들의 전체 인구 대비는 80%를 넘어서는 정도였으며 오늘날 서구 사회의 임금노동자와 봉급생활자 집단이 전체 인구의 절대 다수를 차지하는 것이 일반적 현상이다. 이와 같은 상태에서 각종 사고와 질병, 그리고 퇴직 등에 관한 위험으로부터 임금, 봉급의 항구성 또는 안전성을 보존하기 위한 목적으로 실시하는 사회보험의 급여는 노동자와 봉급생활자들과 가족의 경제생활 안정을 위하여 필수적인 것이 된다. 따라서 사회보험의 의무가입 범위는 점차 확대되기에 이르렀다. 또한 자영업 종사자들과 농업종사자들의 경우에도 사회보험 도입에 따른 인식 변화에 따라 생활안전의 방법으로 사회보험을 선호하기 시작했다.

20세기 산업사회의 사회보장은 우선 사회보험의 가입대상자 범위를 인구 전체로 확대시켰다. 제도가 커버하는 사회적 위험의 범위 역시 괄목할 만큼 확대되었다. 그러나 사회보험에서 사회보장으로의 변화는 가입자와 사회적 위험 범위의 확대만을 의미하는 것은 아니다. 베버리지 보고서와 국제노동기구의 사회보장 권고 등에 나타난 급여와 조직의 원칙들은 현대 사회보장의 개념을 이해하는 데 있어서 결코 간과되어서는 안 될 것이다.[31]

인구학적 관점에서는, 전쟁으로 고통받는 인적 자존의 복구가 필요하다는 것에 기초하여 보건 및 가족 정책의 발달이 이루어졌다. 또한 경제학적인 차원으로, 전쟁으로 인한 화폐가치의 저락은 예금자들의 생활을 어렵게 만들었고 특히 노인들의 생활이 극도로 악화되기에 이르렀다.

1952년 영국의 베버리지 보고서에 이어, 종전 후 집권한 노동당 정부를 중심으로 영국 사회보장 제도가 성립되었다. 또한 프랑스는 1945년의 사회보장 조직에 관한 법령에 기초하여 사회보장 제도가 도입되었다. 서구 복지국가들의 사회보장 제도들은 황금기라 할 수 있는 1940년대 말부터 1970년대 초에 양적으로나 질적인 측면에서 모두 도약기를 맞이하게 된다.

1) '사회보장'이라는 용어의 사용

세계사적 관점에서 볼 때, '사회보장'이라는 용어는 개념과 원칙이 통일되지 않은 채 개별 국가 차원에서 다양한 의미로 사용되고 있었다.[32] 우선 이 용어는 1918년 10월 31일 소련에서 최초로 법제도적 차원에서 사용되기 시작했다. 당시 소비에트 헌법은 "각자의 노동에 따른 사회보장의 권리"를 인정하고 있다. 다음으로, 미국 사회보장법(1935년 8월14일)에는 국가의 위기관리자 역할이 잘 나타나 있으며 연방정부가 운영하는 공적부조 및 노령, 사망보험 그리고

31) 새로운 원칙들에 관해서는 후기 할 베버리지 보고서와 국제 노동기구의 사회보장의 원칙들을 참고하시기 바람.
32) 사회보장 용어의 역사에 대해서는, "국제 사회보장 개념의 형성" 중 사회보장 용어의 역사 부분 참고

주정부 단위의 실업보험을 규정하고 있다. 또한 1930년대 도시노동자들의 보호에 초점을 맞춘 대부분의 사회보험 제도와는 대조적으로, 뉴질랜드 사회보장 제도(1938)는 농촌인구에 대한 사회부조 개념에 기초하고 있었으며, 이것이 점차 확대되어 국가사회 전체의 빈곤상태 근절을 목표로 빈곤선을 설정하고 그 이하로 떨어지는 사람들의 소득을 보충해 주는, 소위 '데모그랜트(demogrant)' 개념으로 발전하였다.

인간의 기본적 권리로서 사회보장 권리의 탄생은 1944년의 미국 필라델피아에서 있었던 국제노동기구 총회에서의 선언(필라델피아 선언)과 국제연합의 세계인권선언(1948)에서 비롯된다.[33] 2차 세계대전 기간 이후의 사회보장 권리와 관련된 국제 조류의 형성은 선진 산업국가들뿐 아니라 개발도상국들의 사회보장 제도 성립에 결정적인 환경을 조성해 주었다.

2) 베버리지 보고서 - 기본 원칙들과 그 의의

베버리지 보고서의 원래 명칭은 '사회보험과 관련 서비스들'이다. 이 보고서는 1942년 영국 정부에 제출되었고 이어서 같은 해 12월 1일 하원에 제출되었다. 이 보고서는 베버리지라는 인물이 주도하였다.[34]

이 보고서가 전하는 메시지는 두 가지로 나누어 설명할 수 있다. 첫째는 기술적 권고들로, 이것은 사회보장의 구조조정에 관한 내용이다. 둘째는 사회적, 철학적 방향제시로서 앞에서 언급한 기술적 권고들의 정당화를 시도하고 있다.[35] 기술적 권고들은 보편성, 단일성 그리고 통합성으로 요약된다. 그러나

---

33) '인권으로서의 사회보장' 참고.

34) 그는 이미 로이드 죠지의 사회보험 계획단계에 참가하였으며 19세기 말부터 고용과 실업 문제 전문가였고 정부의 관련부처 고급 공무원으로 요직을 두루 거쳤다. 또한 교육자이기도 했다. 베버리지에 대해서는 김상균, 『현대 사회정책』, 서울대 출판부. 참고.

35) Guy Perrin, "The Beveridge Plan: The main principles", *Int. Soc. Sec. Rev.*, vol.45,

이 세 가지 원칙들은 단순히 사회보장 제도 개혁을 위한 원칙으로만 그 의미가 한정되는 것이 아니다. 그것을 넘어서 베버리지는 산업사회 장래에 대한 비전과 새로운 사회 속에서 변화하는 사람들의 역할과 새로운 욕구들에 대한 깊은 통찰을 기초로 보고서를 작성한 것이다.

(1) 기본원칙

이 보고서의 사회보장 원칙들은 보편성의 원칙, 단일성의 원칙, 통합성의 원칙 3가지로 집약할 수 있다.

① 보편성의 원칙

사회보장은 이미 19세기 말 또는 20세기 초부터 사회보험의 명칭으로 제도화되어 끊임없이 가입대상자 범위와 보호 대상 위험의 범위를 확대하여 왔다. 베버리지는 인구 전체를 대상으로 모든 사회적 위험들에 대한 보호를 실시하는 사회보장을 제안하였다. 사회적 위험은 종전의 사회보험들이 대상으로 하던 노령, 출산, 실업, 사망, 산업재해 등을 비롯하여 가족부양과 이혼, 별거로 인한 독신 여성의 보호 등을 두루 포함하는 개념이다. 사회보장 급여는 어떤 경우에나 자산조사를 행하지 않고 대상자에게 혜택을 주는 하나의 인정된 권리이다.

② 단일성의 원칙

단일성의 원칙은 다시 두 가지로 나눌 수 있는데, 첫째는 행정 구조의 단일화 내지 단순화로서 베버리지는 이와 관련하여 사회보장 행정 책임의 단일화를 제안하였다.[36] 둘째는 기여와 급여의 단일화이다. 즉, '하나의 기여에 하나

21-2/92, pp.41-42.

[36] 그는 사회보장 업무를 총괄하는 정부부서를 하나로 통일하여 이 부서를 중심으로 행정책

의 급여'의 원칙을 말한다. 그는 대상자가 부담하는 기여금 수준과 급여 수준을 정액제로 하자고 제안하였다. 절대빈곤의 타파를 목표로 하는 그의 사회보장 철학이 잘 나타나 있는 부분이다. 그는 국가의 사회보장 제도가 사회적 미니멈에 해당하는 정액 급여만을 책임지고 그 이상의 추가적인 기능은 임의 보험과 개인 보험을 통해 스스로 해결해야 하며 국가는 개입을 자제해야 한다고 주장하였다.

③ 통합성의 원칙

통합은 기술적 통합과 사회적 통합으로 분리해서 설명할 수 있다. 첫째, 기술적 차원의 통합은 한편으로는 사회보험, 다른 한편으로는 국민부조와 공공서비스를 유기적으로 결합시켜 사회보험의 보호에서 누락된 사람에게 국민부조와 공공서비스를 보조적으로 지급하도록 하는 것이다. 더 나아가서 사회보장은 국민보건서비스 제도 또는 국가의 고용정책과 상호 협조적인 노력을 통하여 대상자의 사회적 미니멈의 보장 기능을 효율적으로 수행할 수 있다. 이들 주요 서비스들의 맡은 바 임무는 완전고용의 증진을 전제로 사회보장 자체의 재정적 안정을 기하는 동시에 사회보장의 소득보장 기능을 강화하고 대상자들의 노동능력을 유지, 보존하는 것이다.

제도적 기술적 수준에서의 통합은 사회보장이 대상으로 하는 사회 구성원들과 상이한 계급 집단들 간의 통합을 목적으로 하는 것이다. 통합된 사회보장 제도의 급여는 효과적인 방법으로 빈곤층을 사회에 통합시킬 수 있다. 또한 통합된 사회보장은 계급 간 불화를 감소하고 국민적 연대를 강화하는 결과를 가져다 준다. 결국 이 보고서의 기술적 원칙들은 사회통합을 지향하는 것이고 이것은 당시 지배층의 정치적 목표와도 결코 무관하지 않다.

임을 일원화할 것을 제안하였다.

(2) 소득보장의 세 가지 방법 – 사회보험, 사회부조, 임의보험

  베버리지가 구상한 소득보장의 방법은 첫째, 사회보험의 방법으로써 기본욕
구의 충족을 보장하고, 국민부조(사회부조를 의미함)의 방법으로 특수한 경우
들을 커버하며 임의보험으로써 기본 욕구의 수준을 능가하는 추가적 욕구의
충족을 보장한다는 것이다.

  사회보험은 피보험자 소득과 무관하게 의무로 부과되는 보험료(정액제)를 조
건으로 제공되는 현금급여를 말한다. 사회보험은 열거한 세 가지 사회보장 방
법들 중에서 가장 중요한 것이다. 따라서 베버리지는 사회보험이 가능한 한 최
대한의 인구를 포함할 것을 제안하였다. 그러나 아무리 사회보험이 포괄적 급
여를 제공한다고 해도 소득의 완전한 보장을 이룩할 수는 없는 것이다. 국민부
조와 임의 보험이 그 기능을 보충해야만 한다. 국민부조는 피조자의 욕구상태
에 따라 그가 신청한 시점에 실시되는 자산조사의 결과에 기초하여 국가가 예
산 범위 내에서 그에게 지급하는 현금 급여를 말한다.

  사회보험과 국민부조는 국가가 조직한 것으로 생존에 필요한 기본적인 소득
을 보장하기 위하여 고안했다. 베버리지는 더 이상의 소득보장은 일차적으로
개인의 책임, 다시 말해서 개인의 자유로운 선택에 기초한 임의 보험에 의하여
가능하다고 하였고, 국가는 임의 보험을 권장하고 안전성을 확인하는 역할을
수행한다고 생각하였다. 베버리지 보고서 대부분이 사회보험에 대해 설명하고
있지만 국민부조와 임의 보험에 관해서도 일부 지면을 할애하고 있다.

(3) 베버리지의 영향

  그의 보고서에 나타난 대부분의 아이디어는 2차 대전 후 영국 사회보장 제
도에 반영되었다. 뿐만 아니라 캐나다, 호주 등 영연방 국가들은 물론, 대한민

국을 비롯한 신생독립국들의 사회보장에도 지대한 영향을 미쳤다. 신생국들에게 미친 영향력은 유엔의 사회개발 및 사회보장 권고의 테두리 내에서 구체화된 것이다.

그의 3대 원칙 중 가입대상자 범위와 사회적 위험의 범위에 있어서의 보편성 원칙은 특히 전 후 범세계적인 동의를 이끌어 내는 데 성공하였다. 반면 단일성의 원칙(정액의 단일기여와 단일급여)은 전 세계의 사회보장 제도들을 통하여 거의 지켜지지 않는 원칙이 되고 말았다. 또한 통합성의 원칙은 비록 느리기는 하지만 기술적인 통합을 지속시키는 데 기여하고 있다. 예컨대 무거출 급여의 발달은 오늘과 같은 경제 불황기에 수많은 경제 비활동 인구의 사회통합을 가능케 하고 있다. 이것은 베버리지 보고서가 쓰여질 당시 그가 인식했던 바와 마찬가지로 오늘날 최저생활 보장을 통하여 국가 수준의 연대감을 강화하는 데 크게 기여하고 있다. 그의 보고서는 더 이상 실용적 가치를 상실하였는지 모른다. 그러나 보고서에 담긴 아이디어들이 지니는 사회적, 철학적 의미는 여전히 현대 사회정책에 영향력을 미치고 있다고 봐야 할 것이다.

이 보고서는 1942년 영국에서 출간된 것으로 현대 사회보장의 원리와 기술의 집성판이라 할 수 있다. 이 보고서는 빈곤은 문명세계인 20세기 현대 사회의 수치이므로 근절되어야 마땅하며, 인간의 존엄성을 지키기 위하여 과거 구빈법과 공공부조에서 급여의 전제조건으로 실시하던 자산조사를 폐지할 것을 건의하고 있다.

이 보고서는 영국 사회보험제도가 봉급 생활자 중심의 보호를 실시함으로써 나타나는 대상자 범위에 대해 공백 문제가 있으며 위험범위 안에 가족수당이 누락되어 있다고 비판하고 있다. 그 대안으로 첫째, 급여 차원에서의 일반화와 단일화의 원칙을 적용하여 한편으로 인구 전체를 대상으로 한 국민보험을 구축할 것과, 다른 한편으로는 행정과 재정 조직에 있어서의 개혁으로서 단일 공공서비스 체계로 사회보험을 구축할 것, 그리고 1인 1보험료-단일한 수준의 급여를 실시할 것 등을 제안하였다. 다른 한편 사회보험의 재정은 보험료 형태로 충당하지만 보건의료와 가족수당 부문의 재정은 조세에 의한 방법으로 충당할 것을 제안하였다. 또한 이 보고서는 보완조치로서 국가의 완전고용 정책과 국민보건서비스 제도에 의한 보건의료 정책을 제안하고 있다.

3) 공공서비스로서 사회보장

현대 사회의 사회보장이 기존의 사회보호 개념 또는 독트린들과 다른 점은 공공서비스적 성격과 국가 역할의 강조이다. 공공서비스 개념으로서 사회보장과 완전고용의 강조는 복지국가 개념[37]의 중심부를 이룬다. 공공서비스로서 사회보장은 원칙적으로 국가에 의한 사회보장 제도의 운영 또는 이 분야에서 국가개입의 강화(행정감독이나 재정통제 또는 재정보조 등)에 의하여 구체화된다. 사회보장 급여분야에서 공공서비스는 급여의 보편성과 평등성 원칙의 강조

---

37) 복지국가 개념의 형성과 내용은 Rosanvallon(Pierre), *La crise de l'Etat-providence*, Paris, ed. du Seuille, 1980와 Ewald(Francoit), *L'Etat-providence*, Paris, Grasset, 1983 참고.
　　간단히 두 저자의 생각을 소개하면, 로쟌발롱은 20세기의 (현대)복지국가를 프랑스 대혁명 이후 성립된 국민국가에서 실시하던 노동권의 보장과 사회부조의 권리를 실현하는 국가, 즉 보호국가(Etat-protecteur) 또는 그 연장선상에 있는 국가개념과 동일시한다. 에발드의 복지국가는 이와는 대조적으로 19세기 말 사회보험의 성립이 기원으로서 국가의 고위공무원들은 통계학 지식의 발달에 힘입어 종전까지 지엽적으로 되어왔던 위험보상의 원리와 제도들을 사회전반으로 확대실시하기에 이르렀고 이것이 복지국가의 시작이라는 주장이다. 즉, 에발드의 복지국가 개념은 사회보험의 보호기능이 사회전체에 일반화된 그러한 국가개념으로 볼 수 있다. 또한 영국의 복지국가 개념은 옥스퍼드 사전에 "국민 모두의 적절한 생존과 제반 유리한 조건을 국민 모두에게 보장할 수 있도록 구성되어 있는 정치체제"라고 되어 있다. 또한 국가제도로서 영국의 복지국가(British Welfare State)는 국민보험법과 국민보건서비스가 실시에 들어간 1948년 5월에 시작된 것으로 보아야 할 것이다. 김상균, 『현대 사회와 사회정책』, 서울대학교 출판부, p.51, 1988.
　　우리의 사회보장 논의와 관련하여 영국 복지국가 출범이 지니는 가장 큰 의미중의 하나는 350여 년간 지속된 구빈법이 폐지되고 보편주의 원칙에 기초한 국민적 최저생활의 보장이 국가제도의 테두리 내에서 실현되기 시작했다는 점일 것이다.

가 부각된다고 할 수 있는데, 다시 말해서 사회보장 급여 대상자 범위의 확대 (적용대상자 범위를 전 국민 또는 경제활동인구로 확대)와 평등원칙의 국가적 미니멈 급여 등이 구체적인 예가 되며, 후자의 재원은 국가가 세금 또는 공공 기금의 형태로 충당하는 것이 일반적이다.

4) 사회보장 제도의 발달

1940년대 후반에서 1970년대 후반까지 30여 년의 기간을 서구 사회보장의 전성기라 할 수 있다. 각 국의 사회보장은 국민 또는 노동자 권리의 측면에서 괄목할 만큼 발전하였다. 우선 급여 대상자의 측면에서 볼 때, 임금노동자와 봉급생활자 전체를 포함하는 것은 물론 적용범위가 자영업자와 농업종사자 집단으로 확대되었다. 또한 적용대상의 사회적 위험 범위에 있어서도 질병, 노령, 산업재해, 실업 등 과거 사회보험 고유의 사회적 위험들 이외에 가구주 장애, 사망, 출산, 가족부양 등이 첨가되었다. 이제 서구 산업사회의 사회보장은 일상 생활에서 사람들에게 개연적으로 일어날 수 있는 제반 위험들에 대해 급여를 실시함으로써 이들의 경제생활 안전을 보장하는 제도로 성장하기에 이르렀다. 또한 사회보장 급여 수준 역시 괄목할 만큼 개선되었다. 예를 들면, 비스마르크 시대에는 일정 소득 수준 미만의 노동자 집단이 기초생활을 할 수 있는 정도의 사회보장 급여만이 제공되었다. 또한 베버리지는 사회보험 급여를 전 국민으로 확대하는 것을 원칙으로 하되 기초생활이 가능한 수준의 미니멈 급여 (사회적 미니멈 또는 국가 미니멈)만을 평등 원칙에 기초하여 실시할 것을 제안하였다.

그러나 1957년의 국민연금 개혁은 급여 수준을 가입자의 실질적 소득 수준을 유지시키는 방향으로 향상시켰다. 사회보장 급여 수준은 나라에 따라 차이가 나는 것이 사실이지지만 대부분의 서구 산업사회의 사회보장 급여 수준은 전후 괄목한 만큼 향상되어 결과적으로 대상자와 가족의 실질적인 소득보장을 가능하게 할 정도가 되었다.

서구 산업국가들의 사회보장의 발전은 두 가지 조류로 대별된다. 먼저, 급여의 보편성과 평등성을 강조하는 제도로 발전한 영국을 비롯한 영미권 국가들과 스웨덴의 관련 제도의 발전이 하나의 예이며 다른 하나는 독일과 프랑스의 경우와 같이 급여가 노동자 계급과 기타 경제활동 인구의 직업소득의 보장을 목표로 하는 제도로 발전한 경우이다. 전자의 사회보장 급여는 상승하는 시민 생활의 수준에 따라 보편주의, 평등성의 원칙에 기초하여 발전한 반면, 후자의 경우에는 대상자의 소득수준별 기여 차를 기초로 하여 사회보장의 급여의 경우에도 대상자의 실질적 생활 유지가 가능하도록 소득 수준에 비례하여 제공하였다. 결과적으로 20세기 후반 서구 산업사회의 사회보장 제도들은 각각이 추구하는 목표에 따라 두 부류로 나눌 수 있다. 첫째는 기초보장 위주의 사회보장 제도들로서 영국, 아일랜드 등 영미권 국가들의 사회보장 제노가 여기에 해당한다. 둘째는 직업 소득의 보장을 목표로 하는 제도들로서 프랑스, 독일 등의 사회보장 제도들이 여기에 속한다.

1940년 대 이후 서구 사회보장은 두 가지 권리를 기초로 개념과 원리를 설명하고 있다. 먼저 직업소득의 보장으로서 사회보장의 개념이며, 이것은 직업 활동 수행과 연관된 사회보장의 권리를 의미한다. 둘째는 보편주의적 사회보장의 개념이며, 인간 그 자신의 욕구, 그리고 그가 구성원으로 있는 국가 책임의 개념 속에서 권리의 기초를 찾는다.

5) 사회보장 이상형의 현대적 의미

현대적 개념의 사회보장이 의미하는 바는 보편성과 단일성의 기본 원칙들의 특별한 명료성과 관련된다. 이들 원칙들은 국제노동기구 총회 권고 제67조와

제69조는 물론 베버리지 보고서의 주요 내용을 구성하고 있다. 베버리지 보고서와 권고 제69조에 의하면 보편성의 원칙이란, 사회보장 체계의 보호영역을 국가공동체 성원들 모두에게 확대하거나 권고 제67조에 나타난 바와 같이, 봉급노동자와 자영노동자 집단 각각의 구성원들 모두에게 확대하는 것을 의미한다. 이러한 두 가지의 확대방법은 한편으로 대상자 선발에 있어 경우에 따라 자산조건들까지 유지하면서 전체 사회를 보호하는 방식인 부조의 전통에서 영향을 받았으며, 다른 한편으로는 직업활동의 수행과 결합해 노동자들을 보호하기 위한 목적의 사회보험의 개념에서 영향을 받았다. 노동자의 지위가 사회구성원의 지위와 혼돈된 채 공존하고 있는 산업사회에서 전통적 부조와 사회보험 이 두 가지는 보호범위에 있어서 중요한 차이를 보이지 않는다. 그만큼 노동 공동체 영역은 가족성원 이외에 육체적 무능력 또는 사회적 무능력으로 소외되는 다양한 범주의 사람들에게까지 확대된다.

보편성 원칙은 또한 이 사회에서 보상할 만한 가치가 있는 모든 종류의 사고에 대한 보호의 완전한 실현을 의미한다. 다시 말해서 개인의 육체적, 정신적 통합을 손상시킬 위험이 있는 모든 위험들과 좀더 일반적으로는 노동자들과 그들 가족의 욕구충족에 직결된 노동능력을 손상시킬 위험이 있는 모든 위험요소들에 대한 완전한 보상의 실시를 의미한다. 이러한 의미에서 베버리지 보고서와 국제노동기구의 권고는 집단적 차원에서 적절한 수준의 보건급여의 실시와 가족집단을 위한 생존수단 보장을 목적으로 사회보험과 가족수당 제도들이 커버하는 모든 사고들을 두루 포함하고 있다.

5. 현대 사회보장 개념의 형성과 전개

사회보장과 가입자의 관계는 두 가지 각도에서 개념 규정이 가능하다. 첫째는 노동자 입장에서의 관계이고, 둘째는 사회구성원으로서 가지는 관계이다. 이 두 개념은 오늘날 사회보장 제도와 가입자 간의 관계를 정의할 때 혼돈된 채 사용되고 있다. 이러한 혼돈은 두 개의 집단들, 즉 현재적 또는 잠재적 빈곤 집단과 산업혁명이 낳은 극빈상태의 무산자계급 간의 사회학적 혼돈에 기인하는 것이다. 공공권력은 이들 집단 구성원들을 대상으로 노동자로서, 그리고 동시에 빈곤자로서 원조제공을 모색하였던 것이다. 예컨대, 비스마르크 사회보험은 의무가 입대상자 범위를 일정소득 수준 미만의 노동자, 즉 빈곤 노동자 집단으로 제한하였다. 이들에 대한 사회보험 급여의 성격은 두 가지로 나누어 볼 수 있다. 한편으로, 급여는 보험에 가입한 사람에게 그들의 직업활동 또는 보험료 납부에 대한 반대급부로서 제공하는 것이라고 생각할 수도 있고, 또 다른 한편으로는 공공권력이 빈곤계층을 상대로 실시하는 최저생계 보호를 목적으로 하는 급여라고 생각할 수도 있다.[38]

1) 논의의 출발 – 노동자의 권리로서 사회보장권과 시민의 권리로서 사회보장권

  사회보장의 권리(사회보장 급여)의 근원은 두 가지로 나눌 수 있다. 첫째는 노동자(와 그의 가족)의 권리이다. 이는 직업소득의 보장을 목표로 하는 권리이자 급여이다. 둘째는 시민 또는 현대 사회구성원으로서 개인(과 가족)이 가지는 권리이자 급여이다. 사회보험이 시작된 19세기 말에는 이와 같은 두 가지 사회보장 관리와 급여가 명확한 개념상의 구분 없이 혼돈된 채 사용되고 있었다. 이 혼돈은 두 집단, 즉 현재적 또는 잠재적 빈곤자 집단과 산업혁명이 낳은 무산자 계급, 다시 말해서 극빈 상태의 노동자 계급 간의 사회학적인 혼돈에 기

---

[38] 실제적으로 비스마르크 사회보험에서 노령연금 급여를 위한 재원의 일부는 국가가 제공했다.

인하는 것이다. 초기 사회보험을 주도한 공공권력은 이들 집단에게 겨우 기본적인 욕구충족만이 가능한 급여를 사회보험 급여의 형태로 지급하기 시작했다. 여기에서부터 사회보험 급여의 성격이 모호해지는 것을 알 수 있다. 즉, 사회보험 급여는 한편으로는 사회보험에 가입하여 일정액의 재정을 기여한 노동자에게 제공하는 반대급부적인 권리를 의미하며, 다른 한편으로는 공권력의 의무인 빈곤집단의 기초생활 보장을 목적으로 이 집단에 속한 사람들에게 제공하는 것이다.

2) 사회보장의 두 가지 기본개념

20세기 유럽의 노동자들은 점차 빈곤자 집단과 분리되어 갔다. 이는 기술발달에 따른 생산성 증대와 노동운동 조직화에 따른 노동자 집단의 발언권 강화 등의 변화에 힘입어 노동자 소득수준이 증대되었기 때문이다. 결과적으로 이들의 소득 수준은 빈곤집단에 비하여 높아졌다. 따라서 실업, 노령, 질병과 사고 등 사회적 위험에 의한 소득 감소나 단절에 대비하는 사회보장 급여의 목표를 소득의 보장이라고 할 때, 과연 그 수준을 어느 정도로 할 것인지의 문제가 생기지 않을 수 없다. 빈곤과 관련해 급여 수준을 정하면, 가입자(가입자와 가족)의 기본욕구 충족을 위한 기초보장 수준에서 결정될 것이다. 그러나 일상 소득 수준을 고려해 급여 수준을 정할 경우, 사회보장의 급여수준은 훨씬 높아지게 될 것이다. 다시 말해서 사회보장의 급여는 노동자(노동자와 가족)의 실질적 소득을 보장하는 수준에서 정해져야 마땅하다는 것이다.

예를 들어, 노령연금 급여와 실업급여(고용보험)를 생각해 보자. 만약 사회보장의 목표와 급여 성격이 빈곤문제의 해결을 강조한다면 사회보장의 노후 소득보장 수준이나 실업급여 수준은 빈곤선을 약간 상회하는 수준에서 책정될 것이다. 그러나 사회보장의 목표와 급여의 성격이 노동자(노동자와 가족)의 정규소득을 보장하여 그들의 일상적 경제생활의 안전을 보장하기 위한 것이라면 사회보장 급여는 이들의 기본욕구 수준을 뛰어넘어 정상적 생활이 가능한 수준까지로 더 높게 설정되어야 할 것이다. 이러한 경우 사회보장 급여는 기초소득의 보장이라기보다 노동자의 대체소득의 성격이 강하다.

(1) 기초보장적 성격의 사회보장

기초보장적 성격의 사회보장 급여에서는 첫째, 사회보장의 가입대상자(혹은 보호 대상자)는 사회구성원으로서 또는 국가공동체 일원으로서 개인이 지니는 사회적 미니멈 또는 국민적 미니멈의 권리로 개념화된다. 이때 급여는 가입의무 또는 보험료납부 의무를 행한 대상자에게 의무 수행의 반대급부로 제공하는 권리라는 성격보다는 국가가 실시하는 공공서비스 차원의 급여, 다시 말해서 국가의 서비스 제공이라는 의무로서의 급여와 국가구성원(사회구성원)으로서 개인이 가지는 사회적 권리로서의 성격이 강하다. 이 급여는 시민 또는 인간으로서 지니는 기본욕구들을 원만히 충족시켜 인간의 존엄성을 유지시켜 준다는 성격이 강하다. 뉴질랜드의 사회보장과 영미 문화권의 사회보장 권리 개념이 대체로 여기에 해당한다.

(2) 노동자의 정규소득 보장을 목표로 하는 사회보장

일반 노동자들의 정규적인 소득의 보장을 목표로 하는 사회보장 개념은 1980년대까지 존재한 동구권 사회보장의 지배적인 개념이었다.[39] 이 개념은

---

39) "각자는 노동에 따라 기여하고 욕구에 따라 분배받는다"는 사회주의 기본원칙에 따라 노동자 소득은 질병, 사고, 노령, 실업 등이 실현된 경우 실질소득에 육박하는 급여를 제공했다. 즉, 이때의 급여는 노동자 계급을 빈곤상태로부터 탈퇴시키기 위한 목적으로 제공되는 급여가 아니라 노동자 소득을 대신할 대체소득적 급여의 성격이 한층 강하다. 노동자(노동

공제조합의 보험원리 또는 사보험에서의 기본원리와 마찬가지로 보험가입과 보험료납부가 급여의 권리를 결정짓는 중요한 조건이 된다. 그러나 사보험의 경우와는 달리 관련법에 의하여, 가입의무가 본인 또는 고용주에게 규정되어 있으며, 단독 또는 고용주와의 공동부담 형태의 보험료가 의무적으로 부과되는 것이 특징적이다. 이러한 사회보장은 노동자들이 사회적 위험에 대한 자구책으로 결성한 산업사회 초기의 동업조합이나 공제조합에 그 기원을 둔다.[40]

비스마르크 사회보험은 노동자 동업조합 또는 노동조합의 수준에서 행해지던 보험원리에 기초한 자구적 노력에 법적 의무개념을 접목한 형태이다. 사회보장은 사회보험의 연장으로 가입자 범위의 확대, 대상으로 하는 사회적 위험 종류의 다양화를 통하여 모든 노동자 집단(임금노동자, 자영노동자, 농부 등)에게 노동에 의해 소득을 단절 또는 감소시킬 수 있는 다양한 사회적 위험들에 대한 보상을 실시함으로써 직업활동에 의한 소득의 안전성과 항구성을 보장하는 제도이다. 따라서 이러한 가입자의 권리로서 사회보장 급여는 보험료 납부에 대한 반대급부로서 직업소득 안전보장의 권리적 성격을 강하게 포함하고 있다. 이러한 사회보장은 보험원리에 기초한 사회보장으로 앞에서 설명한 부조원리의 사회보장 또는 기초 보장적 사회보장과 구분된다.[41]

자와 가족)의 정규소득의 보장을 목표로 했던 것이다.

40) 특히 산업사회 초기의 노동자들은 동일 직종 종사자들의 경제적 연대를 기초로 질병, 재해, 실업 노령 등의 사회적 위험들에 대한 상부상조적 급여를 실시하였다. 이들은 자본과 노동의 분리에 따라 점차 노동자 계급으로 조직화되어 가며 독일의 경우에는 이미 19세기 말부터 노동조합 내에서 이와 같은 상부상조적 급여가 제공되고 있었다. 비스마르크 사회보험은 이와 같은 노동자들의 자구적 생활안전의 보장을 위한 노력에 공공권력의 개입이 첨가된 형태로서 이해될 수 있을 것이다. 그러나 생쥬르 같은 법학자는 노동자 개개인의 권리로서 사회보험의 급여의 성격을 강조한다. 따라서 그는 사회보험의 기원을 산업화 이전의 상공업 사회에서 자유민들(소위 부루주아)이 자구적 생활안전의 보장 차원에서 행하던 자율적 조직들에서 행하던 상부상조적 노력에서 찾기도 한다. 이러한 관점은 현대 사회보장의 성격으로서 공공서비스적 성격보다는 가입자 자치원칙과 공제조합적 성격을 중요시하는 극단적인 관점이라고 볼 수 있다.

3) 논의의 확대

실제적으로 2차 대전 이후 세계 각 국의 사회보장 개념은 이 두 가지의 사회보장 원리 중 어느 하나의 원칙에 주안점을 두고 전개되었다. 대체적으로 독일, 프랑스 등 유럽대륙 국가들의 사회보장은 보험원리를 중심으로 발전된 반면, 영국, 뉴질랜드 등 영미 문화권 국가들과 스웨덴 등 북구의 나라들은 기초보장 원리에 기초한 사회보장 제도들을 발전시켜 나갔다.

1950년대에서 1970년대 중반까지 사회보장 개념은 위에서 설명한 사회보장 기본원리인 교환원칙과 분배원칙이 각 국의 사회보장 제도에 수렴되면서 전개되어 갔다. 그러나 서구 복지국가들의 사회보장 제도의 기본원리는 물론 첫째 또는 둘째 원리에 기초로 한다. 결과적으로 교환원리에 기초한 사회보장 제도들은 직업소득의 보상을 위한 급여를 보완하기 위하여 보조적 성격의 급여들, 예컨대 노인기본 급여(노인 미니멈 급여) 또는 가족수당 등이 급여체계에 첨가, 보강되었다. 노동연령 이전 아동의 경우, 그가 어떤 가정에서 생육되었는지에 관계없이 사회를 상대로 부양의무를 요구할 수 있다는 것, 그리고 성인의 경우 직업활동 수행 여부를 불문하고 의료서비스 수혜의 권리가 제공되며, 노년에 이르면 사회 또는 국가를 상대로 그에 대한 부양채무를 요구할 권리가 주어진다는 생각이 점차 확산되어 가고 있다. 이들 급여는 기여와 무관한 경우가 거의 대부분이다(무갹출 급여들이 좋은 예가 된다). 이들 대부분의 경우 국가가 재원의 전부 또는 일부를 부담한다는 점에서 분배적 원칙의 사회보장 급여들과 동일하다.

---

41) 보험원리에 기초한 사회보장에서는 가입자 자치의 원칙이 강조된다. 또한 급여의 수준의 책정과 관련해서도 기본욕구 충족 원칙과 평등성의 원칙보다는 기여와 급여와의 관계, 충실한 직업소득의 보장 등이 원칙으로서 강조되는 경향이 있다. 의료보험에 있어서도 보험원칙이 강조되어 의료비 지출에 대한 충실한 보상의 원칙과 직업소득의 감소와 단절에 대비하는 대체소득적 성격의 급여로서 상병수당이 원칙적으로 강조된다.

분배원칙에 기초한 사회보장 제도들은 종전까지 행해지던 평등급여 및 보편주의적 급여의 원칙에 보충적 직업소득의 보장을 위한 급여를 보완적으로 도입·운영하기 시작하였다. 노령연금의 보충급여들이 좋은 예가 되며, 노령연금의 보충급여는 프랑스, 영국, 스웨덴 등에서 광범위하게 시행되고 있다. 이러한 현상은 사회보험의 정액제 평등 급여로는 도저히 성취할 수 없는 사회보장의 목표, 즉 소득의 보장을 충실히 이행하기 위한 사회적 노력으로 볼 수 있다.

이와 같이 서구 여러 나라들은 1950년에서 1970년대 중반까지 앞에서 설명한 두 가지 기본원리, 즉 교환 원리와 분배 원리가 동시에 적용되는 혼합형 사회보장 제도를 발전시켰다. 혼합형 사회보장 제도란 공공서비스 개념의 기초소득 보장의 급여와 대체소득적 성격의 소득비례 급여의 권리가 동시에 충족되는 제도를 의미한다. 사회보장의 기초보장적 급여의 실시는 불가피하게 종전의 보험료 방식 위주에서 조세방식이 점차 강조되는 추세로 나아가고 있는 것을 의미한다.

공공부조는 사회보험이 미처 일반화되지 못했던 19세기 말까지 빈민층의 기본생활을 보장하는 급여를 제공하였다. 사회보험의 확대는 공공부조 기능 약화의 원인이 되었다. 더욱이 사회보장 급여의 보편화와 기초생활보장 원칙의 실천에 따라 서구 복지국가들의 공공부조 기능은 극히 축소되어 보완적, 임시적 성격의 급여들이 실시되는 제도로 변화하게 되었다.

4) 서구 복지국가 사회보장의 두 가지 선택

20세기 말까지 서구 복지국가들의 사회보장 제도들은 그 원리의 측면에서 계속 발전해 왔다. 그 결과 사회보험 전통의 사회보장 제도를 발전시켜 온 프랑스, 독일 등의 사회보장 제도들은 노동자와 봉급 생활자 집단의 실질적인 소득의 보장 기능에 제도 내에 무거출 형태의 급여들을 신설하거나 사회부조의 개선을 통하여 전 국민을 위한 기초생활 기능을 보강하였다. 다른 한편으로 영국과 아일랜드 등 베버리지 사회보장 원리에 충실한 제도를 가진 국가들의 경우에는 사회보장 제도들이 원래 맡고 있던 기초생활 보장을 위한 급여에 추가하여 노동자 및 봉급생활자 집단의 소득비례 연금 급여의 실시 등을 통하여 대상자들의 실질적인 소득보장 기능을 보강하였다. 결과적으로 오늘날 서구 복지국가의 사회보장 제도들은 전 국민을 위한 기초생활 보장과 노동자와 봉급생활자 집단의 의료보장 및 실질적 소득보장이라는 두 가지 목표를 지닌 혼합형 제도를 특징으로 하고 있다.

그러나 최근에 와서 이들 제도들은 급여 수준과 원리의 측면에서 답보상태를 거듭하고 있다. 이러한 이유로 혹자는 서구 사회보장 제도의 위기를 거론하기도 한다. 사회보장에 대한 비판적 의견은 다양하다. 첫째, 이 제도는 원래 목적과는 달리 전 국민에 대한 기초보장에 실패하였다는 비판이다. 둘째, 더 이상 수입과 지출의 균형 유지가 어렵다는 비판이다. 다시 말해서 사회보장 제도는 인구의 고령화 추세, 보건지출의 폭발적 증대 등의 문제에 당면하여 본래 기능인 노후 생활의 충실한 보장이나 모든 사람들을 위한 의료보장 또는 의료비 보상 제도로서의 기능을 제대로 수행할 수 없는 상태로 빠져들어 가고 있다는 것이다. 최근, 경제상태의 호전에 힘입어 서구 사회보장의 재정문제는 다소 개선될 조짐을 보인다. 그러나 경제활동 인구가 부담하는 사회보장 재원이 무한정 확대될 수는 없는 것이다. 따라서 서구 복지국가의 정부들이 취할 수 있는 위기 타개 정책들은 매우 제한적일 수밖에 없다.

예컨대 상황 변화에 제대로 적응해 나가는 계층, 다시 말해서 일자리를 계속 유지하는 노동자 집단에게는 능력에 따른 양질의 사회보장 급여를 보장하고, 반대로 실업자 집단과 사회적 주변 계층에게는 열악한 사회보장 급여를 제공하는 방식의 이원적 사회보장 운영 방법과, 과거 개인책임 개념에 기초한 직업 소득 보장의 단계를 뛰어넘어 모든 사람들에게 보편적인 기초보장을 제공하는 방식으로 현재의 난관을 타개해 나가는 방법이다. 다시 말해서 장기적인 도전의 충격 앞에서 서구 복지국가들의 사회보장 제도들은 다시 광범위한 형태의 다원화 현상을 보일 조짐이다.42)

6. 사회보장의 미래

특히 1980년대부터 서구 사회를 시작으로 실업자와 실업의 문제가 최대의 사회문제로 대두하기 시작하였다. 서구 사회에서 실업 문제는 21세기에 들어서도 계속 미해결 상태로 존재하고 있다. 실업자 수의 증가와 특히 장기실업의 문제는 임금과 봉급에서 공제되는 보험료를 재원으로 운영하는 서구 복지국가 사회보장 제도에서 나타나는 재정적 어려움의 원인이 되고 있다.

21세기 사회정책적 관점에서 실업과 빈곤이라는 두 가지 현상은 사회적 배제의 문제로 표현된다.43) 그런데 오늘날 실업자집단의 문제, 그 중에서도 젊은 실업자들의 생활보장의 문제는 전통적 빈곤자 집단의 문제에 비해서 훨씬 복잡한 구조를 가지고 있고 해결의 방법도 부조 또는 자선의 방법만 가지고는 해결하기 어려운 것으로 보인다.44) 이들의 문제는 실업보험의 해결 능력의 범위

---

42) 다원화 현상에 관한 예로 사회보장의 민영화 논의를 꼽을 수 있겠다. 이에 관해서는 H. Deleeck etc., "Rev. belge séc. soc., janv.-fev.", A. Euzeby et J. Van Langendonck, *Néo-liberalisme et protection sociale: la question de la privatisation*, Dr. soc. 1989, p.256. etc.

43) 원래 이 단어는 프랑스에서 처음 쓰이기 시작하였다. 그러던 것이 유럽연합의 사회정책에서 사용되는 용어가 되었다. 배제자란 온갖 사회적 관계 망으로부터 소외된 자로서 특히 20세기 말부터 나타나는 신빈곤층 및 젊은 실업자들 집단을 지칭한다. 이들은 가족의 보호는 물론 사회보장(사회보험)의 보호망에서도 벗어나 있는 인구층을 의미한다. 르네 러누아가 배제자란 단어를 처음 사용하였으며, 사회적 배제는 특히 21세기 유럽 사회보장정책에서 자주 쓰이는 용어이다.

44) 왜냐하면 21세기 사회에서 빈곤문제, 즉 신빈곤자 집단의 문제는 우리 사회의 조직 원리와 관련된 것으로 이에 대한 근본적인 문제를 제기하지 않은 채 대상자들의 생존을 보호하고

에서도 벗어나는 것이다. 실업보험은 보험에 가입한 대상자이거나 아니면 최소한 노동자로 등록되어 있는 사람인 경우에만 수급대상에 포함될 수 있다. 그러나 오늘날 서구 사회의 젊은 실업자들의 경우에는 학교를 졸업하면서 직장에 진출하지 못한 채 각종 노동으로부터 소외된 상태의 사람들이다. 따라서 이들은 실업보험의 보호대상자 영역에서 배제된 상태에 있다. 그런데 문제는 이들의 수가 지나치게 많으며 이들 대부분이 1-2년 사이에 직업을 찾지 못한 채 장기 실업의 상태로 전락하게 된다는 것이다.

현재 프랑스, 영국, 독일 등 서구 선진 산업국가들의 실업률은 10%를 상회하고 있으며 이들의 수는 줄어들지 않고 오히려 늘어날 수도 있다는 것이 이들 사회의 고민거리이다. 이들의 생존권보장 문제는 산업사회의 기본이 되는 윤리이자 분배의 원칙이라 할 수 있는 노동의 가치 또는 무노동 무임금의 원칙 등 노동에 기초한 임금 배분의 원리만 가지고는 원만한 해결을 기대하기 어려운 것처럼 보인다. 왜냐하면 일부 국가들이 강력히 추진하고 있는 노동시간의 단축을 통한 일자리 나누어 갖기 등의 온갖 방법에도 불구하고 실업자는 줄지 않고 있으며 취업 노동자 집단의 경우에도 빈곤화와 노동불안의 문제가 점점 더 커지고 있기 때문이다. 이들은 우리 사회의 제3의 산업혁명이라 할 수 있는 사회의 정보화와 산업화의 결과이며, 이에 대하여 미래학자들은 실업과 빈곤의 문제는 21세기에도 당분간 지속 또는 확대될 것이고 단순 노동직이나 사무직 등 산업사회에서 나타나는 고유한 노동 형태의 종말을 예고하고 있다.[45]

자 하였던 종래의 공공부조나 자선만을 통해 해결하기에는 그 규모가 너무나 크고 심각한 것으로 보인다. 마치 19세기 산업화에 의한 대량빈곤의 문제를 봉급노동자들의 노동권의 보호라는 새로운 방법을 통해 해결하고자 했던 예에서 볼 수 있는 것과 같이 신빈곤층의 생활보장 문제는 기존의 노동권의 개념이나 사회보장의 권리 개념만으로는 원만한 해결하기 어렵다.

45) 예컨대 제레미 리프킨의 『노동의 종말』(이영호 역, 민음사, 2000)이 하나의 예가 되는데 이 책에서 필자는 21세기 정보화 시대의 생산관계에 있어서의 대변혁과 산업사회에서 지배적 노동형태로 자리잡고 있었던 노동 형태들의 종말을 예언하고 있다. 이 책, p.27.

따라서 앞으로는 실업과 노동의 불안정이 당분간 지속될 것이고 결과적으로
나타나는 실업자들에 대한 사회적 보호의 문제가 사회문제로 더욱 심각해 질
전망이다. 따라서 이들 집단에 대한 기초생활의 보장과 이들을 위한 사회보장
의 변화가 요구되는 시점에 와 있다. 이를 위해서는 소득에 일정 비율로 부담
되는 보험료를 재정으로 하는 산업사회 사회보장의 재원 조달 방식만으로는
모든 노동자들의 실업문제를 해결하기가 어려울 것 같고 새로운 사회보장의
원칙, 다시 말해서 시민의 권리로서 기초생활의 보장문제를 보편주의 원칙에
기초하여 해결하고(무거출 급여 형태의 기초생활 보장 급여의 확대) 그에 소요
되는 재원도 조세의 방법으로 조달하는 등의 새로운 방법이 모색되어야 할 것
이다. 이제 분배·재분배 체계의 새로운 원리와 형태를 사회의 재조직화 차원에
서 심도 있게 논의해야 할 시기에 당도한 것이다.

제3장

사회보장 보호 기술의 변천

　사회보장의 보호 기술은 부조와 재해예견적 조치 두 가지로 대별된다. 부조란 일시적 또는 만성적 빈곤상태에 있는 사람을 돕는 행위를 말한다. 자선, 공적 또는 사적 부조 등이 이에 해당한다. 재해예견적 조치는 이와는 전혀 다른 기술로 미래의 위험에 대한 대응책이다. 각종 위험이 실현되면 결과적으로 복구를 위한 경제적 비용이 필요하다. 인간은 이러한 사태를 이지적으로 해결하기 위해 재해에 대한 대책을 마련하는데, 이를 재해예견적 조치라 한다.

　사회보장은 이 두 가지 보호 기술을 기초로 대상자에게 사회적 보호를 실시한다. 그러나 사람들은 사회보장의 보호 기술이 발전하기 이전부터 가족 중심의 사회적 보호를 실시하였다. 효(piété filiale)가 대표적 경우이다. 동서양을 막론하고 효는 전산업 사회에서 가장 일반화된 노후 생활보장의 방법이었다. 연로하여 더 이상 자신의 힘으로 생활할 수 없는 상태에 이르면 자식의 보호에 의존한 채 여생을 보내게 된다. 전통 사회에서 효는 자식이 부모에 대해서 가지는 일종의 도덕적 의무의 성격이 강하였다. 따라서 노부모를 보살피지 않거나 보살핌이 소홀한 경우 자식된 사람에게 사회적 또는 물리적 제재가 따랐다. 우리의 전통 사회에서는 유교문화의 영향으로 효의 중요성이 더욱 강조되었다. 그러나 산업 사회에서 효는 더 이상 노후 생활보장의 보편적인 방법이 아니며, 전산업 사회에서는 도덕적 의무로 인식하던 것이 점차 부양의무라는 법적 의무의 개념으로 변하고 있다. 현대의 대부분의 국가들이 정하고 있는 민법상의 친족부양의무가 여기에 해당한다.[1]

그렇다면 현대 사회에서 사회보장 권리와 민법상의 친족부양과는 어떤 관계가 작용하는 것일까? 공적 연금의 수급권과 친족부양, 그리고 공공부조의 급여와 친족부양과는 어떤 관계가 있는 것일까? 첫째로, 공적 연금과 친족 부양의 권리 사이에는 아무런 관계도 작용하지 않는다. 둘째, 그러나 일반적으로 볼 때, 친족부양에 관한 법적 의무는 공공부조 급여에 우선한다.[2]

1. 부조에서 사회보장으로 — 전통적 보호 기술에 대한 비판

1) 부조의 단점과 재해예견적 조치의 우수성

부조에는 첫째 자선이 포함된다. 자선은 종교적 동기에 기초한 부조행위를 말한다. 자선에는 사적 자선과 공적 자선이 있다. 부조의 두 번째 형태로 사회봉사, 사회사업(박애사업) 등이 있다. 이들은 탈종교적이고 시민적 도덕성을 강조한다. 사회복지 기관이나 시설 등에서 전개하는 공적인 사회복지 활동과 수

---

1) 우리나라 민법의 친족부양 규정이 여기에 해당한다. 참고로 우리나라 민법 제974조에는 친족부양의 범위를 직계혈족과 그 배우자(1항), 기타 친족으로서 생계를 같이하는 사람으로 규정하고 있다.
2) 공공부조 급여는 민법에 의한 부양의무자가 없거나 부양의무자가 있어도 부양할 능력이 없는 경우에만 한정적으로 개입한다.

재민 의연금모금 등 사적인 활동, 그리고 일회성의 사회복지 활동들과 지속적인 복지 활동 등이 여기에 해당한다. 부조의 셋째 형태로서 공적부조가 있다. 이는 공공권력이 주체적으로 실시하는 것이었는데 공공질서의 유지, 격리, 억압 등 강압적 성격의 부조기술로서 주로 시민 혁명 이전단계와 19세기 초기 산업 사회에서 널리 시행되었다. 부조의 최신 형태이자 현대적 개념의 공적 부조라고 할 수 있는 공공부조 또는 사회부조는 도움을 받는 사람의 복지증진에 목적을 둔 급여로서, 빈곤집단에 대한 부양 의무와 피부양자의 부양권리 개념에 기초하고 있다. 일반적으로 서구 복지국가들에서는 공공부조 급여가 사적부조보다 우선하는 경향이 있다. 그러나 우리나라의 경우, 일정한 관계가 규정되어 있지 않은 것이 특징적이다.[3]

서구 복지국가에서 공공부조가 사회보장의 권리 개념으로 자리잡기 시작한 것은 19세기 말부터이다. 이것은 사회보장 권리의 최초 형태였다. 19세기 말부터 20세기 초까지 관련 입법들은 극히 제한적인 소득에 의존하고 있던 노동자 계급의 경제생활을, 이들의 질병, 출산, 노령의 경우에 무료혜택 또는 급여를 제공함에 있어 국가 및 공공단체가 의무적으로 보장해 주어야 하는 것을 인정한 법들이다. 그리고 대상자들에게 지급되는 부조의 예산은 국가 및 여타 공공단체의 재원으로 충당되었다.

19세기 후반기부터 사적부조와 공공부조가 병존하기 시작했다. 전자의 경우 후자에 비하여 좀더 개별화된 도움을 줄 수 있다는 특수한 장점을 가지고 있다. 즉, 수혜자를 선택하는 사람은 특정 개인이거나 박애단체가 된다. 이러한 이유로 사적부조의 서비스나 원조는 개별적이고 공적부조에 비하여 더 특수하다. 따라서 사적부조 덕택에 사회에서 공적부조가 완전히 충족시킬 수 없는 빈

---

3) 예컨대 사회복지관의 클라이언트 집단으로서 빈곤자들은 국가와 지방공공단체에서 제공하는 공공부조의 급여와 사적 자선에 의한 도움(예컨대, 특정인 또는 사회복지기관의 후원금)을 동시에 받을 수 있게 되어 있다.

곤자들의 여러 가지 욕구에 대한 원조 서비스를 보장할 수 있게 된다.

사회보험체계가 출현하기 이전에는 부조가 보호의 가장 일반적인 기술이었다. 공적부조 체계의 성립으로 대상자들은 부조의 확실성을 얻어낼 수 있게 되었다. 하지만 사회보장의 일반적 기술로서 산업사회에 적용되기 시작한 부조는 너무 많은 단점들을 내포하고 있다.

첫째, 사회보장의 두 가지 대표적인 보호 기술로서 부조와 재해예견적 조치를 비교해 볼 때, 전자는 후자에 비해 덜 확실하다. 다소간 수혜의 확실성이 법에 제정되어 있다고는 하지만 원칙적으로 공적부조 급여를 수급대상자의 완전한 권리로 보기는 어렵다. 그것은 '피부조자에 대한 공공단체의 부양채무'에 불과한 것이다. 이와는 대조적으로 저축에 의한 개인재산이나 보험의 보상금, 공제조합의 급여 등은 대상자의 기여금의 납부에 대한 반대급부이기 때문에 부조권에 비하여 더 완전한 권리라 할 수 있다.

둘째로, 부조는 받는 사람의 궁핍상태에 기초하여 지급된다. 따라서 혜택을 받기 위해서 대상자는 종종 자신의 궁핍한 상태를 증명해야 한다. 이 같은 일은 인간을 수치스런 상태로 몰고 갈 수 있다. 더욱이 공적부조의 경우 공공단체는 피부조자들이 공적부조 급여를 옳게 쓰고 있는지 확인하기 위하여 그들에 대한 감독을 실시한다. 이러한 일로 이따금씩 피부조자의 사생활을 공개해야만 하는 상태가 되고, 결과적으로 피부조자의 개인적 자유와 인간으로서의 존엄성이 손상되기 쉽다.

다른 한편 공적부조는 역사적으로 공공질서의 유지라는 지배층의 전형적인 집착과 연루되어 있기 때문에 이따금씩 여론의 좋지 못한 평판을 받고 있다. 반면에 재해예견적 조치의 경우에는 당사자의 자조적 노력이 전제되는 것이고 또한 관련제도는 원칙적으로 자치를 표방하기 때문에 인간존엄성의 관점에서나 개인과 국가의 관계라는 관점에서 볼 때 공적부조보다 우월한 사회보장 방법이다.

셋째, 공적부조 급여는 대상자의 최저생계 보장, 달리 말하면 생존에 필요한 최소한의 기본욕구 충족에 빠듯할 정도로만 지급되기 때문에 노동자 생활의 정상적인 소득을 보장하기에는 언제나 부족하다. 공적부조 급여수준의 열악성은 구성원들의 노동의사를 고무시키고자 하는 사회 전체의 의지와도 밀접한 관계를 지닌다. 그러므로 공적부조의 급여수준은 일반적으로 노동자의 최저임금수준을 하회한다. 더욱이 공적부조 급여는 대상자의 소유재산 규모에 반비례하는 반면 재해예견적 조치의 보장수준은 소유재산의 규모와 무관하다. 좀더 정확하게 표현하면 집단적 재해예견조치가 보장하는 급여수준은 실현된 사회적 위험의 중요도에 비례한다.

마지막으로 부조의 일반화는 인간의 나태와 안일 등을 부추김으로써 사회분위기를 부도덕하게 만들 위험이 있다. 부조의 재정은 국가, 기타 지방공공단체(공적부조의 경우) 또는 특정인들(사적부조의 경우)이 충당한다. 피부조자는 부조의 재정에 아무런 기여도 하지 않는다. 공적 혹은 사적부조의 급여를 받기 위해서는 빈곤자 자신이 궁핍상태를 입증해 보이기만 하면 된다. 이 같은 이유로 부조의 기술은 피부조자의 노동의욕을 감소시키고 나태와 안일을 부추긴다는 의심을 받는다.

기술로서 재해예견적 조치는 노동의욕의 감소라는 문제를 야기하지 않는다. 오히려 그것은 노동의욕을 제고시키는 효과를 가지고 있다. 그 이유는 재해예견적 조치에 의한 보장은 질병, 산업재해, 노령 등 높은 수준의 경제적 보상이 요구되는 사회적 위험들에 의해 유발되는 공포를 제거함으로써 노동생산성을 높일 수 있기 때문이다.

사회보장의 기술로서 재해예견적 조치가 지닌 우월성 때문에 오늘날 노동자계급의 재해예견적 노력을 지원하는 방향으로 사회보장 정책을 이끌어가고 있다. 하지만 사회보장에서 공공부조의 부양의무 이념은 여전히 중요한 위치를 차지하고 있다. 즉, 공적부조는 여타의 모든 사회보장 보호 기술이 적용된 연

후에도 대상자의 최저생계가 보장되지 않는 경우에 그에게 개입함으로써, 사회
보장의 보조적, 보완적 보호 기능을 수행하는 것이다.

2) 자조적 재해예견 조치들의 보호 기술상의 한계와 사회보험의 우수성

재해예견적 조치의 보호 기술은 두 가지 부류로 대별할 수 있다. 그 하나는
개별적 재해예견 조치(저축)이다. 다른 하나는 집단적 재해예견조치로서 이는
일정한 규모의 집단구성원들 사이에 존재하는 연대성을 통한 보호 기술(공제조
합, 사설보험, 사회보험)을 의미한다. 이들 재해예견적 조치의 보호 기술들은
19세기 동안에 발달해 왔다.

(1) 저축

저축은 전산업 사회, 특히 19세기 전반기 사회에서 개인의 생존 안전을 보장
하는 데 효과적인 수단이었다. 그리고 노동자 계급의 저축은 소유권 개념과 연
결되어 있었다. 저축으로 재산을 모아 소유권을 행사하는 유산자(부르주아) 집
단에 소속되고자 하는 염원은 19세기 동안 서구사회를 지배했다. 따라서 저축
은 국민 대다수의 관심 대상이었고, 19세기 초까지는 다수의 예금주들을 확보
할 수 있었다. 그러나 사회진화 과정에서, 저축은 자본형성 방법으로 부정할
수 없는 장점을 가지고 있음에도 불구하고 노동자 계급의 생활보장 방법으로
서는 많은 한계를 내포하고 있다. 저축은 노동자 계급의 생존안전을 보장하는
보호 기술로는 적합하지 않다.

첫째, 사회에서 가장 소외된 계층은 여러 가지 사회적 위험이 유발할 가능성
이 가장 높은 계층이다. 반면 이들의 저축능력은 여러 사회집단들 중에서 가장

낮다. 그 이유가 그들의 소득 영세성에 있는 것은 재론의 여지가 없다. 대개의 경우 그들의 소득수준은 저축이 거의 불가능할 정도의 낮은 것이 사실이다. 예컨대 20세기 초반까지만 해도 노동자 가족의 임금은 너무나 낮아서 최저생계수준을 거의 초과하지 못할 정도였다. 게다가 설령 임금이 최저생계수준을 약간 상회하는 경우라 하더라도 미래에 닥칠 사회적 위험에 대한 대비책을 마련하기 위해 당장 필요한 소비를 억제하거나 거부하는 것이 불가능하다. '현재 느끼는 욕구는 미래의 욕구에 비하여 훨씬 강렬하기 마련'이기 때문이다.

둘째, 저축은 화폐가치의 저락에 아주 민감하다. 이와 같은 저축의 위험성에 대한 인식은 사람들의 저축의욕을 저해하는 원인이 된다.

셋째, 저축이란 재해예견적 조치의 개별적인 기술에 지나지 않는다. 따라서 저축은 예금주와 가족에게 계속 일어나는 여러 가지 사회적 위험이나 복구에 많은 비용이 필요한 사회적 위험(예컨대 장기질환, 노령 등) 앞에서는 효과적인 대응책이 될 수 없다. 예금주 자신의 생존안전을 실질적인 수준까지 보장받기 위해서는 저축의 액수를 가능한 한 최대의 규모로 증가시켜야만 할 것이다. 그러나 노동자 계급의 부족한 임금수준을 감안한다면 저축으로 모은 그들의 재산이 그리 대단한 규모는 되지 못할 것이라는 것을 예상할 수 있다. 그러므로 다른 대안을 마련해야만 한다.

하나의 대안으로서 생존의 안전에 대한 욕구를 공통적으로 느끼는 사람들 사이에 여러 가지 위험을 분산시키는 방법은 없을까? 오늘날 사회는 모든 구성원, 특히 노동자 계급과 같은 무산계급에 대한 생존보장의 수단으로서의 소유권 개념은 거의 의미를 상실하고 있다. 19세기 후반부터 노동자계급의 사회보장 전개과정을 주의 깊게 살펴보면, 점진적으로 확대되는 산업사회는 도도한 사회적 조류, 즉 자본과 노동의 분리현상을 받아들여야만 했다는 것을 알 수 있다. 산업사회 구성원의 다수를 점하고 있는 노동자 계급의 생활안전은 재산형성의 방법만으로는 충분히 보장하기 어렵고, 따라서 이들의 생활안전 보장을 위해 제도적 장치를 마련해야만 했던 것이다. 즉 산업사회는 노동자 계급의 생존안전을 보장하기 위해 소유권의 발전보다는 노동자의 노동력을 보호하는 방법을 시도하고 있다.

'노동력의 보호를 통해 생존안전을 보장'하려는 노동자 생활보장의 기본 개념을 통해 19세기 말부터 노동권의 개념과 공제조합의 조직이 발전하기 시작하였다. 다시 말해서, 노동권 또는 공제조합의 상부상조 미덕 등이 소유권 개념에서 배제됨으로써 생존의 안전을 제대로 보장받지 못하던 19세기 후반 서구 산업사회 노동자 및 가족의 생활안정의 주된 수단으로 대두하기 시작했다.

개개인에게 지나친 재정적 부담을 부과하지 않으면서 여러 가지 위험들을 효과적으로 커버하기 위해서는 저축보다 집단적 재해예견 조치가 더 효과적이다. 집단적 재해예견 조치는 두 가지 방법, 즉 공제조합과 보험에 의해 실시된다. 이 두 가지 방법은 모두 많은 사람들을 모아서 재정적 부담을 희생자 개인이 아니라 집단 성원 모두가 나누어 가지는 것이다. 공제조합은 영국의 경우 우애조합(Friendly Society), 프랑스의 경우 상호구제조합(Societe de Secours Mutuels)의 명칭으로 19세기 기간 중에 발달하였다.

(2) 사설보험

보험은 저축에 비해서 더 진보된 보호 기술 방법이라고 할 수 있는데 저축과는 달리 위험분산(risk pooling)기능을 가지고 있기 때문이다.

사설보험의 경우 보험자는 피보험자들 사이에서 중개역할을 담당한다. 그는 보험료를 걷고 미리 약정된 위험이 실현될 경우 피보험자에게 보상금을 지급하며 수납한 보험료 총액과 지출한 보상금 총액의 차이를 이득으로 취한다.

사설보험은 여러 장점에도 불구하고 사회구성원 전체를 보호하는 기술로서는 많은 단점을 가지고 있다. 우선 보험회사의 특수한 이해관계 때문에 위험

대상의 종류가 지극히 제한적이다. 따라서 자신과 가족의 경제생활을 포괄적으로 보호받기 원하는 경우, 피보험자는 여러 종류의 보험회사가 실시하는 다수의 보험에 가입해야만 하는 번거로움을 겪어야 한다. 또한 사설보험의 보험료는 개인마다 다른 위험발생 빈도수를 고려하여 결정한다. 예컨대 생명보험의 경우 노인이 부담해야 하는 보험료는 젊은이에 비해서 높다.

또한 일반적으로 저소득 노동자들의 각종 사회적 위험 발생률은 다른 계층의 사람들에 비하여 높다. 단순노동자들의 사고, 질병 등의 발생률은 중산층에 비하여 높은 반면 단순노동자들의 봉급수준은 중산층에 비하여 낮다. 따라서 사설보험의 보험료 계산방식을 적용하면 노동자들은 중산층에 비하여 높은 보험료를 부담해야 한다.

사설보험은 위험분산 효과를 가지고 있다. 그리고 이것은 저축의 경우와 마찬가지로 개인의 일생동안 반복되는 호경기와 불경기 사이의 불평등한 소득을 균점시킬 수 있는 이상적인 방법이다. 그러나 사회정의의 관점에서 볼 때 사설보험 방식의 경우에는 상이한 여러 사회적, 직업적 범주의 사람들 간에 소득의 수직적 재분배 효과를 거의 기대할 수 없다.

더욱이 광고비와 보험회사 직원의 인건비 지출 때문에 사설보험의 보험료 수준이 높아진다. 이와 같은 이유로 사설보험은 저소득 노동자 계급보다는 부유한 계층에 적합한 사회적 위험의 보장기술이다. 사설보험의 또 다른 단점 중 하나는 임의가입 방식에 의존하고 있다는 것이다. 이런 경우 역선택[4]의 문제가 제기될 수 있다. 요컨대 생활보장의 일반적 기술로서의 사설보험은 몇 가지 장점에도 불구하고 너무 많은 단점을 가지고 있으며 특히 노동자 계급의 생활보장 방법으로서는 더욱 그러하다.

---

[4] 위험 실현 가능성이 높은 사람들만 가입하여 보험료수준이 상승하고 결국에는 위험 실현 가능성이 더 높은 사람들만 회원으로 남게 되는 악순환을 말한다. 또한 현재의 욕구를 억제하고 미래 대응 능력이 있는 계층(중산층 이상의 계층)만 가입하는 현상도 이에 해당한다.

(3) 공제조합

공제조합은 19세기 유럽 노동자들 사이에서 널리 유행하였으며 보험기술에
기초하고 있다. 그러나 사설보험의 경우와는 달리 조직과 운영을 가입자들이
맡고 있기 때문에 거둬들인 금액 전체를 가입자들의 사회적 위험보상에 사용
한다.

일반적으로 공제조합은 질병, 출산, 불구, 노령, 실업 등 복수의 위험들에 대
한 대책을 마련하고 있다. 따라서 조합원들은 단일 기여금을 금고에 정규적으
로 납부하면서 다양한 각종 사회적 위험들에 대한 보장 혜택을 누릴 수 있는
장점이 있다.

유럽의 공제조합 전통에 따르면 동일직업 종사자들을 중심으로 조직하는 것
이 통례이다. 따라서 공제조합을 지배하는 연대성은 직업적 연대성(Solidarité
professionnelle)이다. 다시 말해서 특정직업 종사자들이 조직한 공제조합은 외
부 세계에 지극히 폐쇄적인 경향이 있다. 바로 이 점이 전 국민을 위한 재해예
견적 조치로서 공제조합이 지니는 한계라 할 수 있다.

19세기 유럽의 공제조합 역사를 더듬어 보면 조합들 대부분이 노동자들에
의해 조직되었으며 사회보험이 도입되기 이전에 널리 번성하였다는 것을 알
수 있다. 이것은 자유주의 사상이 지배하던 초기 산업사회에서 자조정신에 기
초하여 노동자들이 만든 대표적인 자구책 중 하나라 할 수 있다. 영국의 경우
우애조합이라는 이름으로 대다수 노동자들에게 확산되었으며, 독일에서는 상호
보험(Die Versicherung Gegenseikigkeit)이라는 이름으로 존재하였다. 그러나
프랑스의 경우 19세기 후반기로 오면서 가입자들 중 자영 상공인들과 쁘띠 부
르주아(petit bourgeois), 그리고 농부들의 비율이 점차 높아졌다. 특히 1898년
4월1일 공제조합 자율화에 관한 법이 실시됨에 따라 공제조합은 노동자 계급
으로부터 점차 멀어지게 되었다. 보호의 기술로서 이 방식이 지닌 가장 큰 단

점 중 하나는 노동자 계급이 부담하는 미약한 기여금만으로는 비용을 많이 요하는 보상분야에 대해 적절한 보호를 할 수 없다는 것이다.

3) 산업재해보상에서 민사책임 개념(notion de responsabilité civile)의 한계와 법적 기술의 갱신

과실 개념에 기초한 민사책임은 19세기에 희생자의 손해를 배상해 주는 유일한 법적 기술이었다. 그러나 이 기술은 산업재해에 대한 보상 기술로서는 많은 단점이 노출되었다. 이에 따라 법학자들은 얼마 동안 민사책임의 개념을 확대·해석하여 산업재해에 대한 보상문제를 해결하려고 노력하였다. 이어서 19세기 말에는 산업재해 분야에서 법적 기술의 혁신이 가능하였다.

(1) 산업재해보상 분야에서 민사책임의 한계

예컨대, 프랑스 민법 제1382조는 "타인에게 손해를 유발하는 인간의 모든 행위에 대해, 행위자는 그의 과실로 인하여 생긴 손해를 배상할 의무가 있다"라고 규정하고 있다.

이처럼 민사책임상의 배상기술은 과실 개념에 기초하고 있다. 과실은 가해자가 희생자에 대한 손해배상의 의무를 지도록 하는 유일한 원인이 된다. 그러나 인간관계에 기계가 개입하게 되면서 과실 개념에 기초한 민사책임이 복잡해졌다. 기계로 인한 사고의 경우 과실 책임자를 찾는 것은 복잡한 문제인 것이다. 인간의 과실이 개입되지 않은 사고의 경우, 피해자는 어떠한 보상의 권리도 보장받지 못한다. 이 경우 피해자는 손해를 감수하든지 타인의 부조에 의존해야 한다. 기계로 인한 산업재해에서는 대부분 사용자의 과실이 개재되지 않았기 때문에 결과적으로 피해자는 사용자를 상대로 배상을 청구할 수 없었던 것이다.

이와 같이 인간의 과실이 개재되지 않을 수 있다는 사실은 산업재해 피해자
가 손해배상을 받아내는 데 지장을 주는 가장 주요한 장애였다. 산업재해보상
에서 민사책임이 지니는 두 번째 한계는 피해자가 해결해야 했던 증거 제시의
부담이었다. 사용자의 과실이 개재되는 사고에서 손해배상을 받아내기 위해서
는 법원에 증거를 제시하게 되어 있었다. 다시 말해서 피해자는 세 가지 증거,
즉 그의 손해, 사용자의 과실, 그리고 사용자의 과실과 그의 손해 간 인과관계
를 설명해 줄 증거를 제시해야만 했다. 이들 증거가 제시되지 않는 경우에 발
생된 손해는 불가항력적인 것으로 인정되어 피해자는 아무런 보상도 받지 못
하게 된다. 그리고 당시 노동자들에게는 이러한 증거 제시가 과중한 부담이었
다. 노동자 계급은 사용자들에 비하여 지적, 재정적으로 열세였던 것이다. 결과
적으로 피해자인 노동자가 법적 투쟁을 통해 언제나 사용자의 손해배상을 보
장받지는 못했다.

피해자가 당면하는 또 다른 어려움은 심리적인 문제였다. 재해의 피해자인
노동자에게는 사용자의 과실을 입증한다는 자체가 적잖은 심리적 부담이 되었
다. 피해자는 사용자와 직접 협상함으로써 또는 보험회사의 개입(보험회사는
사용자와 밀착된 관계를 맺고 있는 것이 통례였다)에 의한 간접적인 협상방법
을 통해 보상문제의 해결을 시도하는 일이 많았다. 협상 과정에서 피해자는 사
용자의 부분적인 보상약속을 대가로 법정투쟁을 포기하는 일이 많았다.

(2) 산업재해보상에 민사책임 개념을 적용하고자 한 법학자들

19세기 후반 일군의 법학자들은 산업재해보상과 관련해 민사책임 개념이 내
포하는 여러 가지 한계를 타파하려고 노력했다. 이들은 우선 과실이 개입되지
않는 경우의 보상문제를 해결해야 했다.

특히 살레이(Saleilles)와 조세랑(Josserand)은 프랑스 민법 1384조의 적용법

위를 확대함으로써 문제를 해결하고자 하였다. 민법 1384조에 따르면 "인간은 자신의 행위로 일어난 손해뿐만 아니라 그의 책임하에 있는 사람의 행위나 그의 감독하에 있는 사람들의 행위에 의해 발생하는 손해까지도 배상해 줄 책임이 있다." 이어서 프랑스 민법 조항들(1385조와 1386조)에서 문제가 되는 "물건(choses)"이라는 용어는 19세기 말까지 물건이나 건물의 경우에만 해당하는 것으로 생각하였으나 이 두 법학자들은 이 용어를 확대 해석하여 물건, 가구 또는 건물로 인해 발생한 사고에 대해서도 기업주의 책임이 인정되어야 한다고 주장하였다.

이들은 특히 피용자가 도구나 연장으로 때문에 당한 사고의 책임이 기업주에게 있다고 결론 내렸다. 두 학자는 이러한 대담한 해석을 통해 객관적 책임(résponsabilité objective)의 개념을 과실의 추정이 아니라 손해의 원인인 물건의 소유행위에 접목시켰다. 이 학설은 과실 개념을 위험 개념으로 바꿔 전통적인 책임(résponsabilité) 개념을 바꾸어 놓았다.

쌍무계약설에 기초한 또 다른 일군의 학자들의 학설은 안전보장의 의무라는 개념을 바탕으로 한다. 이 개념에 따르면 사용자는 그의 피용자들의 안전을 보살필 책임이 있다. 이들 중 한 사람이 작업 수행 중에 재해를 당한 경우 그는 사용자를 상대로 손해배상을 청구할 권리가 있다.

이상에서 살펴본 두 가지 학설은 기계로 인한 산업재해에서 인간의 과실이 개입되지 않기 때문에 문제가 될 수 있는 민사책임의 법적 기술의 한계를 극복하려는 시도였다. 그러나 이 학설이 산업재해보상에 적용된다 하더라도 증거제시의 부담은 여전히 희생자에게 남는 것이다. 즉, 산업재해로 희생된 노동자는 그가 입은 손해의 크기, 재해와 손해 사이의 인과관계에 대한 증거를 제시해야 한다.

(3) 산업재해보상 분야에서의 법적 기술 갱신

프랑스의회는 오랜 토론 끝에 1898년 4월 9일 산업재해보상에 관한 새로운 법을 통과시켰다. 이 법은 '직업적인 위험(risque professionnel)'의 개념을 도입함으로써 사용자의 재해보상 책임을 규정하고 있다. 이와 같은 새로운 규정에 따라 피해자는 재해에 관한 증거를 제시하지 않아도 자동적으로 사용자의 보상을 받을 수 있게 되었다.

그러나 이 법은 마르땡 나도(Martin Nadaud)가 1880년에 의회에 제출한 초안과 비교해 많은 한계성을 내포하고 있다. 직업적 위험 개념은 과실 개념을 옹호하는 반대파 보수세력과의 의견절충 과정에서 초안의 중요부분을 양보한 채 마무리되었다. 1898.4.9일의 법은 의회협상에서 나타난 결과로서 다음과 같은 특성을 띠고 있다.

- 개인의사 자치(autonomie de la volonté)의 원칙에 위배되는 모든 강제보험 이념의 포기
- 직업적 위험에 기초한 사용자의 보상책임 원칙의 도입
- 용서할 수 없는 과실(faute inexcusable)의 경우 손해의 부분적 보상책임 원리의 도입

1898.4.9. 법 제정 당시 이 법이 규정하는 직업적 위험 원칙의 적용범위는 위험 발생률이 높은 몇 개의 산업체에만 국한되어 있었다. 그 이후 적용대상의 범위가 점차적으로 확대되었다. 이어서 나타난 몇 가지 관계법에 따라 직업적 위험 개념에 기초한 보상원칙이 산업재해의 모든 분야에 적용되기 시작하였다.

위에서 언급한 1898년 법은 산업재해보상 분야에서 강제보험 원칙을 배척했기 때문에 사용자들은 나름의 방식대로 보상대책을 마련하지 않을 수 없었다.

그들은 사설보험 가입 혹은 보상비용의 직접부담 등의 방법으로 이 문제를 해결하였다. 그러나 이 두 가지 방법은 모두 견실치도 안전치도 못한 재정수단이었기 때문에 결과적으로 피해자들이 보상을 받지 못하는 경우가 발생했다. 또한 이 법은 산업재해의 예방대책을 규정하지 않고 있었다. 산업재해보상에 관한 강제보험 제도는 1946.10.30. 법에 의하여 비로소 프랑스 사회보장 제도의 범위 안에 도입되었다.

끝으로 산업재해보상 보험의 운영을 사회보장이 맡기 시작하면서 재해예방 조치가 가능케 되었다. 이 예방조치는 실적주의에 기초한 것으로서, 산업재해의 감소 및 조절을 목적으로 한 사용자의 노력 여하에 따라 그가 부담하는 기여금의 수준을 조정하는 것이었다.

4) 사회보험

(1) 위험 개념의 사회화

산업재해에 관한 보상 기술의 변화에서 알 수 있는 것은 위험 개념의 확대이다. 이미 위에서 살펴보았듯이 산업재해는 초기에는 개별적 성격을 띠는 위험으로서 과실 개념에 기초한 민사책임의 원리에 따라 보상이 이루어졌다. 그러던 것이 직업적 위험 개념으로 변화하면서 과실의 소재를 문제시하지 않고 고용주의 보상책임이 의무화되었다. 그러나 설령 과실 책임이 고용주에 있다손 치더라도 고용주의 보상능력이 충분하지 않다면 희생자인 피고용자는 온전한 보상을 보장받지 못하는 결과에 놓이게 된다. 이런 문제를 해결하기 위해 동원된 방법이 고용주의 보험 가입을 의무화한 것이다. 결과적으로 보상 관계는 희생자인 노동자와 고용주 간 2자 관계에서 노동자, 고용주 그리고 보험회사로 연결되는 3자 관계로 발전하게 되었다. 이렇게 되면 고용주는 보험회사에 보험

료를 정규적으로 납부해야 한다. 그리고 재해를 입은 노동자는 고용주에게 보
상을 요구하는 대신 보험회사가 미리 준비한 약정에 따라 희생노동자에게 보
상을 실시하게 된다.

이상의 설명은 제반 산업재해에 대한 보상이 기계를 사용하는 산업체에 국
한해 실시되던 경우에 적용할 수 있다. 그러나 기계의 사용이 모든 직종으로
확대되고, 이로 인한 재해발생 또한 모든 종류의 노동자 집단들로 확대됨에 따
라 재해 개념의 확대가 불가피하게 되었다. 초기 산업사회에서 재해는 직업적
위험의 여러 가지 형태들 중 하나에 불과한 것이었다. 그러나 현대 산업사회에
서는 산업화가 일반화된 현상으로 자리잡게 되었고 따라서 산업재해는 사업장
근무 노동자 집단에만 국한되어 나타나는 것이 아니라 기계를 사용하는 모든
노동자들에게 해당되는 위험 개념으로 확대되기에 이른다.

산업재해는 초기 산업사회에서는 개별적 위험 또는 직업적 위험으로 인식되
었으나 기계 사용의 증가에 따라 점차 노동자 집단 전체, 또는 사회구성원 전
체에 대한 위험 개념으로 확대되었다(사회적 위험). 프랑수아 에발드는 산업재
해 개념이 직업적 위험에서 사회적 위험으로의 변화한 것을 위험의 일상화
(Normali- sation of risk)라 하였다.[5] 이러한 변화로 위험 보상의 책임 소재 역
시 달라질 수밖에 없었다. 예컨대 종전에는 기업에서 고용주의 책임이던 것이
사회 전체의 공동책임으로 변하게 되었다. 이는 곧 산업재해에 대한 대책으로
서 사회보험이 나타나게 된 배경을 설명한 것이다. 마찬가지로 질병, 출산, 실
업, 노령 등의 위험들도 직업적 위험에서 점차 사회적 위험의 개념으로 확대되
었고 이들에 대한 보상 방법으로서 사회보험이 형성되기에 이르렀다.[6]

---

5) Ewald(F.), *Old Age as a risk, in Old Age and the Welfare State*, London, Sage, pp.119-224.
6) 노령, 산업재해, 실업, 질병, 출산 등의 직업적 위험에 대한 보상 책임이 기업에서 사회 전체
   로 이관된 배경(프랑스의 경우)은 푸랑수아 에발드는 세 가지로 설명하고 있다.
   첫째는 (19세기 말-20세기 초)연대이론에 기초하여 형성된 사회적 부채의 개념 때문이다.
   사회적 진보의 관점에서 볼 때, 이들 위험들에 대한 보상은 사회 전체 차원에서 대안이 마

(2) 사회보험의 개념과 원리

보호의 기술로서 사회보험이 공제조합이나 사설보험과 다른 점은 먼저, 의무가입을 전제로 한다는 것이다. 사회보험이 19세기 말부터 20세기 초기까지 구미의 여러 자본주의 국가에서 강력한 여론 반대에 봉착한 것도 주로 이 의무가입 규정 때문이었다. 다시 말해서 의무가입 규정은 개인의사의 자치와 계약의 자유로 대표되는 고전적이고 전통적인 자유 개념과 상치된다는 것이다. 오늘날 사회에서 자유 개념은 고전적인 자유 개념에서 한 단계 발전한 것이다.

뒤랑(Durand)교수는 인간의 자유로운 상태를 다음 두 가지로 나누어 설명하고 있다.[7] 하나는 "인간은 오로지 자율적인 의사로 자신을 제어할 수 있는 상태에 있을 때 자유롭다"는 것이며, 다른 하나는 "인간은 자신의 인간성이 만개하는 데 장애가 되는 모든 제약(예컨대, 빈곤 또는 생활의 불안 등)들로부터 해방될 때 자유롭다"고 보는 견해이다. 특히 후자의 자유 개념에서 주목해야 할 것은 인간의 진정한 자유를 지키기 위해서는 경우에 따라서 강제적 방법을 동원할 필요가 있다는 점이다. "사회보험에 있어서의 강제성 혹은 가입의무 등은 인간의 기본 욕구-예컨대, 궁핍 또는 생활의 불안요소-를 타파하기 위한 하나의 수단에 불과한 것이다." 서구 자본주의 사회에서 성립된n 이와 같은 새로운 '자유' 개념은 19세기 말부터 일반화되기 시작한 사회보험 의무가입 방식의 이

련되어야 하며 사회보험이 그 방법으로 동원되었다. 둘째, 사회적 위험의 개념은 예방의 아이디어에서 영향을 받았다. 만약 사회구성원이 사회를 상대로 자신의 안전보장을 요구할 권리가 있다면 사회는 그 사람에게 강제보험의 원칙을 의무화할 권리가 있다는 것이다. 셋째, 개인의 불안정 상태를 그대로 방치하면 사회문제로 비화될 수 있고 따라서 사회적 비용의 확대를 가져올 위험이 있다. 예컨대 질병, 출산, 노령, 실업, 재해 등의 위험을 그대로 방치하게 되면 이로 인하여 구성원들이 빈곤상태로 전락할 위험이 있고 빈곤이라는 사회문제의 해결은 불가피하게 사회적 비용의 지출을 증가시키게 된다. 따라서 사회적 비용의 증대를 억제하기 위해서 사회 전체 차원에서 대책 마련이 필요하게 되었고, 그 방법으로 동원된 것이 사회보험이라는 것이다. Ewald(F.), 앞의 책, pp.119-124.

7) Durant(Paul), *La Politique contemporain de la Sécurité Sociale*, Paris, Dalloz, 1956.

론적 정당성을 밑받침하게 되었다.

만약 공제조합이 더 많은 조합원들을 확보할 수 있다면 각종 위험에 대한 보장의 효율성은 증대된다. 그 이유는 첫째 더 많은 사람들에게 조합의 지출을 분담시킴으로써, 즉 보장의 전체 풀(pool)을 늘림으로써 과중한 지출(예컨대, 노령 또는 장기질환에 대한 보상)도 조합이 감당해 낼 수 있게 되기 때문이다. 결과적으로 조합원 개개인은 종전보다 덜 내고 보다 많은 보상을 보장받을 수 있게 된다.

둘째, 노동자 계급의 여러 가지 위험에 필요한 비용은 노동자 계급뿐만 아니라 사용자 집단과 국가가 함께 분담하는 것이 옳다. 왜냐하면 여러 사회적 위험에 대한 보장 문제는 노동자 계급에게만 해당되는 것은 아니기 때문이다. 이 문제는 노동의 재생산이라는 측면에서 볼 때, 공공 이해관계 및 사용자의 이해관계와 밀접한 관계를 지닌다. 국가적 차원에서 노동자 계급의 건강상태는 국가의 생산성과 직결되는 문제이다. 이것은 기업주의 이해관계와도 직결된다. 그리고 하츠펠드(H.Hatzfeld) 교수의 연구는 19세기 후반 대기업의 사용주들이 조직한 기업퇴직금 제도가 우수하고 정규적인 인력을 확보하고자 하는 의도에서 나온 것임을 지적하고 있다. 요컨대, 사회적 위험의 보장 효과를 극대화하기 위해서는 사회적 재해예견 조치에 대한 가입의무를 법으로 규정해야만 한다. 즉 법정급여는 사회보장 권리에 확실성을 부여하게 된다.

이와 같이 전통적 생활보장 기술의 한계와 공적부조의 지출 증대에 적대적인 사회 여론이 대두함에 따라 구미 각 국에서는 노동자 계급을 위한 강제보험의 조직과 운영에 국가가 직접 개입하기 시작했다. 다른 한편 이처럼 국가가 노동자 계급의 생활개선을 도모하고자 한 것은 노동자의 의무가입 규정을 전제로 하는 사회보험을 실시하게 된 또 다른 동기가 되었다. 어쨌든, 독일과 영국에 이어, 프랑스는 20세기 초반부터 노동자 계급과 사용자 집단의 의무개념을 기초로 한 사회보험을 실시하기 시작하였다.

2. 현대 사회보장의 두 가지 기본이념

사회보장 개념은 보는 각도에 따라 달라질 수 있다. 점진적 사회개량주의의 입장에서 본다면 그것은 19세기 말 또는 20세기 초기까지 존재한 사회적 재해 예견 조치와 부조 등의 개념을 종합한 것에 지나지 않는다. 우선 사회보장은 모든 보장의 기술들(techniques de la garantie)을 하나의 강제보험 체계 및 다른 하나의 의무적 부조 체계에 통합시킨 것에 불과하다. 다시 말해서 종전까지 비스마르크 이래 유럽에서 일반화된 노령, 질병, 실업에 대한 보상을 목적으로 한 사회보장 체계와 분리된 채 시행되던 가족부양, 산업재해 및 직업병에 대한 보상제도가 수혜자의 권리와 국가 및 기업체의 보상의무라는 전제하에 통합되었다. 또한 사회보장은 행정, 재정, 사법의 차원에서 이들 각종 사회적 위험들에 대한 보장체계를 하나로 통일한 것에 불과하다.

하지만 다른 각도에서 보면, 사회보장은 20세기에 들어 대두하기 시작한 새로운 이념으로서 종전의 사회보험과 공적부조를 훨씬 능가하는 개념이다. 다시 말해서 사회보장은 1948년 세계인권선언에 나타난 인간 기본권 중 하나로서, 대상이 되는 피보호자의 범위 역시 종전과 현격한 차이를 보인다.

사회보장의 기본이념은 두 가지로 나누어 볼 수 있는데, 그 하나는 모든 국민들을 위한 사회적 미니멈 보장이며 다른 하나는 모든 노동자를 위한 소득보장이다. 사회보장은 궁극적으로 이상의 두 가지 기본이념을 구현시키는 것을 목표로 한다. 이 두 가지는 각각 그 적용상에 장점과 단점을 동시에 가지고 있다. 개발도상국이 국가적 차원에서 사회보장을 제도화할 때 이들 장, 단점을 고려해야 함은 물론이고 또한 사회보장이 궁극적으로 달성해야 하는 두 가지 목표 중 우선순위를 정한 다음 시행해야 할 것이다.

1) 사회적 미니멈 보장(garantie du minimum social)

경제대공황(1929-1932) 이후 서구 산업국가들은 서둘러 경제재건에 주력하였다. 사회보장의 기본이념인 전 국민(경제활동인구와 비활동인구 망라)의 사회적 미니멈 보장은 이 같은 서구사회의 조류 속에서 나타나게 되었다. 이 개념은 1935년 미국의 사회보장법에서 처음으로 구체화되었고 뉴딜정책의 일환으로 실행되기에 이르렀다. 이렇게 하여 성립된 미국의 사회보장 제도는 케인즈의 수요중심 이론8)에 기초한 연방정부의 정책수단 중 하나였으며, 이 정책을 실시하게 된 근본취지는 국가경제의 재건에 있었다. 미국의 사회보장은 자본주의 사회 내의 두 가지 다소 상반되는 조류, 즉 국민생활의 안정이라는 사회적인 것과, 국가경제의 성장이라는 경제적인 것을 하나의 제도 속에서 조화, 발전시키고자 하는 의도에서 성립된 것이다. 다시 말해서 전 국민의 사회적 미니멈 보장은 미국의 경제적 발전과 안정에 필수적이라는 전제에서 출발했다.

국민의 구매력을 유지시켜야만 국내경기의 순조로운 순환이 가능하기 때문에 국가는 이를 위하여 사회분야에 개입하지 않을 수 없게 되었다. 따라서 국가는 실업자들을 위하여 실업수당을 지급해야 했으며 경제순환 체계에서 소외되어 온 모든 국민들에게 노인 미니멈(minimum vieillesse)을 보장해 주어야 했다. 실업수당 및 노인 미니멈은 수혜자들의 최소한의 기본욕구를 충족시키는데 빠듯할 정도로만 지급될 뿐이므로 이들에게 실제로 지급되는 급여액의 대부분은 다시 경제순환체계에 재투자된다. 이처럼 사회보장 급여는 저소득층의 생활을 안정시키는 것은 물론 국가 전체의 경제순환 체계를 활성화시킴으로써 경제공황의 충격을 줄이는 효과를 가져다 준다.

---

8) 고용, 이자 및 화폐의 일반 이론(The General Theory of Employment, Interest and Money)에서 케인즈는 실업과 경제공황의 원인은 총수요의 부족이라고 하였고, 이는 정부의 재정금융정책을 통해 해결 가능하다고 주장하였다. 이것은 미국의 뉴딜(New Deal)정책과 사회보장법의 이론적 기초가 되었다.

1929-1932 기간 동안에 실시된 사회적 미니멈 보장의 진가는 2차대전 기간 동안에 재확인되었다. 우선, 1946.8.12.에 채택된 대서양헌장은 파시즘에 대한 투쟁에 대중을 동원하기 위해 '궁핍에서의 해방'이라는 기본이념에 주안점을 두었다. 우리는 이 헌장의 내용을 통해 사회보장의 기본이념에 인간 존엄성에 대한 인식이 첨가되었다는 것을 알 수 있다.

이때부터 사회적 미니멈의 보장은 모든 시민의 권리를 의미하게 되었고 이 권리야말로 현대사회 구성원들이 가지는 생존 권리라고 할 수 있다. 베버리지는 전쟁기간 동안에 영국에서 발간된 베버리지 보고서에서, 사회적 미니멈의 보장과 관련된 새로운 이념을 구체화시켰으며 한 걸음 더 나아가 이 이념을 영국 사회보장체계 속에 접목시키고자 하였다.

베버리지의 최대 관심사는 전 국민을 위한 사회적 미니멈의 실현이었는데, 이는 종전까지 국가가 추진해 온 빈곤자들을 위한 부조의 폐단, 다시 말해서 급여의 전 단계에서 실시하는 '자산조사'가 초래하는 인간 존엄성의 손상문제를 해결하고자 한 것이다. 그는 자산조사 없이 모든 국민들에게 사회적 미니멈을 보장할 수 있는 제도를 구상하였던 것이다. 이것이 바로 영국 사회보장의 근본 취지이며, 2차대전 후 새로 성립된 영국의 사회보장제도 보호 기술인 공적부조에서 자산조사를 뺀 형태와 흡사하다.

사회적 미니멈의 보장과 베버리지의 기본착상은 다음과 같은 두 가지 기본 방침을 전제로 제도적 차원에서 실현되었다. 우선 베버리지는 지나치게 복잡한 사회보험 체계를 개선시키고자 노력하였다. 그가 가장 먼저 개선하고자 한 일은 보호대상자와 사회적 위험(risques sociaux)의 범위를 넓히는 것이었다. 그는 이렇게 함으로써 가능한 한 다수의 국민을 사회보험의 보호 범위 안에 포함시키려 하였다. 더욱이 그는 종전까지 영국에서 제도화되지 않았던 가족수당을 사회보장 제도의 범위 안에 창설하고자 하였다. 또한 그는 여러 사회보험의 행정 및 재정구조를 통합할 것을 제안하였다. 피보험자에게는 단일 종목의 기여금만 부과하며 산업재해보상의 경우를 제외한 모든 분야의 급여금은 모든 가입자들에게 동일한 수준으로 지급하고 이 급여금은 사회적 미니멈을 보장함을 목적으로 한다.

이어서 베버리지는 국가의 부조가 사회보험의 사회적 미니멈 보장의 기능을 보완해 줄 것이라고 기대하였다. 즉, 노동에 의한 소득이 없기 때문에 사회보험의 보호대상에서 제외된 부류의 사람들에게 사회적 미니멈을 보장해 주는 기능을 말한다. 끝으로 전 국민에게 무료 의료혜택을 제공하기 위하여 국민건강서비스(NHS) 체계를 만들고 그 재정은 소득세에 의한 재원으로 충당토록 하였다. 마지막으로는 일원화된 사회보장 제도의 조직과 운영을 국가가 책임지도록 하였다. 즉 모든 종류의 사회보험과 공적부조 서비스, 그리고 고용관계 서비스를 재편성하여 이들 모두를 사회보장성 관할하에 두도록 하였다.

베버리지 보고서의 주요한 기본이념은 영국의 사회보장체계 구축에 적용되었다. 그리고 이 보고서에 나타난 '전 국민의 사회적 미니멈 보장' 개념은 2차대전 후 국제적 여론과 자본주의 독트린을 채택한 여러 국가의 사회입법에 큰 영향을 미쳤다. 집단연대성의 측면에서 베버리지 보고서의 기본이념을 분석해 보면 2차대전 이전 사회보험의 기초가 되었던 직업연대성이 사회보장에서는 국가연대성(국민연대성)의 개념으로 대체되었음을 알 수 있다.

베버리지가 의도한 사회보장과 국민건강서비스 체계는 여러 가지 장점을 가지고 있다. 첫째, 이 체계들은 의료에 관한 욕구 등 인간 개개인의 줄일래야 줄일 수 없는 사회적 기본욕구들을 충족시키는 데 효과적이었다. 둘째, 이 제도는 조직이 단순했기 때문에 수혜대상자 개개인이 사회보장과 무료 건강의 권리를 행사하는 데 도움을 주었다. 마지막으로 부유층과 빈곤층 간 소득재분배의 측면에서 볼 때, 베버리지의 사회보장은 매우 효과적이다. 왜냐하면 빈곤층과 부유층 모든 계층에게 같은 수준의 급여가 보장되며 경제활동을 하지 않는 기간 동안(예컨대 상병기간, 퇴직후의 기간)에도 경제활동인구에 해당하든지

해당하지 않든지 간에 대상자에게 사회적 미니엄수준의 동일한 급여를 지급하
도록 규정하고 있기 때문이다. 따라서 비경제활동인구층의 생활수준이 현격히
개선된 것은 재론의 여지가 없다.

그러나 우리가 여기서 제기해야만 할 문제점 중 하나는 전 국민을 위한 사회
적 미니멈의 보장만을 목표로 하는 베버리지의 사회보장이 2차대전 후 지금까
지 생활수준이 현격히 향상된 영국이나 서구 선진 산업국가들의 노동자 가계
의 경제생활의 보장에 실질적인 기여를 할 수 있느냐는 것이다.

2차대전 기간 중, 그리고 1950년대 초반까지만 해도 노동자들의 생활수준은
극빈자 계층 못지 않게 낮았던 것이 사실이다. 그러나 1950년대부터 점차 경
기가 회복되고 노동자들의 임금이 상승함에 따라 이들은 더 이상 빈곤자의 범
주에 포함되지 않게 되었다. 따라서 이들은 빈곤자들로 구성된 사회 주변집단
과의 생활수준 격차를 실감하기 시작하였다. 취업과 임금구조가 안정된 사회에
서 노동자계급은 더 이상 빈곤자집단과 동일하게 취급될 수 없는 것이다. 노동
자계급의 생활수준 향상은 이들의 사회보장에 대한 욕구수준을 높여 놓았다.
이들은 사회적 미니멈의 수준보다 높은 수준의 노후보장과 더 효과적인 소득
보장을 기대하게 되었다.

이와 같이 변화된 노동자 계급의 사회보장에 관한 기대는 '소득보장'을 목적
으로 하는 사회보장 제도의 운영을 통해서 더욱 효과적으로 충족될 수 있을 것
이다. 국제노동기구의 권고 제67조9)는 '소득의 보장'과 관련된 노동자 계급의

---

9) 국제노동기구 협약 제67조는 사회보험 가입 대상자 범위, (사회적)위험의 범위, 급여수준 등
   에 대한 광범위한 권고사항들을 포함하고 있다. 급여수준의 경우, 노동자와 가족의 실질적인
   생활이 가능토록 충분한 수준으로 제공되어야 함을 기준으로 제시하고 있으며 또한 종전 소
   득수준에 비례하여 지급해야 함을 권고하고 있다.
   제67조 22항: 급여들은 상실 소득분을 대체해야 되며 가족부양의 부담들도 정확하게 고려되
   어야만 한다. 또한 만약 노동 재개가 가능한 경우에는 노동 재개의 의지를 약화시키지 않는
   수준까지, 그리고 생산자들의 생산성과 고용에 지장을 초래하지 않는 범위 내에서 가능한 최
   고 수준으로 보장되어야 한다. 제67조 23항: 급여들은 피보험자들이 낸 기여금에 기초하여

요구를 반영한 것으로서 베버리지의 사회보장 이념과는 별개의 것이다. 국제노동기구의 권고 제67조는 노동자 소득의 감소를 초래할 수 있는 모든 종류의 사회적 위험들로부터 소득의 보장을 요구하는 노동자 계급의 요구조건을 잘 반영하고 있다.

기 뻬렝의 지적대로, 국제노동기구의 권고 제67조에 나타난 사회보장 이념은 베버리지 보고서에 나타나 있는 그것과 비교할 때, 가입대상자 집단, 급여수준의 결정 등 몇 가지 중요한 측면에서 대조를 보이고 있다.

2) 소득보장

만약 사회보장이 20세기 초반부터 프랑스에 나타난 강제적 사회보험의 확대 개념이라고 한다면 이는 우선 노동자의 권리를 대표하는 것이어야만 한다. 즉, 사회보장은 노동자에 대한 반대급부로 지급되는 소득의 상실 또는 감소를 초래할 가능성이 있는 모든 종류의 사회적 위험으로부터 노동력을 보호하는 데 그 1차적 목표를 두어야 한다. 따라서 이 경우 사회보장의 1차적 적용대상을 일단 노동자들과 그들의 가족으로 제한하는 것이 당연하다. 노약자, 불구자 등 사회 주변집단은 1차적 적용대상에서 제외된다. 그리고 여러 사회적 위험의 분산 기술인 보험 원칙을 노동자 계급에게만 국한해서 적용하는 것이 마땅하다. 이 같은 제도 속에서 작용하는 가입자들 간의 연대성은 노동자 동료집단 구성원들에게 일어나는 사회적 위험을 치료하는 과정에서 나타나게 된다.

각자는 자신의 소득수준에 비례해 기여금을 부담하고, 종전소득에 상응하는

그의 종전 소득수준에 비례한 액수를 지급해야 한다. 그러나 숙련노동자들의 평상시 소득수준을 초과하여 보험료 산정에서 제외된 소득 부분은 급여율을 결정할 때 고려대상에서 제외할 수 있다. Perrin(Guy), La Sécurité Sociale, son hishoire à travers les textes, T.V, Histoire du droit international de la Sécurité Sociale, Paris, AIHSS, 1993, pp.242-243, p.249.

수준의 급여를 받는다. 이는 교환적 성격을 가진 제도라고 말할 수 있다. 교환적 성격의 사회보장 제도는 보장의 측면에서 장점과 단점을 동시에 지니고 있다. 이 제도는 대상자의 소득이 사회적 위험의 실현으로 감소 또는 소멸되었을 경우 종전의 소득에 상응하는 대체소득을 보장하는 데 효과적이다. 반면 이 제도는 노동을 통한 소득이 없는 사람들을 보호하는 데는 효과적이지 못하다. 결과적으로 이들은 종종 사회보장의 적용대상에서 제외되는 일이 많다. 노동자 소득의 보장이라는 사회보장 이념은 사회보험에 관한 비스마르크의 생각을 발전시킨 것인데, 이것은 유럽의 대륙국가들 예컨대 프랑스, 서독 등의 사회보장 제도의 기본이념이 되었다.

동구권 사회주의 국가들의 사회보장 제도는 노동자들의 소득보장이라는 사회보장 이념의 기본원리를 그대로 실제에 적용시킨 것이다. 각자는 그가 수행하는 노동에 따라 정당한 보수를 받으며 이 보수는 그가 수행하는 노동의 질과 노동의 사회적인 가치에 따라 책정된다. 만약 정당한 사유로 노동을 할 수 없게 된 노동자는 봉급 상실에 상응하는 보장을 받아야 하며 이 보상은 노동자의 종전 소득에 비례하거나 또는 그와 동등한 수준이어야 한다. 이 같은 교환적 성격의 제도에서 사회보장의 권리는 대상자의 가입 또는 기여금의 납부와 동시에 발생한다. 달리 표현한다면 대상자의 수급권과 사회보장 급여수준은 그가 부담하는 기여금의 비율과 밀접한 관계를 유지하며 대개의 경우 이 기여금은 노동자 개개인의 봉급 총액에서 일정비율로 공제된다. 결과적으로 어느 한 피보험자의 소득보장을 목적으로 하는 급여금(예컨대 노령연금, 실업수당, 상병수당 등)은 평상시 그가 받은 봉급수준에 상응하는 수준으로 책정된다. 만약 봉급의 액수가 충분하지 못한 경우에는, 대체소득으로서의 사회보장 급여는 노동자와 그의 가족의 최저 수준의 경제생활을 가능케 하는 소득으로서 충분치 못하게 될 것이다. 따라서 실제적으로 교환적 기능을 보완해 줄 수 있는 대책이 필요하게 되는 것이다.

보완적 대책으로 첫째, 최저임금 개념을 들 수 있다. 최저임금 개념을 적용함으로써 노동자의 봉급은 일정수준을 하회할 수 없게 된다. 둘째, 대부분의 서구와 복구 국가들은 사회보장 제도에 가족수당을 통합시켜 해당 급여들을 제공한다. 그러나 교환적 성격의 제도는 분명히 노동을 통한 소득이 없는 계층의 사회적 미니멈을 보장해 주는 데는 효과적이지 못하다.

이러한 성격의 사회보장 제도를 가진 나라들은 대개 프랑스의 경우와 마찬가지로 사회보장 가입에 있어 필요한 조건으로 직업활동의 수행을 강조한다. 가입의 전제조건으로 직업활동의 수행이 요구됨에 따라 비경제활동인구 일부가 사회보장 권리로부터 소외되기에 이르렀다. 이들은 생존수단을 가지고 있지 않은 사회 주변집단의 사람들로서, 우선적으로 민법이 정하는 '부양의무' 개념에 기초한 친족부양제도를 통해 생계를 해결하게 된다. 이어서(만약 부양의무를 수행할 친족이 존재하지 않는 경우) 공적 부양제도(예컨대 사회부조 또는 공적부조)가 개입하게 되는데 이들 제도는 친족부양 채무자가 없거나 있어도 부양능력이 없는 경우에만 보완적으로 개입한다. 이 같은 이유로 유럽의 대륙국가의 공권력은 사회주변집단 구성원들의 최저생활을 보장하기 위한 목적으로 공적부조제도를 유지시키고 있다.

앞에서 우리는 현대 사회보장의 두 가지 기본이념에 대하여 살펴보았다.

첫째, '사회적 미니멈의 보장'은 앵글로색슨 문화권에 속하는 나라들에서 사회보장 제도의 중요한 목표인 동시에 기본원리이다. 이들 나라들의 경우 사회보장의 기원을 빈민법(poor law)에서 찾는 것이 일반적이다. 빈민법은 '부조'라는 보호 기술에 기초한 것이다. 부조는 혈연, 지연적 상부상조, 종교적 자선의 개념에서 그 원류를 찾을 수 있다. 이는 산업화의 과정을 거치면서 부자 또는 국가의 빈자에 대한 도덕적 또는 법적 부양의무의 개념으로 전개되었다. 특히 국가 및 공공단체의 부양의무 개념에 기초한 공공부조는 19세기 말부터 유럽의 여러 나라에 일반화되었다. 공공부조 대상자는 자신과 가족의 궁핍상태를 내보임으로써(자산조사) 최저생계보장의 권리를 보장받을 수 있었다. 경제대공황(1929-1932)과 2차대전의 기간 동안 새로 대두한 사회보장의 '사회적 미니멈의 보장'은 그 동안 비판의 대상이 되어 온 자산조사를 폐지하고 급여의 보편성 원칙에 기초하여 모든 사람들에게 기초생활을 보장해 주는 것이다.

둘째, 노동자와 가족의 실질소득 보장이 주로 유럽의 대륙국가들의 사회보장 제도의 기본원리가 되어 있다. 이들 나라의 사회보장은 공제조합 전통을 계승한 것이 특징이다. 보호의 수단으로 동원되는 집단적 연대성은 지역적이라기보다는 직업적, 기능적인 것이 특색이다. 보호의 기술적 측면에서 볼 때 비스마르크의 사회보험은 공적부조보다는 공제조합적 성격이 강하며, 이는 다시 말해서 일정한 직업활동을 수행하고 금고에 기여금을 납부하는 것이 수혜의 전제조건으로 요구되었다. 2차 세계대전 후 이들 나라은 사회보장의 가입조건으로서 요구되던 '직업활동의 수행'이란 조건을 삭제해 버렸다.

이와 같이 초기에는 대조적 특성이 뚜렷했던 두 가지 사회보장 제도들이 기본원리의 측면에서 점차 접근하는 양상을 보이고 있다. 이러한 변화는 사회보장이 '전 국민의 사회적 미니멈 보장'과 '노동자 계급의 실질적인 소득보장'이라는 두 가지 목표를 수행하는 제도로 발전하게 될 것을 암시한다.

제4장

국제적 관점에서 본 사회보장 개념의 형성

1. 국제적 차원의 사회보장 연구

현대 사회보장의 개념은 국내적 차원과 국제적 차원으로 나누어 접근할 수 있다. 제4장에서는 국제적 차원의 사회보장 개념에 대해 살펴보고자 한다. 사회보장과 관련된 국제 기구로 국제노동기구와 국제사회보장협회, 그리고 국제연합과 유럽연합 등을 꼽을 수 있다. 여기서는 주로 국제노동기구의 활동을 중심으로 국제 사회보장 개념의 기원과 사회보장 원리의 발전과정을 추적해 보겠다.

국제노동기구는 노동자들의 국제 교류를 도모하고 노동자 권익을 보호하기 위한 국제 기구로 1919년 베르사유 조약에 의해 결성된 것으로 알려져 있다. 여기서는 이 기구의 전신인 국제 사회주의 인터내셔널이 20세기 초부터 전개한 사회보험 운동에서부터 1944년 필라델피아 선언에 담긴 사회보장의 개념과 원리에 관한 내용까지를 다루고자 한다. 소위 국제노동기구의 사회보장에 관한 권고 형태로 사회보장의 개념과 원리를 설명해 놓은 이들 내용들은 그 나름대로 일관된 사회보장 이론체계를 기초로 하고 있다. 국제 사회보장 개념에 대한 국내 연구가 많지 않은 상황에서 국제적 관점에서 사회보장 개념을 살펴보는 것은 우리 사회보장의 현주소와 앞으로의 방향 제시에 적지 않은 시사점을 던져줄 수 있을 것이다.

여기서는 특히 문헌 연구 방법을 사용했는데, 주로 프랑스 사회보장사학회(파리)가 1993년에 발간한 *Sécurité Sociale — Histoire à travers les Textes*를 참고로 했다. 이 책은 국제노동기구와 국제연합을 중심으로 한 국제 기구들의 사회보장 관련 선언, 권고, 협약 등의 원문과 이에 대한 해설을 엮어 만든 일종의 국제 사회보장 자료집이라 할 수 있으며, 기 뻬렝의 주도하에 만들어졌다.[1]

전광석 교수는 국제 사회보장법 연구의 의의를 두 가지로 나누어 설명하고 있다. 첫째는 각종 국제 기구들이 제시한 사회보장의 기준이 사회보장의 내용, 방법, 수준들을 둘러싼 국내 정책적 논의를 지도하고, 동시에 사회보장 정책의 탈정치화에 기여한다. 둘째, 국가 간 인적 교류가 활발해짐에 따라 개인의 사회보장법적 지위를 해당 국가의 국내법만으로는 충분히 보호하기 어렵게 되었다. 이 경우 국제기구 및 국가 간 조약과 이를 통하여 축적된 지도원리가 개인의 사회보장의 법적 권리를 보호해 줄 법적 수단을 제공해 준다.[2] 이 글의 국제 사회보장 연구 의의는 첫 번째에 해당한다고 볼 수 있다. 또한 한 걸음 더 나아가서 한국의 사회보장 개념과 기본원리가 이 분야의 대표적 국제기구인 국제노동기구의 사회보장 국제 기준에 합당한 것인가 살펴볼 필요가 있다.

특정 저서들에 거의 전적으로 의존할 경우 특정한 시각에 얽매일 위험성을 있다. 이러한 한계에도 불구하고 국제 노동기구의 사회보장 정책이 나름대로의

---

1) 기 뻬렝에 대해서는 나병균 역, 「인권으로서 사회보호 개념의 발달」, 한국사회복지협의회 간, 『계간 사회복지』, 1999년 가을호 참고.
2) 전광석, 「국제사회보장법의 성립 및 전개」, 『한림 법학 FORUM』, 제7권, 1998, p.10-11.

전통을 가지고 현실과 타협하는 가운데 사회보장과 관련해 일관된 이론 또는
원리를 가지게 되었다는 사실에서 이러한 방법의 의의를 찾을 수 있다. 국제
노동기구의 사회보장 개념과 기본원리는 국제적 차원의 사회보장 개념과 원리
로서 현재 우리의 사회보장이 발전에 시사하는 점이 많다. 국제노동기구는 사
회보장 분야의 대표적인 국제 기구일 뿐만 아니라, 국제적 수준에서 한국 경제
의 중요성이 점차 증대됨에 따라 그 주역이라 할 수 있는 노동자 집단의 사회
적 보호와 관련된 이 기구의 영향력이 점차 확대하라 것이 확실하기 때문이다.
따라서 국제노동기구의 사회보장 개념과 원리를 소개함으로써 우리 학계의 사
회보장 이념 또는 이론에 관한 논의를 활성화시키고 우리 사회보장 발전에 도
움을 주는 여론 조성에 기여할 수 있을 것이다.

새로운 개념에 접근하기 위한 방법으로 비스마르크의 사회보험에서 발원한
노동력의 보존과 노동자 보호의 제도로서의 사회보험이 모든 사람들(임금노동
자는 물론 자영업자들과 농촌 노동자 모두를 포함)의 기초생활과 실질적 소득
보장을 위한 보편적인 제도로서 발전하게 되는 개념적 변화를 국제적 차원의
선언, 권고, 협약 등을 통하여 추적하게 될 것이다. 분석의 대상은 19세기 말
사회보험이 시작한 시기부터 1944년 미국 필라델피아에서 있었던 사회보장에
관한 국제노동기구의 선언과 권고까지가 될 것이다.

2. 국가 제도로서 사회보장과 국제적 관념으로서 사회보장
　　－각각의 기원에 대하여

'사회보장'은 하나의 제도인 동시에 하나의 사상 또는 관념을 대표한다. 제
도로서 사회보장은 1938년부터 1942년에 이르는 기간 동안 뉴질랜드와 영국
등에서 나타났다.

국제적 차원의 사회보장은 1944년 국제 노동기구 권고 제67호와 제69호 등에서 체계적으로 나타나게 되었다. '사회보장'의 개념은 혁신성과 전통성을 동시에 가지고 있다. 우선 혁신성의 측면에서, 이것은 종전의 사회보험, 사회부조 등 모든 관련 제도들의 개념과 원리를 초월하는 새로운 것에 기초하고 있다. 사회보장의 보호 원칙으로서 보편성, 단일성, 통합성 등 베버리지 보고서에 나타난 사회보장 원칙들이 여기에 해당한다. 또한 사회보장은 전통적 성격을 지닌다. 사회보장은 전통적인 사회보호 제도들이 총망라된 개념이다. 예컨대 노동자 계급의 생활안전 보장을 담당하는 사회보험과 빈민의 기초생활 보장의 기능을 수행하는 사회부조가 각각의 기본원리에 충실한 역할을 수행하면서 사회보장 제도의 테두리 내에 존재하는 사실을 일반적으로 찾아볼 수 있다. 어떤 나라의 경우에는 공제조합 또는 사설보험이 법정제도의 보조제도로서 존재하기도 한다.

뉴질랜드 사회보장(1938년)과 베버리지 보고서(1942년)에 각각 나타난 사회보장 개념은 사회부조 원칙에 기초하고 있다는 점3)에서 산업사회에서 꾸준히 신봉되어 온 노동자 권리로서 사회보험 원칙과 대비되는 혁신적 개념이다. 1944년 필라델피아 선언(국제노동기구 총회)에 담긴 사회보장의 개념은 전통적인 개념들의 종합이라는 점에서 뉴질랜드 또는 베버리지 개념과 대조된다. 그러나 이 선언 이후 국제노동기구가 발전시켜온 현대 사회보장의 개념은 전통적 사회보장을 앞에서 언급한 두 나라의 혁신적 사회보장 개념에 접근시킴으로써 새로운 개념으로 출현하게 되었다.

---

3) 이들은 빈곤 추방이라는 공통적인 목적을 위해 국가 공공서비스의 한 형태로 최저생활 보장을 위한 미니멈 급여를 제공하며, 사회보장의 재정과 행정을 국가가 책임진다. 이러한 점에서 이 두 나라들의 사회보장은 사회부조 원칙에 근거하고 있다고 본다. 다만 베버리지 보고서는 자산조사를 통해 선별된 대상자들에게 급여를 제공하는 것이 아니라 보편적 급여를 제시하고 있는 점에서 뉴질랜드의 경우와 차이가 있다.

3. '사회보장'이라는 용어의 사용

'사회보장'이라는 단어가 사용되던 초기에는 통일된 개념이나 사상적 근거가
마련되어 있지 못했다. 남미의 독립운동가가 사용한 것에서 비롯된 이래, 여러
나라에서 사용하는 과정에서 하나의 통일된 사회보호 사상으로서 사회보장이
성립되기에 이른 것이다.

이 용어는 19세기 초 중남미의 독립운동가 시몬느 볼리바의 연설에서 처음
등장하였다. 그는 1819년 2월 15일 베네수엘라 의회 설립에 즈음하여 앙구스
트라의 연설에서 처음 이 용어를 사용한 것으로 알려져 있다.4) 그의 사회보장
개념은 국가가 국민을 대상으로 실시하는 하나의 제도나 국민에게 부여하는
하나의 권리를 의미하는 것이 아니라 사회보장 자체를 정부의 본질 중 일부로
파악하고 있는 점이 특징적이다. 볼리바가 처음 사용한 이 용어는 19세기에는
거의 사용되지 않았으나 19세기 말에 가서는 사회보험의 개념이 형성되어 기존
의 전통적 사회보호, 예컨대 사회부조와 공제조합 등을 대신하기 시작하였다.

'사회보장'이라는 표현은 1933년 미국에서 다시 등장하는데, 곧 이어서
1935년에는 사회보장법(Social Security Act)이 공포되었다. 이 법은 노인 및
유족을 위한 연방 사회보험 제도, 각 주별 실업보험 및 가족부조, 요부양 어머
니와 맹인을 위한 부조대책들을 지원하기 위한 목적으로 만들어졌다. 이어서
또 다른 '사회보장'법이 1938년 9월 14일 뉴질랜드에서 등장했는데, 이 법은
독창적 형태의 뉴질랜드 사회보장 제도의 기본법이 되었다. 이 법은 역사상 최

---

4) "일반적으로 정치적 평등 원칙은 인정되는 반면 조세적, 도덕적 불평등은 덜 그러하
다. 자연은 인간을 재능, 기질, 힘, 성격 면에서 불평등하게 만든다. 법은 개인을 사회
안에 위치시켜 교육, 산업, 기술, 서비스 덕목들이 제공하는 가상의 평등, 이른바 정치
사회적인 평등을 누리게 함으로써 이러한 차이를 교정하여 준다. 가장 완벽한 정부체
계란 바로 가능한 최대의 행복과 사회보장, 정치적 안정을 생산해내는 것이다……",
Simone Bolivar, *La esperanza del universo*, Paris, UNESCO, 1983, p.139.

초로 사회보호 기능의 보편화, 단일화, 합리화 작업을 통하여 새로운 보호 방식을 창출해 내었다는 점에서 중요한 의미를 지닌다.

국제적 차원에서 '사회보장'이라는 표현이 최초로 등장한 것은 1941년, 대전 종료 후 처칠과 루스벨트가 인류사회의 민주주의 복구를 목적으로 채택한 대서양 헌장에서였다. 이어서 이 개념은 같은 해 10월 27일부터 11월 6일 기간 동안 뉴욕에서 개최된 국제노동기구 총회 이후 확산되었다. 이 회의에서는 우선 대서양헌장의 원칙들을 지지하고 국제노동기구가 이 원칙들을 행동으로 연결하는 데 기여할 것을 결의하였다. 마지막으로, 1942년 9월10일부터 9월 16일까지 칠레의 산티아고에서 개최된 바 있는 범미주 사회보장 발전을 위한 제1차 총회에서는 시몬느 볼리바의 개념에다가 각 국의 다양한 경험과 전통을 접목시켜 세계 최초의 국제 독트린으로 발전시켰다. 국제노동기구 총회는 이 기구의 목적을 천명한 필라델피아 선언[5])에 '사회보장'이라는 표현을 통합시키면서 새로이 개입하기 시작하였다. 이어서 1947년 10월 4일에서 9일까지의 기간 동안 스위스 제네바에서 개최된 공제조합 및 사회보험국제기구 총회에서 이 기구의 명칭을 국제 사회보장협회(ISSA)로 변경하면서 다시 '사회보장'라는 표현을 사용하기 시작하였다.

4. 새로운 이론의 탐구

사회보장이 하나의 이론으로 성립되는 과정은 서유럽 복지국가들의 개별 사회보장사 연구를 통해 접근하는 방법과 국제 기구들의 사회보장사 연구를 통

---

5) BIT, Bulletin officiel, Vol. XXVI, n.1, 1er juin 1944, pp.1-3, Déclaration concernant les buts et les objectifs de l'OIT, AEHSS, *Sécurité Sociale-Histoire à travers les Textes*, Paris, 1993, pp.232-234. 이 선언은 5부로 구성되어 있는데 그 중 3부에서 사회보장에 관한 내용을 다루고 있다.

하여 접근하는 방법 등 두 가지가 존재한다. 전자의 방법은 특정 국가의 특징적 사회보장 개념을 이해하는 데 더 없이 중요하다.[6] 특히 영미권 국가들의 사회보장 개념은 우리나라 사회보장 연구에 중요한 영향을 미쳤다. 이들의 사회보장 개념의 공통성은 첫째, 기원적인 측면에서 빈곤문제와 그 대응책인 구빈법의 제정에 초점을 맞추며, 둘째, 사회보장에서 부조의 원리와 공공서비스의 원리를 매우 강조하고 있다는 점이다.

이와는 별개로 국제노동기구를 중심으로 국제적 사회보장 이론이 점차 발전해 왔다. 여기서는 노동자와 가족의 경제생활 안전 보장이 중심 개념이다. 새로운 이론의 형성을 설명하기 위해서는 사회보험의 제도화와 그 원리의 국제적 확산에 주목할 필요가 있다. 사회보험 원리와 노동자 참여의 제도운영은 국제 사회보장 이론의 주요 구성 요소들이기 때문이다.

1) 기초보장적 사회보장과 사회보험 중심의 사회보장

기초보장적 사회보장이란 뉴질랜드 사회보장법과 베버리지 보고서에 강조되고 있는 원리이다. 이때의 사회보장은 첫째, 국민 또는 시민 모두의 최저생활 보장(베버리지는 사회적 미니멈 또는 국민생활 최저선으로 개념화하였다)의 권리를 의미한다. 둘째로 사회보장은 공공서비스의 한 분야로 이해할 수 있다. 요약하면, 사회보장은 공공서비스로서, 국가가 직접 운영하는 해당 제도에 따라 기초생활 보장 급여를 모든 국민들에게 동일한 수준으로 제공하는 것이다.

이와는 대조적으로 사회보험 중심의 사회보장은 국제 노동기구의 활동을 중심으로 발전해 왔다. 이때 사회보장은 무엇보다도 먼저 노동자와 가족의 권리

---

6) 이는 미군정 이후 현재까지 계속되고 있는 미국의 강한 영향력과 건국 이후 우리의 국가 만들기(nation building)와 사회개발(social development)에 기준, 권고, 선언 등의 방법으로 영향을 미친 국제연합 때문이라고 생각된다.

를 대표하며7), 이것은 사회보험 가입과 보험료 납부에 따른 반대 급부적 성격의 급여를 의미한다. 사회보장은 일차적으로 노동자와 가족의 경제생활 안전 보장에 힘쓰고, 빈곤자들과 사회적 약자들에 대한 사회보호는 보조적 또는 임시적 제도로서 사회부조나 기타의 보충 제도들로 사회보험 중심의 보호 기능상의 약점과 한계를 보완해 나간다. 사회보장 제도의 운영은 국가의 배타적 책임에 기초하기보다는 이해 당사자들의 재정과 행정에의 광범위한 참여가 국가 공공서비스의 원칙과 같은 비중으로 강조된다.

그러나 현재 서유럽 복지국가들의 사회보장 제도들은 첫째 혹은 둘째 유형 중 어느 편에 속하더라도 이 두 가지의 사회보장 목표와 원리들을 제도 내에 반영하고 있다. 특히 1980년대 이후 실업의 증대와 신빈곤층의 보호 문제가 대두함에 따라 사회보험 중심 사회보장 제도를 운영하고 있는 나라들에서 변화가 일어나고 있다. 바로 신빈곤층을 위한 새로운 종류의 무거출 급여들의 증가이다.8) 이 급여들은 특히 실업자들이나 빈곤 노인들의 기초생활의 보장을 목적으로 지급되며 그 형태도 개인 단위의 급여뿐 아니라 가족 단위의 기초생활보장을 위한 급여 등 그 형태가 다양하다. 이들 무거출 급여들은 빈곤층에 선별적으로 주어지며, 그 재원을 국가 또는 공공적 재원으로 충당한다는 점에서는 기존의 사회부조와 유사하지만, 근거 법이나 급여 제공 동기(급여의 정당성을 밑받침하는 논리) 등이 후자와 다르고 특히 국가를 포함한 이해당사자 집단의 대표들이 사회적 협약의 방식을 통해 시작하고 운영한다는 점이 기존의 사회부조와 구별된다. 이들 새로운 (무거출)급여들은 사회보험과 사회부조(공공부조) 사이에 위치하는 급여라 할 수 있다.

---

7) 여기서의 노동자는 단순 노동자와 기술직 노동자는 물론 사무직 노동자, 전문직 노동자 그리고 자영업자까지 포함하는 광의의 노동자이다. 이는 경제활동인구 대부분을 포함하는 개념이라고 할 수 있겠다.

8) Perrin(Guy), Sécurité Sociale et pauvreté dans les pays développes in, *Sécurité Sociale, réalité sociale*, pp.203-213.

2) 국제 사회보장 이론의 기원

비스마르크 사회보험은 노동자의 경제생활 안전을 보험료 재정방식과 노동자 자치 원칙에 기초하여 강제적 보험 형태로 운영했다. 국가가 사회보험의 운영권을 장악해야 한다고 믿었던 비스마르크의 의도와는 달리 운영에 노동자 집단의 참여가 최대한 보장되었다. 재정은 노사 공동부담의 보험료와 국가의 보조로 구성된다. 노동자 권익 보호를 위한 국제적 연대의 한 형태였던 사회주의 인터내셔널은 오랫동안 사회보험에는 무관심하였다.[9] 사회보험에 대한 사회주의 운동가들의 관심이 고조된 것은 1904년 암스테르담에서 개최된 제2차 사회주의 인터내셔널 6차 총회이다. 이 회의에서는 1902년 프랑스 뚜르(Tours)에서 개최되었던 사회당 총회에서 통과된 사회보험 도입에 관한 요구사항의 실현을 결의하였다.

암스테르담 회의의 주요 안건 중 하나는 노동자 보험과 사회정책이었다. 당시 독일 사회당 의원 헤르만 몰켄부르크는 독일 대표단 이름으로 된 보고서를 총회에 제출하였다.[10] 독일은 이 분야에서 이미 20년간 축적된 경험을 가진 유일한 국가였다. 암스테르담 총회에서 채택된 결의사항은 노동자 생활의 안정, 사회 전체의 이익 존중, 노동자 가족의 생존이 걸린 노동력의 예방과 수선 조치들의 일반화, 공공기금의 재정으로 행정과 재정을 조직화하고 이해당사자들이 전적으로 운영을 책임짐, 단일 제도의 구축 등에 관한 것이었다.[11] 그 이

---

9) 19세기 후반 사회보험과 사회정책에 대한 사회부의 인터내셔널의 입장은 부정적이었다. 당시 국제 사회주의 운동의 지배적인 노선은 자본과 타협, 절충을 모색하는 개량주의 노선과 거리가 멀었기 때문이다. 사회정책과 사회주의 인터내셔널의 관계에 대해서는 de Laubier(Patrick), *La politique sociale dans les sociétés industrielles*, 1800 à nos jours, Paris, Economica, 1984, p.78. 참고.

10) Perrin(Guy), *Sécurité Sociale*, p.96.

11) Compte rendu analytique publié par le Secrétariat socialiste internationale, Bruxelles, Perrin(Guy), pp.29-30, 위의 책, 1904, p.109. 재인용

후 국제노동기구의 사회보험 정책은 확대 지향적인 정책노선으로 일관하였다
고 말할 수 있다.

국제노동기구는 이미 1924년부터 베버리지라는 인물과 긴밀한 관계를 맺고
있었다. 따라서 국제노동기구의 사회보장 이론 형성과 관련해 베버리지의 영향
은 이미 이때부터 시작되었다고 볼 수 있다. 그는 미래의 사회보장이 사회부조
중심에서 사회보험으로 이동할 것이라고 정확히 전망하고 있었다. 따라서 그는
모든 노동자와 모든 사회적 위험들에 대한 사회보험의 실시의 필요성을 믿고
있었다. 또한 그는 사회보험 가입자와 사회보험의 범위가 확대되고 제도가 복
잡·다양화되는 것에 대한 해결책으로서 사회보험의 재편이 필요하다고 생각하
였다.[12] 또한 국제노동기구는 1920년대부터 복잡한 제도들로 구성된 사회보험
의 재편 필요성은 감지하면서도 그 방법에 있어서는 의견의 일치를 보지 못하
였다. 즉, 사회보험을 하나의 제도로 통일할 것이냐 아니면 복수 제도들의 다
양성을 인정하면서 제도들 간 조화를 모색하는 방향으로 개혁을 추진할 것인
지에 관해서 의견의 일치를 보지 못하고 있었다.[13]

1924년 국제노동기구 이사회는 사회보험의 국제적 규범을 마련하는 작업을
시작하였다. 이사회는 그 이듬해, 사회보험의 일반화 원칙, 제도의 단일화 원칙
내지는 상호조정의 원칙이 담긴 보고서를 발간하기에 이른다.[14] 사회보험 개

---

12) Beveidge(William), Insurance for all and everything, Londre, The Daily News Ltd.,
   1924. pp.30-31.
13) 당시의 논문들을 살펴보면 사회보험 단일화 주장과 사회보험 제도들 간의 조화와 절충에
   관한 주장이 공존하고 있음을 알 수 있다. 전자의 예로, Pribrm(Karl), "Le problème de
   l'évolution des assurances sociales", *Rev. Int. Travail*, Genève, mars 1925, vol. XI, n.3,
   pp.317-332, Cohen (Josephe L.), "Les organes administratifs de l'assurance sociale", *Rev.
   Int. Travail* XI, avril 1925, n.4, pp.496-53. 후자의 예로, La rationalisation des
   assurances sociales, Les travaux du premier Congrès internationale des experts
   d'assurance sociale, Budapest, 1935 등이 있다.
14) Les problèmes généraux de lassurance sociale, Genève, BIT, *Etudes et Documents*, Série
   M(assurances sociales), n.1, 1925.

혁에 관한 국제노동기구 이사회의 확실한 의지는 사회보험 개념 형성을 촉진하는 계기가 되었다. 이사회의 개혁 방향은 두 가지로 집약된다.

첫째, 노동자의 소득 능력의 상실을 예방하기 위한 지속적이고 체계적인 노력으로서, 봉급생활자들에게 일어날 수 있는 모든 종류의 위험들을 커버할 수 있는 사회보험 제도들과 이들의 단일화를 강조하였다. 둘째, 사회보험이야말로 노동자와 그의 가족에게 보호받을 권리를 보장해 주기 위한 최선의 선택이라는 점을 강조하였다. 사회보험의 보호 기술이야말로 수혜자들에게 확실한 권리를 보장하는 사회보호의 기술이 되기 때문이었다. 국제노동기구의 노력은 1936년 1월 2일부터 14일까지 칠레 산티아고 회의와 1939년 11월 21일부터 12월 2일 동안의 하바나 회의로 이어졌다. 첫 번째 회의에서는 사회보험 기본원칙들에 대한 결의가 이루어졌고, 두 번째 회의에서는 사회보험의 목적과 기술에 관하여 분리된 결정들로 발전하였다.[15] 이 회의의 결정은 훗날 범미주 사회보장 법전(Code interaméricain des assurances sociales)[16]으로 구체화되어 1951년의 국제노동기구 사회보험 규범의 일부를 형성하였다.[17]

---

15) AEHSS, 앞의 책, p.194.
16) 이 법전은 국제노동기구 회원국 중 미주 국가들의 회의(칠레의 산티아고, 하바나 회의)에서 채택된 사회보험 기본원리들에 관한 결의들을 모아 놓은 것이다. 위의 책 p.195, 주1 참고.
17) 범미주 사회보험 법전은 국제노동기구의 미주 회원 국가들이 사회보험 관련 정책을 수립하는 경우 그 기준이 되는 원칙들을 제시하고 있다. 그 내용을 요약하면 다음과 같다.
   노동자의 직업활동을 통한 소득은 그와 그의 가족의 일상적 생계를 보장해 주는 주된 수단으로서, 인간적이고 사회정의에 기초한 노동체제는 모든 종류의 직업적, 사회적인 위험들에 대비하여 이들을 효율적으로 보장할 수 있는 체계를 조직화한다. 이를 위해서 사회보험 제도의 수립이 필수적이며, 이것이야말로 진정한 인권의 주된 수단이 된다.
   각국의 사회입법들은 산업재해, 질병, 출산, 노령, 장애, 사망, 비자발적 실업 등에 대한 단일 또는 복수의 사회보험 체계를 구비하여야 한다. 이어서 법전 1부는 사회보험의 일반 목표, 장점 등을 열거하면서 산업재해 및 기타의 사고들에 대한 완전한 권리의 보장과 이를 위한 재정과 행정의 자율성 원칙을 천명하고 있으며, 질병의 경우에는 이것의 치유 이외에 조기 차단을 위한 의료 서비스의 급여체계 정립이 필요하며 진료, 의약처방, 수술, 출산 시 부조, 치과치료, 병원과 요양소 등 치료시설의 마련과 예방노력의 중요성을 강조하고 있다.

3) 국제 사회보장 이론의 형성

국제 사회보장의 이론 형성은 앞에서 설명한 20세기 초반 국제노동기구의
활동이 중심이 된 사회보험 개혁정책의 영향과 이와는 별도로 나타나는 몇 가
지 상황적 요인에 의해 영향을 받았다. 후자, 즉 상황적 요인으로 2차대전이라
는 전쟁상황과 미국과 영국이 주축이 되어 채택한 국제기구들, 특히 국제 노동
기구와 국제연합의 선언, 권고, 협약 등을 꼽을 수 있다. 또한 중남미 국가들의
사회보험 정책노선은 1920년대 이후 일관되게 유지되어 왔으며, 1940년대 들
어서는 사회보험 중심의 국제 사회보장 이론의 형성에 중요한 영향을 미쳤다.
1940년대 이후 국제 사회보장 이론의 형성에 결정적인 영향을 미친 국제 회의
들과 이 회의들에서 채택된 결의사항들을 살펴보겠다.

(1) 베버리지 계획과 국제노동사무소

1920년부터 베버리지와 국제노동사무소는 일정 형태의 교류를 계속하고 있
었다. 국제노동사무소의 사회보험부 책임자로 재직하고 있었던 오스왈드 슈타
인은 사회보험 개혁과 사회보장 재편의 중요성을 역설하였다. 그를 중심으로
한 국제노동사무소의 활동은 베버리지가 이끄는 영국 사회보호 체계의 개혁을
위한 범부처 간 회의를 지원하였다.[18] 베버리지 계획 이외에 2차 세계대전 기

또한 장애자, 노인, 미망인, 고아를 위한 소득 비례연금(연금 가입자의 평상 소득수준의 연
　금 지급을 목적으로 함)의 필요성을 강조하고 있다. AEHSS, 앞의 책 pp.194-197 요약.
18) 이에 대하여 베버리지는 1942년 그의 이름으로 영국 의회에 제출한 보고서에서 다음과 같
　이 적고 있다. "사회보장의 주된 문제들은 모든 나라에서 공통적으로 나타나고 있다.
　…… 위원회는 …… 평상시가 아닌 비정상적인 상황 속에서 …… 다른 나라 경험들을
　이용해야 된다고 믿고 국제노동사무소에 도움을 요청하였는데 국제 노동사무소는 사회보
　험부 책임자인 오스왈드 슈타인 박사와 수석 조수 모리스 슈타크씨가 영국을 방문하여 위
　원회와 협의하도록 조치하여 주었다. 이들의 방문은 매우 고무적이었으며 유익한 방문이었

간 중에 발표된 사회보장 계획들이 여러 나라에서 발표되었으며 이들은 국제
사회보장 이론 형성에 영향을 주었다.19)

(2) 1940년 페루 리마회의

이 회의에서는 범미주 사회보장 회의를 정규적으로 개최할 것과 다음 회의
를 칠레의 산티아고에서 개최할 것을 결정하였다. 이 회의의 개회사에는 세계
대전의 상황과 사회보장 이론 간의 관계가 명확하게 설명되어 있다.20)

(3) 1942년 칠레 산티아고 선언

이 선언은 사회보장의 일반 목표들을 인간이 기본적 자유를 구가하는 데 필
요한 요구조건들을 충족시키는 것들로 구체화하고 있다. 또한 이 선언은 사회
권 인정의 효시로서 중요한 역사적 의미를 지닌다. 이 선언에는 사회보장의 중
심 제도로서 사회보험 제도가 추구하는 목표를

- 노동자의 소득능력과 생존수단을 박탈하는 위험들에 대한 예방적 노력의
  조직화
- 질병이나 사고로 인한 소득능력의 상실 또는 감소를 가능한 한 신속하고

다. 이 같은 국제노동기구의 도움에 대하여 위원회는 따뜻한 감사의 뜻을 표한다", Social
Insurance and allied services, London, HMSO, paragraphe 36, p.18.

19) 예컨대 호주의 소득보장과 의료적 케어에 대한 보고서(1943), 미국의 사회보험 확대계획
(1943), 캐나다 사회보험 계획(1943) 등이 있다. Guy Perrin, 앞의 책, p.99.

20) "전쟁과 공습의 위험은 국가들로 하여금 사회구조를 더욱 공고히 해야 하는 의무를 각성시
켰다. 이처럼 생명과 재산의 계산된 파괴인 전쟁은 역설적으로 사회불안정의 원인을 종식
시키고 또 그러한 노력을 활성화시키는 전기를 마련해 주었다", Oswald Stein, Vers la
Sécurité Sociale, Rev. Int. de Travail, cité., p.255.

안전하게 복구

− 질병, 사고 또는 일시적 또는 영구적 장애, 실업, 노령, 가장의 사망에 따
른 소득의 중단이나 감소의 경우 연금형태의 급여 지급, 등으로 구체화하
고 있다.[21]

(4) 1944년 필라델피아 선언

이 회의에서는 전년도, 즉 1943년에 캐나다 몬트리올에서 개최된 국제노동
사무소 회의에서 작성된 바 있는 준비작업들의 내용에 기초하여 사회보장의
개념들을 심화 발전시키고 그 내용을 각 국에 전파할 목적으로 필라델피아 선
언을 채택하였다. 이 선언은 우선, 일반적 개념의 사회권으로서 사회보장의 권
리를 인권의 개념 속에 포함시킬 것을 선언하고 있다. 이런 사실로 미루어 볼
때 이 선언은 1948년 국제 연합이 공포한 세계 인권선언의 사회보장 권리의
개념적 효시가 되었다고 할 수 있다. 베렌슈타인이 지적한대로, 이 선언으로
말미암아 '국제적 차원에서 경제적, 사회적 권리는 시민적, 정치적 권리에 비하
여 더 빠르게 구체화되었음'을 알 수 있다.[22] 분명한 사실은 이 선언이 인권의
지평과 이념의 테두리 안에서의 사회보장 정책을 일반적 의미의 사회정책의
범위 안에 위치시켰다는 것이다.

이 선언의 제2부 내용을 검토해 보면, 사회권의 실현은 국제적, 국내적 사회
정책 프로그램으로 실현되며 구체적으로 빈곤문제의 해결에 관한 것으로 구성
된다. 선언 제2부에는 "빈곤은 모든 사람들의 번영에 위협을 준다"라든지 "인
종, 신앙, 또는 성별을 불문하고 자유와 존엄성, 경제적 안정과 기회 균등의 조

---

21) AEHSS, 앞의 책, p.224-225.

22) Alexandre Berenstein; Les droits économiques et sociaux, Leur inclusion dans la
    convention européenne des droits de l'homme, problèmes de formulation et
    d'inspiration, *Progès social*, mai-juin 1982, n.186, p.4.

건 속에서 물질적 번영과 정신적 발달을 추구할 권리를 가진다"라고 규정하고 있다. 이러한 원칙들의 인정은 국제 노동기구의 관련 정책과 활동들의 정당성의 근거로 작용한다. 그러나 아직 인권의 개념은 정확히 정의되고 있지 않은 상태 이며, 인간의 권리와 인권으로서 사회보장의 권리가 명확히 정의되는 것은 1948년 12월 10일 국제연합 총회에서 채택된 세계인권 선언에 가서의 일이다.[23]

　1944년 5월 10일의 필라델피아 선언, 이어서 5월 12일 국제노동기구 권고 제67호(생존수단의 보장), 제68호(사회보장), 제69호(의료보장) 그리고 마지막 으로 권고 제70호(식민지 사회보장에 관한 권고)가 채택되었다. 이들은 국제노 동기구의 사회보장 개념과 정책 방향을 나타내는 중요한 내용들을 포함하고 있다. 특히 권고 제67호와 제69호는 사회보장의 두 영역을 대표하는 소득보장 과 의료보장 영역의 원리를 제시함으로써 각 국 사회보장 발달의 기준을 제시 하는 동시에 국제노동기구 협약 제102호[24]의 사회보장 최저기준과 유럽사회 헌장 12조[25]의 사회보장 기준을 마련하는 데 기초를 제공하였다. 본고에서는 권고 제67호와 제69호의 분석을 통하여 국제 노동기구 내지는 국제 사회보장 의 개념과 원리에 접근해 보고자 한다.

---

23) 인권으로서 사회보장 권리의 형성에 관해서는 나병균 역, "인권으로서 사회보호의 권리인 정", 『계간 사회복지』, 한국사회복지협의회, 1999년 가을호, p.152-173.
24) 협약 102호는 국제노동기구가 추진한 사회보장 정책의 가장 구체적인 결과라 할 수 있을 것이다. 그 내용은 9가지 사회적 위험(질병, 상병수당, 출산, 노령, 산업재해와 직업병, 실업, 장애, 배우자의 사망, 가족부양)에 대비한 사회보장 급여를 신설할 것을 각 국에 권고하고, 이 협약에 서명하는 국가들은 9가지의 위험 중에서 적어도 세 가지 이상의 위험들에 대한 급여를 신설할 것과 이 세 가지 중에는 실업, 노령, 산업재해와 직업병 그리고 가족부양 중 적어도 하나를 반드시 포함해야 한다고 규정하고 있다. AEHSS, 앞의 책, p.352 주1, 전광석, 「국 제노동기구의 사회보장 국제기준」, 『강원법학』 제10권, 1998, p.370 참고.
25) 유럽 사회헌장 제22조는 사회보장의 권리 구현을 목적으로 회원국들이 사회보장 제도를 구축해야 하며, 이들 제도가 보장하는 권리의 수준은 국제노동기구 권고 제102호가 정한 최저기준을 사회하는 정도의 충분한 권리의 보장과 그 수준의 점차적인 향상을 권유하고 있다. AEHSS, 앞의 책, p.338.

(5) 국제 사회보장 개념과 원리[26]

필라델피아 선언 중에서 사회보장 관련 부분을 살펴보면, 사회보장의 개념을 생존수단의 보장과 의료적 케어로 나누어 접근하고 있음을 알 수 있다. 우선 생존수단의 보장은 각 국의 단일한 형태의(단일 기관이 관장하는) 복수 체계들의 상호조정[27]을 통한 사회보험 체계에 의하여 수행되고, 이와 긴밀한 협조 아래 운영되는 의료적 케어 서비스 체계와 고용 체계, 그리고 사회부조 체계에 의하여 보충된다. 사회보험은 이들 중에서 가장 일반적인 보장 수단이라고 할 수 있다.

이 선언은 사회보험 가입자 범위와 관련해 임금노동자뿐만 아니라 보험료 거출이 조직화되는 경우, 자영노동자 역시 가입대상자 범위 안에 포함시킬 것을 권고하고 있다. 사회보험이 대상으로 하는 위험의 범위에 대해서는 질병, 출산, 장애, 노령, 가장의 사망, 업무상 상해와 질병을 두루 포함시키고 이들 사고가 실현될 경우 사고로 말미암아 노동 무능력 상태에 처하거나 또는 일자리를 상실하였거나 또는 가장의 사망으로 인하여 부양가족의 생계가 어려운 경우 정규적인 현금급여가 제공되도록 권고하고 있다.

의료적 케어 서비스는 치료적 케어와 예방적 케어가 모두를 포함한다. 이러한 서비스는 각 국의 사정에 따라 사회보험의 방식이나 공공서비스의 형태로 제공될 수 있도록 권고하고 있다. 보호 대상자의 범위는 앞에서 설명한 생존수단의 보장을 위한 사회보장의 가입대상자 범위에 비해 광범위하다. 즉, 의료적 케어의 경우에는(의료보험 형태의 서비스 체계이든 또는 공공서비스 방식의 의

---

26) 필라델피아 선언(제26차 국제노동기구총회, 1944년 4월-5월) 중 사회보장에 관한 부분과 권고 제67호와 제69호의 내용을 분석하였다. AEHSS, 앞의 책, p.241-255.
27) 복수의 사회보험 제도들의 상호조정을 언급한 것은 각 국의 사회보장 제도들의 다양성을 감안한 국제노동기구 총회의 현실적 대응으로 풀이할 수 있을 것이다. 이에 대해서는 Guy Perrin, 앞의 책, p.100.

료보장 체계이든 불문하고) 지역사회 구성원 전원을 서비스 대상자 집단에 포함시킬 것을 권고하고 있다. 보험료 부담이 어려운 대상자의 의료보험료는 관계 기관이 부담하도록 권고하고, 사회보험 급여를 받는 사람이면 누구나 의료적 케어의 권리를 가져야 한다. 의료적 케어가 공공서비스 형태로 제공되는 경우에는 일반조세를 재정적 수단으로 하여, 자산조사의 전제 조건 없이 지역사회 구성원 모두에게 서비스가 제공되어야 한다.

의료적 케어 서비스는 의료 전문인력과 보조 인력이 제공하며 모든 형태의 케어를 포함하며, 의약품과 필요한 기구들의 제공도 여기에 포함된다. 또한 급여의 수준은 최적의 수준으로 제공되어야 한다. 최선의 서비스 질이 유지될 수 있도록 서비스 제공자인 의료인력과 보조인력들의 적정수준의 소득이 보장되어야 하고 이들의 지질향상을 위한 훈련, 교육 또는 연구가 시행되어야 한다.

① 대체소득의 보장(권고 제67호)

현금 급여의 수준과 관련하여 권고 제67호는 사회보장의 급여가 단순히 빈곤상태의 탈피를 목적으로 한 기초적 보장 수준이나 사회적 미니멈 수준 이상의 급여 수준의 보장을 강력히 권고하고 있다.[28) 국제노동기구는 사회보장의 급여 수준이 가입대상자들의 직업소득 수준과 관계를 유지해야 마땅하며, 그 수준은 소득 상한선의 범위 내에서 봉급(임금)에 따라 그 액수가 결정되는 보험료(기여금) 수준에 비례한다. 이와 같이 다양한 수준으로 귀결되는 차등적 급여의 원칙이 지니는 정당성의 근거는 가입자인 노동자의 의지에 손상을 입히지 않은 채 그의 실질적인 인권을 보호하고자 하는 국제노동기구의 의도에서 찾을 수 있을 것이다.

---

28) 권고 67조 22항 : "급여는 상실된 소득을 대체해야 하며, 가족부양의 부담은 노동의사를 약화시키지 않는 범위 내에서 최대한 보장되어야 한다", 23항 : "급여는 피보험자가 낸 보험료의 종전 소득에 비례해야만 한다. 그러나 숙련노동자의 평상소득을 초과하는 소득은 급여수준의 산정에 고려되지 않을 수도 있다", AEHSS, 앞의 책, p.249.

급여로 구체화되는 사회보장의 권리는 보험가입과 보험료납부에 기초한 의무 수행의 반대급부로서 주어지는 것이다. 요컨대 권고 제67호의 소득보장 급여는 뉴질랜드의 경우처럼 국가 공공서비스의 테두리 내에서 제공되는 정액제 기초보장성 급여, 또는 사회보험 급여의 형식을 취하지만 국가가 보장하는 정액제의 사회적 미니멈 급여와는 달리 노동자와 가족의 정상적인 생활이 가능한 수준의 대체소득적 급여를 의미한다.

② 의료적 케어의 보장(권고 제69호)

국제노동기구 권고 제69호는 의료보장의 일반 원칙과 적용범위 등에 관하여 규정하고 있다. 우선 일반 원칙에 관하여 살펴보면, 이 권고는 의료보장을 사회보험 방식으로 제공하는 경우와 공공서비스로 제공하는 두 경우로 나누어 설명하고 있다. 우선 사회보험에 의한 경우, 보험 가입이 가능한 사람들과 자녀들, 그리고 기타의 부양가족은 제도가 제공하는 케어를 받을 권리를 가진다. 또한 제도 미가입자들은 사회부조에 의해 도움을 받도록 규정하고 있다. 의료보장이 공공서비스의 형태로 제공되는 경우, 모든 구성원들이 이 권리를 지니며, 그 재원은 특별세 또는 국가 일반 예산을 할애하는 방식으로 보장된다.29)

③ 사회보장의 재정과 행정

국제노동기구 제26차 총회는 사회보장의 재정과 행정 조직의 개념을 명확히 하는 데 있어서 각 국의 사회보장 제도들로부터의 영향을 거부하였다. 사회보

---

29) "외료적 케어 서비스는 소득이 있는 직업에 종사하든 또는 아니든 이와 상관없이 지역사회 구성원 전체를 포함해야만 한다", 권고 제69호 8항. "의료적 케어 서비스는 그 형태가 무엇이든(다시 말해서 의료보험이든 또는 공공서비스 형태이든) 불문하고 전문 의료진, 보조 인력 그리고 병원이 효율적으로 제공할 수 있는 모든 형태의 케어를 제공하도록 요구된다", 필라델피아 선언 중 의료적 케어에 대한 권고, "보험료는 피보험자 소득에 비례하며, 부양가족의 수에 따라 보험료 수준이 달라지지 않는다", 필라델피아 선언 중 의료적 케에에 관한 권고. AEHSS, 앞의 책, p.243. 참고.

장의 행정과 재정은 상호 간 유기적인 관계를 지니고 조직화된다. 실제로 행정 조직에 관하여 살펴보면, 국제노동기구의 사회보장 개념이 공공서비스 체계로서의 사회보장 제도의 건설에 지향되어 있다는 점에서는 1938년의 뉴질랜드 사회보장법이나 1942년 영국의 베버리지 보고서의 내용과 흡사하다. 국제 사회보장의 개념에 있어서 공공서비스의 원칙 강조는 사회보험 시대에 강조되었던 행정 자율성의 원칙과 탈중심적 전통과의 결별을 의미한다. 그러나 좀더 정확히 말한다면, 기 뻬렝의 연구에서 나타난 바와 같이, 총회에서는 이와 같은 결별은 용납되지 않았으며 오히려 반대로 직업집단들과 노동조합 등의 행정적 참여로 대표되는 전통적 사회보험 모형의 유지에 찬성한다는 것이 선언되었다.30) 이러한 경향은 노, 사, 정 3자로 구성되는 제도의 성격을 띠고 있음을 의미하는 것이다. 이는 사회보험 전통에 기초한 보수적 사회보장 개념에서 비롯되는 반응이라기보다는 사회행정의 특수성에 기인한다고 보아야 할 것이다. 사회행정의 특수성은 집단적 참여방식의 개발과 사회조직의 민주적 운영방식의 확대를 의미한다. 여기서 우리는 국제노동기구의 사회보장 정책의 지속성과 현실에 적응하려는 경향이 편협하고 획일적인 공공서비스 개념에 기초하여 만들어진 사회보장 행정체계의 구속적이고 기술 관료적인 통합원칙과 비교할 때 좀더 현실적인 것임을 알 수 있다.

사회보장의 재정은 행정의 원칙과 궤를 같이 한다. 사회보험이 국제 사회보장의 중심적 개념이자 제도라는 것에 대해서는 이미 설명한 바 있다. 재정 원칙에 있어서 국제 노동기구 총회의 개념은 뉴질랜드의 사회보장 체계나 베버리지 보고서에 나타난 원칙들과 비교할 때 차이를 나타낸다. 그러나 총회의 입장은 사회보장의 보호 기술로서 사회보험을 선호하고 있다는 점에서 뉴질랜드의 제도보다는 베버리지 보고서에 가깝다.

---

30) Guy Perrin, 앞의 책, p.105.

국제노동기구 총회는 재정조직에 있어 사회보험의 재정원칙, 즉 재정의 자율성 원칙을 선택하였고, 사회보장 재정을 국가 재정과 통합시킨다는 것은 전혀 고려하지 않았다. 이 점 또한 국제 노동기구의 개념이 뉴질랜드보다는 베버리지의 것에 근접하고 있음을 나타낸다. 그러나 재원의 조달방식은 베버리지가 권고한 노·사· 정 3자 분담방식을 지양하고 각 국의 사정에 따라 다양하게 운영하도록 권고하고 있다. 소득보장의 경우와는 달리 의료적 케어의 경우에는 재정 전체의 공공기금화를 권고하고 있다. 권고 제69호를 살펴보면, 의료적 케어의 재정은 공공서비스 원칙에 기초하여 전액 공공기금으로 충당할 것을 권고하고 있다.31)

국제 사회보장의 개념 형성은 국제노동기구의 성찰과 활동에 지배적인 영향을 받았다. 또한 국제노동기구의 관련 활동은 제1차 범미주 사회보장 회의의 영향이 컸다. 2차 세계대전 기간과 그 이후의 국제 사회보장 개념은 뉴질랜드와 영국 등 영미권 사회보장 개혁의 영향도 무시할 수 없지만 노동자 권익 보호의 차원에서 국제 노동기구가 전개해 온 활동이 전자 못지 않게 중요한 영향을 끼쳤다.

국제 사회보장의 핵심 개념은 국제노동기구 권고 제67호의 소득보장과 권고 제69호의 의료보장(의료적 케어)에 관한 내용이 가장 중요하다. 여기서 강조되고 있는 소득보장의 기본원리는 사회보험 원칙에 기초하고 있다. 사회보장의 권리는 일차적으로 광의의 노동자와 그의 가족의 정상적인 경제생활 안전의 권리를 의미한다. 이는 가입자의 의무 이행(가입절차의 이행과 보험료 납부)에 대한 완전한 권리로 주어지는 반대급부적 권리로서 이는 노동자와 가족의 실질적인 수준의 경제생활을 보장해 줄 수 있을 정도의 충분한 급여가 완전한 권

---

31) 의료적 케어에 관한 국제 노동기구 권고 제69호, **AEHSS**, 앞의 책, p.251.

리 형태로 보장되어야 함을 의미한다. 그리고 이러한 권리의 실현은 노·사·정으로 이루어지는 협의체를 중심으로 이끌어 내는 사회적 합의 경로를 통한 재원 조달이 실현될 때에만 진정한 힘을 얻을 수 있다. 사회부조는 사회보험 원리에 기초하여 제공되는 사회보장 권리의 임시적이고 보완적 성격의 급여에 불과하다. 다시 말해서 사회부조 원리에 의한 소득보장과 의료보장은 사회보험의 권리에 대하여 잔여적이고 보충적인 성격을 띠는 권리이며, 이는 국가 또는 지방자치단체의 공공서비스로서 보장된다.

이러한 사실이 우리나라 사회보장 발전에 시사하는 점은 다음의 몇 가지로 요약할 수 있다. 첫째, 국민기초생활법은 빈곤집단의 기초생활보장에 매우 중요한 의미를 지닌다. 그러나 이 법이 정하는 급여가 사회보장의 기초생활보장 기능을 권리로서 자리 매김하기 위해서는 사회보험 개별법들의 조화 또는 통합, 종합적 사회보장 보호망의 구축이라는 장기적 안목을 가지고 단계적으로 접근해야만 한다. 빈곤문제와 실업문제에 대한 응급대책의 차원에서만 접근하면 사회보장의 부문별 균형과 조화의 원칙을 손상하기 쉽다. 예컨대 현안 문제로서 대책마련이 시급한 실업자 집단에 대한 진정한 권리의 보장은 사회보험 급여의 기초생활 보장 기능의 강화 또는 사회보장의 범위 안에 새로운 종류의 무거출 급여들의 신설을 통하여 추진하는 것이 사회부조 또는 공공부조의 급여 확대 방법 보다 국제 사회보장 개념에 가까이 다가서는 것이다. 이와 관련하여 국민연금과 고용보험 급여의 기초생활 보장 기능이 제도 개선의 차원에서 검토되고 의료보험의 (기초)소득보장 급여의 신설이 검토될 필요가 있다. 또한 경로연금과 같은 무거출 연금제도 또는 무거출 연금 급여의 창설이 하나의 대안이 될 수 있을 것이다.[32] 또한 가족단위 기초소득보장 기능을 강화하기 위한 목적으로 기초생활보장법의 가족단위 보호 기능의 강화나 이와는 별도의

---

32) 이가옥, 「경로연금의 도입과 시행방안」, 『노인복지의 현황과 과제』, 나남출판, pp.149-203.

독립된 급여체계로서 가족수당제의 도입이 보편적 사회보장 제도 발전의 차원에서 종합적으로 검토되어야 한다.

둘째, 사회보장 제도의 소득보장 기능의 강화는 무엇보다도 사회보험 급여수준의 향상을 통하여 가능하다. 예컨대 일반 노동자의 실업 기간 동안의 실질적 생활수준의 보장이나 진정한 노후 소득보장은 관련 사회보장 급여들의 수준 향상을 통하여 가능하다. 급여수준의 향상 방법은 정액제 급여의 수준을 현실화하는 방법과 정률제 원칙에 기초하여 급여의 소득 비례 기능을 강화시키는 방법이 있는데, 국제 사회보장의 개념은 후자의 편에 서있다. 이는 우리의 국민 연금과 고용보험의 노동자 소득보장 기능이 급여의 소득비례 부분의 강화를 통하여 강화되어야 함을 권고하는 것이라고 해석할 수 있다. 사회보장 급여의 소득 비례의 원칙은 기초보장 급여에 추가로 지급되는 소득비례 급여로서, 노령, 질병, 사고 등의 경우에 노동자와 가족의 실질적인 소득의 보장을 가능케 하는 것이다.

셋째, 우리의 사회보장 제도의 경우 재원의 대부분이 가입자들이 내는 보험료로 충당됨에도 불구하고 제도 운영에 가입자들의 참여가 대단히 제한적이라는 점을 가장 일반적인 문제점 중 하나로 지적할 수 있다. 이는 사회보장이 공공서비스로서 국가나 공공단체의 고유 영역에 속하는 것이라는 경직된 사고를 탈피하지 못해 생기는 현상이다. 이와는 달리 국제노동기구의 사회보장 원리는 사회행정의 특성으로서 가입자 집단의 폭넓은 운영 참여와 민주적 의사 결정 방식의 중요성을 국가의 기술 관료적 운영 원칙과 같은 비중으로 다루고 있다. 이는 앞으로 우리나라의 사회보장 행정과 재정에 시사하는 점이 많다.

제5장
사회보장의 유형

 사회보장 유형론은 특정 국가의 사회보장 제도가 가진 기본 원리와 특성을 이해하는 데 도움을 준다. 특히 현대 사회보장의 발원지라 할 수 있는 서구 복지국가들의 경우, 사회보장 정책과 제도들은 이데올로기적 산물로서의 성격보다는 역사적 또는 학습적 산물[1]로서의 성격이 지배적이기 때문에 각각의 고유성과 다양성을 가장 큰 특성으로 하고 있다. 따라서 이들을 일정한 기준으로 유형화한다는 것은 쉬운 일이 아니다. 제5장에서는 주로 서구 사회보장 제도들에 초점을 맞추어서 논의를 전개할 것이다.

---

1) 한 나라의 사회보장 정책과 제도가 학습적 산물이라고 하는 것은 서구와 북구의 사회보장을 설명할 때 자주 쓰이는 표현이다. 일반적으로, 이들 나라의 정책 결정자들이나 제도 입안자들이 산업화에 따른 사회보호 체계의 구상과 실천에 있어서 주로 그 나라 고유의 사회적 보호 체계를 출발점으로 그리고 종전에 시행되던 것을 기초로 새로운 정책과 제도를 만들어 왔으며, 이러한 이유로 이들 나라들의 사회보장 제도들은 사회보장 개념과 원리에 있어서 다양성이 가장 큰 특징으로 부각됨을 알 수 있다. 이와 관련하여 휴 헤클로(Hugh Heclo)는 'political learning(정책적 학습)' 또는 'political heritage(정책적 유산)'의 개념을 빌어 설명하고 있다. Hugh Heclo, *Modern Social Politics in Britain and in Sweden*, New Haven/London, Yale Univ. Press, 1974.

1. 사회보장의 기원과 기본원리에 따른 유형 분류

서구 사회보장 제도 각각의 기원과 전통은 현재 나타내고 있는 개념과 원리 상의 특성들을 규정하는 중요한 요소로 작용하고 있다. 예를 들면, 현대 사회 보장의 기원을 빈민법적 전통2)에서 찾는 나라들이 있는 반면(영국이 대표적) 다른 나라들에서는 중세의 농업 기반 사회의 붕괴와 동시에 나타나는 상공업 의 발흥과 함께 새로이 형성되는 도시(bourg)거주 자유민집단(bourgeois), 즉 상공인들의 자구책으로서 동업조합 또는 공제조합의 정신과 조직원리에서 찾 는 나라들(프랑스가 대표적)이 있다.3)

사회보장 제도는 첫째, 그것이 우선적으로 추구하는 목적이 사회문제로서 빈 곤문제의 해결에 맞추어져 있는지 아니면 노동자 집단의 경제생활 안전의 보 장에 맞추어져 있는 것인지, 둘째, 사회보장의 원리와 보호 기술이 부조의 원 리에 기초하고 있는지 아니면 재해 예견적 조치 또는 보험의 원리와 보호 기술 에 기초하고 있는지를 기준으로 하여 베버리지 유형의 사회보장 제도와 비스마 르크 유형의 사회보장 제도로 나눌 수 있다. 여기서는 비스마르크 유형의 사회 보장에 대하여 설명하고, 이어서 베버리지 유형의 사회보장을 설명하기로 한다.

---

2) 사회보장의 빈민법적 전통이라는 말이 다소 생소하게 들릴 수 있으나, 영국의 사회보장이 여기에 해당된다. 사회보장 정책과 제도의 궁극적인 목적은 빈곤문제의 해결에 있다. 사회 보장의 주체는 국가이며, 재정적 기여와 수혜의 권리의 사이의 관계는 그리 중요하지 않다. 국가 조직의 일부로서 중앙집권화된 관리운영 체계에 의한 사회보장 행정과 재정이 보장된 다. 국가 책임주의, 빈곤문제 해결, 부조성 급여의 실시 등의 원칙은 빈민법적 전통과 무관 치 않은 것들로서 오늘날에도 영국 사회보장의 개념과 원리를 구성하는 중요한 요소들이다.
3) 조합주의적 전통은 사회보장 관리 운영의 차원에서 가입자 자치의 원칙에 중시된다. 가입자 의 보험료 납부와 수혜의 권리 사이의 인과관계가 중시된다. 일반적으로 이러한 전통을 가 진 사회보장 제도에서 급여는 가입자의 실질적 소득 수준의 보장을 목표로 한다.

1) 비스마르크 유형

비스마르크 유형의 사회보장 제도들은 산업사회 구성원의 대다수인 노동자 계급의 경제생활 안전보장에 초점을 맞추고 있다. 일반적으로 임금노동자들과 봉급생활자들에게는 높은 수준의 사회보장 급여가 보장되며 이들의 직업활동 상의 안전을 보장하기 위하여 여기에 위협요인이 되는 제반 사회적 위험들을 사회보험 방법으로 커버함으로써 실질적인 소득보장과 의료보장을 성취하고자 한다. 그러나 일반적으로 자영업자들, 농업종사자 집단과 가사노동 종사자 집단 등등 산업사회에서 소수를 차지하는 경제활동인구 집단의 사회보장 급여는 노동자 계급의 경우에 비하여 수준이 떨어진다. 이러한 사회보장 제도는 공공부조 급여들을 존속시킴으로써 사회보장의 권리로부터 소외된 사람들에 대한 최저생활을 보장해 준다. 이러한 사회보장 제도에서는 관리 운영의 주체로서 노동조합 등 가입자 대표들의 역할이 중요시된다. 독일과 프랑스 등 유럽대륙 국가들의 사회보장 제도들이 여기에 속한다.

2) 베버리지 유형

베버리지 유형의 사회보장 제도들은 (산업)사회 구성원 모두를 대상으로 사회적 미니멈 수준의 기초생활을 보장해 주는 것에 초점을 맞추고 있다. 급여에 있어서는 보편성과 평등성의 원칙이 강조된다. 급여에 있어서의 보편성이란 베버리지 보고서에 나타난 사회보장 원리의 하나로서 사회적 위험의 보편성과 대상자 범위의 보편성 원칙과 연결되어 있다. 즉, 생활안전에 위협을 주는 모든 종류의 사회적 위험들에 대하여 급여를 실시하는 것이다. 대상자 범위의 보편성은 직업, 계급, 성별, 인종을 불문하고 사회구성원 모두에게 급여가 지급되는 것을 의미한다. 따라서 사회보장 급여는 사회구성원 모두에게 모든 종류의 사회적 위험들에 대하여 사회적 미니멈 수준으로 지급된다. 이때 급여는 평등 정액급여를 원칙으로 한다. 베버리지의 사회보장 아이디어는 이러한 보편적 정액급여의 실천을 통하여 사회로부터 빈곤을 추방하는 데 목적을 둔 것이었다. 그리고 이러한 임무는 국가의 책임이기 때문에 그는 단일화된 사회보험 제도를 만들어 국가가 직접 관리 운영을 책임지는 것을 제안하였다.

소득보장 부문과 함께 강조되는 것은 의료의 보장이다. 의료보장은 의료 기본욕구의 충족을 목적으로 하는 국민보건서비스가 전적인 국가의 재정과 행정 책임하에 제공된다. 영국의 사회보장 제도가 여기에 속한다. 기타 영연방 국가들의 사회보장 제도들도 이 유형에 포함되는데, 뉴질랜드나 호주의 경우에는 사회적 미니멈 급여의 조건으로서 자산조사가 요구되는 점이 영국과 다르다. 스웨덴을 비롯한 북구 국가들의 경우는 베버리지 유형의 사회보장 제도들 중에서 가장 높은 수준의 급여와 서비스를 제공하고 있다.

앞의 두 유형에 포함되는 국가들은 주로 서구와 북구의 나라들이다. 이들은 사회보장 권리의 보편화 정도나 급여의 수준이 높은 나라들이다. 이들 이외에 러시아, 폴란드, 헝가리 등 동구 국가들의 사회보장, 중남미와 미주 국가들의 사회보장, 아프리카 여러 나라들의 사회보장, 한국, 일본, 대만 등 동아시아 국가들의 사회보장 제도들을 포함한 아시아 국가들의 사회보장 제도들이 있다. 이들은 앞의 두 가지 사회보장 유형 중 어느 하나로부터 지배적인 영향을 받았다고 할 수 있지만 나라들마다 급여의 수준과 제도의 완성도가 지극히 다양하다.

이들 국가들의 공통점이라 할 것은 서구와 북구 국가들에 비하여 일반적으로 급여의 수준과 내용이 열악하다는 것이다. 캐나다는 베버리지 사회보장 유형의 비교적 완성도 높은 사회보장 제도를 가지고 있다. 소련과 동구권의 붕괴 이전 이들 국가들은 비스마르크 유형에 가까운 사회보험 중심의 사회보장 제도들을 가지고 있었으나 사회주의 경제체제의 몰락과 시장 경제체제의 대두에 따라 사회보장 급여에 있어서 전반적인 부실화를 경험하였고 최근에는 실업자와 빈곤자 집단을 위한 국가에 최저생활 급여가 부조 원칙에 기초하여 실시되고 있다. 한국, 일본, 대만의 경우 산업체 종사 노동자 중심의 사회보장 제도를 가지고 있다는 점에서는 비스마르크 유형에 가깝다고 할 수 있겠으나 사회보장의 목표와 급여의 수준에 있어서는 기초보장적 급여에 의한 빈곤문제의 해결에 맞추어져 있기 때문에 베버리지의 영향이 지배적이다.

2. 제도별 특성들의 서열화에 기초한 유형 분류 방식에 대한 비판적 검토

1) 에스핑 앤더슨의 유형 분류[4]

에스핑 앤더슨은 서구 복지국가 이념형을 만들기 위해 세 가지 지표, 즉 탈상품화의 정도, 사회계층화 형태와 국가, 시장과 가족 간의 관계 등을 사용한다. 이 중에서 사회보장 유형 논의와 관련하여 가장 중요한 기준이 되는 것은 탈상품화의 정도로서 앤더슨은 이것을 권리 부여 조건, 수혜자에게 보장된 권리의 수준과 획득된 권리의 기간을 기초로 지표화하였다.

이어서 그는 탈상품화의 정도를 세 가지 정치적 지표와 계층화의 지표를 결합하여 정도가 약한 것으로부터 강한 것까지 3가지 형태로 분류하였다.

뒤의 표에서 우선 체제별로, 사회주의적 체제 국가들의 사회보장 수준(예를 들면, 권리의 보편화 정도와 급여의 수준)은 보수주의적 체제의 국가들보다 높고, 이들은 다시 자유적 체제의 국가들보다 높다. 또한 세 체제 각각의 경우에

---

4) Esping-Andersen(G.). *The three worlds of Welfare Capitalism*, Cambridge, Polity Press, pp.26-29.

표5-1. 탈상품화 정도에 의한 복지국가 분류(1980년 기준)

국가	탈상품화 점수
호주	13.0
미국	13.8
뉴질랜드	17.1
캐나다	22.0
아일랜드	23.3
영국	23.4
이탈리아	24.1
일본	27.1
프랑스	27.5
독일(서독)	27.7
핀란드	29.2
스위스	29.8
오스트리아	31.1
벨기에	32.4
네덜란드	32.4
덴마크	38.1
노르웨이	38.3
스웨덴	39.1

출처: Esping-Andersen(G.). *The three worlds of Welfare Capitalism*, Cambridge, Polity Press. p.52

표 5-2. 체제에 따른 국가 분류

자유주의 체제	보수적 체제	사회주의적 체제
호주	오스트리아	덴마크
캐나다	벨기에	핀란드
일본	프랑스	네덜란드
스위스	독일	노르웨이
미국	이탈리아	스웨덴
영국		

출처: Esping-Andersen(G.). p.74, 표 3.3, 심창학 외, 『복지국가』, 한길사, p.130, 2000. 재인용.

한정하여 볼 때에, 표 하단에 위치한 나라들의 사회보장 수준은 상단의 국가들에 비하여 높다. 이러한 복지국가의 유형 분류는 사회보장 제도의 유형 분류에도 그대로 적용될 수 있다.

(1) 자유주의적, 잔여적 모형

보호 대상을 저소득층으로 한정하고 사회적 권리의 부여 전제조건으로서 자산조사가 실시된다. 그 결과 수혜 대상자의 낙인찍기(스티그마)의 문제가 제기된다. 미국, 캐나다, 호주 등이 대표적인 나라이다.

(2) 보수적, 조합주의적 모델

이는 비스마르크 사회보장 유형에 해당한다. 즉 기본적으로 임금 노동에 기초한 사회보장 제도로서 재해, 질병, 노령, 실업 등으로 인하여 노동이 불가능해졌을 때 사회보장 급여는 이들의 소득을 보존하여 준다. 사회보험의 권리는 계급 또는 지위와 연계된 권리이다. 따라서 사회보장 급여의 (계층 간)소득 재분배 효과는 약한 편이다. 오스트리아, 프랑스, 독일, 이탈리아가 여기에 속한다.

(3) 보편주의적, 사회민주주의적 모형

사회보장의 급여는 보편성의 원칙에 따라 모든 사람들에게 제공되며, 포괄적인 사회적 위험에 대한 높은 수준의 평등 급여가 보장된다. 보호의 원칙에 있어서 국가와 시장, 노동자와 중산층으로 2분화되는 것이 없고 복지국가의 원칙에 기초하여 기본 욕구충족의 수준을 상회하는 높고 평등한 수준의 급여가 보장된다. 사회보장 급여의 계층 간 소득 재분배 효과가 높다. 스웨덴 등 스칸디나비아 국가들이 여기에 해당된다.

2) 코르피의 유형 분류[5]

코르피는 수급 자격과 급여 수준, 이 두 가지 요소들을 기초로 복지국가 사회보장 제도들을 분류하였다. 우선 수급 자격과 관련하여, 그는 수급 자격이 모든 시민들에게 개방되어 있는 제도인지 아니면 특정 집단들 또는 제한된 범위의 시민들에게만 허용되고 있는지를 알아보고, 이어서 급여 수준과 관련하여 최저 수준의 급여를 규정하고 있는지, 모든 사람들을 대상으로 한 정액제의 획일적이고 총액 급부적인 급여를 규정하고 있는지 또는 종전 소득과 연계된 정률제의 차등적 급여를 규정하고 있는지 구분이 가능하다고 보았다. 코르피는 사회보장 제도들을 (1) 잔여적 모형, (2) 자발적 국가지원 모형, (3) 조합주의적 소득보장 모형, (4) 보편주의적 기초보장 모형, (5) 보편적 기초보장 모형으로 나누었다.

아래 그림에서 마름모꼴이 의미하는 것은 사회경제적 계층체계로서, 그 상단은 가장 부유한 시민층을 의미하고 하단은 가장 빈곤한 계층을 의미한다. 그리고 마름모꼴 내부에 그어진 수평선들은 최저 수준 급여와 정액제 원칙에 기초한 급여들을 의미하고, 수직 방향으로 그어진 선들은 종전 소득에 연계되어 지급되는 정률제 급여들을 의미한다.

(1) 잔여적 모형

급여자격은 자산상태에 기초하여 결정된다. 따라서 수급 전제조건으로서 자산조

---

5) Korpi(Walter), "Développement de le citoyenneté sociale en France: une perspective comparative" in *Comparer les systèmes de protection sociale en Europe*, Paris, Mission de recherche et expérimentation, vol I, pp.20-37, 1995.

그림. 5-1

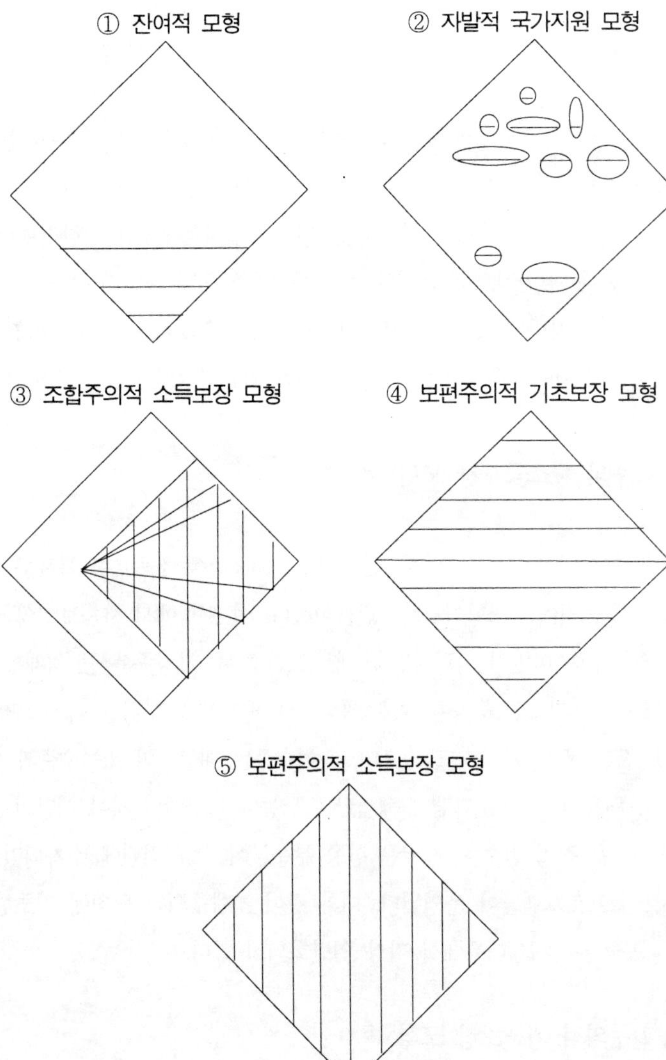
① 잔여적 모형
② 자발적 국가지원 모형
③ 조합주의적 소득보장 모형
④ 보편주의적 기초보장 모형
⑤ 보편주의적 소득보장 모형

사가 요구된다. 가장 가난한 사람들에게만 급여가 제공되며 그 수준은 평등하다.

(2) 자발적 국가지원 모형

노동자 집단의 자구적 노력에 의해 생겨난 조직체들을 국가가 후원하는 형태의 사회보장의 공제조합 또는 신용조합들이 여기에 해당된다. 이 조합들이 지급하는 급여들은 근린법칙에 기초하여 (임의)가입자들에게만 제한적으로 그 자격이 주어진다. 일반적으로 급여의 소득 대체율은 낮은 편이어서 최저 수준 이상의 급여를 보장받지 못한다. 이런 형태의 급여들은 2차 세계대전 이전까지 영국, 스위스, 프랑스, 벨기에, 북구 여러 나라에서 광범위하게 실시되었다.

(3) 조합주의적 소득보장 모형

비스마르크 사회보장 유형에 해당된다. 이에 기초하여 소득보장 목표를 가진 조합주의 사회보장(험) 모형이 새로 만들어졌다. 이 모형에서 사회보험의 권리는 일정 소득수준 미만의 사람들만을 대상으로 하며, 가정주부 등 경제활동을 하지 않는 사람들과 고소득층은 보호 대상에서 제외된다. 상이한 직업집단별로 독자적인 프로그램들을 가지고 있으며, 급여수준은 대상자의 소득수준과 연계되어 있다. 처음에 이 프로그램 수혜집단은 노동자 계급이던 것이 시간의 흐름에 따라 새로운 직업 범주들, 새로운 활동 부문들이 수혜 집단에 추가되었으며 다양한 보험 프로그램들이 운영된다. 이와 같이 조합주의적 원칙에 기초한 소득보장 제도들은 유럽 대륙에서 가장 일반화되어 있다.

(4) 보편주의적 기초보장 모형

주로 영국과 복구 나라들이 이 모형에 해당된다. 다른 유럽 국가들과는 달리이 나라는 소득보장 모형의 사회보장 제도를 받아들인 적이 없다. 코르피에 의하면 이러한 전통은, 우애조합전통과 정치적 자유주의의 영향에서 비롯되는 것이다. 1차 대전 이후 영국에서 채택된 사회보험 프로그램들은 인구의 대다수를 포함하고 있었고 이어지는 개혁들로 인하여 사회보험은 인구 전체로 확대되었다.

북구 나라들의 경우에는 보편주의 원칙의 사회보장 제도 성립에 있어서 노동조합과 사회민주당의 역할이 컸다. 정리한다면, 보편주의적 기초보장 모형에 해당되는 것으로 현재 영국의 사회보장 제도와 1950년대까지 북구 여러 나라들이 가지고 있었던 사회보장 제도들이 있다.

(5) 보편주의적 소득보장 모형

1950년대 들어 북구 여러 나라에서는 사회보장 가입자들이 종전의 소득과 연계된 질병 및 노령 급여들을 받게 되었다. 구체적으로는 현재 스웨덴, 노르웨이, 핀란드의 사회보장 제도들이 여기에 해당된다.

3. 기 뻬렝의 사회보장 유형 분류6)

에스핑 앤더슨과 코르피의 유형 분류는 북구 국가들의 사회보장 제도들이 가장 발전된 형태라는 것을 암시하고 있다. 이에 비해서 기 뻬렝의 사회보장 유형론은 제도들 간의 서열화를 염두에 두지 않는다. 그는 비스마르크 유형의 사회보험의 원리가 베버리지의 사회보장 개혁을 경험하면서 그 개념과 기본

---

6) Guy Perrin, Pour une théorie sociologique de la sécurité sociale, *Revue Francaise de Sociologie*, pp.300-324, juillet-septembre 1967. 그의 사회보장 이론서로서는 *Sécurité Sociale, Lausanne*, éd. Réalités Sociales, 1993.이 있다.

원리 차원의 변화를 초래하였고 결과적으로 오늘날의 모든 사회보장 제도들은 그 기원과 전통의 상이성에도 불구하고 통합적 모형7)의 사회보장 제도로 발전하고 있다고 보았다.

그는 사회보장 조직의 원리로서 보편성과 단일성의 원리를 기준으로 유형 분류를 시도하고 있다. 즉, 사회보장 가입 대상자 집단과 대상으로 하는 사회적 위험의 범위에 있어서의 보편성, 그리고 사회보장 조직과 각각의 급여 차원에서의 단일성을 기준으로 사회보장 제도들을 1)국가 단일모형, 2)직업 단일모형, 3)직업 복수모형으로 나누고, 국가 단일모형을 다시 부조기술 중심의 제도와 보험기술 중심의 제도들로 나누었다.

1) 국가 단일모형

사회 구성원 모두에게 사회보장의 급여가 보편화되었다. 또한 단일 형태의 기여와 단일 형태의 급여를 원칙으로 하며 사회보장의 재정과 행정도 중앙집권화적인 단일 기구에 의해서 보장된다. 국민연대의 원칙에 따라 평등 급여가 실시되기 때문에 사회보장 정책이 지향하는 사회통합의 효과도 다른 어떤 유형의 사회보장 제도들에 비하여 높다고 볼 수 있다. 베버리지 보고서에 제시된 사회보장 조직의 3대 원리에 가장 근접한 사회보장 제도들이다. 예를 들면, 영국과 스칸디나비아 나라들의 국민의료 제도와 가족수당 등이 이에 해당된다.

국가 단일 모형은 다시 부조기술을 국가수준에서 확대, 체계화한 제도들과 보험기술을 국가 수준에서 확대, 체계화한 제도들로 분류할 수 있다.

---

7) 여기서 통합적 모형의 사회보장이란 전 국민을 위한 기초생활의 보장과 노동자와 봉급생활자 계급의 실질적 소득의 보장이라는 목표를 동시에 추구하고, 관리 운영의 원칙으로서 공공서비스 또는 국가 책임 원칙과 조합주의 또는 가입자 자치의 원칙이 접목된 형태의 체제를 가진 사회보장 모형을 의미한다.

(1) 부조 기술을 확대, 체계화한 제도

사회보장의 목표로서 전 국민 또는 사회구성원 모두에 대한 사회적 미니멈의 보장을 모델로 하는 제도이다. 뉴질랜드와 아일랜드의 연금제도, 캐나다와 스칸디나비아 연금 제도 등을 예로 들 수 있다. 특히 뉴질랜드와 아일랜드의 연금제도는 노후 기초생활 보장에 충실한 제도들로서 '데모그랜트'와 흡사한 형태이다. 이 경우 수혜 자격은 '시민'이면 충분하며, 철저한 단일주의, 평등주의가 적용된다.

(2) 보험 기술을 국가 수준에서 확대, 체계화한 제도

국민보험 형태로 네덜란드의 연금보험과 사망보험 제도, 영국의 국민의료 제도와 가족수당을 뺀 나머지 사회보장 제도들이 여기에 속한다. 캐나다 연금제도는 1965년부터 데모그랜트 형태로 바뀌었다. 영국 사회보장 제도의 발전은 두 가지 노선을 견지하고 있다. 첫째는 국민보건서비스와 가족수당의 경우처럼 데모그랜트 개념에 기초한 제도들과 둘째는 로이드 죠지에 의해 설립된 국민보험(1911), 즉 사회보험이다. 영국의 사회보험은 창설자의 의도와는 달리 보편화된 보호체계를 보험원칙에 기초하여 발전시켜왔다.

그러나 이들 두 가지 형태의 영국 사회보장 제도들은 국가 단일 모형이라는 하나의 유형에 소속된 채 공통적인 목표를 추구하고 있다. 데모그랜트 형태의 사회보장은 발전과정상에서 매우 호의적인 역사적 조건들에 힘입은 바 크며, 이에 따라 초기 산업화 단계에서 초래될 수 있는 지나치게 경직된 사회계급 구조화의 폐단을 피하면서 비교적 균형 잡힌 경제적, 사회적 구조를 발전시킬 수 있었다. 연금 제도에 있어서 국가단일 모형은 종전의 사회보장 모형을 경제적 변화에 적응시키면서 산업혁명의 사회적 결과들을 조절하는 데 성공한 나라들에서 성과를 거두고 있는 듯하다. 영국의 경우 일찍부터 시작된 사회의 산업화와 고도 산업사회 단계로의 이른 진입이 국민연대에 기초한 국가 단일모델 모형의 사회보장 제도를 발전시킬 수 있었다.

2) 직업 단일모형

직업 단일모형의 사회보장 제도들은 사회보험 기술에서 영향을 받았다. 따라서 이 모형에 속하는 사회보장 제도들의 목표는 노동자와 가족을 포함하는 전체 경제활동인구의 경제생활의 안전을 보호하는 데 있다. 이 모형의 특성은 1) 커버되는 사람들의 수준에서 보편성의 원칙, 그리고 구조의 단일성 원칙을 만족시킨다. 2)그러나 이 모형은 단일형태의 급여원칙과는 거리가 멀다. 왜냐하면 이 모형에 속하는 사회보장 제도들이 약속한 급여들은 이해관계자들의 종전소득에 준하는(비례하는) 대체소득의 제공을 목적으로 하기 때문이다, 다시 말해서 급여 형태의 다양성을 추구하고 있는 것이 특징이다. 3)보험료(기여)와 급여의 관계에서 초기 사회보험이 보호 기술로 적용했던 보험원칙이 점차 변용되었다. 기여와 급여 간의 인과관계를 강조하던 초기의 경향에서 점차 직업활동과 보호 혜택 간의 관계를 강조하는 방향으로 변화된 것이다.

이러한 경향은 오늘날의 많은 사회보장 제도들이 원칙으로 채택하고 있다. 결과적으로, 광의의 노동공동체에 소속되었다는 사실이 이 제도의 개입(보호)을 정당화시켜 주는 첫째 조건이 된다.8) 그렇지만 이 모형에서 사회보장 수혜 권리는 (직업 소득에 비례한)보험료의 납부와 밀접히 연결되어 있다. 또한 이 모형의 제도들은 가입자 범위를 노동공동체 구성원들로 제한한다는 점에서 사회보험의 전통에 충실하다고 할 수 있다.

현대 산업사회에서 강조되는 가치의 하나는 노동 생산성이다. 따라서 노동자

---

8) 국가 단일모형에서는 국가 집단의 구성원이라는 사실이 제도의 개입을 정당화시키는 첫 번째 조건이 된다.

지위와 사회보장 혜택 사이의 관계가 강조되는 경우를 현대 산업사회의 사회보장 제도들에서 흔히 발견할 수 있다. 왜냐하면 이들 제도들의 기술적 조건과 현대 산업사회의 윤리적 원칙 간에 조화가 용이하기 때문이다. 이런 이유로 이 모형은 미국과 동유럽 국가들9)의 경우와 같이 정치체제가 전혀 달랐던 두 집단의 나라들의 사회보장에 동시에 영향을 미칠 수 있었던 것이다.

미국의 경우, 빠른 산업화와 계급구조의 상대적 취약성과는 대조적으로 늦은 사회보장의 출현을 특징으로 하는 나라는 이 모형의 연금제도가 빠르게 성숙하는 데 기여하였다. 붕괴 이전의 동유럽의 경우, 사회주의 혁명은 계급 없는 사회로 사회변화를 추진하였고, 이런 사회에서 단일 계급으로서의 임금 노동자들은 국가집단에서 특권적 표현처럼 인식되었으며 이러한 정치적인 변화는 산업화의 정도가 다양한 나라들에서 동시에 전개되기에 이르렀다. 그 결과 두 가지 중요한 외형적 결과들이 나타났는데 이 두 가지는 이율배반적인 관계에 있다.

사회보장은 전통적인 '사회보험'의 명칭과 형태를 보존하고 있다. 이 제도는 노동공동체 전체에 확대되었고 노동공동체는 사회보험이 원래 대상으로 하였던 임금노동자 집단으로 유형화되었다. 이러한 사회적 통일의 억압적 과정은 노동자 집단 전체로(임금을 받는 노동자와 받지 않는 노동자를 불문하고) 평등 원칙에 기초한 사회보장 급여가 확대되는 것을 지연시켰으며, 노동조합과 행정 구조의 임시적 이중구조의 발달도 지연시켰다. 이러한 초기 경향과는 달리 최근에 동유럽에서 일어나고 있는 변화는 보호의 보편화와 구조의 단일화 움직임이다. 이를 감안한다면 이들 나라의 사회보장은 직업 단일모델로서 직업활동과 사회보장 권리와의 관계, 급여와 직업소득 간의 관계를 강조하는 것이 특징적이다. 그러나 동유럽 국가들의 장기 급여는 일반적으로 급여 수준이 하향 평등화하는 추세이다. 또한 서유럽 국가들의 경우 사회보장 급여 수준과 직업 소

---

9) 동구권 붕괴 이전의 상태를 말한다.

득의 수준 간에 점진적인 접근을 보이고 있다. 그러나 현재까지 급여와 직업 소득 간의 격차는 여전히 존재하고 있다. 동유럽 국가들의 경우, 서유럽 국가들의 경우와는 대조적으로 직업 소득 수준에 비하여 사회보장 급여의 비율이 줄어드는 추세이다.

3) 직업 복수모형

앞서 설명한 두 모형의 제도들과 마찬가지로 이 모형에 속하는 제도들에서도 사회보장 급여는 경제활동인구 전체로 확대되었다. 그러나 상이한 직업 집단들 간에 복수의 제도들로 사회보장이 구성되어 있다. 이들 제도들은 행정조직이나 재정에 있어서뿐만 아니라 보호 수준과 제도에 있어서도 차이를 보인다. 다시 말해서 이 모형의 사회보장 제도들은 1)대상자 수준에 있어서의 보편화가 이루어진 상태이다. 그러나 급여의 단일화나 구조의 통일은 이루어지지 않은 상태에 있다. 우리나라의 의료보험 제도는 1980년대 말 가입대상자 범위가 보편화되었으나 급여와 제도가 완전히 통일되는 2002년까지는 직업 복수모형의 제도에 해당된다.

직업 복수모형은 3가지 사회보장 모형들 중에서 역사의 흔적이 가장 많이 남아 있는 유형에 속한다고 볼 수 있다. 즉, 이해 당사자들의 기득권 보호가 제도의 통일을 지연시키는 이유가 되었다. 또한 기존의 제도 보호의 방법을 지속적으로 보존하고 있는 것이 특색이다. 예를 들어, 서유럽 복지국가들의 경우 사회보험 도입의 초기 단계에서 가입대상자 범위가 임금 노동자들로 제한되었던 것이 시간이 지남에 따라 점차 피용자 전체, 그리고 비임금 노동자 집단에까지 확대되었다. 그러나 가입대상자 범위가 확대되는 과정에서 새로이 구성된 하부 제도들은 소멸되지 않고 기존의 제도들과 병립되어 유지되는 것이 일반적이다. 이들 제도들을 '모자이크식' 제도라고 부르며, 역사 발전에 충실한 제도들로 평가할 수 있다. 전체적으로 볼 때 직업 복수모형의 제도에서는 다음의 두 가지 특성이 제도적 수준에서 유지되고 있다.

먼저, 가장 오래 전부터 보호받던 범주인 공무원, 군인 등 일부 특수 직업 집단들의 경우에는 제도의 단일성과 물질적 특혜들이 유지된다. 다음으로 새로이 개입되는 주변집단, 예를 들면 자영업자들과 농부 등 비봉급생활자 집단은 처음에는 사회보장 급여의 확대에 반대하였다. 이어서 그들의 이익 보호를 목적으로 그들에 맞는 보호방법을 선호하였고 따라서 그들 집단 전체의 이해관계가 지속적으로 보존될 수 있는 방법을 찾게 되었다. 결과적으로 이들이 선택한 제도들은 자율적 제도들로서 임금노동자 집단과 사무직노동자 집단 등 피고용 상태의 노동자 집단의 사회보장과는 분리된 채 운영되는 그들만의 자율적 사회보장 제도들을 선호하게 된 것이다.

이에 비해서 우리나라 자영업자 또는 지역 가입 피보험자 집단의 경우에는 제도 통합에 찬성하고 있는 것이 차이점이다. 다시 말해서 우리의 경우보다 이들 나라들의 농업종사자 또는 자영업자 단체 구성원들의 사고와 행동은 더 자율적이다. 독일, 프랑스 등 유럽대륙 국가들의 사회보장 제도들이 이 모형에 속한다고 할 수 있다. 이들 나라들은 오랜 사회보험 전통을 지니고 있고, 비교적 경직된 계급구조를 특징으로 하며, 경제활동인구의 분포에서 숫자상으로는 비봉급생활자 범주 집단에 분리하지 않은 정도의 많은 비율을 차지하고 있다. 따라서 사회구조의 근본적 변화단계에 이를 정도로 임금노동자와 봉급생활자 집단이 보편화되지 않은 단계이다.

이들 제도의 내부에서 이루어지고 있는 상호 간의 접근 노력은 상호 간의 재정적 보상 노력 등 다양하고 지속적으로 유지되고 있다, 그러나 이에 못지 않게 단일화 노력에 대한 저항도 만만치 않다. 인구조건의 변화, 군소 제도들의 재정적 한계 등으로 말미암아 이들 제도들은 점차 직업 복수모형에서 직업 단일모형으로 접근해 가고 있다.

이상에서 제시한 세 가지 모형은 모든 사회보장 제도들을 포함하지 못하는 한계점을 지니고 있다. 그럼에도 불구하고 이들의 장점으로 지적할 수 있는 것은 사회보장의 외형적 형태와 제도의 현실을 이해하는 데 도움을 준다는 점이다. 그리고 이러한 점들은 사회보장의 이론적 연구에도 도움을 줄 것으로 기대된다.

앞의 세 가지 모형에 덧붙여 네 번째로 고려할 수 있는 유형은 혼합 모형이다. 이 모형은 국가 단일모형과 직업단일 또는 복수모형이 결합된 형태인데 예를 들면 영국, 캐나다, 스칸디나비아 여러 나라 등 보편화된 국가 단일모형의 기초연금 제도를 가지고 있던 나라들이 1950년대와 60년대에 걸친 연금제도 개혁을 통하여 단일 제도 또는 복구의 보충연금 제도를 병행 실시하게 된 것에서 기인한다. 이는 전통적인 부조와 사회보험을 결합한 형태로서 보다 충실한 보호의 제공과 이해당사자들의 사회 범주적 욕구와 밀착된 효율적 보호를 제공할 수 있다. 아울러 이러한 모형의 제도들은 국가 단일모형과 직업 단일 또는 직업 복수모형 사이의 수렴을 제시하는 제도로서도 의미가 크다.

이와 같은 수렴현상은 사회발전의 특정 단계에서 보이는 사회보장 실제와 개념 사이의 접근을 보여주는 예가 된다. 다시 말해서 사회적 신분과 노동자로서의 지위 간의 점진적 동화, 평등원칙에 기초한 기초보장 체계의 통일과 직업 소득과 연계하여 보호 수준을 높일 수 있다는 것을 수렴현상을 통하여 확인하게 되는 것이다.

기 뻬렝 유형론은 1960년대 사회보장의 전성기에 작성되었다. 이 당시는 비스마르크 사회보험 전통의 사회보장 제도들과 베버리지 사회보장 전통의 나라들에서 서로 상승적 상호작용을 일으켜 두 상이한 유형 간의 접근이 이루어지던 시기였다. 그리하여 사회보장은 노동자와 가족의 실질적인 소득 수준의 보존을 목적으로 소득과 연계된 사회보장 급여의 종류와 급여 수준을 보충하였고(베버리지 유형의 사회보장의 경우) 또 한편에서는 노동자 계급 이외의 인구

집단을 사회보장 의무 가입대상자 범위에 포함시켜 경제활동인구 전체를 대상
으로 한 기초생활 급여를 실시함으로써 종전의 사회보험이 가지던 약점을 보
완하고 공공서비스로서의 기능을 강화하는 동시에 국가의 역할을 대폭 증가시
켰다.

그러나 이러한 발전적 변화와 상이한 유형들 간의 상호 접근 현상들은 1980
년대부터 소강상태에 머물고 있다. 결과적으로 서구 복지국가들 각각은 사회보
장 제도의 현상 유지 차원에 머물고 있는 실정이다. 다시 말해서 각 국은 상이
한 유형들 간의 사회보장 보호 기술의 전이를 통한 한 단계 높은 차원으로의
변형을 시도하기보다는 사회보장 고유의 제도들마다 고유한 목표와 원리의 테
두리 안에서 운영상의 합리성과 효율성의 개선을 위한 부분적인 노력만 계속
하고 있는 실정이다.

제6장
사회보장의 재정과 행정

사회보장 제도의 조직과 운영에서 재정과 행정은 동전의 양면과도 같은 밀접한 관계이다. 재정은 일차적으로 사회보장의 비용 염출에 관한 것인데 이는 사회적 연대의 구체적 표현이라 할 수 있다. 사회보장 재정의 기초가 되는 사회적 연대는 직업적 연대와 국민연대 등으로 나누어 볼 수 있다. 일반적으로 직업적 연대에 기초한 사회보장 제도(독일을 비롯한 유럽 대륙 국가들의 사회보장 제도들)는 가입자 범위가 일정 직업집단이나 직종으로 제한되며, 재정 역시 가입자집단이 부담하는 보험료로 충당한다. 이 경우 사회보장 제도의 행정조직도 가입자 자치 원칙을 존중하는 것이 일반적이다. 그러나 1940년대 후반의 사회보장의 개념변화, 즉 국민연대 원칙에 기초한 현대 사회구성원 모두의 사회적 미니멈의 보장은 사회보장의 공공서비스적 성격을 강화하기에 이르렀고 결과적으로 사회보장의 조직과 운영에 국가의 개입이 강화되었다.

영국의 사회보장은 독일의 경우와 좋은 대조를 보여주는데 일반적으로 베버리지 사회보장 원칙에 기초하고 있는 영국 사회보장 제도에서는 재정 방식이

보험료 형태이지만 국가가 재정과 행정의 전적인 책임을 맡고 있다. 게다가 국민보건 서비스의 경우에는 국가의 일반예산 재원, 국가에 의한 행정을 원칙으로 운영하고 있다. 20세기 후반 서구 복지국가 이념의 발전은 사회보장의 국가 책임원칙을 지나치게 부각시킨 면이 없지 않다. 그러나 사회보장의 기초보장(소득과 의료)의 경우에 이러한 국가에 의한 행정과 재정이 정당화될 수는 있지만 사회보장 전반에 걸친 일반적이고 보편 타당한 원리라고 할 수는 없다.

그렇다면 이론적 차원에서 사회보장의 재정과 행정의 일반원칙은 존재하는 것일까? 서구 사회보장 제도들과 국제노동기구 등 국제 사회보장 기구나 단체들이 제시하는 일관된 원칙은 존재하지 않는 것 같다. 다만 비스마르크형 사회보장과 베버리지형 사회보장의 원칙상의 차이가 강조되고 있을 뿐이고 또한 20세기 후반에 들면서 공공서비스로서 성격이 부각되고 있을 뿐이다.

그렇다면 공공서비스로서 사회보장의 행정과 재정(조직과 운영)은 전적으로 국가의 책임이라 할 수 있는 것일까? 우리나라 사회보장 제도들의 조직과 운영에 있어서 국가 책임과 가입자 자치의 원칙은 어떤 방법으로 구현될 수 있는 것일까? 사회보장 행정과 재정에 관한 논의는, 사회보장과 국가와의 관계가 과연 어떤 형태로 되는 것이 가장 바람직한가에 대한 해답을 찾는 작업이 될 것이다. 본 장에서는 재정, 행정의 순서로 주로 원칙에 관한 논의에 초점을 맞출 것이다. 우선 재정적 측면에서 보험료 방식과 조세방식에 관해 살펴본 다음, 서구 사회보장의 재정 위기에 관한 내용을 살펴볼 것이다. 이어서 노령 연금의 재정 방식에 관해 설명하고 마지막으로 사회보장 행정의 원칙과 민영화에 관하여 논의할 것이다.

1 사회보장 재정

1) 사회보장 재정의 중요성

사회보장 재정의 중요성은 우선 사회보장의 재정규모에서 찾을 수 있다. 서구 복지국가들의 사회보장 예산은 일반적으로 국가예산 규모를 능가하는 아주 막대한 규모이다. 둘째 사회보장의 재정규모는 점차 확대되는 추세이다. 이것은 서구 복지국가들뿐만 아니라 우리나라를 비롯한 제3세계 국가의 경우도 마찬가지이다. 사회보장 예산의 증대는 국가경제에 미치는 영향력 역시 증대시킨다. 사회보장제도의 발달은 국가예산 항목에서 지출하던 항목을 사회보장의 재정으로 전이시키거나 반대로 사회보장에 대한 국가의 재정보조를 증대시키는 두 가지 방향으로의 변화를 일으킨다. 일반적으로 국가예산과 사회보장 예산은 경쟁적 관계에 있다고 볼 수 있다. 사회보장의 의무적 공제 폭의 확대는 국가의 조세 상한선에 영향을 준다. 반대로 우리나라의 경우와 같이 조세 구조의 경직성, 국민 조세부담 능력의 한계 등을 이유로 정부가 사회보장에 대한 재정보조를 제한하는 경우도 있다.

셋째, 사회보장의 재정은 국가차원의 소득재분배 구도에 변화를 가져오게 한다. 예컨대 종전에는 '동일한 노동에는 동일한 수준의 임금을 지급한다'는 원칙에 따르던 것이 이와는 다른 분배원칙, 즉 '보편적이고 기본적인 욕구의 충족을 겨냥한 동일한 수준의 급여 실시'라는 또 다른 자원의 배분원칙이 앞서 언급한 분배원칙과 병행하여 실시되는 것이다. 사회보장은 국가경제에 또 다른 방법으로 영향을 미친다. 예컨대 국민소득에서 공제되는 비율의 제한에 따라서 저축의 증대라든지 통화의 수축 등의 요인이 생겨나기도 한다.

우리나라의 경우와 같이 사회보장 정책에서 국가의 역할이 막중하고 사회보장을 계층 간 소득의 수직적 재분배의 한 방법으로 간주하는 경우, 사회보장 재원조달 방식의 선택은 그것의 적절성 여부에 따라 계층 간 소득의 불평등을 강화하기도 하고 또는 완화시키기도 한다. 따라서 사회보장의 재정방식에 대한 고려는 국가의 사회보장 정책에서 매우 중요한 의미를 지닌다고 할 수 있다.

2) 보험료 방식과 조세방식

(1) 보험료 방식

사회보장 재원조달 방식으로서 보험료 방식은 서구 복지국가들 중에서 독일, 프랑스 등 유럽 대륙 국가들이 사회보장제도의 주된 재정 방식으로 이용하고 있다. 이들 나라들의 사회보장은 소위 공제조합 전통을 가지고 있다. 사회보장제도가 전 국민에게 일반화되기 이전의 서구사회의 사회보장은 주로 19세기 산업체 노동자들과 가족의 생활안전을 보호하기 위한 노력으로서 직업 또는 직종 간의 경제적 연대성에 기초한 비용의 공동부담을 원칙으로 하고 있었다. 노동자들은 자신과 가족의 생활안전을 위협하는 제반 위험들에 대한 대응책으로 임금 또는 직업소득의 일정비율을 공제조합에 납부하고 위험이 발생하면 약속된 수준의 보상을 받기로 했다. 이는 일종의 재해예견 노력에 대한 대가로서, 이들이 부담하는 기여금 또는 보험료와 사회보장의 급여 사이에는 인과적 논리가 작용하고 있었다.

현재 서구 여러 나라들뿐만 아니라 세계의 여러 나라들은 사회보장제도의 재원조달 방식으로 보험료 방식을 적용하고 있다. 사회보장의 보험료는 일반적으로 노동자와 사용자의 보험료로 구성된다. 경우에 따라 국가가 가입자 집단의 보험료 일부를 부담하는 경우도 있다. 그렇다면 노동자, 사용자, 국가의 보험료 부담을 정당화하는 논리는 과연 무엇일까?[1]

---

1) 3자부담 보험료 각각의 논리적 근거에 관한 내용은 ILO, Financing Social Security: The

첫째, 노동자 보험료의 경우를 생각해 보자. 위험이 발생한 것에 대해 노동자는 적어도 부분적으로는 책임이 있을 수 있다. 그러므로 노동자의 보험료 부담은 당연한 것이다. 또한 사회보험 급여의 확실성을 보장한다는 의미에서 노동자 집단의 보험료 부담은 상당한 의미를 지닌다. '(회원으로)가입하고 일정액을 냈기 때문에 결과적으로 수혜의 권리가 있다'는 식의 (자본주의 사회에서 통용되는) 일반논리에 따라 사회보장 급여와 서비스의 권리성을 강화시키는 데 기여한다. 마지막으로 노동자의 보험료는 사회보장 행정에 참여하는 권리를 부여한다.

둘째, 사용자 보험료의 경우를 생각해 보자. 사용자의 사회보장 재정 참여는 기업에 필요한 인적 자원을 유지하는 데 소요되는 비용을 스스로 부담한다는 원칙에 기초하고 있다. 또한 사회보장 급여와 서비스는 사용자에게 향상된 노동의 질, 노동 안정성, 노사관계의 개선이라는 결과를 가져다줌으로써 생산성의 증대에 기여한다. 마지막으로 사용자의 보험료는 사용자가 사회보장 행정에 개입할 수 있는 논리적 근거를 제공한다.

셋째, 국가의 보험료 부담을 정당화하는 근거는 어떤 것이 있나? 국가는 경제적으로 취약한 계층을 보호할 책임이 있다. 따라서 빈곤 노동자들의 보험료를 국가가 전액 또는 일부 부담하는 것은 당연하다. 더욱이 국가 정책에 따른 산업화n와 사회변화는 피해 받는 인구 집단을 만들어 내기 때문에 국가는 이들을 보호할 의무가 있다. 산업정책의 희생자 집단으로서 자영업 종사자들에 대한 보호가 그 일례이다. 다음으로 사회보장 제도의 확대적용에 따른 사회보장 급여의 보편화는 국가의 공공부조 비용을 절감하는 결과를 가져다 준다. 마지막으로 국가는 실업, 질병 등의 사회적 위험의 발생에 부분적인 책임이 있다.

그러나 세 주체들 사이의 보험료 부담 비율은 국가별로 큰 차이를 보이고 있

---

options-An international analysis, Genova 1장에 수록된 내용 중에서 관련 부분을 발췌, 요약한 것이다.

표 6-1. 유럽 연합 회원국들의 보험료 부담 주체별 사회보장 재정 구조(%)

	보험료				사용자 보험료				노동자 보험료				국가 및 공공단체 부담·기타			
	1980	1985	1990	1994	1980	1985	1990	1994	1980	1985	1990	1994	1980	1985	1990	1994
벨기에	62,25	64,46	66,04	69,63	44,45	40,15	40,88	43,09	17,80	24,31	25,17	26,54	37,75	35,54	33,96	30,37
덴마크	12,34	14,09	13,11	19,31	10,02	10,05	7,85	9,17	2,32	4,03	5,26	10,14	87,66	85,91	86,89	80,69
독일(서독)	69,49	71,46	72,04	71,32	41,48	41,27	41,50	39,93	28,01	30,19	30,53	31,39	30,51	28,54	27,96	28,68
그리스	89,04	86,52	73,66	72,37	57,81	55,39	47,80	45,72	31,23	31,13	25,86	26,66	10,96	13,48	26,34	27,63
스페인	82,32	72,22	70,99	68,28	63,39	53,95	53,91	50,27	18,94	18,26	17,07	18,00	17,68	27,78	29,01	31,72
프랑스	79,78	77,29	80,81	76,53	55,52	52,26	52,01	49,09	24,27	25,03	28,80	27,44	20,22	22,71	19,19	23,47
아일랜드	35,71	34,65	40,05	38,17	24,55	22,21	24,54	23,03	11,16	12,44	15,51	15,15	64,29	65,35	59,95	61,83
이탈리아	73,83	67,16	68,00	62,87	59,94	52,55	52,99	46,53	13,89	14,61	15,01	16,34	26,17	32,84	32,00	37,13
룩셈부르크	58,80	59,07	52,81	51,35	35,43	33,44	30,96	29,47	23,37	25,64	21,84	21,89	41,20	40,93	47,19	48,65
네덜란드	68,05	67,98	59,03	67,95	37,05	31,92	20,07	20,11	31,00	36,07	38,96	47,84	31,95	32,02	40,97	32,05
포르투갈	71,90	63,86	66,51	55,72	53,18	47,72	45,36	34,41	18,72	16,14	21,15	21,30	28,10	36,14	33,49	44,28
영국*	48,04	46,18	43,45	41,72	33,44	29,57	27,35	26,09	14,61	16,61	16,11	15,63	51,96	53,82	56,55	58,28

주: * 영국은 1993.
출처: Eurostat. *Droit de la securite sociale*, Jean-Jacques Dupeyroux, p.72, 재인용

을 뿐만 아니라, 특정 국가의 사회보장에 있어서도 사회적 위험 부문별 차이가 존재한다. 유럽 연합 회원국들은 대체적으로 사회보장 재정에서 사용자가 부담하는 부분이 가장 크나 점차 노동자 부담과 국가부담이 확대되는 경향을 보이고 있다. 위의 <표 6-1>을 통해 그러한 사실을 확인할 수 있다.

우리나라 사회보장의 보험료 부담주체별 재정구조는 사회적 위험 부문별로 큰 차이를 나타내고 있다. 그러나 노사 부담의 보험료가 사회보장 재정의 대부분을 차지하고 있고 국가의 경우 공무원, 군인, 사립학교 교원집단의 보험료 일부를 부담하는 것 이외에 사회보장 재정에 기여하는 정도는 극히 미미한 수준이다.[2]

이와 같은 보험료 방식이 지니는 장점으로 다음 두 가지를 생각할 수 있다.

첫째, 이해 당사자가 부담하는 보험금이 직접 사회보장의 지출로 연결되기 때문에 급여의 수준은 그의 소득수준에 따라 결정되고 따라서 급여의 수준은 그의 재정적 기여의 수준에 따라 결정된다. 둘째, 재정 방식과 행정 방식 사이에는 밀접한 관계가 있다. 노동자와 사용자의 기여만으로 이루어지는 순수한 보험료 방식은 (공제)조합식 관리운영 방식과 짝을 이룬다. 이러한 관리운영 방식은 국가에 대한 자율성이 강조되기 때문에 국가의 간섭 없이 가입자 집단의 생활안전에 대한 자율적 조치들을 취할 수 있다는 장점이 있다. 그러나 보험료 방식은 현대 사회보장의 주된 재원조달 방식으로 부인할 수 없는 몇 가지 한계를 내포하고 있다.

우선 기술적 측면에서 볼 때, 재원조달 방식의 타당성은 재원과 사회보장 지출의 논리적 관계가 유지될 때에만 의미를 지닌다. 그러나 의료보험의 현물급여의 경우처럼 보험료와 급여 간의 관계가 논리적이지도 실질적이지도 않은 경우에는 이 방식의 타당성을 인정하기 어렵다.

둘째 재정적 측면에서 볼 때, 직업활동을 통해 얻은 소득으로 사회보장의 재원을 조달하는 보험료 방식은 취업률이 저조할 경우에 재원이 감소하고, 따라서 효과적인 급여가 어렵게 된다. 기업의 재정적 부담을 강조한 마뇨니는 보험료가 증대되는 경우 연쇄적으로 물가에 영향을 주거나 아니면 임금수준이 동결되거나 감소할 수 있다고 주장한다.[3]

셋째 국가 차원의 경제적 측면에서 볼 때, 보험료 방식은 일종의 '고용세'와 같은 효과를 지니기 때문에 직업소득을 기초로 책정하는 보험료 방식은 기업들의 고용확대 노력을 무산시키는 한편 기업의 대외 경쟁력에 부정적 결과를 가져올 위험이 있다. 특히 이 방식은 섬유, 가죽, 신발류 제조업체들과 같은 노동집약적 산업체에 불리하게 작용한다.

---

2) 부담 주체별 보험료율에 대해서는 <표 6-2> 우리나라 사회보험제도별 보험료율 참고.
3) d'Intignano(B. Majnoni), *Protection Sociale*, Paris, éd. Fallois, 1993, p.60.

표 6-2. 사회보험제도 보험료율

제도			적용범위
연금	국민연금		- 직장가입자 : 사용주 : 4.5% 근로자 : 4.5 %* - 지역 가입자 : 농어민 6% 　　　　　　　도시지역 자영자 : 3%
	특수 직역	공무원연금	- 국가 : 7.5% 공무원 : 7.5%
		군인연금	- 국가 : 7.5% 군 인 : 7.5%
		사립학교교원	- 국가 : 2.0% 학 교 : 3.5% 교 사 : 5.5%
의료 보험	국민의료보험 (지역·공무원 및 사립학교 교원)		조합 정관에 따라 2~8% - 지역 : 주민 50%, 국고보조 50% - 공무원 : 공무원 50%, 국가 20% - 사립교원 : 국가 20%, 학교 30%, 피보험자 50%
	직장		조합 정관에 따름(1997년 12월의 경우 3.8%) - 근로자 50%, 사용주 50%
산재보상보험			사용주 전액 부담, 매년 업종별로 정함. - 1998년 평균 1.55%
고용보험			실업급여 - 근로자 : 0.5%, 사용주 : 0.9~1.5% 고용안정사업 - 사용주 : 0.3% 직업능력개발사업 - 사용주 : 0.1~0.7%

주: 국민연금은 이전에는 노사 각각이 3%씩 부담하고 퇴직금 전환금에서 3%를 부담
하였으나, 도시자영자에게로 확대되는 1999년 4월 1일부터 퇴직금 전환금에서의
갹출이 없어지고 노사의 보험료 부담률이 상향조정되었음(국민연금법 제75조, 부
칙 제1조).
자료 : 방하남·안학순, 「사회보험제도의 현황과 문제점 및 통합의 기본방향」, 한국
노동연구원, 『사회보험통합방안연구』, 1999, p.22, <표 1-12> 재인용.

　넷째 윤리적 측면에서 볼 때, 가족수당, 노인 최저생활 보장 등 사회구성원
및 가족들의 생존권적 기본권의 보호에 있어서 그 논리성이 의문시된다. 다시
말해서 이들 기초급여를 직업소득에 기초한 보험료로 충당한다는 것은 여러
가지 점에서 불합리하다. 우선 보험료는 소득 상한선제에 묶여 직업소득의 일
부가 사회보장 공제대상 소득의 범위에서 배제될 뿐만 아니라 이익배당금, 임

대차 수입, 대출이윤 등 직업활동에 의한 소득 이외의 소득은 보험료 공제대상 소득의 범위에서 제외됨으로써 사회보장 재정을 통한 국민연대성의 강화라는 목표를 효과적으로 추구할 수 없다.

(2) 조세방식

이 방식의 가장 대표적인 예는 공적부조이다. 일반적으로 빈곤자들의 최저생계를 국가와 공공단체가 책임지게 된 이래로 공적부조의 예산은 국세와 지방세로 마련해 왔다. 전 국민의 사회적 미니멈의 보장이라는 사회보장의 목표를 강조한 베버리지의 사회보장 이념은 보편성 원리에 기초한 조세 방식과 짝을 이룬다. 그러나 20세기 후반 세계 여러 나라의 사회보장은 비록 조세 방식을 주된 재원조달 방식으로 하지 않는 경우라 할지라도 부분적으로 도입·사용하고 있는 것이 사실이다.

여기서 우리가 제기할 수 있는 문제들은 첫째, 사회보장의 지출 중에서 과연 어느 부분을 조세방식으로 충당할 것인가 둘째, 이 경우 일반조세 또는 목적세 중에서 어떤 조세방식을 도입할 것인가 등이다. 첫째 질문과 관련하여 사회적 미니멈의 보장, 의료적 기본욕구의 충족 등과 같이 사회보장의 기초급여에 해당하는 부분은 국민연대성의 원리에 기초하여 조세방식을 적용하는 것이 원칙이다. 셋째, 어떤 형태의 조세방식을 도입할 것인가의 질문에 대하여는 두 가지 방식이 존재하는데, 우선 직접세 방식의 도입을 생각할 수 있다. 이것은 소득의 일정비율 혹은 누진율을 적용하여 세금을 걷어 사회보장의 재원을 충당하는 방식이다. 다음으로 생각할 수 있는 것은 간접세 방식인데 부가가치세의 인상이 그 예가 된다.

여기서 재원조달 방식으로서 조세방식이 지니는 장점과 단점을 생각해 볼 필요가 있다.

① 조세방식의 장점

첫째, 보편성, 안정성, 갹출의 용이성, 의회의 공개적 논의과정에서 보장되는 민주성과 명확성 등을 들 수 있다.[4] 둘째, 조세방식은 보험료 방식보다 진보적인 재원조달의 방법이며[5], 사회정의 구현에도 효과적이다. 예컨대 공적부조의 재원은 조세로 된 국가와 지방공공단체의 예산에서 할애된다. 또한 조세대상에서 제외되는 저소득층과 극빈층의 기초생활 보장에 전액이 투여되기 때문에 국가·사회 전체 계층 간 소득 재분배에 도움을 준다. 사회보험의 경우에도 조세 방식이 적용되는 경우에는, 일반적으로 부유한 소득 계층이 더 많은 재원을 조달하고 수혜에 있어서는 부담한 수준에 관계없이 모든 계층의 사람들이 평등하게 받게 되므로 이러한 방식은 사회정의를 실현하는 데 효과적이라고 할 수 있다. 셋째, 공제대상 소득의 범위를 직업소득에 국한하는 보험료 방식에 비하여 조세방식은 자본에서 얻을 수 있는 소득, 연금생활자의 소득 등 온갖 종류의 소득에 부과되기 때문에 사회보장 재원을 확보하는 데 용이하다. 또한 보험료 방식을 택하는 대부분의 나라는 소득 상한선제를 적용하고 있고 이것은 소득 계층 간 기여와 수혜의 형평성 문제를 제기한다. 그러나 조세방식은 이러한 문제를 제기하지 않는다.

---

4) 보편성은 사회보장의 권리보장을 위한 보편적 방법을 의미하는 것으로, 이는 임금 또는 봉급생활자 집단에만 국한되는 보험료방식에 비해 모든 종류의 소득에서 일정부분을 사회보장의 재원으로 확보할 수 있다는 것을 의미한다. 안정성은 세금형태의 재원조달이 지니는 재원조달의 확실성을 의미하고 용이성은 공권력에 의한 재원염출의 용이성을 의미한다. 민주성과 명확성은 사회보장의 재원확보가 의회에서 공개적으로 논의되고 정책이 결정되는 데 따라 귀결되는 합리성과 공개성을 의미한다. d'Intignano, 앞의 책, p.63.

5) 조세방식이 진보적이라 함은 첫째, 보험료 방식과는 달리 조세의 경우 소득 상한선제의 적용이 일반적이지 않을 뿐만 아니라 둘째, 소득세에 의한 사회보장 재원조달의 경우 일정소득 수준 미만의 대상자들에게는 기여금을 부과하지 않기 때문에 사회정의의 구현, 소득의 수직적 재분배에 순기능적으로 작용한다는 것을 의미한다.

② 조세방식의 단점

첫째, 일반적으로 조세는 개별성보다는 공공성에 기초하여 부과되고 지출된다. 결과적으로 조세방식에서는 누가 얼마만큼의 재정적 기여를 하였는지의 문제가 사회보장 급여수준의 결정에 거의 영향을 주지 않는다. 조세방식은 일단 거둬들인 재원을 욕구에 따라 평등하게 배분하는 것을 원칙으로 하기 때문에 보험료 방식에 비해서 갹출과 급여 간의 인과적 관계가 간과되는 경향이 있다. 더구나 관리운영 방식과 연관지어 생각할 때, 제한된 규모의 직업 또는 직종집단에서 가입자 개개인의 보험금 형태의 기여와 반대급부로서 급여 간의 상관관계가 강조되는 조합주의와 이것의 재원조달 방식으로서의 보험료 방식과 비교해 볼 때, 국가주의와 조세방식은 기여와 급여 간의 상관관계보다는 재원조달에 있어서의 계층 간의 형평성과 지출에 있어서의 소득 계층 간의 수혜의 평등성이 지나치게 강조되는 나머지 양자 간의 인과관계는 소홀히 취급되고 있다는 것을 부인하기 어렵다. 따라서 조합주의자들과 같이 분권적 사회보장 가치에 경도되어 있는 사람들에게는, 사회보장의 국가주의와 조세방식이 기여와 수혜의 관계를 간과함으로써 가입자들의 책임의식을 둔화시키고 결과적으로 사회보장 재정의 남용과 비효율을 초래하고 근검 절약의 노력을 약화시킨다고 비판한다.

둘째, 복지국가와 사회보장의 위기시대에 살고 있는 현시점에서 여러 서구 복지국가들의 사회보장제도에서 일어나고 있는 변화를 개괄하여 보건대, 분명 조세방식을 주된 재원조달의 방식으로 하고 있는 영국, 덴마크 등의 나라들에서조차 사회보장의 재원의 정체 또는 감소가 일차적으로 타격을 주는 것은 빈곤층을 비롯한 사회적 취약 계층에 집중되어 있다는 점을 지적하지 않을 수 없다.

사회적 기본욕구 충족에 있어서 평등 원칙을 강조하고 있는 이들 두 나라의 국가사회보장 이념은 누가 그 비용을 부담할 것인가의 문제에 직면하여 계층 간 집단적 이기주의나 재정부담의 개인주의 원칙 앞에서 큰 힘을 발휘하지 못하고 있다. 재원 조달상의 한계는 기초보장 급여의 황폐화 문제를 야기하여 결과적으로 빈곤층과 저소득층의 생활을 더욱 어렵게 만든다. 기초보장 급여의 황폐화는 중산층 이상의 사회보장 가입자들의 사회보장 제도에 대한 불신을 확대시켜 사보험의 신설 또는 확대를 부추기게 되고, 이런 상태에 도달하면 사회보장 제도의 계층 간 형평성 문제가 다시 제기될 수 있다.

3) 사회보장 재정의 위기

사회보장 재정의 위기는 사회보장의 수입과 지출의 불균형 현상에서 비롯된다. 이러한 수지불균형의 원인은 재원 조달자들의 재정부담 능력의 한계에서 비롯되는 경우도 있고 지출을 통제하기 힘든 데서 비롯되는 경우도 있다. 또는 사회보장의 재정위기가 기여자 집단과 수혜자 집단의 불균형 상태에서 비롯되는 경우도 있다.

일반적으로 서구 사회보장 수지 균형에 위협을 주는 요인들로는 다음 몇 가지를 생각해 볼 수 있다. 첫째, 특히 1970년대 후반부터 서구 사회의 문제로 대두되고 있는 실업자 집단과 신빈곤층의 증대로 인한 재정 수입의 한계, 둘째 의료욕구의 증대, 의료 기술의 발달 등에 의한 의료 지출 규모의 증대와 의료 지출 통제를 위한 효과적인 방법의 부재 등으로 인한 의료보험 지출의 증대, 셋째 인구의 노령화에 따른 노령연금의 수지균형의 문제 등으로 요약할 수 있겠다.

서구 복지국가들의 실업자 집단과 신빈곤층의 문제는 경기의 하락으로 인한 일시적 현상이기보다는[6] 생산관계 또는 임금관계의 변화에서 비롯되는 산업사회의 조직과 관련된 장기적인 동시에 본질적인 변화에서 비롯되는 것이다.[7]

---

6) 하나의 예로 오일쇼크로 시작된 서구의 경제불황은 이미 끝난 것으로 보이나 21세기에 접어든 현 시점에도 서유럽 국가들의 고실업 현상과 빈곤 문제는 해결되지 않은 채 남아있다.

그러나 현재 서구 사회보장 제도들과 관련해 일어나고 있는 변화는 이러한 문제들에 대한 근본적 대안의 마련보다는 사회보장 지출통제 대책 수준의 임시적이고 임기 응변적 성격의 개혁조치들이 주류를 이루고 있다. 예를 들면 ① 인구학적 변화에 따른 연금제도의 준비, ②급여에 적극적 차별 원칙 적용의 확대, ③실업보험 급여와 적극적 노동시장 정책의 결합(을 통한 수동적 지출의 활성화), ④사회보장 재원의 다양화, ⑤사회보장의 민영화[8] 등으로 설명하고 있다. 여기서는 우리의 논의를 대안 마련에 초점을 두는 대신 사회보장 재정 위기의 문제를 봉급제 사회의 변화와 인구의 노령화와 관련지어 살펴보고자 한다. 재정 위기의 근본적인 해법은 앞으로의 연구 과제로 남겨두기로 한다.

---

7) 이런 관점에서 노동자 복지문제를 접근한 대표적인 책으로 Castel(Robert), *Les Métamorphoses de la question sociale*, Paris, Fayard, 1995.가 있다. 이 외에도 번역서로서 제레미 리프킨 저(이영호 역), 『노동의 종말』, 민음사, 2001., 오오리오 기아리니, 파트릭 리트케 저(김무열 역), 『노동의 미래』, 동녘, 1999 등이 있다. 이들 책의 공통점은 현재 산업사회에서 겪고 있는 실업의 문제를 정보화와 자동화라는 산업사회의 변화(혁명)에 따른 것으로 파악하고 있으며 또한 사회조직의 문제와 관련지어 해결책을 모색하고 있다는 점이다.

8) 각각을 요약 정리하면 아래와 같다. ①공적 연금 수급연령의 상향조정(55-60세에서 65세로), 기초연금액의 축소, 보충연금의 개혁 등 ②실업보험의 실업급여, 가족수당의 급여 조건으로 자산조사를 실시하여 일정소득 수준 미만의 대상자들에게만 급여를 한정 실시 ③실업급여의 수급 조건으로 재취업을 위한 대상자들의 노력(예를 들면 직업재활 훈련에의 참여)이 전제조건으로 일반화되고 있으며 또한 고용창출이나 고용유지를 위해 노력하는 기업들에게 보조금 지급, 사회 보험료 면제 등의 혜택을 줌 ④사용자 부담을 줄이고 일반세, 목적세 등으로 재원을 보충함. 전체적으로 사회보장 재정의 구조가 보험료 일변도에서 보험료 부분과 연대원리에 기초한 지출로 2분화하는 경향을 보임.
보건의료와 가족수당 부분은 조세에 의한 재원조달이 확대되는 추세(예를 들어 1994년 개혁에 의한 그리스, 스페인, 룩셈부르크의 조세화, 프랑스의 새로운 사회보장 목적세(CSG) 설치와 시행을 통한 가족수당, 연금, 질병보험 재원의 보충). 그러나 스페인의 1994년 개혁은 보험료 방식의 확대적용을 통하여 실업수당, 조기퇴직의 재원을 마련(1997년부터 실시) 기타 기업의 고용창출 노력을 지원하기 위한 목적으로 단순 노동자, 빈곤 노동자, 장애 노동자, 젊은 실업자 집단의 사회보장 보험료를 면제해 줌(벨기에, 아일랜드, 영국, 프랑스, 이탈리아, 포르투갈 등) ⑤기타 민영화를 통한 다양한 시도들. Dupeyroux(J.-J), 앞의 책, p.84-90. 민영화 부분은 다음에 나오는 사회보장 행정의 민영화 부분을 참고.

(1) 봉급제 사회(société salariale)의 변화와 사회보장 재정의 위기

사회보장 재정의 위기는 봉급제 사회의 변화에서 기인하는 것이다.[9] 서구 사회보장 제도들은 비스마르크 유형의 사회보장이든 베버리지 유형의 사회보장이든 불문하고 봉급생활자 집단을 주된 고객으로 이들을 중심으로 운영하고 있다. 따라서 이들의 지위 변화가 사회보장의 발전에 중요한 영향을 미치는 것은 당연한 일이다. 사회보장 급여의 대부분은 직업소득에 대한 대체 소득적 급여로서 이는 노동과 관련된 상태에서만 그 정당성이 입증된다. 그러나 최근에 일어나고 있는 노동시장의 변화[10]에 따라 고용구조의 불안정화와 임금 수준의 하락 등 노동조건의 열악화 현상이 가중되고 있다. 이와 같은 일련의 변화는 종전까지 노동자 집단의 주류를 이루고 있었던 상용노동자 집단 외에 계약직, 부분제 노동, 시간제 노동에 종사하는 노동자 집단의 규모를 확대하고 있다. 그 결과로서 산업사회 노동자 집단은 둘로 분화되는 추세에 있다.

첫째는 상용노동자 집단 및 비교적 견고한 단체협약에 따라 취업하고 있는 안정적인 노동자 집단이 있고, 둘째로 법적 지위가 보장되지 않은 상태의 빈곤 노동자 집단이 그것이다. 이것이 사회보장 재정에 미치는 영향은 크게 두 가지로 요약할 수 있는데 첫째는, 재정의 기초 원리로 작용하는 연대의 범위가 포괄적, 보편적인 것에서 직업연대 원리로 축소 지향되는 것이고, 둘째는 보험료에 기초한 사회보장의 급여 이외에 조세와 공공지출로서 재원이 충당되는 부조성 급여 부분이 증대되고 있는 실정이다.[11]

---

9) Castel(Robert), 앞의 책, p.323.

10) 노동시장의 변화는 선진 산업국가들이 구체적으로 취하고 있는 노동시장의 유연화 전략으로, 이는 경제의 세계화에 따른 불가피한 선택이라 할 수 있으며 각 국의 정부는 이를 통하여 자국 기업들의 국제경쟁력 강화를 꾀하고 있다. 이러한 변화에 따라 생산관계에 큰 변화가 일어나고 있다.

11) Dupeyroux(J.-J), Droit de la Séc. Soc., Précis Dalloz, p.227.

그러나 좀더 장기적인 안목으로 볼 때, 노동의 변화는 서구 사회보장이 현재 시행하고 있는 것처럼 직업소득에서 공제되는 보험료에 의존해서는 미래 산업사회의 사회보장 욕구, 다시 말해서 안정된 생활의 영위에 관련된 사회구성원들의 일반적 욕구를 원만히 해결해 줄 수 있을 것 같지 않다. 노동시장 유연화 추세에 따라 계속적으로 늘어나고 있는 고용 불안정 문제와 노동자 소득수준의 저락 문제를 해결할 수 있는 새로운 분배의 법칙이 강구되어야 할 것이다.[12)

(2) 인구 노령화에 따른 연금재정의 위기

인구 노령화는 선진 산업국가들의 공통적 현상이다. 인구 노령화는 재정 방식으로 부과 방식[13)을 채택하고 있는 대부분의 서구 복지국가들의 공적 연금 재정에 심각한 결과를 초래할 것으로 전망된다.[14) 특히 2005년부터 2010년의 기간은 전후에 태어난 베이비 붐 세대들이 집중적으로 퇴직하는 시기로 앞에서 연금 수급자 집단과 재원 조달을 담당하는 세대 간의 불균형 현상이 가중될

---

12) 예컨대 네덜란드 등 일부 서구 복지국가에서 행하고 있는 시민임금의 개념은 과거의 임금 개념, 즉 노동의 대가로서 지불되는 금액이 아니라 시민의 일상생활에 필요한 기본급여를 제공받는 권리라는 차원에서 전자와 대조를 보인다. 또한 일부 국가에서는 사회보장의 재원조달 방법으로 기계에 세금을 부과하는 방법을 보조적 수단으로 동원하기도 한다. 그러나 이러한 방법이 산업사회 사회보장의 재정 방식의 근본적인 변화라고 볼 수는 없다. 기뻬렝은 노동과 노동자들의 가치관이 변화함에 따라 현재의 서구 사회보장 재정방식에도 변화가 필요하다고 제안한 바 있다. 그는 탈산업사회에서 신빈곤층, 실업자 집단의 기초생활 보장을 위하여 사회보장의 기초생활 보장 기능의 중요성을 강조한 바 있으며 이에 대한 재원조달 방식으로서 보험료 방식 대신 조세 방식의 확대가 필요하다는 것을 강조한 바 있다. 이에 대해서는 서구 사회보장의 위기와 한국 사회보장의 과제에 관해 논의한 장에서 재론하게 될 것이다.
13) 부과방식에 관해서는 본 장의 노령연금의 재정 방식을 참고.
14) 연금으로 생활을 영위하는 퇴직노동자 집단의 규모가 확대되는 반면 연금재정을 부담하는 중, 장년층 인구 집단의 규모가 정체 또는 감소함으로써 결과적으로 연금재정의 수지균형을 어렵게 만든다.

것으로 전망된다.15)

인구 노령화가 사회보장 재정에 미치는 일반적 영향으로 다음과 같은 것들을 생각해 볼 수 있다. 첫째, 공적 노령연금의 수지균형을 어렵게 만든다. 둘째, 의료 지출 및 노인 케어서비스에 소요되는 인건비의 증대를 초래하여 의료보험의 지출을 증대시키는 요인이 된다.16) 연금의 재정위기는 인구의 노령화 현상이 지속되는 한 근본적으로 해결하기 힘든 면이 있다. 그러나 현재 서구 국가들이 위기타개 방법으로 사용하고 있는 방법들로 다음의 것들이 있다.17) ①연금 수급개시 연령을 상향조정하는 동시에 만기 노령연금 수급에 필요한 불입기간을 연장하는 방법, 독일, 그리스, 포르투갈, 영국, 핀란드, 이탈리아에서 시행하고 있다. ②기초연금액의 규모 축소를 통한 지출의 억제방법, ③연금재정의 다원화를 통하여 위기를 해결하는 방법, 예컨대 프랑스 같은 유럽국가들은 보충연금의 확대 또는 사적 연금의 개입을 통하여 이 문제의 해결을 모색한다. ④보충연금 제도의 개혁: 사적 연금의 확대를 통하여 공적연금 수요의 일부를 부담함으로써 공적연금재정지출의 증가를 억제하는 방법, 일반적으로 유럽 연합 국가들의 연금재정 방식은 부과식에 기초하고 있는데 반하여 사적 연금의 경우에는 일반적으로 부과식에서 점차 적립식으로 재정 방식을 변화시키고 있는 실정이다.

---

15) 한 연구결과에 따르면, 베이비 붐 시대에 출생한 인구집단이 퇴직하는 시기가 됨에 따라 2005년까지는 20-59세 연령의 인구 3명에 60세 이상 인구 1명 꼴이 될 것이며, 2010년부터 이 비율은 2-2.5명에 1명 꼴로 변화할 것으로 전망하고 있다. Kessler(Denis) et Masson(André), "Redistributoin et politique sociale", in Cochemé (Bernard) etc., *Les retraites, génèse, acteurs, enjeu*, Paris, A. Colin, 1995, p.224.

16) 65세-69세의 연령층은 10-19세 연령층보다 무려 3배 이상의 의료소비 경향을 나타낸다. Dorion(G.), etc., *La Sée. Soc.*, Paris, PUF, 1983, p.10., 신섭중 외,『세계의 사회보장』, 유풍출판사, p.252, 2001. 재인용. 특히 85세 이상은 의료지출의 증대 외에 수발서비스의 욕구가 큰 연령층으로서 의료보험 또는 관련 사회보장 지출증대의 직접적인 원인으로 작용한다.

17) Dupeyroux(J.-J), 앞의 책, p.83.

4) 재정방식은 정책적 선택의 문제

앞서 언급한 바와 같이 서구 복지국가들의 사회보장 재원조달 방식은 노동자 계급 위주의 사회보험 전통 또는 공적부조에서 전 국민의 사회적 미니멈의 보장으로 이어지는 국가 사회보장의 전통 중에서 어느 것이냐에 따라서 보험료 방식 또는 조세방식이 유지되고 있다. 그러나 다른 한편으로는 전통의 탈피와 국가수준의 정치적 선택이 재원조달 방식을 결정짓는 또 다른 요인이라고 할 수 있다.

일반적으로 사회보장의 재정 방식은 후술할 행정방식의 문제와 연관해 고려하고 선택해야 할 과제이다. 보험료 방식을 채택할 경우에는, 산업민주주의 원칙에 따라 노사가 자율적으로 관리·운영하는 사회보장 체제가 바람직하다. 특히 연금제도의 경우 기본급여 수준을 상회하는 보충급여는 노사가 자율적으로 운영하는 조합을 중심으로 보험료 형식의 재원조달 방법을 적용하는 것이 타당하다. 그러나 한편으로 보편성과 평등성 원칙이 강조되는 부분에 있어서는 조세 방식에 의한 국가운영의 사회보장제도가 바람직하다고 할 수 있다. 예컨대, 전 국민의 의료에 관한 기본욕구 충족, 빈곤가정에 대한 지원, 전 국민의 사회적 기본욕구 충족을 위한 기본급여 등의 경우에는 재원조달 방법으로서 조세방식과 행정방식으로 공공서비스 원리에 기초한 관리운영 방식이 바람직하다.

5) 노령연금의 재정 방식

노령연금의 재정 방식은 적립식과 부과식으로 나눌 수 있다. 적립식은 저축기술에 기초하고 있고 보험으로서 노령연금의 개별성 원칙을 강조한다. 개개인의 평상시 노력에 따라 얻어지는 노후 생활안정 효과가 강조된다. 또한 특정

세대에 소속된 개인, 세대마다의 독립적인 재해예견적 노력이 노후 사회보장의
혜택으로 귀결되는 것이 적립식 재정방식의 특색이다. 이는 후술할 부과식이
세대들 간의 경제적 연대성 원칙에 기초하고 있는 것과 대조적이다.

부과식은 집합적 성격을 표방하고 있다. 이 방식은 개인 간, 세대 간의 경제
적 연대성에 기초한다. 좀더 자세히 설명하면 경제활동인구 개개인이 부담하는
노령연금의 기여금은 이들의 노후보장을 위하여 적립되는 대신 현재의 퇴직연
령층에게 연금의 형태로 지급된다.

(1) 적립식

적립식의 기본원칙은 다음과 같다. 보유고는 급여지급의 예견치에 따라 적립
된다. 적립식은 정기적금 방식과 비슷하게 가입자는 자신의 구좌에 적립되는
연금의 총액을 알 수 있다. 적립식은 다시 확정급여 방식과 확정기여 방식[18]으
로 구별할 수 있지만 이 구분이 항상 명확한 것은 아니다.

(2) 부과식

일반적으로 부과 방식은 다음의 기본원칙에 따라 운영된다. 즉, 주어진 기간
동안의 기여는 같은 기간 동안의 급여를 지불하는 데 사용된다. 총 급여의 측
면에서 목표를 정하느냐 아니냐에 따라 부과식은 다시 약정급여 방식과 약정
기여 방식으로 나뉜다. 약정 급여 방식은 계약을 체결할 당시에 급여수준을 정
해 놓는 것이다. 급여수준을 결정하는 급부방정식에는 연금수급 연령, 연금산
정 방법, 연금조정 방법, 보조적 권리(유족급여, 부부 관련 급여, 아동수당 등)
의 네 요소가 투입된다. 약정급여 방식은 약정된 급여 수준이 동일하냐 아니냐

---

18) 이에 대해서는 다음에 부과방식을 설명할 때 재론할 것임.

에 따라 다시 두 가지로 나눌 수 있다. 즉, 급여수준을 정액화하는 정액급여 방식과 (가입자의) 이전 소득에 기초하여 상이한 수준의 급여를 시행하는 소득비례 급여 방식이 그것이다. 일반적으로 북부 유럽과 북서부 유럽 국가들-아일랜드, 네덜란드, 노르딕 국가들과 영국 등-에서는 일찍부터 정액급여 연금체계가 시행되어 왔으며, 독일, 프랑스 등 유럽 대륙 국가들에서는 소득비례 연금체계가 확립되었다. 그러나 영국, 아일랜드, 네덜란드, 덴마크 등에서는 최근의 개혁정책에 따라 비례적 요소를 가진 연금으로 공적연금의 수준을 보충하는 경향이 확대되고 있다.[19] 약정기여 방식은 급여에 대해 미리 정해놓은 목표 없이 작동한다. 이러한 방식에 따르면 급여수준은 연금을 산정하는 시기와 자원의 규모에 따라 결정된다. 앞에서 설명한 약정급여 방식에서는 지불되는 급여의 양이 (가입자의) 기여수준을 결정하는 데 비하여, 약정기여 방식에서는 (가입자에게) 배당되는 기여량이 급여수준을 결정하게 된다.

(3) 적립식의 장단점

우선 장점에 대해 살펴보면 첫째, 안정된 직업을 가진 사람은 이 방식으로 큰 액수의 금액을 적립하여 퇴직 후 안정된 생활을 즐길 수 있다. 둘째, 퇴직 후 개개인이 수급하게 될 연금액을 정확히 계산할 수 있다. 셋째, 이 방식은 노령연금 금고가 복수로 존재할 경우에도 적용할 수 있다. 또한 이 방식은 가입자 수가 소수인 경우에도 적용 가능하다. 반면 부과식은 가입자 수가 일정 수준을 넘을 경우에만 적용 가능하다. 넷째, 이 방식은 거액을 자본으로 적립하기 때문에 개발도상국 등 총자본이 부족하여 생산부문 투자에 어려움을 겪는 국가들의 경우에는 경제성장에 더없이 큰 도움을 줄 수 있다.

---

19) Raynaud(Emmanuel), Financing retirement pensions: "Paying-as-you-go and funded systems in the EU" *Int. Soc. Sec. Rev.*, 3-4/95, ISSA.

적립식 사회보장 정책 방식의 단점들은 첫째, 연금 가입 후 오랜 기간이 지나야 제대로 노후보장의 효과를 기대할 수 있는 불편함이 있다. 둘째, 이 방식은 이자율의 저하, 세금액의 증가, 자본의 잘못된 투자 등의 문제해결에 취약성을 드러낸다. 따라서 보완적인 방법으로서 국가의 기금관리 등 안전조치가 추가적으로 필요하다. 또한 이자율의 저하, 화폐가치의 급락과 물가앙등, 고용부진 등의 경기변화에 매우 취약한 노후보장 방법이다.

(4) 부과식의 장단점

우선 연금체계의 단순성을 장점으로 꼽을 수 있다. 즉 반드시 운용해야 하는 기금이 없고 예치시킬 기금도 없기 때문에 단기투자에만 생각이 미치면 그만이다. 둘째, 연금제도의 시작과 동시에 급여가 가능해지기 때문에 적립식의 경우처럼 제도 두입후 일정기간이 지날 때까지 방치될 위험이 있는 퇴직연령 계층의 대상자들에게 즉각적인 급여가 가능하다. 셋째, 사회인구학적 변화에 민감한 약점에도 불구하고 이 방식은 세대 간의 소득재분배에 기초하고 있기 때문에 노후 생활에 있어서 일정수준의 안정성을 보장해 준다.

부과식이 지닌 단점들로는 첫째, 부과식 제도가 완전 정착될 때까지 과도기 동안 노령연금체계는 완전한 기능을 할 수가 없다. 기여금을 부담하는 연금가입자 집단의 규모와 수혜자 집단의 규모가 균형을 이루기 이전에는 국가 또는 외부의 재정보조 없이 퇴직자들에 대한 제한된 수준의 연금급여가 불가피하다. 둘째, 경제상태의 악화나 퇴조, 인구의 노령화 추세에 따른 경제활동 인구 대비 연금수급자 집단의 규모의 비대는 현 시점에서 연금제도에 기여금을 납부하는 경제활동인구의 노후 생활보장의 권리에 손상을 초래할 수 있다. 특히 인구의 노령화 문제는 서구 사회보장제도들이 이미 당면하고 있는 것으로 경제활동인구의 부담능력의 한계와 연금수급 연령층의 포화상태는 사회보장 정책 적자를 누적시키는 요인들이며 이는 사회보장 재정위기의 주된 원인으로 지적되고 있다. 셋째, 기여금이 적립되지 않은 채 바로 소비를 위하여 지출되는 방식은 투자에 유리하지 못한 제도이다.

(5) 변화의 추세

그 동안 유럽연합 국가들의 지배적인 재정 방식은 부과식이었다. 지금은 점차 부과식과 적립식을 혼합 운영하는 방식으로 변화하고 있는 추세이다. 또한 연금체계의 변화와 관련하여, 삼층 연금체계가 일반적 연금방식으로 굳어지고 있다.[20]

(6) 사회보장 정책의 운용 원칙

적립식을 채택한 연금제도에서는 적립된 연금 기금을 어떻게 운용하여 미래의 수급자들에게 높은 수준의 급여를 보장하느냐가 운용의 기본원칙이다. 공적연금의 기본성격으로서 이것을 사적 재산으로 볼 것이냐 공적 자금으로 볼 것이냐를 둘러싼 논쟁이 가능하다. 그러나 공적연금 기금은 이 두 가지의 성격을 모두 가지고 있다고 보아야 한다. 이러한 입장의 차이로 기금 운용의 원칙을 둘러싸고 가입자 집단과 관리자 집단 간에 갈등이 빚어지기도 한다. 기금 운용상의 원칙은 수익성의 원칙과 공공성의 원칙 두 가지로 나누어 볼 수 있지만[21] 여기에다 복지성의 원칙을 하나 더 첨가해야 마땅하다.

---

20) 독일 연금체계를 예로 들면 다음과 같다. 일층 연금체계는 기초(연금)제도로서 부과방식을 채택한다. 이층 연금체계는 임의 가입제도로서 기업 내에 조직되고, 연금기금 형태의 적립식 재정방식을 채택한다. 삼층 연금체계는 앞의 두 집합적 연금체계의 부족을 보충하기 위한 목적으로 개인단위로 자유로이 계약을 체결하는 보험들로 구성된다.

21) 남세진, "국민연금 기금관리", 『한국 사회복지의 선택』, 나남, 1995, p.214.

수급자에게 높은 수준의 급여를 보장하기 위해서는 이윤율이 높은 곳에 투자해야 하겠지만 동시에 투자의 안정성 여부를 면밀히 검토해야 할 것이다. 그러나 또한 투자에 따라 나타나는 결과가 고용의 안정, 확대 등 노동자 복지에 역행하는 것이라면 이러한 곳에 투자하는 것은 피해야 한다. 노인 복지시설이나 노인 요양시설 등 공공복지 부문에 투자하는 것은 비록 현금으로 돌아오는 이윤이 다소 적다 하더라도, 이들 시설들을 이용하는 데 할인혜택을 통하여 저렴한 가격으로 이용할 수 있는 기회가 보장된다면 투자의 우선순위 결정에서 고려하는 것이 마땅하다. 이러한 투자정책은 연금 수급자 개인의 수익성을 보장하는 데도 도움이 될 뿐만 아니라 국가복지 정책적 차원에서도 복지 예산의 증대와 노인복지 기반시설의 확충을 가능케 하여 결과적으로 공익의 증대에 기여하게 된다. 따라서 연금 기금의 복지부문 투자의 중요성은 아무리 강조해도 지나침이 없다 할 것이다. 마지막으로 우리나라의 연금재정 방식은 어떠한가? 우리나라의 경우, 국민연금의 재정방식은 적립식과 확정급여 방식을 원칙으로 하고 있다.

6) 기여금의 재정체계

현대 사회보장은 첫째, 사회적 위험 범위가 포괄적이고 둘째, 가입 대상자의 범위를 모든 인구계층을 포함하는 것을 원칙으로 하고 있다. 모든 사회적 위험에 대한 급여가 가능하기 위해서는 가입자들의 기여금 납부가 필수적인데 이 기여금의 재정체계는 나라마다 상당한 차이를 보이고 있다.

후발 사회보장 국가들은 사회보장의 재정정책의 방향설정에 있어서 앞서 언급한 두 가지 재정 방식 이외에 기여금 체계를 사회적 위험별로 분리하여 운영할 것이냐 단일 기여금 방식을 채택할 것인가에 대해 정책적으로 신중히 검토할 필요가 있다. 이것이 기여금의 재정체계와 관련한 첫째 정책과제라 할 수

표 6-3. 직장근로자의 보험료 부과기준표(1999년 4월 현재)

구분	국민연금	의료보험	산재보험	고용보험
소득 범위	근로기준법상 평균임금에서 비과세소득 제외 - 제외소득 · 연장시간근로수당 · 야간근로수당 · 퇴직금 · 학자금 · 현상금, 번역료, 원고료 · 실비변상적 급여	근로기준법상 통상임금의 개념 - 평균임금에서 제외되는 항목 · 상여금 · 휴일수당 · 시간외 근로수당 · 비정기적 급여	근로기준법상의 임금총액	
소득 재결정 (계속 적용시)	매년 1회씩 정기적으로 재결정 - 대상소득; 전년도 소득 - 적용기간; 당해연도 4월~익년도 3월	수시로 재결정 - 표준보수월액이 2등급 이상 차이 날 경우	매년 1회씩 정기적으로 재결정 - 개산보험료 : 당해연도 임금총액 추정액을 기준으로 매년 3월 10일까지 결정 * 추정액이 전년대비 30% 이내일 경우에는 전년도 임금총액을 기준으로 결정 - 확정보험료 : 전년도 임금총액을 기준으로 매년 3월 10일까지 결정 후 정산	
최초 적용 기준	당해 연도 소득	당원 소득	당해 연도 소득	
부과소득의 상·하한선	- 상한선: 360만원 - 하한선: 22만원 * 45등급으로 분류	- 상한선 : 없음 - 하한선 : 7만원 * 53등급으로 분류	상한선·하한선 없음	
보험료율	9 %	2-8 %	업종별로 정함	- 고용안정사업 0.3% - 직업능력개발사업 0.1-0.7% - 실업급여 1.0%
보험료 부담 주체	사용자: 4.5 % 근로자: 4.5 %	사용자와 근로자 1/2씩 부담	사용자 전액 부담	- 실업급여: 사용자·근로자 1/2씩 부담 - 기타 사업: 사용자 전액부담

출처: 보건복지부, 『4대 보험통합을 위한 자료집』, 1998. 9, 방하남·안학순, 앞의 책, p.23, <표 1-13>, 재인용.

있다. 둘째 과제는 기여금의 공제 방식에 관한 것인데, 소득에서 일정률을 공제하는 정률제 방식을 택할 것이냐 아니면 개인 소득의 다과에 개의치 않고 일정액을 공제하는 정액제 방식을 택할 것이냐를 심도 있게 논의할 필요가 있다.

첫째의 과제와 관련지어 단일 기여금 방식이 지니는 장점을 생각해 볼 수 있다. 먼저 관리운영비의 절감을 가져올 수 있다는 점과 둘째, 피보험자의 혼란을 초래하지 않는 간단 명료한 방식이라는 점, 셋째, 사회보장 감독과 통제기관의 확인작업이 용이해지며 수혜자 집단에게는 기여금 납부를 손쉽게 증명해 줌으로써 결과적으로 사회보장 권리의 향유에 도움을 준다는 점, 넷째, 가입대상자들에게 유리한 몇 가지 사회보험에만 가입하는 것을 근원적으로 차단함으로써 모든 가입대상자들에게 포괄적인 생활안정의 효과를 가져다 줄 수 있다는 장점이 있다.

프랑스의 경우에는 1930년에 사회보험이 도입될 때부터 단일 기여금 방식을 채택하여 운영하고 있으며, 영국의 경우에는 가족수당, 국민보건서비스 기여금 체계가 각각 여타의 일반 사회보장 기여금 체계와 분리되어 3원화된 기여금 체계로 운영되고 있다.

우리나라의 경우에는 현대 사회보장의 도입기라 할 수 있는 1960년대 초반부터 사회적 위험별 사회보험 체계들이 시차를 두고 각각 독립적으로 도입된 나머지 포괄적 사회적 위험들의 대비책으로서 단일 기여금 체계의 구축이 불가능하였고 최근 들어 4대 사회보험 통합추진위원회가 구성되어 기여금의 문제를 포함한 여러 가지 문제에 대한 포괄적인 논의가 시작되었다. 그러나 통합 논의는 그다지 진전되지 않은 실정이다. 기여금 체계의 복잡성은 보험료 비율의 복잡한 구조뿐만 아니라 보험료 부과 기준의 제도별 다양성에서도 찾아볼 수 있다. 우리나라 4대 사회보험 제도들이 각각 정하고 있는 공제대상 소득의 내용과 범위는 제도별로 상당한 차이가 있으며 이들을 관통하는 원칙은 존재하지 않는다. 기여금 체계의 단순화는 수혜 대상자 집단의 권익옹호에 필수적인 것인 만큼 이에 대한 정책적 고려가 필요하다.

둘째 과제와 관련해 일반적으로 독일, 프랑스 등 공제조합적 전통에 기초한 사회보장 체계가 유지되고 있는 서구국가들에서는 정률제 방식이 일반화되어 있는 반면, 영국의 경우처럼 사회보장의 기본목표가 의료, 기본욕구의 충족 등 사회적 미니멈의 보장에 있는 나라에서는 소득의 과다에 불문하고 소액의 기여금을 균등하게 걷는 정액제 방식에 의한 기여금 체계를 원칙으로 하고 있다.22) 이 경우 가입자들은 동일 액수의 기여금을 정규적으로 납부하고 수혜 시에도 동일 액의 급여를 보장받는 것을 원칙으로 한다.

기타의 사항으로 징수의 원칙을 생각할 수 있는데, 이에 관한 일반적 원칙으로 징수방법의 간편화, 징수비용의 저렴화, 징수방법의 효율화 등을 들 수 있다. 이러한 원칙을 지키기 위해서는 기여금 징수를 전담하는 단일기구를 두어 운영하는 방법을 고려할 수 있다.

2. 사회보장 행정

서구 복지국가들의 사회보장 행정은 크게 두 가지 유형으로 나눌 수 있다. 첫째는 부조의 전통이 강한 나라들의 사회보장제도이다. 이 경우 사회보장 행정에 있어서 국가의 개입이나 공공서비스의 원칙이 강조된다. 둘째는 사회보장이 직업활동을 중심으로 조직화된 나라들로서, 대개 이러한 경우에는 사회보장

---

22) 1940년대 영국의 사회보장 기여금체계는 베버리지가 그의 보고서에서 제안한 정액제 방식을 도입하였다. 당시의 기여금 부과는 가입자 집단을 봉급생활자 집단, 공무원 집단, 기혼여성 집단, 자영업 종사자 집단, 무직자 집단, 학생 연수생 등의 공부 또는 직업훈련 과정에 있는 무소득자 집단 등 6개 집단으로 분류하고 각각의 집단에 일정액 수준의 정액제 기여금 방식을 적용하기 시작하였다. 사회보장의 정액제 기여금 체계는 1959년의 국민보험개정법에 의하여 노령연금 분야에서 정률제 기여금 방식으로 선회하였다. 그러나 영국의 사회보장 기여금 체계는 여전히 정액제 방식에 기초하고 있다고 볼 수 있다.

행정에 있어서 가입자 자치 또는 참여의 원칙이 강조된다.

그러나 제2차 세계대전 이후 사회보장의 보편화가 추진됨에 따라 둘째 경우에서도 사회보장제도의 국가개입과 공공서비스 행정의 원칙이 점차 확대되기에 이르렀다. 이러한 경향은 당연한 논리적 귀결이라고 할 수 있는데 왜냐하면 가입대상자 범위가 인구 전체 또는 경제활동인구 전체로 확대되면서 사회보장의 조직과 운영은 더 이상 특정 직업집단 또는 산업인구 집단에 국한되는 문제가 아니고 국가사회 전체의 이해관계와 연결되기 때문이다. 따라서 국가사회의 일반적 이해관계를 대표하는 국가의 개입이 늘어나고 결국 사회보장 행정의 공공서비스적인 성격이 강화된다.

결과적으로 오늘날 서구 복지국가들에서 사회보장의 공통적 추세라 할 수 있는 것은, 그것이 부조적 전통에서 비롯되었든 또는 직업집단 중심의 공제조합 또는 사회보험 전통에서 발달된 것이든, 사회보장 행정과 재정에 있어서 국가 역할이 어느 때보다 강조되고 있다는 것이다. 그렇지만 복지국가 사회보장의 조직과 운영이 국가의 배타적이고 고유한 권한 영역이라는 생각은 잘못된 것이다.

사회보장의 행정 조직에 대하여 국제노동기구가 제시하고 있는 기준은 국가 개입의 원칙과 함께 사회적 민주주의[23] 원칙을 강조하고 있다.[24] 이것은 사회 보장을 비롯한 전반적인 사회행정 분야의 특성이라 할 수 있다. 특히 공적연금

---

23) 사회보장 행정에 있어서 사회적 민주주의의 원칙이란 가입자 자치 또는 가입자 집단의 행정 참여 원칙을 의미한다. 이러한 것들은 직업집단을 중심으로 한 사회보험 중심의 사회보장 제도가 발달한 나라들의 경우에서 강조되는 것이다. 그러나 사회보장 가입자 수준의 보편화는 사회보장의 조직과 운영에 있어서 점차 의회 개입이 증대되고(이것은 정치적 민주주의 원칙이라 할 수 있다) 종전 사회보험 제도들의 자율성, 노사 협의체의 주도권(이것은 사회적 민주주의 원칙이라 할 수 있다)이 축소되는 결과를 가져왔다. Dupeyroux(J.-J), 앞의 책, p.147.

24) 제26차 국제노동기구 총회(1944년 5월 12일, 필라델피아)에서 채택된 사회보장 행정 조직 원칙에서는 사회보험 행정 전통의 연장으로서 직업집단과 노동조합 등 가입자 집단의 행정참여의 원칙이 강조되었다. Perrin(Guy), *Sécurité Sociale, réalité sociale*, Lausanne, 1993, p.105.

부문에 있어서 기초연금 이외에 실질적 소득의 보장을 원칙으로 하는 소득비례연금의 역할 강화, 적립식 재정 방식에 따른 연금기금 운용의 문제, 고용과 산업재해 부문에 있어서의 예방 노력의 강화 등 위험 부문별 사회보험 제도들의 변화는 획일적인 국가 행정의 수준을 벗어나서 가입자 자치가 중요시되는 영역들이다. 더구나 중앙집권화된 사회보장[25] 관료체계가 지니는 효율성의 위기와 합법성의 위기[26]에 대한 대안으로서 중요시되는 사회보장 행정의 합리화와 민주화의 관점에서 보더라도 가입자 집단의 이해관계가 효과적으로 반영될 수 있는 행정 원칙의 중요성이 부각된다.

이상의 논의를 기초로 사회보장 행정 조직의 원칙은 공공서비스의 원칙과 가입자 자치의 원칙 두 가지로 압축할 수 있다. 전자는 중앙집권화된 단일 체계에 의한 평등 원칙의 사회보장 권리의 실천이고 후자는 분권화된 자치 조직들에 의한 다양성과 충분성에 기초한 사회보장 권리의 실천에 관한 것이다. 문제는 하나의 사회보장 체계 속에 두 개의 혼종성에 기초한 두 가지 원칙들을 어떻게 조화시키느냐 하는 것이다. 다시 말해서 국가개입의 원리와 가입자 자치 간의 조화와 절충은 사회보장 행정조직에 있어서 가장 중요한 과제라 할 것이다.

1) 사회보장 행정조직의 원칙

(1) 공공서비스 원칙

사회보장은 국가사회 구성원 전체의 생존권 보장을 목표로 한다. 베버리지는

---

25) 일반적으로 중앙집권화된 사회보장의 단일한 행정체계는 전 국민을 대상으로 한 평등하고 단일한 수준의 급여와 서비스의 실시에는 효율적이나 급여와 서비스의 내용과 질이 다양화되는 추세에 있어서 최선의 대안이라 할 수는 없다.
26) 서구 사회보장 제도의 위기에 관해서는 제9장 '사회보장의 위기와 한국 사회보장의 과제' 부분을 참고.

이를 사회적 미니멈의 보장이란 개념으로 발전시켰다. 사회보장은 모든 종류의 사회적 위험들로부터 유발될 수 있는 사회구성원들의 빈곤 문제를 해결하기 위한 대안으로 사회구성원 개개인의 권리로서 최저생활을 보장해 준다. 이때 사회보장의 급여와 서비스의 원칙으로서 평등성이 최고의 가치로 중요시된다. 최저생활 보장을 위한 행정기구는 중앙집권화된 단일한 형태의 사회보장 제도로 한다. 사회보장 권리의 실현은 사회보장 입법의 테두리 내에서 정부의 사회보장 전담 부서 또는 준국가단체(예를 들면 사회보장 공단)에서 행정공무원들 또는 이에 준하는 사람들에 의하여 추진된다.

(2) 가입자 자치 원칙

현대 사회보장 권리의 중심은 각종 사회보험 급여이다. 이들은 산업사회 구성원 집단에서 다수를 점하는 노동자와 무산자 계급의 경제생활 안전의 보장을 목표로 하는 권리를 대표한다. 산업사회 초기 노동자들의 생활안전의 권리는 초기에는 노동자들의 자구책으로서 공제조합 운동에서 시작되었다. 이들은 자본가와 친자본적 국가를 상대로 투쟁의 방법을 통하여, 자본의 권리에 맞서는 노동의 권리를 제도적으로 보장받고자 하였다. 오늘날 사회보장 권리는 노동자와 무산자 집단의 경제생활 안전보장의 수단으로서 이는 자본가 계급의 생활 안전보장의 방법으로 소유권에 맞서는 노동자와 무산자 계급의 생활 안전보장의 권리인 것이다.[27]

이러한 역사적 성격은 사회보장의 행정, 재정과 관련해 왜 가입자 자치의 원칙이 중요한지를 잘 설명해주고 있다. 일찍이 사회보험의 출발 당시부터 행정조직의 원칙으로서 노동자 계급의 자치 원칙이 강조되었다.[28] 사회보장의 권

---

27) 이에 대해서는 제2장의 '사회보장 개념의 변천' 부분 참고.
28) 사회보험 제안자인 비스마르크의 원래 의도와는 달리 초기 독일 사회보험 행정에 서는 국

리는 관련 입법에 따른 사회보장 제도의 테두리 내에서 보장되는 것이지만 이 제도의 조직과 운영이 국가의 고유권한이라고 볼 수는 없다. 실제로 많은 복지 국가에서 사회보장 이사회에 노동조합 대표들과 직업집단의 대표들이 참여하고 있다.[29]

2) 현대 사회보장의 목표와 행정 조직의 원칙

현대 사회보장은 전 국민에 대한 사회적 미니멈의 보장과 노동자와 가족의 실질적 소득의 보장과 의료적 기본욕구의 충족을 목표로 한다. 이를 실천하기 위한 사회보장 행정조직의 원칙은 공공서비스의 원칙(국가 개입주의)과 가입자 자치의 원칙(사회적 민주주의 또는 참여민주주의)의 조화와 절충에 의해서 가능하여 진다. 그러나 그 정도나 방법은 나라마다 그리고 사회적 위험 부문별로 다양하여 하나의 원칙을 제시하기 어렵다. 다만 사회보장 행정 조직의 일반적 원칙은 국가의 공공서비스 행정에 가입자 집단의 참여가 제도적으로 보장되는 형태에서 찾을 수 있을 것이다.

사회보장의 첫째 목표, 즉 전 국민의 사회적 미니멈의 보장은 사회정책의 빈곤문제 해결과 빈곤자 집단 및 사회 주변집단의 사회통합이라는 목표와 관련되어 있다. 둘째, 노동자와 가족의 실질적 소득수준의 보장과 의료적 기본욕구의 충족은 산업사회에서 소득과 의료보장의 방법을 통하여 노동자와 봉급생활자 집단의 생활안전을 보장하는 목표와 관련되어 있다. 이 두 가지 경우에 있

가의 개입이 최대한 억제되고 가입자 집단 또는 노사에 의한 자치의 원칙이 강조되었다. 또 하나의 예로서 1930년대 미국의 사회보험 운동에서 노동조합과 노조 지도자 사무엘 곰퍼스의 사회보장 행정 조직의 원리는 노동자 자치의 원칙에 기초하고 있다. 립링거(사회복지학연구회 역)의 사회복지의 사상과 역사 중에서 미국의 사회보장 부분을 참고할 수 있을 것이다. 그밖에도 여러 서구 복지국가들의 보충 연금, 실업 보험 등에서 가입자 자치 원칙이 강조되고 있다.

29) 예를 들면, 프랑스 사회보험 부문별 금고이사회는 노동자와 사용자 대표들로 구성된다.

어서 국가의 역할은 어느 경우에나 중요시된다. 왜냐하면 첫째 경우에는 물론이려니와 둘째의 경우, 노동자와 봉급생활자 집단은 산업사회로 특징지어지는 오늘날의 사회구성원들 중 절대다수를 차지하고 있기 때문이다. 따라서 인구의 대다수에 대한 생활안전의 보장, 즉 사회보장 행정 업무에 있어서 국가의 개입은 당연시되는 것이다.

그러나 국가 개입이 곧 국가의 배타적인 권한을 뜻하는 것은 아니다. 사회보장 행정에서 국가 개입은 곧 정부의 기능과 역할로 구체화되는데, 과연 행정관료 집단과 이들의 관료조직으로 구성된 국가가 노동자집단의 생활안전의 문제에 대한 포괄적인 의사결정을 한다는 것은 받아들이기 어려운 가설이다. 왜냐하면 이들은 노동자들의 미래 생활을 대신 설계할 만큼 특별히 우수한 집단도 아닐뿐더러 이들의 결정이 반드시 노동자들의 이해관계에 부합된다고도 보기 어렵기 때문이다. 더욱이 노동자들의 지적인 능력과 미래 설계 능력은 오랜 산업화의 역사를 경험하면서 놀랄 만큼 발전하였다.

사회보장 행정 조직의 원칙으로 조화와 절충의 다양한 형태들이 있을 수 있다. 예를 들면 첫째, 사회보장 제도 내의 통제조직, 국가 감독 조직, 둘째, 공공권력을 대표하는 사람들에 의한 사회보장 기관들의 이사회 임원들로 참여하는 방법, 셋째, 공공권력과 가입자 단체 대표들 간의 업무분담30) 등이다.

3) 조화와 절충의 행정조직으로서 국민연금 기금관리

사회보장 행정에 있어서 가입자 자치의 중요성에 대한 논거로서 우리나라 국민연금의 기금관리 경우를 하나의 예로 들어보자. 국민연금 기금관리의 문제는 단순히 공공기금 관리의 수준을 넘어서 연금 가입자인 노동자와 봉급생활

---

30) 업무분담의 예로서, (사회)연대와 관련된 체계들은 공공권력이 책임지고, 보충연금 제도 등 직업소득의 보장에 관한 것들은 가입자 대표들의 책임으로 돌리는 방법 등이 있다.

자의 미래 생활의 보장과 관련된 문제이다. 이 문제에 국가의 배타적인 의사결정이 통할 수 없다. 오히려 가입자의 의사가 의사결정에 있어서 더 중요한 요소인 것이다. 그렇다고 이 기금의 운용이 사적 재산권 보호의 차원에서만 논의될 수는 없는 문제이다. 사회보장의 목적은 국민 모두의 평등한 노후 기초생활 보장을 통한 사회통합의 실현에 있으므로 기금 운용에서도 공익성의 원칙과 소득 계층 간 소득 재분배 원칙이 강조되어야 마땅하다.

요컨대 국민연금 기금에 관한 의사결정의 원칙이라 할 수 있는 것은 가입자 집단의 참여와 국가의 개입 두 가지 원칙의 조화와 절충에서 찾아야만 한다. 이를 구체화하는 것은 첫째, 기금 운용위원회 구성에 가입자 대표와 국가 파견 공무원의 수가 균형을 이루는 것, 둘째, 실질적인 가입자 대표들의 참여를 통하여 기금 운용에 있어서 가입자들의 이해관계가 충실히 반영되도록 하는 것이다.

4) 사회보장 민영화

사회보장의 '민영화'는 사회보장 관리운영의 주체를 국가와 공공단체에서 민간보험회사로 이관시키는 것이다. 그러나 민영화의 원래 단어라 할 수 있는 서구 복지국가의 'privitization' 또는 'privatisation'은 이보다 더 넓은 의미로 사용되고 있어 혼란스러운 것이 사실이다. 예를 들면 프랑스에서 출간된 한 사회보장론[31]에는 1980년 이후 유럽 연합 국가들의 사회보장 'privatisation'에 관한 다양한 경향을 ①일부 사회적 위험들의 운영 책임을 국가로부터 개인 또는 사용주에게로 옮기는 것(이 경우 결과적으로 민간보험 회사들의 역할이 증대될 수 있다) ②보건의료체계의 조직과 기능상에서 그리고 의료보험 운영에서 민간부문의 참여를 확대시키는 것, ③공공제도는 극빈자들에 국한된 최소한의

---

31) Dupeyroux(Jean-Jacques), *Droit de la Sécurité Sociale*, Paris, Précis Dalloz, 1998.

보호 수준으로 그 역할을 제한하고 모든 사회적 위험들에 대한 대책을 사적 부문으로 이관하는 것 등이다. 그러나 실제로 진행된 내용을 보면 첫째와 둘째 항목에서 약간의 변화가 목격될 뿐,32) 세 번째 항목과 관련하여서는 해당되는 나라가 없을 정도로 사회보장의 'privatisation' 경향은 미미한 수준이다. 이렇게 된 데는 아마도 유럽 사람들의 사회보장에 대한 애착과 기득권적 사회보장의 권리 보호 때문인 듯하다.

유럽연합 국가들처럼 사회보장 제도가 대중의 일상생활에 확고부동한 위치를 점하고 있는 경우에 있어서 사회보장의 'privatisation'이 의미하는 것은 사회보장의 사유화라 할 수 있다. 이는 정책적 차원에서 사회보장의 관리운영 주체들로 민간 보험회사들의 개입을 인정 또는 장려한다기보다는 그 동안 사회적 또는 공공적 차원에서 해결을 모색하던 모든 사회적 위험들에 대한 보상의 문제들을 그 조직과 운영의 주체인 국가 또는 해당 공공기관이 책임의 일부를 포기함으로써 결과적으로 사회적 위험에 대한 대책 일부가 공공적 차원에서 개인의 노력 차원으로 변화하는 현상을 의미한다. 결과적으로 사회보장의 보호 영역에서 제외된 채 사회적 위험들에 그대로 노출된 개개인들은 민간 보험회사에 재가입하거나 혹은 공공적 커버리지 영역에서 제외된 부분에 대해 따로 집단적 재해예견적 노력에 가담하지 않음으로써 사회적 위험에 그대로 맞서야 하는 것이다.

이상의 논의들을 요약하면, 결국 서구 복지국가들에게 'privatisation' 경향은 의무적 사회보장 원칙의 훼손 내지는 약화로 볼 수 있다. 그리고 이러한 변화

---

32) 첫째, 연금부문의 변화로서는 이탈리아의 기업연금제 실시(1994), 프랑스의 퇴직기금저축제(1997), 1980년 이후 영국의 보충연금 부문에 있어서 민영보험 회사들의 역할 증대를 예로 들 수 있으며, 둘째로 보건부문에서는, 1980년 이후 유럽 각 국에서 목격할 수 있는 현상으로 치료와 서비스분야에서 사적 부문의 역할 증대, 네덜란드, 영국 등에서 일어난 보건의료체계의 경쟁력 강화와 효율성 증대를 위한 대책들, 의료보험 지출에 있어서 본인 부담률의 점진적 증대 등이 있다.

에 따른 보호의 공백을 민간 보험회사들의 참여를 통해 해결하는 것은 하나의 정책적 선택 사항이다. 따라서 유럽연합 국가들의 경우 사회보장의 'privatisation'은 '민영화'보다는 '사유화'로 번역함이 마땅할 것이다. 이들 국가들에게 사회보장의 민영화는 사회보장의 사유화 현상에 대한 하나의 방법으로서의 의미를 지닌다.

서구 복지국가들의 사회보장 민영화에 관한 논의는 1970년대 후반부터 복지국가 위기론과 함께 사회정책 분야에서 대두하기 시작했다. 특히 1990년대 말부터 신자유주의 이데올로기에 기초한 경제의 세계화와 함께 사회보장의 민영화 문제에 대해 국내외의 사회정책 분야에서 활발한 논의가 진행되고 있다. 그러나 사회보장의 민영화 논의는 서구 복지국가들보다는 오히려 남미의 일부 국가들과 미국 등 사회보장의 수준이 열악한 나라에서 활발하며 또 일부 국가에서는 실제로 연금제도의 민영화가 이루어지기도 하였다.

여기서는 단지 사회보장 민영화를 주장하고 있는 신자유주의 진영의 사회보장 비판의 내용을 살펴보고 우리나라 사회보장 제도의 발달과 관련하여 민영화 논의가 지니는 문제점들을 짚어보는 방식으로 이 문제에 접근해 보고자 한다.

(1) 사회보장에 대한 신자유주의 진영의 비판

사회보장에 대한 신자유주의의 비판은 대충 네 가지로 요약할 수 있다. 첫째는 강제납부금의 부담이 지나치게 많다는 것이다. 지나친 납부금 부담은 생산활동과 성장을 위한 노력에 제동을 거는 주요 원인으로 작용하며 따라서 이것을 경감시킴으로써 경제활동의 역동성을 회복할 수 있다고 본다. 둘째는 사회보장이 책임의식을 약화시킨다는 비판이다. 사회보장은 개인에 대한 지나친 보호와 기득권의 침해를 가져다 주고 공공의무의 강요로 말미암아 개인적 선택의 자유를 제한하고 결과적으로 개인의 책임의식을 약화시켜 개인은 의무적 기여금을 되도록 내지 않으려 하는 것과 동시에 그의 범주에 해당하는 권리에 대해서는 최대한의 몫을 챙기게 된다는 것이다. 셋째 경제적 역동성의 약화이다. 즉 사회보장은 의무적 기여금들의 갹출, 그리고 급여의 실시 모두가 경제적 역동성을 저해하는 요인들이 된다는 것이다. 그 결과 노동과 저축, 투자, 기업정신의 측면에서 부정적인 영향을 미치게 된다. 넷째는 사회보장 자체의 효율성 결핍의 문제이다. 이와 관련하여 신자유주의 진영에서는 두 가지 문제를 거론하는데, 하나는 사회보장의 약한 재분배 효과이고 다른 하나는 공적 또는 준공적 경영의 결함이다.

신자유주의자들은 사회보장이 소득 불평등 문제와 빈곤의 문제를 해결하는 데 실패하였다고 주장한다. 공적 경영의 결함과 관련하여 이들은 사회보장에 관한 의사결정을 하는 공무원이나 정치인들의 자질이 개인회사에 종사하는 사람들보다 더 우수하지도 않을 뿐 아니라 그들의 의사결정이 공익의 수호와는 별개로 개인적 이해관계의 추구에 의해 좌우될 수 있기 때문에 개인의 생활안전의 보장에 있어서 국가와 공공권력의 배타적 의사결정 방식은 문제가 있으며 더욱이 사기업체에 비하여 관료제가 가지는 문제점은 경쟁의 부재가 빚어내는 비효율의 문제라고 한다.

(2) 신자유주의 관점의 문제점

이상을 종합하여 볼 때, 신자유주의자들은 사회정책 분야에서 발생하는 문제들은 국가 개입 때문이고 이는 시장질서의 회복을 통해서 치유 가능하다고 본다. 그러나 19세기 후반의 사회정책은 자유주의적 시장질서에 의해서 지배되던 사회에서 당시 사회질서 유지에 위협 요인들로 작용하던 빈곤층과 노동자 계급의 문제들을 해결하기 위한 목적으로 나타나게 된 것이다. 오늘날 신자유주의 진영의 주장에 따라 국가가 개입을 자제하고 빈곤의 문제와 노동자 계급의 문제 해결을 다시 시장 기능에 맡긴다고 문제가 해결된다는 보장은 없다. 사회보장의 민영화는 민간 보험회사들에 의한 연금정책의 수행이 국가에 의한 독점적 운영에 비해서 개인 차원의 노후 보장 효과에 보다 큰 성과를 거둘 수 있다고 본다. 그러나 이는 개인적 차원의 해결은 될 수 있을지 몰라도 퇴직노동자 집단 전체의 노후 생활을 보장해 주는 방법은 되지 못한다. 일상생활에서 빈곤자와 노동자 계급의 안전은 시장에 맡겨질 수 없는 문제이다. 국가에 의한 독점적 사회보장 제도 운영이 효율성의 문제를 제기하고 있다는 신자유주의 진영의 비판은 타당한 것이다. 그러나 그 대안으로 국가의 무개입이 원칙으로 성립될 수 있는 것은 아니다. 국가의 정책대안으로서 사회보장을 시장의 자율에 맡겨두는 것은 성립할 수 없다. 사회정책은 공익에 관한 사항이고 따라서 이것의 운영주체로서 상업보험 회사들이 대신 그 자리를 채울 수는 없는 문제이기 때문이다.

복지국가의 대안으로서 활성화된 사회조직들의 활용은 사회보장의 목표를 달성하는 동시에 사회보장 운영주체의 다원화를 통해서 국가 독점에서 비롯되는 비효율의 문제들을 해결해 줄 수 있는 대안이 될 수 있다. 그러나 아무래도 전 국민에 대한 기본생활의 보장이라는 사회보장의 목표 구현은 국가 이외에는 그 책임을 맡을 주체가 없다. 운영주체의 다원화를 통한 사회보장 효율성의 증대는 연금 중 보충 연금 부문에서 신중하게 검토되어야 할 사항들이다.

기타의 사회보장 부문, 예를 들면 산업재해보상보험에 있어서 운영주체로서 공공단체들(예컨대 공단이나 국가 등) 외에 민간 보험단체들의 개입을 통한 운영 주체들 간의 경쟁체제의 도입은 언뜻 좋은 대안인 것처럼 보이지만 산업재해보상과 재해의 예방을 위한 사회정책이 비용의 논리와 효율의 논리에 치우쳐 재정부담 능력이 열악하고 사고 발생 위험도가 높은 기업들과 그곳에서 근무하는 노동자들을 체계적으로 소외시키는 결과를 가져올 수 있다.

1980년 이후 서유럽 복지국가들의
신보수주의와 사회보장 제도의 개혁
― 프랑스, 독일, 영국의 예

1980년대부터 서구 사회보장 제도들이 급격한 변화를 겪고 있다는 것은 이미 잘 알려져 있는 사실이다. 이 변화는 우리 사회보장 정책학계와 정책 전문가들에게 큰 관심거리가 아닐 수 없다. 이는 아마도 이들의 경험이 우리 정책의 방향설정에 시사하는 바가 크기 때문일 것이다.

제7장에서는 1980년 이후 서구 복지국가들의 사회보장 제도상의 변화를 분석하고 이를 기초로 서구 사회보장과 복지국가의 미래를 전망하고자 한다. 여기서 서유럽 복지국가란 프랑스, 독일, 영국을 의미하며 분석 대상이 된 사회보장 제도들은 이 세 나라의 의료보험(영국의 경우는 국민보건서비스제도)과 노령보험 제도로 제한하였다.

또한 이러한 주제를 다루기 위해 두 가지 접근법을 사용하였다. 먼저 국가의 역할 변화와 관련된 내용을 분석함으로써 국가의 보수화 또는 신보수주의적 개편 전략의 구체적인 내용을 개괄할 것이다. 다음으로 사회보장 제도의 테두리 안에서 1980년 이후 진행된 주요개혁들의 내용을 살펴보고 그 경향에 관하여 언급할 것이다. 그럼 과연 이 둘 사이에는 어떤 관계가 있는 것일까? 국가의 보수화는 사회보장 개혁의 가장 중요한 원인으로 작용했을까? 본문에서는 이들에 대한 답을 모색해 볼 것이다.

서유럽 사회보장 제도는 현재 진행 중인 유럽 연합의 영향을 받을 것으로 전망된다. 제7장에서는 유럽 연합과 세 나라 사회보장의 관계, 그리고 그 미래에 대해서 살펴보고 앞에서 제기한 문제들에 답하는 방식으로 내용을 전개할 것이다.

1. 사회보장 제도 개혁의 배경

1980년대 들어 세 나라는 사회보장 제도의 중요한 개혁정책들을 추진한 바있다. 개혁은 1940년대부터 끊임없이 추진되어 왔지만, 특히 1980년대 이후의 개혁들은 이전의 것들과 비교해 몇 가지 차이점을 지닌다. 첫째는 경제성장률의 둔화와 실업자 수의 증대라는 악조건 속에서 추진되고 있는 개혁이라는 점이다. 더구나 1970년대 후반부터 미국대륙에서 일기 시작한 신자유주의(신보수주의와 동일한 개념) 국가개혁의 확산과 함께 서유럽 국가들의 사회보장과 복지제도들이 비판의 핵심이 되고 있다는 점이다.

둘째로 특기해야 할 사항은 사회헌장을 비롯한 유럽통합을 목적으로 한 여러 단계적인 프로그램들과 유기적 관계 속에서 개혁이 추진되고 있다는 점이다. 화폐와 금융제도의 통합 등 회원국들 간의 격차 조정 및 통합을 목적으로 한 유럽연합의 노력들이 프랑스, 독일, 영국 등 세 나라 사회보장 정책에 미치는 영향력은 어떤 것인지에 관하여 알아 볼 필요가 있다.

마지막으로 영국과 프랑스의 경우, 이미 사회보장 급여가 보편화되고 서비스 질이 고도화된 상태, 즉 고도의 사회보장 권리가 이미 노동자 계급 및 사회구성원 대중의 기득권으로 자리잡은 이후에 추진되고 있는 개혁이라는 점이다. 이는 이념적 수준에서 가능한 논의들과는 별개로 복지국가의 재편과 사회보장 제도의 개혁에 관한 모든 논의들이 복잡한 양상을 띠며 전개되고 있음을 의미한다. 그리고 영국 대처 내각 당시의 복지 개혁에서 보듯이 국민 보건서비스 제도를 비롯한 국가복지 제도에 대한 영국 사람들의 강한 집착 앞에서 신보수주의적 개혁은 제도의 원칙―국가주도, 탈상품화의 원칙 등―에까지 미치지 못하고 극히 부분적인 개혁―의료 공급자들 간의 부분적인 경쟁체제의 도입 등―에 머물 수밖에 없었다.

프랑스의 경우, 1995년 말부터 사회보장 제도의 개혁정책들이 새로 들어선 우파 내각의 주도 아래 추진되고 있다. 개혁의 대체적인 방향은 사회보장에 대한 국가개입의 증대 쪽으로 정향되어 있다.[1] 이러한 일련의 개혁정책들이 오로지 복지국가 위기 또는 경제위기에 대한 차유책의 일환으로 추진되는 것이라고 말하기는 어렵다. 물론 경제위기가 사회보장 제도 개혁에 영향을 미치고 있는 것은 사실이다. 그러나 프랑스에는 영국의 대처 정부나 미국의 레이건 정부에서 회자(膾炙)되던 반복지 논리, 즉 경제위기의 주요 원인이 국가복지의 방만한 운영에 있다는 식의 주장은 적어도 찾아 볼 수 없다. 이는 독일에서도 마찬가지이다. 이처럼 영미권 국가들과 유럽대륙 국가들이 큰 대조를 보이고 있는 것은 역사와 국가에 대한 대중들의 의식 차이에 기인하는 것이다. 극단적인 예가 바로 미국의 경우이다.

미국 사회에서 국가는 일반적으로 부정적인 이미지가 강조된다. 국가개입에 부정적 여론이 지배적인 사회에서는 시장질서의 확립과 국가개입의 최소화에 기초한 사회발전의 논리를 펴는 경제론자들의 주장이 사회적으로 커다란 반향을 얻게 되는 것이다. 이와는 대조적으로 항상 국가 제도의 테두리 안에서 생

---

1) 의료보험과 노령연금 금고들의 수지균형 유지에 대한 국가감독권의 강화와 새로운 특별세 제정을 통한 사회보장 금고의 적자 해소를 위한 국가의 재정보조 수준 증대 등이 그것이다.

활을 영위하고 있는 유럽 국가들의 경우 국가사회가 경제위기 또는 사회위기에 놓일 때마다 국가의 직접개입 또는 중재의 방법으로 해결을 모색한다. 이는 영미권의 시장 중심적 접근과 현격한 대조를 보이는 국가 중심적 접근의 좋은 예라 할 수 있다.

영국의 경우 사회보장 제도는 국가가 운영한다. 하지만 독일의 사회보장 금고들은 가입자 대표들로 구성된 이사회가 모든 사항을 결정하는 자율적 조직체들이다. 이처럼 상이한 두 종류의 사회보장 제도들이 겪는 변화의 내용은 다를 수밖에 없을 것이다. 프랑스의 경우 사회보장 제도의 기본구조는 독일과 흡사한 형태를 띠지만 사회보장 금고의 자율성은 독일에 비하여 낮은 수준이다. 이처럼 사회보장과 국가와의 관계에 있어서 세 나라는 중요한 차이를 보인다. 이와 같은 맥락에서, 우리는 신보수주의적 국가개혁이 사회보장 정책과 제도에 까친 영향 역시 세 나라에서 각각 달리 나타나는 것을 알 수 있다.

개혁의 또 다른 주요 원인으로 주변 상황의 변화에 적응하기 위하여 사회보장 제도 테두리 내에서 진행되어 온 새로운 노력을 들 수 있다. 개혁의 마지막 원인은 제도 자체 내의 결함에 기인한다. 조직의 경직화와 비민주화 등의 잘못된 경향은 사회보장 제도를 가입자의 욕구에서 점점 유리되는 급여와 서비스 개발의 방향으로 몰아간다. 이는 사회보장 존립의 정당성에 위기 상황을 초래한다. 사회보장 제도에서 정당성의 위기는 재정위기와 함께 사회보장 개혁의 중요한 원인으로 작용하고 있다.[2]

여기서 우리가 주목해야 하는 것은 사회보장 제도 외부에서 기인하는 위기에 관한 것이다. 이미 분석한 서구경제의 위기는 사회보장 위기의 중요 원인으로 작용하고 있다. 이와 함께 우리는 인구구조의 변화, 노동형태의 변화, 의료 소비의 폭발적 증대, 인구 노령화와 노후 기대연령의 연장에 따른 노령연금 분

---

2) 서구 사회보장의 위기의 원인에 대해서는 나병균, 「서구사회보장의 위기와 한국 사회보장의 과제」, 한림대 사회복지연구소 간, 『비교사회복지』 제3집 참고.

야의 적자 누적 등의 세 나라 사회보장 제도들이 공통적으로 당면하고 있는 문제들이다. 이러한 변화들에 대한 대응책으로 세 사회보장 제도들 내부에서 각각 상이한 개혁들이 추진되고 있다. 독일의 경우에는 통일이라는 정치적 변화가 사회보장 제도의 변화에 직접적인 영향력을 행사하였다. 통일 전후의 독일 사회보장의 내용을 비교하는 일은 흥미로운 것임에 틀림없다.

2. 국가들의 보수화 경향 — 다양성과 동질성

인간의 본성, 복지, 개인과 국가의 관계에 관한 신·구이데올로기의 갈등은 이미 19세기 서구 사회의 산업화 초기단계부터 있어 왔던 것이 사실이다. 1980년 이후 서유럽 국가들의 보수화는 국가기구 내에 신보수주의자들의 증가와 이들 논리가 국가정책에 영향력을 강화시키는 현상을 의미한다. 신보수주의는 시장 이데올로기라고 단정할 수 있는 고전경제학의 자유경제 이데올로기가 부활한 것이다. 그러나 신보수주의자들의 주장이 19세기 말 사회보장과 복지국가에 반대했던 보수주의자들과 다른 점은 이들의 축소와 감소를 주장할 뿐 완전한 삭제를 목표로 한 것이 아니기 때문이다. 이러한 경향은 프랑스, 독일, 영국 세 나라에 공통적으로 나타난다.

신보수주의 이데올로기의 진원지는 미국이다. 경제학자 하이에크를 비롯하여 자유조절적 시장에 대한 깊은 믿음과 국가와 국가개입에 대한 깊은 거부와 회의를 가지고 있는 모든 이론가들이 여기에 해당한다고 볼 수 있다. 신보수주의 이데올로기의 창궐이 국가정책의 방향전환, 국가기구의 축소와 예산의 삭감 등으로 직접적으로 나타나는 미국에 비하여 유럽에서 일어나고 있는 변화는 간접적이고 완만하다. 일반적으로 유럽은 미국에 비해 반복지국가, 반사회보장에 대한 사회적 여론형성이 미진하다.3) 이는 아마도 국가와 제도에 대한 주민들

의 태도 차이에서 비롯되는 듯하다. 미국 사회에서는 경제에 대한 국가개입이
나 국가주도의 사회복지가 환영받지 못하는 듯하다. 이에 비해 유럽에서는 경
제에 대한 국가개입과 사회보장 및 제반 복지분야에 관련 제도들이 미국에 비
해 오래 전부터 습관화되어 왔다.

이처럼 국가와 사회보장 제도에 대한 태도 차이는 신보수 이데올로기의 파
급효과와 그 정도에 있어서 미국과 유럽 간 그리고 유럽의 경우에 있어서도 나
라마다 차이를 나타내는 가장 중요한 변수가 되는 듯하다. 서유럽 국가들의 보
수화 경향은 다음의 네 가지로 요약할 수 있다.

1) 사회보장의 경제적 목표 강조

영국은 1979년 대처 정부의 집권 이후 국가의 신보수주의화가 촉진되었다.
복지국가에 대한 비판이 정부에서 공론화된 것은 1970년대 중반부터이다.[4]
1979년의 대처 내각의 집권에 따라 국가는 사회복지의 증진보다는 경제문제의
해결과 촉진을 위한 개입에 강조점을 두었다. 중앙정부의 영향력이 강화되고
지방정부는 점차 중앙정부 정책의 일선 행정 담당자로서의 역할을 맡기 시작
하였다. 1980년 기간 동안 복지국가에 대한 대중적 지지는 이전과 비교해 변
함 없이 계속되었다.

---

3) Jobert(Bruno) dir., *Le tournant néo-libéral en Europe*, Paris, L'Harmattan, 1994. p.10.

4) 영국의 1970년대는 복지국가에 대한 지식인 엘리트들의 비판이 격렬하였던 시기이다. 이
   기간 동안에는 특히 복지국가에 대한 원색적 공격이 빗발치듯이 이어졌다. 베이컨과 엘티스
   는 공공부문의 확대가 경제성장의 원동력을 손상시켰다고 비판하였다. Bacon (R.), Eltis
   (W.), *Britain's Economic Problem : Too Few Producers*, Macmillan, 1976. 이러한 복지국가 비
   판은 신좌파 진영에서도 있었다.
   예컨대 Gough(I), *Political economy of Welfare*, Macmillan, 1979. 등이다. 정부 내부의 복지국
   가에 대한 비판은 대처내각 이전인 1970년대 중반에 노동당 내각에서 이미 시작하였다. 제
   임스 칼라헌 수상은 케인즈 방식의 공공지출의 증가를 통한 실업문제 대응방식이 더 이상
   적합하지 않음을 공언하였다. 한림대 사회복지연구소, 앞의 책, p.97 재인용.

표 7-1. 여론과 복지국가

복지국가 개입에 매우 호의적인 여론의 비율(%)	1985년	1990년
- 환자들에 대한 진료의 제공	98	98
- 노인들에 대한 문화적인 생활의 보장	97	97
- 기업들의 성장에 필요한 원조의 제공	92	91
- 저소득 가정 학생들에 대한 장학금 지원	-	90
- 자원이 충분치 못한 인구계층에 대한 문화적 주거 공간의 제공	-	90
- 물가조절	91	87
- 빈자/부자들 간의 소득격차의 감소	88	77
- 실업자들에 대한 문화적 생활 수준의 보장	69	71
- 원하는 사람들에게 하나의 일자리 보장	68	60

출처: Peter Taylor Gooby, "Attachment to the Welfare State", in R. Jowell ed., *British Social Attitudes*, the 8th report, 1991.

<표 7-1>은 이러한 사실을 잘 입증해 주고 있다.

<표 7-1>에 나타난 바와 같이 여론은 특히 국민보건서비스 제도와 노후생활보장에 있어서 국가의 적극적인 개입에 변함 없이 열렬한 지지를 나타내고 있다. 또한 완전고용과 실업자 생활보장 부문에서는 소극적인 지지를 나타내고 있다.

영국의 복지국가는 파괴된 것도 근본적으로 개조된 것도 아니다. 단지 다음 두 가지 방향의 중요한 변화들이 진행되고 있을 뿐이다. 첫째는 복지를 생산하는 국가에서 복지를 통제(조절)하는 국가로 점차 변화하고 있다. 복지(서비스) 생산은 민간단체 등 점차 다양한 주체들이 분담하게 되고, 국가의 역할은 이들을 통제하고 조절하는 방향으로 변화해 가고 있다. 둘째는 2차 대전 후 복지국가에 대한 합의[5]가 와해되고 이어서 정부의 정책 우선 순위에서 사회정책은

---

5) 여기서의 합의(consensus)는 정치적 이념을 달리하는 좌파정당과 우파정당 간의 합의를 의미하지만 이를 개념화한다면 복지국가의 두 가지 측면, 다시 말해서 경제적 촉매로서의 목표와 복지증진의 행위자로서의 목표 사이의 조화를 의미하는 것으로 이 두 가지 목표를 좌파와 우파 진영에서 동시에 받아들이는 상황을 나타내는 단어라고 할 수도 있다.

사회적 평등의 실천이라는 목표보다는 경제 활성화의 수단으로서의 위치와 역할이 점차 강조되기 시작하였다. 그리고 "전후 수십 년 동안 복지국가의 성장이 경제 성장의 자양분을 받아 가능했던 것처럼 1980년대 사회정책들은 국제시장에서 영국의 경쟁력을 복원시킨다는 취지하의 주된 목표로 간주되었다."[6] 이러한 현상은 영국뿐만 아니라 다른 두 나라의 사회보장 제도에 변화에서도 나타나는 경향이다. 사회보장 제도 변화의 일반적인 경향은 기존제도나 급여들의 파괴, 삭제보다는 제도의 방향전환, 급여의 감소 등이다. 복지국가와 사회보장 제도는 국가경제의 안정화, 경제적 촉진 요인으로서의 존재 등 경제적 목표와 사회정의의 실현, 복지증진이라는 사회적 목표의 이중적인 것이다. 이들 중에서 경제적 목표가 사회적 목표를 앞서가고 있다. 영국의 국민보건서비스 개혁이 그 좋은 예이다. 이에 관해서는 다음 장에서 분석하게 될 것이다.

2) 보편주의적 개혁 포기

보편주의에 기초한 사회보장 제도란 의무가입 대상자 범위와 급여의 수준의 보편성을 강조하는 제도를 말한다. 다시 말해서 가입대상자 범위의 보편성은 직업 또는 지역의 연대에 얽매이지 않고 모든 주민들 또는 경제활동인구 전체를 가입대상에 포함시키는 것을 의미한다. 급여의 보편성은 기본욕구 충족이 가능한 수준의 급여가 가입자 모두에게 동등하게 보장됨을 의미한다. 영국은 베버리지 보고서에 나타난 보편주의 사회보장 개혁의 원칙에 따라 1940년대 기간에 걸쳐 영국 사회보장 제도가 정비된 바 있다. 프랑스의 경우에는 2차 대전 기간 중 레지스땅스 위원회(Conseil de Résistance)와 피에르 라로크에 의해 제안된 바 있는 보편주의 원칙에 기초한 사회보장 일반제도가 계급 간 상반된 이해관계로 말미암아 실현되지 못하고 결국 프랑스 사회보장은 직업연대 또는

---

6) 한림대 사회복지연구소, 앞의 책, p.113.

직종연대성의 원칙에 기초한 모자이크식 제도로 분화된 바 있다.

급여와 가입 대상자 범위의 보편화는 프랑스 사회보장 정책의 중요한 과제이며, 1981년 이후의 사회보장 개혁에서는 실업급여와 노령보험에 있어서 사회적 미니멈 개념의 급여가 신설되거나 강화되었다. 그러나 이러한 개혁의 노력은 1993년 우파 집권 이후에는 찾아 볼 수 없다.

1980년대에 있었던 공공정책 부문의 변화들 중에서 특기할 만한 것은 지방분권화 정책의 실시와 함께 중앙정부가 담당하던 임무의 많은 부분이 일선 지방행정 단체들로 이관된 것이다.[7] 1982년 이후 사회부조를 비롯한 사회정책의 많은 분야들이 중앙정부에서 지방정부의 책임으로 이관되었다.[8] 사회부조 행정의 지방분권화는 사회적 서비스 분야에서 근린성이 강조됨으로써 요보호자들에게 욕구에 밀착된 다양한 서비스의 제공을 가능케 한다는 장점이 있는 반면, 지역 간 격차 시정을 위한 중앙정부의 별도 노력이 강조되지 않는 한 현대 사회보장 급여와 서비스의 주요 원칙이라 할 수 있는 보편성과 평등성을 감소시킬 위험이 있다는 단점이 있다.

3) 제도주의적 전통과 신보수주의 전략의 불명확성

독일의 사회보장 제도는 직업단체들에 의해 운영되는 국가와는 별개의 복수의 금고들로 구성되어 있다. 독일의 집권당인 기민당 내부에서 복지국가에 대한 비판이나 국가의 복지기능의 감소가 공론화된 적이 없다.[9] 또한 집권당 내부에서 사회정책의 방향전환에 대한 논의가 공론화된 적도 없다. 기민당에서는

---

7) Jobert(Bruno), 앞의 책, p.79. 그는 '지방분권화(décentralisation)' 대신 '지역화(territorialisation)'라는 단어를 사용하고 있다.
8) 프랑스 사회복지 제도의 지방분권화에 대해서는 나병균, "프랑스 사회복지 행정의 지방분권화와 사회복지 전문조직과의 관계", 한국 사회보장학회, 『사회보장 연구』, 1991. 참고.
9) 위의 책, p.206.

특히 가족을 위한 소득 재분배의 새로운 프로그램의 실시가 논의되고 있다. 독일에서는 영국의 대처 내각 또는 미국의 레이건 정부에서 시행한 것과 같은 신보수주의 레토릭에 기초하여 복지국가 본질 그 자체를 문제화하는 것과 같은 현상은 전혀 찾아 볼 수 없다. 이와 같은 현상은 독일의 개입주의적 국가전통과 제도의 테두리에서 생활을 영위해 온 독일인들의 국가와 제도들에 대한 긍정적 태도에서 비롯되는 듯하다.

독일의 사회보장 제도는 세 나라 제도들 중에서 가장 복잡한 구조를 가지고 있다. 또한 사회보장 금고들은 국가와는 별개의 자율적 단체들이다. 자율성 원칙은 독일의 통일 이후 구 동독의 사회보장 제도에도 똑같이 적용되고 있다. 다만 구 서독 지역과의 지나친 격차조정을 위해 취해진 개혁에 따라 기초급여가 동독지역에 지급되기 시작하였으며[10] 국가의 재정 및 행정적 개입이 증대되고 있다.[11]

4) 영국에서 국가 역할의 변화 — 복지의 생산자에서 조절자, 통제자로

사회보장 제도와 국가와의 관계는 세 나라에서 각각 고유한 형태로 연결되어 있다. 특히 오늘날 서유럽 국가들의 사회보장 제도는 정책적 학습을 통한 기술전이의 결과라기보다는 독자적인 사회제도 변화의 결과임을 보여주는 예라 할 수 있다. 영국의 경우 사회보장과 국민보건 서비스는 국가에 의해서 직접 운영되고 있다. 최근의 국민보건서비스 제도 개혁의 기본 원칙은 국가독점의 운영에서 탈피하여 민간분야의 개입이 첨가되고 공공서비스 부문에 시장원리를 부분적으로 적용시켜서 복지 생산자들 사이에 경쟁관계가 형성되고 결과

---

10) Kaufmann(Otto), Kessler(Francis), Köhler(Peter A.), *Le Droit Social en Allemagne*, Paris, Lamy S. A., pp.367-370.

11) 국가개입의 증대에 대해서는 의료보험 개혁 부분에서도 확인할 수 있다. 의료보험 재정에 대한 국가개입의 증대에 대해서는 제7장 '독일편' 참고.

적으로 비용효과를 드높이고자 하였다. 국가가 맡아오던 생산자, 운영자의 기능 일부가 민간부문에 이양되고 대신 국가는 서비스의 조절자, 통제자로서의 역할을 맡기 시작하였다.[12]

독일과 프랑스의 경우, 사회보장 제도는 자율적인 법적 지위에 기초하여 재정과 행정에 있어서 국가로부터 일정한 거리를 유지함을 원칙으로 한다. 특히 이 두 나라의 사회보장 재정의 대부분은 노사가 공동으로 부담하는 보험료로 충당된다. 국가의 재정개입은 프랑스의 경우 전체 사회보장 예산의 20% 미만이며,[13] 독일의 경우에는 사회부조와 사회보상 부문을 제외하면 거의 전무한 실정이다. 행정의 경우 프랑스의 사회보장 제도는 국가로부터 감독을 받고 금고 이사회의 수준에서 담당공무원이 회원자격으로 참여한다. 이러한 점에서 볼 때, 프랑스 사회보장 제도는 독일에 비하여 국가의 개입이 많다고 할 수 있다.

최근 들어 독일에서는 질병보험 부문의 개혁이 진행된 바 있다. 개혁의 주된 내용은 제도의 효율성을 높이기 위하여 국가가 적극적으로 개입하는 것이다. 기타 국가 예산의 증액을 통한 재정 부담의 증대는 개혁의 내용에 전혀 고려되지 않고 있다. 프랑스에서 현재 논의 중인 사회보장 개혁의 장기적 목표도 재정에서 국가 예산의 할애가 현상유지에 머물거나 후퇴하는 반면 수지균형에 필요한 다양한 개입과 통제의 기제들이 규정됨에 따라 앞으로는 국가 역할의 변화가 예상된다.

---

12) 국가역할의 변화에 대해서는 제7장의 '영국편' 참고.
13) 국가보조를 포함한 공공예산(Contributions publiques)이 전체 사회보장 지출에서 차지하는 비율은 1980년의 경우 17.27%, 1992년의 경우 17.72%였다. Choix de données sur la protection sociale et son environnement dans les pays de l'Union européenne, p.8.

3. 세 나라 사회보장 제도 개혁의 주요 내용

본 장에서는 1980년 이후 세 나라 사회보장 정책과 제도의 변화를 살펴본·
다. 주로 의료보험과 연금분야에서 일어난 변화들을 다루게 될 것이다.

1) 프랑스

1981년 미테랑의 집권은 2차 대전 이후 프랑스에 최초의 좌파정부를 성립시
키는 계기가 되었다. 사회당의 피에르 모로와 수상과 니꼴 께스치오 장관 시대
에는 사회정책을 비롯한 모든 국가정책이 사회주의 이념에 기초하였고 이를
바탕으로 새로운 개혁들이 시도되었다. 그러나 이러한 집권 초기의 새로운 시
도들은 자본가들이 재산을 해외로 반출하고 해외 투자가들이 프랑스에 대한
투자를 기피하는 등의 부작용이 심각해지면서 거의 중단되었다. 이어서 사회정
책을 비롯한 모든 국가정책에 있어서 재원의 절약과 엄격성이 강조되기에 이
르렀다. 그러나 통계수치가 나타내는 바는 프랑스의 경우 독일, 영국과 비교할
때, 1980년대의 기간 동안 국민총생산에서 사회복지 지출 및 보건 지출이 점
유하는 비율이 빠르게 증가하였음을 보여주고 있다.[14]

---

14) 국민총생산 대비 사회보호(사회보장) 지출은 1980년-1992년 기간 동안 유럽 전체의 경우
24.4%에서 27.1%, 독일의 경우 28.7%에서 27.3%(감소), 영국의 경우 21.5%에서 27.2%
로 변화한 반면 프랑스의 경우에는 25.4%에서 29.2%로 증가하였다. 같은 기간 동안 국민
총생산 대비 보건 부문 지출 총량의 변화추이를 살펴보면(단위: 에퀴), 독일의 경우 63,093
에서 84,058로 1.17배 증가하였고, 영국의 경우에는 26,282에서 39,530으로 약 1.5배 증
가하였다. 프랑스의 경우에는 41,127에서 61,538로 약 1.5배 증가하였다. 같은 기간 동안
세 나라의 질병보험 급여가 국민총생산에서 차지하는 비율의 변화추이를 살펴보면 독일은
7.89%(1980년)에서 7.71%(1992년)로 감소한 반면, 영국은 4.74%(1980년)에서 5.76%
(1992년)로, 프랑스는 6.28%(1980년)에서 7.38%(1992년)로 각각 증가하였다. Rapports
du Ministre des Affaires Sociales de la Santé et de la Villes, Choix de données sur la
protection sociale et son environement dans les pays de l'Union européenne Chiffres

(1) 사회당의 개혁

사회당 집권기간 동안에는 새로운 형태의 사회보장 급여가 창설되었다. 다시 말해서 실업자들의 최저생활보호를 위한 급여(RMI)가 바로 이것인데, 재원은 국가와 지방자치단체가 분담하고 운영은 사회보장 제도의 가족수당 금고가 맡도록 하였다. 이 급여는 주로 젊은층 실업자들의 최저생활보호를 위하여 1988년에 만들어졌으며 매년 약 200,000명의 실업자들이 이 급여 혜택을 받고 있다. 사회보장 일반제도의 재정적자 해소와 노인, 장애인 집단 등 요부양 인구층을 위한 급여에 소요되는 재원의 충당을 목적으로 1991년 보편적 사회기여금(CSG:Contribution Sociale Généralisée)이 창설되었다.

프랑스 국가 관료조직의 신보수주의화 경향은 경제부문에 있어서 국가개입을 점차 감소시켜 나가는 데 목표를 두고 있지만 사회보장 부문에서는 종전과 같은 관리자로서의 국가의 역할이 지속되고 있다. 또한 의료보험 부문에서의 지출 억제를 목적으로 하는 다양한 시도들이 사회당 집권기간 동안 시도되었다. 첫째 총액 예산제의 실시, 둘째 의학교육의 개혁 그리고 셋째 도별 병원 분포의 재조정이다.

첫째 총액제는 병원별로 연간 지출 총액의 상한선 제도를 도입하여 이 범위 안에서 예산을 운영하도록 유도하는 것이다. 둘째 1982-1985년 기간 동안에 진행된 의학 교육 개혁은 다음 두 가지 원칙에 기초하고 있다. 하나는 종전까지 일반의가 되기 위하여 요구되던 총 7년의 의학교육 과정 중 마지막 1년 기간 동안 실시되던 레지던트 과정을 2년으로 연장하였다. 다른 하나는 2원적 구조로 운영되던 전문의 과정을 단일화하여 전문의가 되기 위한 레지던트 과정은 소정기간 동안 강의실이 아닌 병원을 중심으로 실시하도록 하였고 병원실습 과정 중 이론교육을 대폭 강화시켰다. 셋째, 지역별 전문화된 병원들의 중

---

repères 1994, Doc. fran, p.5, p.21, p.22 참고.

복 또는 공백 등으로 인한 의료서비스 제공의 비효율성과 예산의 낭비를 줄이
자는 의도하에 중앙정부 주도의 의료공급망의 재조정 작업이 시도되었으나 결
국 의사들의 강력한 반대에 부딪혀 거의 실효를 거두지 못하였다.

(2) 우파 내각의 개혁

1986년 이후 우파 내각이 시도한 개혁들도 종전의 사회당 정부 때와 마찬가
지로 주로 사회보장 지출의 억제와 재정상의 수지균형을 위하여 국가의 개입
과 통제를 증대시키는 것이었다. 1995년 12월 집권한 우파 내각(알렝 쥐뻬 수
상)이 제안한 사회보장 개혁안의 내용은 크게 다섯 가지로 집약된다.15)

첫째, 의료수첩 제도의 신설이다. 이는 환자 개인이 받을 수 있는 의료상담
과 각종 검사 횟수를 제안하여 의료지출을 억제하고자 제안된 제도이다. 둘째,
사회보장 적자 해소를 위한 새로운 조세의 신설이다(RDS의 신설). 이 조세는
사회적 미니멈을 보장하기 위한 급여들, 산재보험 급여들 그리고 일부의 면세
성 저축을 제외한 모든 소득에서 0.5%를 공제하는 것이다. 셋째, 공무원들의
만기 연금불입 연한을 종전의 37.5년에서 일반 근로자들에게 적용되고 있는
40년으로 연장하는 것이다. 이는 연금 재정의 수지 균형을 위하여 고안된 개혁
조치의 하나이다. 넷째, 의료보험의 지출억제를 목적으로 의회는 매년 의료보
험 금고들의 연간 지출 상한선을 정한다. 다섯째, 역시 사회보장의 수지균형을
위하여 의료보험과 노령연금의 기여금을 점진적으로 인상한다.

이상의 개혁안은 노사 단체들의 동의를 얻어 1996년 초부터 시행할 계획이
었다. 그러나 공무원들과 철도노조 등 이해집단들의 거센 반대에 부딪히게 되
었다. 결국 1996년 4월 24일 국무회의는 법령(ordonnance) 형태로 개혁안을
통과시켰다. 그것은 주로 병원부문 및 의사들의 진료행위 부문에서 지출을 억

---

15) Journal "Le Monde", jeudi le 16 nov. 1995.

제하고 사회보장 금고들의 운영에 있어서 국가 개입의 강화 등으로 특징지어

진다.16)

(3) 연금제도의 개혁

연금 부문의 근본적 개혁은 존재하지 않았다. 다만 빈곤 노인층의 기본연금

급여에 소요되는 재원을 국가가 부담하기 위한 새로운 조세의 신설이 추진되

었고,17) 앞에서 언급한 1995년 말의 알렝 쥐뻬 개혁안은 공무원 및 국영기업

체 종사자들의 특수 연금제도들에서 규정하고 있는 만기불입 기간을 종전의

35년에서 37.5년으로 연장할 것을 제안하고 있다. 이는 피용자들의 일반제도

와 형평을 맞추기 위해서 라는 것이 정부측의 입장인데, 이해 관계자들은 이를

기득권의 수호라는 이유로 거부하고 있다. 이러한 조치는 연금부문의 재정적자

를 해소하기 위한 현 정부의 대안이다. 사회보장 재정적자의 해소 문제는 유럽

화폐 단일화의 전 단계로서 유럽연합 운영위원회가 회원국 정부들에 제안하고

있는 적자예산의 지양 그리고 공공부채의 감소 정책과 궤를 같이하는 것이다.18)

---

16) 첫째, 병원과 관련하여 각 지방 단위로 재정지출을 통제하도록 하고 있다. 지방 단위 입·
   퇴원 관리부(agences régionales d'hospitalisation)의 창설이 바로 그것이다. 이 부서는 앞으
   로 관할 구역 내의 종합병원 및 개인병원과 계약의 형태로 재정과 허가된 의료행위들에 대
   한 통제를 실시한다. 이는 종전의 국가총괄 예산의 개념에서 지방별 할당예산의 개념으로
   의 변화를 의미한다. 둘째, 개업의의 활동과 관련하여 개혁안은 의료수첩제(carnet
   médical)와 남진에 대한 개별적, 집단적 제제조치를 일반화함으로써 의료지출 증대를 억제
   하고자 하였다. 셋째, 일반제도의 사회보장 금고(질병보험금고, 노령보험 금고, 가족수당
   금고)들의 운영위원회 구성과 관련하여, 종전과 같이 노사 단체들의 대표와 공익대표들로
   구성하되 다만 정부가 임명권을 가진 공익 대표자 집단을 보강하였다. 그리고 종전까지 운
   영위원회가 선출해 온 일선금고 대표들을 향후부터는 금고 운영위원회의 자문을 거쳐 국
   무회의에서 임명하도록 했다. 이 두 가지 조치는 모두 사회보장 운영에 있어서 국가개입의
   강화를 의미한다. Journal Le Monde, jeudi 25 avril 1996, p.6.
17) 앞에서 이미 언급한 일반적 사회기여세(Contribution Sociale Généralisée)를 말함.
18) 제7장 "유럽연합과 각 국의 사회보장과의 관계" 참고.

2) 독일

1980년대 들어 괄목할 만한 변화는 국가의 사회보장 제도에 대한 개입이 대폭 강화되고 있다는 것이다. 주지하는 바와 같이 독일 사회보장 제도의 특색 중 하나는 노사에 의하여 자율적으로 운영되는 복수의 사회보험 금고들에서 찾을 수 있다. 종전까지 국가는 이들에 대하여 거의 개입하지 않았다. 이러한 점은 금고들의 법적 지위가 유사한 프랑스의 국가-사회보험 금고들 간의 관계-와 구별되는 점 중의 하나였다. 그러나 1980년대부터 국가는 사회보장의 사회보장 지출의 억제를 위하여 개입을 강화하기 시작하였다. 국가개입이 가장 현격하게 증대된 분야는 보건, 의료 부문이다.

독일 의료보험법의 기원은 1883년 비스마르크 시대로 거슬러 올라간다. 독일 의료보험은 현재까지 그 당시의 특성들, 예컨대 금고 운영의 자율성, 금고에 대한 수가지불 체제, 노사가 반반씩 공동 부담하는 보험료 체계 등을 유지하고 있다. 법정 의료보험 제도는 인구의 약 88%를 커버하고 있고, 기타 인구의 약 10% 정도는 사설보험에 의한 보호를 받고 있다.

통상적으로 의료보험 제도는 연방국가의 원칙이라 할 수 있는 국가 무개입주의와 자율적 규제, 다시 말해서 비국가적 행위자들에 의한 규제의 원칙에 기초하여 운영되고 있다. 그러나 1970년대 말부터 추진되고 있는 개혁들은 이러한 보건 의료 제도들의 원칙상에 근본적인 변화를 초래하고 있다. 이는 한마디로 국가 개입의 증대이다.

1992년의 보건사회부 장관 제호퍼의 개혁은 보건 의료제도의 구조적이고 근본적인 개혁이었다. 이 개혁은 두 가지 획기적인 조치들을 특징으로 하고 있다. 첫째는 보건 의료제도에 대한 연방정부의 통제를 강화하였다. 둘째는, 의료보험 금고에 대한 의사들의 우월적 위치를 종식하였고, 국민들과 보건의료 공급자들 간의 소득분배 구조를 개혁하였다. 이 개혁의 구체적인 내용들을 살펴보면 다음과 같다.

(1) 의료보험 금고들의 조직상 변화

첫째, 금고 내부의 운영상태를 개선하기 위한 다양한 조치들을 취한다. 둘째,
금고들 간 경쟁체제를 도입하고 이를 위하여 1996년부터 가입자들에게 가입
금고의 자율적 선택권을 부여한다. 셋째, 지역들 간의 금고 재구성화를 추진하
여 기존의 268개를 30개로 줄이는 동시에 개별 금고들의 규모를 확대한다.

(2) 연방정부의 보건의료 지출 억제정책

첫째, 입원비 부문의 재정 변화책으로 국가 전체의 지출 상한선을 정한다.
개인별 고객 환자들을 가진 병원의사들에게는 재정충당금을 부과시킨다. 종전
까지 시행되던 입원 기간에 기초한 일괄 급여제를 지양하고 입원의 원인별 일
괄 급여제도를 실시한다. 둘째, 2년간 의약품 가를 동결한다. 셋째, 의료수가
총액 상한선 제도를 도입하여 일정수준 이상의 처방에 대해서는 담당 의사의
재정적 책임제를 도입·적용하며, 치과의사들에 대한 보상을 일부 제한한다.
제호퍼 개혁의 주요 목적은 의료보험료의 상승 억제와 금고들 간의 보험료
수준의 격차를 조정하는 데 있었다. 특히 첫째와 관련하여 이 개혁이 적용되기
시작한 1993년의 전체 보건 의료지출은 1.3% 감소하여 같은 기간 동안 4%의
증가세를 나타낸 프랑스와 대조를 보였다.

(3) 연금제도의 개혁

유럽 사회의 인구 노령화는 연금 재정을 위협하는 직접적인 원인이 되고 있

다. 따라서 지출부문의 증대를 최대한 억제하고 재정수입을 확대하기 위한 다양한 방법이 동원되고 있다. 독일의 경우 연금 제도의 개혁은 1989-1992년의 기간 동안 있었다. 1989년 독일 연방회의는 연금보험 개정법을 의결하여, 이 새로운 개정법이 1992년부터 효력을 발생하게 되었다.[19] 그 내용은 지출억제를 위한 조치와 수입증대를 위한 조치로 대별할 수 있겠다.

지출 억제를 위한 조치들로서 구체적으로는 첫째, 급여산정의 기초가 되는 임금의 개념을 총임금에서 순임금의 개념으로 변화시켰다. 둘째는 연금수급 개시 연령을 65세로 하고 만기불입자와 그렇지 못한 수급 대상자 사이에 급여수준의 차이를 확대하였다. 이 조치는 연금수급개시 연령을 실질적으로 65세로 못박음으로써 연금재정 지출의 억제를 겨냥한 개혁조치라 할 수 있다. 셋째는 임금과 함께 급여수준의 결정에 주요변수로 작용하는 보험가입 기간을 실질적인 보험료 납부기간과 일치시키고 가입한 이후 보험료를 납부하지 않은 기간은 급여산정 기간에서 제외시킴으로써 연금재정 지출을 억제하고자 하였다. 그리고 수입증대를 위해 연방보조의 수준을 높이는 조치가 취해졌다. 연방보조는 1988년에 294억 마르크(연금지출의 18.4%)이던 것을 2010년에는 735억 마르크(연금지출의 약 20%)로 인상할 예정이다.[20] 그러나 이들 개혁조치들은 구조적이고 근본적이기보다는 연금재정 안정을 목적으로 한 지엽적이고 기술적인 것에 불과하다.

3) 영국

영국 사회보장 제도의 개혁은 국가 개입의 증대를 특성으로 하는 독일 또는 프랑스와는 달리 보건 의료제도에 시장 메커니즘을 도입하는 동시에 국가의

---

19) 김광석, 『독일사회보장법론』, 법문사, 1994.
20) 위의 책, p.167.

역할을 점차 감소시켜 나가는 방향으로 이루어졌다. 보건의료제도의 개혁은 그 대표적인 예이다.

영국의 보건 의료제도는 국가에 의한 직접 운영을 특성으로 한다(국민보건서비스 제도; National Health Service système). 1980년대 들어 이 제도는 독일, 프랑스 등의 경우와 마찬가지로 보건의료 지출의 폭발적 증대, 소득 대비 적정 보건지출 비용의 할당과 관련된 윤리적 판단, 전체 인구의 질병에 대한 보장책과 관련된 절대적 욕구 등등 공통적인 문제점들에 봉착하기 시작하였다. 이에 따라 보건의료 부문에 시장 원리를 접목시킨 영국식 보건 의료 개혁이 추진되기 시작하였다.

(1) 국민보건서비스 제도

국민보건서비스 제도는 1946년부터 시행되고 있는 영국의 고유한 보건의료 제도로서 다음과 같은 특성을 지니고 있다.

먼저 주된 재원조달 방식으로 조세방식을 택하고 있으며(전체 예산의 약 81%) 국가보험에 의한 보험료 방식은 부차적인 재원조달 방식에 불과하다(전체 예산의 약 15% 정도). 또한 일반적으로 보건의료 공급자들과 본 제도 경영자들이 일치한다. 즉 의료공급의 기능과 보건의료 제도의 운영을 국가가 맡고 있는 것이다. 이와 더불어 통원치료의 핵심적 역할은 일반의들이 맡고 이들의 보수는 국민보건서비스 제도의 테두리 내에서 인두제 방식에 따라 계산되어 지급된다.

1989년 보건백서에 나타난 개혁은 다음 세 가지 내용을 포함한다.21) 첫째, 진료의 생산자들과 재원 조달자들이 분리되어 있다. 둘째, 조세에 의한 재원조

---

21) Alfandari(P.), Bross(M.) ect., Les incidences des réformes des systèmes de santé en Allemagne, Grande- Bretagne et Pays-bas, Solidarité Santé, n.1-1995, p.108.

달 방식의 적용과 환자들에 대한 무상의료 원칙에는 변화가 없으나 보건 의료의 공급자들(사립 대 공립, 공립 대 공립)과 구매자들 간의 경쟁원칙과 시장 메커니즘을 새로이 적용함으로써 급여의 수준을 유지하면서 비용의 증대를 막아보려 하였다. 셋째, 상이한 파트너들 간 계약에 의한 조절 또는 통제를 권장하였다. 즉, 종전까지 사설보험들이 재정을 담당해 온 민간(보건의료) 부문과 공공재원으로 충당되던 국민보건서비스 제도 사이의 장벽을 낮추고 이들 사이를 점차 협조적 관계로 바꾸어 가는 것을 원칙으로 하였다.

1989년 개혁 이후 국민보건서비스 제도가 실제 어떤 방식으로 운영되고 있는지 살펴보자. 종전의 보건의료 전달체계는 인두제 방식에 의해 보수를 받는 일반의를 중심으로 하는 가정의 제도와 이들로부터 환자의뢰를 받는 공립 병원들이 주축이 되고 기타 커뮤니티 케어가 부수적인 서비스를 제공하는 비교적 간단한 구조였다.

개혁의 주된 내용은 급여와 서비스(이 두 가지를 보통 '케어'라고 부름)의 공급자들-예컨대 일반의, 치과의사, 약사, 안과의사 그리고 다양한 법적 지위를 지닌 병원 및 진료기관들, 기타 커뮤니티 케어의 담당자들-과 급여와 서비스 구매자들(보건의료 예산의 집행자들)-예컨대 지방보건당국, 지구보건당국 그리고 보건센터 등-을 분리시켜 공급자와 구매자들 간에 계약과 급여와 서비스 공급자들 간의 경쟁방식을 통하여 보건의료 비용의 절감과 급여와 서비스의 질적 수준의 유지를 꾀하였다.

지역보건 당국은 국가로부터 주민의 수에 비례한 예산을 배당 받아서 그 총예산의 범위 내에서 집행하게 된다. 지구보건당국의 2차 진료기관의 기능을 수행하는 각종 병원들과 기타 의료기관들을 총괄하게 되는데, 이때 지구보건당국은 국공립 병원 이외 민간 의료기관들과도 계약을 체결하여 관할 지역주민의 진료책임을 맡기고 그에 따르는 비용을 지불한다. 또한 일반의들 역시 국공립 또는 사립 병원들과의 계약에 기초하여 급여와 서비스를 구매할 수 있게 되었

다. 개혁은 일반의들의 제약조제 비용의 낭비를 줄이기 위하여 '월간예산'을
집행하게 되는데 이는 지방보건당국에 의해 통제를 받는다. 진료 생산자(공급
자)들[22]의 법적 지위는 앞서 언급한 것처럼 매우 다양한데 이들은 자체 의료인
력의 운영, 대부, 기금의 증식, 이윤의 추구 등에서 자율성이 보장되며 타 공급
자들과 환자유치를 위하여 경쟁적 위치에 놓이게 된다. 따라서 경영실적이 탁
월한 병원이나 일반의들은 보다 많은 환자들의 진료에서 나오는 보다 큰 예산
을 집행할 수 있게 되고 그렇지 못한 경우에는 인원의 감축이나 축소 예산 운
영을 감수하게 되었다.

　　다른 한편으로 개혁은 노인, 장애자 정신질환자 집단 등등 장기 케뮤니티 케
어가 요구되는 부문에서 홈케어(거택간호)의 증대와 자원봉사 자원의 동원을
통하여 비용절감과 서비스 수준의 유지를 동시에 도모하였다. 또한 홈케어 기
관, 장기요양소 등 민간 기관 또는 단체들의 활동을 국민보건 서비스의 공공
예산으로 지원하는 방안도 강구되었다.[23]

(2) 연금 제도의 개혁

　　영국의 연금제도는 기본 연금과 보충 연금의 두 단계로 구성된다. 이 제도는
국민보험 기여금(NIC)으로 그 재원이 충당된다. 기초연금은 국민보험기금
(National Insurance Fund)에서 지불되며 금액은 단일하고 다만 가입기간이 경
과된 경우라야 수급할 수 있다. 보충연금은 소득비례 연금으로서 대상자는 기
업연금 또는 국가가 운영하는 보충연금에 의무적으로 가입해야한다. 보험료 수

---

22) 이들은 NHS 산하의 국공립 병원들, 트러스트 외에도 자선 병원들 기타 영리목적의 개인
　　병원 등등 매우 다양하며 특히 후자의 경우 개혁 이후 급격히 증대되고 있는 실정이다.
23) 이들 기관은 "Caring for people"이라는 새로운 조직을 통하여 공공재정의 지원을 받을 수
　　있게 되었다. Alfandari(P.), Bross(M.) ect., Les incidences des réformes des systèmes de
　　santé en Allemagne, Grande-Bretagne et Pays-bas, *Solidarité Santé*, n.1-1995, p.110.

준은 소득 하한선과 소득 상한선 사이의 모든 소득을 기초로 산정한다.

기본연금 수급 개시연령은 지금까지 남자의 경우 65세, 여자는 60세로 되어 있으나 2020년까지 여자 연금수급 개시연령을 65세까지로 점진적으로 상향조정할 예정이다. 기초연금 수급자격은 여자의 경우 44년, 그리고 남자의 경우에는 49년 동안 보험료를 납부한 경우에(실업, 가사에 종사하는 경우 또는 장애자의 경우는 예외) 완전한 기초연금의 수급권이 주어진다.

영국 연금제도의 둘째 단계인 보충연금은 1980년 이후 연금개혁의 주요대상이 된 부분이다. 종전까지 보충 연금은 앞서 언급한 소득 상·하한선 사이에 위치하는 소득의 가장 좋았던 20년 평균을 잡아 그 25%를 보장하여 주었으나 1988년 개혁 이후부터는 이것을 20%로 하향 조정하였다. 국가가 운영하는 보충연금제도 즉 소득비례 연금제도(State Earnings Related Pension Scheme) 이외에 기업주는 정부 직업연금국의 승인을 받아 자기 기업에 연금제도를 설치·운영할 수 있다.

1988년 연금제도 개혁에 따라, 대상자는 국가가 운영하는 보충제도와 기업연금 중에서 자유로이 선택하여 가입할 수 있는 문호가 개방되었다. 기업연금이 보장하는 연금수준은 국가 보충 연금제도(SERPS)가 규정하는 소득 상한선을 초과하는 수준의 소득까지 보장받을 수 있는 제도이다. 하지만 기업연금의 경우일지라도 국가보충연금을 대체하는 기업연금의 보험금은 국민보험 기금(NIF)에 불입하도록 되어 있으며 국민보험기금은 다시 가입자가 선택한 재정기구에 재불입하도록 되어 있다.24)

---

24) 이상은 Analyse comparative des systèmes de retraites au Royaume-Uni et en France, Doc. Fran., 1993.의 내용 중에서 영국부분을 요약·정리한 것임.

4. 유럽연합과 복지국가
　　― 서유럽 사회보장 제도들의 불투명한 미래

　유럽공동체 논의는 1957년 로마협약(Traité de Rome, 1957)에서부터 시작된다고 볼 수 있다. 그것이 본격적으로 논의되기 시작한 시기는 1980년대부터이다(1986년의 Acte unique, 1992년 마스트리치 협약). 조약에 나타난 바로는, 회원국들의 사회보장에 관한 사항들은 회원국 모두의 동의 없이는 유럽연합이 수정할 수 없게 되어 있다. 다시 말해서 회원국들의 사회보장 제도에 관한 사항은 각 국가들의 고유사항으로 되어 있는 것이다.

　유럽통합에 정열을 쏟아온 몇몇 정치가들은 경제통합―예컨대 화폐의 통합, 자본의 자유로운 교류 등등·못지 않게 사회통합―예컨대 노동력의 자유로운 소통, 사회보장을 비롯한 각종 복지 수혜에 있어서 동질성의 보장 등·의 중요성을 강조하고 있다.[25] 그러나 사회부문의 통합은 첫째, 회원국들의 사회제도들이 지니는 이질성과 수준상의 격차 때문에, 그리고 둘째는 경제불황과 실업 문제의 가중 등이 통합논의에 미치는 영향력 등으로 말미암아 적극적으로 논의되지 않았다.

　1989년 12월 8-9일 양일에 걸쳐 12개 회원국 정상들은 스트라스부르에 모여 유럽사회헌장(Charte sociale européenne)을 통과시켰다. 이 헌장이 유럽 회원국들의 사회보장에 미친 영향은 과연 무엇일까? 한마디로 거의 없는 것 같다. 왜냐하면, 이 헌장은 "단일시장의 구축은 단순히 상품과 자본만을 위한 것

---

25) 예컨대 프랑스의 미테랑 대통령은 유럽통합의 첫째 의미를 '유럽 사회복지의 창조(création de l'espace sociale européenne)'에 두었고, 오랫동안 유럽 연합의 의장을 지낸 자크 들로르 같은 이는 유럽연합의 두 가지 원칙을 '경쟁(concurence)과 연대(solidarité)'로 제시하면서 경쟁의 고무를 통하여 상호 자극과(stimuler) 연대성 고양을 통하여 회원국 간의 통합(unifier)을 도모한다고 하였다. 이와 같이 유럽연합에서 사회통합은 경제통합 못지 않게 중요한 목표라는 것을 알 수 있다.

이 아니라는 점과 둘째는, 노동자들의 권리로서 직업수행, 휴가 및 휴식에 관한 권리 사항들에 관해서만 언급하고 있으며",26) 반면에 사회보장에 관한 것은 각 회원국의 고유권한으로 위임하고 있는 실정이다.

이어서 1991년 12월 마스트리치에서 개최된 유럽 정상회담에서는 통화, 정치, 외교분야의 통합논의는 진일보하였으나, 사회보장에 관한 의제는 또 다시 유럽 공동체의 개입 대상에서 삭제해 버렸다. 그러나 유럽의 사회헌장과 기타 유럽연합의 다양한 정책들의 수행은 프랑스, 독일, 영국을 비롯한 12개 회원국들의 사회보장 발전에 직접 혹은 간접적인 변화요인으로 작용하고 있다.

1) 수렴정책

유럽연합의 사회보장 정책은 종전의 회원국들 간의 상이한 제도들의 조화의 모색에서 상호접근 노력으로 선회하였다. 첫째, 현재까지 12개 회원국 중 8개국이 가지고 있는 최저 생활 급여(RMG-Revenue Minimum Garantie)제도를 여타의 나라들에도 권유하고 있다. 이 제도는 사회보장의 가장 기초적인 제도로서 유럽연합이 추구하고 있는 사회보장 정책의 최저기준이 되고있다. 둘째, 보충연금과 출산유급 휴가 등에 관한 규정에서 접근 노력이 시도되고 있다. 셋째, 회원국들의 공공재정의 조화를 위한 유럽연합 집행부의 권유가 각 국의 사회보장의 발전에 장애물로 작용하고 있다. 그 일례로서 집행부는 회원국들의 부가가치 세율의 조정을 꾀하고 있다. 이때 세율을 내려야 하는 나라들의 경우에는 이 조치가 조세수입의 감소로 이어지기 때문에 이를 만회하기 위해서 정부는 새로운 조세자원을 개발하거나 또는 특정분야의 지출을 줄이도록 권유받는다.

---

26) Dumont(Jean-Pierre), *Les systèmes de protection sociale en Europe*, 2e édition, Paris, Economica, 1993, p.169.

프랑스의 경우에는 CSG의 창설로 사회보장에 대한 국가보조금을 충당하기 시작하였다. 또 한편으로 사회보장의 지출을 줄이는 경우, 지출의 삭감은 독일, 영국에서 보는 바와 같이 정부가 운영하는 가족수당 등등 사회복지 급여의 지출을 감소시키는 방향으로 국가정책이 변화되고 있다.[27]

2) 화폐통합 정책의 영향

1999년부터 시작될 유럽 단일통화(Euro)제의 실시에 대비하여 회원국들은 이미 이에 필요한 준비작업을 시작하였다. 다시 말해서 회원국 각각의 예산과 경제정책의 상호접근 노력이 요구되고 있음을 의미한다. 단일 화폐제의 실시가 가능하기 위한 네 가지 전제조건은 첫째, 물가의 안정으로 연간 인플레이션율을 1.5% 이내로 유지할 것을 권고하고 있다. 둘째는 공공재정의 견실화로서 유럽 집행위원회는 회원국들의 연간 적자폭을 국민총생산의 3% 이내로 축소할 것을 권고하고 있다. 셋째는 공공부채의 축소로서 위원회는 회원국들의 부채가 국민총생산의 60%를 초과하지 못하도록 권고하고 있다. 넷째는 유럽공동체의 공동변동 환율제 안에 계속 머물러 줄 것을 권고하고 있다.[28] 회원국들 중 프랑스, 독일 등 4개국을 제외한 영국을 포함한 8개 국가들은 앞으로 물가안정과 공공재정의 적자폭을 줄이기 위해 힘겨운 노력을 기울여야만 단일 화폐제의 실시가 가능하게 될 것이다.

사회보장의 적자는 공공부채에 포함되며, 국가가 공공부채 문제 해결을 위한 긴축예산을 운영하는 경우 사회보장 예산이 제한을 받게 된다. 이와 관련된 예로서 회원국 중 그리스, 이탈리아, 스페인에서 1992-1993년 기간 동안 가족수당, 공적연금, 퇴직금지급의 동결 또는 삭감이 행해졌다. 그러나 이 나라들 외

---

27) Dumont(Jean-Pierro), p.171.
28) 위의 책, pp.171-172

에 다른 회원국들에서도 유럽연합의 이와 같은 요구가 사회보장 부문 국가예산의 증대를 제약하는 요인이 된다는 것을 쉽게 짐작할 수 있다.

이처럼 현재 진행 중인 단일화폐제 실시와 시장통합을 위한 노력은 단기적 안목에서는 사회보장의 발전을 저해하는 요인들로 작용하고 있다. 유럽의 시장통합은 일차적으로 미국과 일본의 위협으로부터 회원국들의 경제적 이득을 보호하려는 데 그 목적이 있다. 그러나 이에 못지 않게 유럽통합의 중요한 의미는 유럽사회가 지닌 인본주의적인 제도들-높은 수준의 사회보장 제도와 급여들도 이에 포함됨-을 외부 위협들로부터 수호하는 데서 찾을 수 있다. 미국과 일본은 여전히 후진적이고 불평등한 사회정책과 제도들을 가지고 있는 나라들이다. 이들 나라의 화폐에 대항할 수 있는 강력한 단일 화폐제를 만드는 것은 물론 중요한 일이지만 과연 이것만을 위해서 다른 모든 것들을 희생해서야 되겠는가?

피에르 로잔발롱은 유럽연합의 정책노선과 회원 국가들의 사회(보장)권 보장 사이의 불일치 현상을 지적하고 있다. 즉 "유럽연합의 창설은 회원국가들 모두에게 더욱 높은 수준의 경제적 문호개방을 요구하고 있는 데 반하여 현재 (각 국의)사회권은 국가경제의 기초 위에서, 복지국가 기제들에 의하여 보장되고 있다."29) 로잔발롱의 지적은 현재의 유럽연합의 정책만 가지고는 사회권의 보장에 한계가 있다는 의미로 해석할 수 있다. 앞서 지적한 바와 같이 현재 유럽연합의 사회보장 안은 최저보장 기준에 회원국들의 사회보장 급여수준이 수렴하도록 유도하는 것에 지나지 않는다. 그러나 이것만 가지고는 서유럽 국가들이 20세기 기간을 통하여 쌓아온 사회보장 권리 개념을 실현시키기 어렵다. 따라서 시장통합에 대비한 보다 진보적인 내용의 유럽연합 사회보장 개혁안이 나와야 할 때이다.

---

29) Rosanvallon(P.), La nouvelle question sociale, Paris, éd. Seuil, 1995.

이상에서 우리는 서유럽 세 나라 사회보장 제도와 복지국가가 1980년 이후 겪은 변화의 내용들을 살펴보았다. 이들 나라에서 국가의 보수화는 사회보장 개혁에 직접적인 영향을 주었지만 그것이 가장 중요한 원인은 아니었다. 그 좋은 예가 바로 영국의 의료보장 개혁이다. 국가의 보수화는 사회보장 정책에 있어서 국가역할의 후퇴 또는 약화로 귀결된 것도 아니다. 예를 들면 프랑스에서 현재 우파 정권에 의해 추진되고 있는 사회보장 정책은 중앙정부의 재정보조 증대, 의료지출 억제를 겨냥한 행정개입의 강화 그리고 노령연금 재정 안정화 조치의 하나로 취해진 만기연금 불입기간의 연장 등이다. 행정부문에서 국가개입의 증대는 독일의 경우에도 마찬가지로 나타나는데 이러한 일련의 개혁들은 사회 연대 원칙을 강화하거나 또는 고수하는 쪽으로 정향된 것도 아니며 급여들의 확대 또는 급여수준의 향상으로 정향된 것도 아니다. 오히려 이들은 기존의 사회보장 제도를 유지하고 더 나아가서는 더 이상의 사회보장권리의 확대를 억제하려는 쪽으로 진행하고 있다.

현재 진행 중인 유럽연합의 구성은 적어도 우리가 분석한 서유럽 세 나라 사회보장 정책에 중요한 영향을 미치게 될 것이다. 유럽연합의 실현은 서유럽 국가복지의 발전과 사회보장권의 신장에 긍정적이기보다는 부정적 요인으로 작용할 것이다. 1980년 이후 서구 복지국가와 사회보장 제도들은 사회적 목표 ─ 저소득층의 기본욕구 충족이나 대중의 사회적 위험들에 대한 보편적 급여의 확대-를 희생시켜 경제적 목표-기업경쟁력 제고를 통한 생산의 증대─를 달성하는 국가의 정책수단으로 점차 변모하여 가고 있다. 케인즈식 복지국가의 이론적 한계를 극복할 수 있는 새로운 이론의 출현이 필요시 되는 시점이다.[30]

---

30) 케인즈식 복지국가의 이론적 한계에 대해서는 김영순, 「복지국가 재편의 두 가지 길─1980년대 영국과 스웨덴에 대한 비교연구─」, 서울대학교 대학원 정치학과 박사학위 논문, 1995.

5. 본 연구가 우리나라 사회보장정책에 시사하는 점

일반적으로 신보수주의자들의 복지국가 비판과 복지정책의 강화에 대한 부정적 견해는 사실에 기초한 접근이라기보다는 국가개입의 극소화와 시장질서의 강화라는 그들의 이념적, 이론적 목표 실현을 위한 하나의 주장에 불과한 것이다. 우리 사회의 경우 1960년대 이래 고도의 경제성장이 지속됨에 따라 물질적인 풍요가 가속되고 경제 제일주의 사고방식이 국가사회 전반에 확산되기 시작하였다. 그러나 이것은 순수한 시장경제의 승리라기보다는 국가 주도에 의한 계획경제의 승리라고 하는 것이 타당할 것이다. 그럼에도 불구하고 대기업들과 다수의 경제학자들은 그것이 마치 시장경제의 승리인 양 인식하고 있다. 그리고 이제는 경제에 있어서뿐만 아니라 복지정책을 포함한 모든 사회정책 분야에 있어서도 국가 개입의 증대는 바람직하지 못하다고 인식하고 있는 듯하다. 이와 같은 논리 속에는 국가를 중심으로 한 복지정책과 제도의 입지를 찾아보기 힘들다. 이들에게 부정적으로 비치는 국가 이미지는 식민지 시대 국민의 이해관계에 반하여 권위주의적으로 군림하던 식민국가로부터 유래한다고 말할 수 있다. 식민국가에서 발달한 관료제도는 민중들의 불만을 호도하고 식민정책을 효과적으로 수행할 수 있을 만큼 잘 조직되고 강력할 필요가 있었다.

우리가 해방 이후 건설한 국민국가의 관료조직은 식민국가의 관료조직과 무관하다고 볼 수 없으며 오랫동안 우리 국가는 국민과의 관계에서 개입주의적이고 권위적이었던 것이 사실이다. 한국 정부는 국민을 위한 공공서비스 조직의 단체라기보다는 국민 위에 군림하며 억압과 통제를 일삼는 부정적인 역할을 수행해 왔음을 인정하지 않을 수 없다. 이러한 국가의 불명예스런 과거사가 오늘날 국가개입에 반대하는 모든 논객들의 반국가 논리의 단초를 마련해 주고 있는 것이다. 그러나 우리 사회에서 국가는 긍정적이었든 부정적이었든 사회문제 해결의 중요한 위치를 점유하여 온 것이 사실이고 현재 이후 국가의 역할을 보충할 만한 새로운 행위자가 출현하기 전까지는 국가가 역할 수행을 중단한다는 것은 매우 심각한 사태를 유발할 것이며 가능하지도 않다. 따라서 우리 사회에서 국가의 역할은 여전히 중요하다. 다만 국가는 이제부터 불필요한 간섭은 줄여나가면서 지방자치단체, 기업, 기타 각종 사회단체, 가족 그리고 사회구성원 개개인에게 필요한 공공서비스 기능을 점차 강화시켜 나아가는 데 주력해야 할 시점에 와 있는 것이다. 다시 말해서 한국의 국가는 규제와 간섭의 단계에서 공공 서비스 국가로 변화할 전환점에 서 있다.

경제 개입의 감소에 따라 국가 개입도 감소해야 하겠지만 또 한편으로는 국가의 공공서비스 부문의 증대는 불가피하게 국가기구와 예산의 팽창을 초래하게 된다. 보건사회부, 교육부, 교통부 등등 공공서비스 담당 부처들의 기구를 확장하고 이에 소요되는 예산을 점차 늘여갈 필요가 있는 것이다. 지금 우리에게 요구되는 것은 국가개입의 성격을 규제 지향적인 것에서 서비스 지향적인 것으로 변화시키는 것이다. 이는 국가기구의 축소나 국가예산의 감소와는 전혀 무관하다.

우리나라의 경우에는 서유럽 국가들과는 달리 국가 복지제도의 발달정도나 복지예산의 규모 등에 있어서 비할 수 없을 만큼 빈약하다. 따라서 이들 나라들에서 제기되고 있는 국가기능의 축소를 통한 위기 타개의 방법이 우리의 대안이 될 수는 없는 것이다. 오히려 우리의 경우에는 국가의 복지정책과 제도들을 점차 확대해 나아갈 시점에 와 있다.

제8장

정년제도와 사회보장
— 1980년 이후 OECD 회원국들의 노후 소득보장 정책의 변화

산업사회에서 정년제도와 사회보장은 노동자들의 생애주기[1]를 구분 짓는 기준이 된다. 오늘날 복지국가의 봉급생활자 또는 임금 노동자들의 정년은 공적 연금의 개시시기와 일치하는 것이 일반적이다. 역사적 관점에서 보면 산업사회에서 정년제도의 도입이 공적노령 연금급여의 시작과 시기적으로 일치하는 것은 아니지만 두 제도는 그 기원에 있어서 노동자 계급의 이해관계에서 출발했다기보다는 오히려 기업주 또는 자본가 계급의 이해관계에서 출발한 것이라는 점에서 공통적이다. 이러한 관점은 그뢰부너(Graebner, 1980)와 하스펠드

---

1) 산업사회 노동자들의 생애주기는 일반적으로 유년기, 장년기, 노년기로 구분하고 정년과 사회보장의 노령급여 개시 시기를 장년기에서 노년기로 넘어가는 분기점이라고 할 수 있다. 다시 말해서 정년은 산업사회의 노동자들의 노년기가 시작되는 시점이라 할 수 있다. 복지국가에서 사회보장의 권리가 출생에서 사망에 이르기까지 경제적 생활안전을 보장받을 권리라고 할 때, 사회보장의 노령급여 또는 공적연금은 노년기 동안 노동자의 생활안전을 보장하는 기본적인 권리라고 할 수 있다.

(Hatzfeld, 1976)의 미국과 프랑스의 공적연금제도의 역사 연구에서 이미 입증되었다.[2] 그러나 오늘날 정년제와 연금제도가 반드시 자본의 이해만을 대변한다고 볼 수는 없다. 이들은 봉급생활자 집단과 임금노동자 집단의 휴식의 권리를 의미하기도 한다. 이처럼 정년제와 사회보장은 불가분의 관계로 얽혀 있으며 그 계급적 성격에 있어서 이중성을 내포하고 있다.

이 장에서는 OECD 국가들의 조기퇴직 확대현상을 분석하고 우리나라 노후 소득보장 정책에 시사하는 점에 대해서 살펴볼 것이다. 이들 국가에서 조기퇴직은 1970년대 중반부터 1980년의 기간 동안의 경제불황과 실업의 증가에 대응하여 사회 정책적 차원에서 권장된 것으로 실업 문제의 해소라는 경제 정책적 의미와 노동으로부터 고령노동자들을 해방시킨다는 복지 정책적 의미를 동시에 포함하고 있었다. 1980년대의 조기퇴직 현상의 확대는 서구 복지국가 구성원들의 생애과정 모델에 중요한 변화를 초래한 것으로 평가된다. 이에 대한 설명이 이 글의 두 번째 목적이다. 마지막으로 OECD 국가들의 노후 소득보장 정책의 변화가 우리나라에 시사하는 점에 대하여 알아볼 것이다.

---

2) 이 저자들의 공통적 견해는 정년제도와 노령연금은 모두 기업의 인력관리를 위한 수단으로 고안됐다는 것이다. 우선 정년제도는 고령노동자들을 노동현장에서 퇴진시키고 그 자리를 젊고 값싼 노동력으로 대체하기 위한 목적으로 고안된 것이다. 연금은 고령노동자의 정년 이후 노후 생활의 안전보장을 위하여 기업이 퇴직노동자들에게 일시금 형태로 지급하던 것으로, 정년이 되어 퇴직하는 노동자에게 기업이 지급하던 퇴직금에서 비롯되었다고 할 수 있다. 프랑스의 경우 공적 노령연금의 기원은 19세기 말 프랑스의 대기업(철도회사, 제철소 등)의 기업주들이 안정된 노동력 확보를 위하여 피고용 노동자들에게 약속한 것이다.

1. 조기퇴직

1) 조기퇴직의 개념과 접근방법

(1) '정년퇴직', '퇴직', '조기퇴직' '조기퇴직 경로'의 개념

여기서 '정년퇴직'이란 공적 노령연금으로 진입하는 시기를 말한다. '퇴직'이란 노동시장에서 퇴출하는 시점을 의미한다. 서구 복지국가에서는 적어도 1970년 대 초까지만 해도 노동시장에서 퇴출하는 시점, 즉 퇴직 시점이 공적 노령연금으로 진입하는 시기를 의미했다. 그러나 1970년대 중반부터, 공적연금 지급 개시 이전에 퇴직하는 노동자의 수가 증가하기 시작하였다.

'조기퇴직'의 개념은, 퇴직 시점의 기준에 따라 달라지기 때문에 매우 모호하다. 여기서는 OECD 국가들의 정년퇴직 연령이 대개 65세로 되어 있으므로 이 연령 이전의 퇴직, 즉 65세 이전에 퇴직하는 것을 조기퇴직으로 볼 것이다.

'조기퇴직 경로'란 정년퇴직과 퇴직 사이의 틈새기간을 말한다. 여기서 다루고자 하는 조기퇴직 경로는 단순히 틈새기간만을 의미하는 것은 아니고 이 기간 동안 고령실업자(조기퇴직자)의 소득보장을 위한 프로그램과 제도들을 포함하는 개념이다. 다시 설명하게 되겠지만 선진산업국의 조기퇴직 경로는 사회보장의 다양한 급여와 기타 사적 프로그램들의 조합으로서 대상자의 조기 퇴직 후 연금급여 개시 시점까지 소득의 공백 또는 부족문제를 해결하는 데 목적이 있다.

우리나라의 경우에는 공적 노령연금이 일반화되어 있지 않은 상태이다. 따라서 이 글에서 사용하는 정년의 개념은 우리나라에 존재하지 않는다. 그러나 공무원과 사립학교 교원은 정년퇴직 제도가 존재하기 때문에 이들의 정년은 해당 제도가 정한 58세, 60세(이상 공무원) 또는 60세, 65세(사립학교 교직원)가된다. 사무직 노동자 및 일반 노동자의 정년은 존재하지 않는다. 많은 기업에서는 '기업정년' 제도가 운영되는데 '기업정년'은 퇴직과 함께 공적 연금 급여가 제공되지 않기 때문에 앞에서 언급한 정년과는 구분되는 개념이다.

(2) 접근 방법

앞 부분에서 인용한 통계들은 주로 OECD에서 발행한 두 권의 책3)에 실린 것을 인용하였다. 그리고 조기퇴직 현상의 국제 비교는 OECD 회원국들 중에서 서유럽의 5개국(스웨덴, 프랑스, 독일, 영국, 네덜란드)과 미국, 도합 6개국에 한정하여 비교하였다. 입수한 자료의 한계 때문이다. 비교의 방법과 내용은 주로 Martine Kohli 외 4인의 공저인 Time for retirement에 의존하였다. 이 책은 사회보장 접근과 노동시장 접근을 동시에 쓰고 있으며 노년학 분야의 다양한 접근방법들 중에서 정치경제학적 접근(political economy of aging)에 기초하고 있다. 이 접근방법은 제도적 그리고 사회적 과정에 초점을 맞춘다.4) 여기서도 이 접근방법을 사용할 것이며, 필요한 경우 정책 행위자들에 대한 간단한 언급을 병행할 것이다.

---

3) 이들은 *La Transition de l'emploi à la retraite*, Etudes et Politique Sociale, n.16(1995)와 *Les travailleurs àgées et le marché du travail*, Etudes et Politique Sociale(1995)이다.

4) 노년학의 정치경제학적 접근은 구미 사회과학계의 많은 학자들이 시도한 바 있다. 예를 들면, Lackzo(Frank) and Phillipson(Chris). 1982. *Changing work and retirement, Social policy and the older worker*. Myles(John). 1992. 『복지국가의 노년—공적연금의 정치경제학—』, 한울아카데미. Guillemard(Anne-Marie). 1986. *Le Déclin du Social*, Paris, PUF. 등이다.

2) 조기퇴직 현황과 그 원인

(1) 조기퇴직 현황—고령노동자 취업률 감소와 퇴직연령 하향화

최근 들어 대부분의 OECD 국가에서 고령노동자의 고용이 감소추세에 있다. <표 8-1>에서 알 수 있듯이 세 연령집단(55-59세, 60-64세, 65세 이상) 모두 고령노동자 취업률은 하락세를 보이고 있으며, 특히 60-64세 연령집단 남성노동자들의 취업률이 급속히 감소하고 있음을 알 수 있다. 1991년에 60-64세 연령집단 남성노동자 취업률은 최하 19.1%(프랑스)에서 최고 70.6%까지 다양하게 분포되어 있으며 16개국 중에서 7개국에서 50%미만의 낮은 취업률을 보이고 있다. 우선 55-59세 연령 집단과 60-64세 연령집단의 취업률을 살펴보면, 빠른 감소를 보인 나라들은 핀란드, 프랑스, 네덜란드, 영국 등이고, 가장 완만한 감소를 보인 나라들은 일본, 스웨덴, 미국 등이다. 그러나 전체적으로 볼 때, 60-64세 연령집단의 취업률은 고른 하향세를 보이고 있는 반면 55-59세 연령집단의 경우는 나라에 따라 취업률 변화가 덜 획일적임을 알 수 있다. 1991년 60-64세 남성노동자 취업률은 핀란드(28.0%), 프랑스(19.1%), 이탈리아(34.4%) 그리고 네덜란드(20.8%)에서 낮게 나타났다. 그리고 노르웨이(62.2%), 일본(70.6%), 스웨덴(62.9%)에서 가장 높았다.

1991년 55-59세 연령집단의 경우, 취업률이 가장 낮게 나타난 나라는 핀란드와 네덜란드로 각각 57.4%와 60.6%이고, 가장 높은 나라는 일본, 스웨덴, 미국 순으로 각각 91.7%, 85.0%, 79.4%로 나타났다. 영국과 포르투갈을 제외한 기타 모든 나라들에서 이 연령집단 남자의 취업률은 70%에 미달하였다.

또 다른 자료에 의하면, 60-64세 연령 집단의 취업률은 미국과 스웨덴에서 1960년부터 전 기간에 걸쳐 꾸준한 하향세를 보이고 있으며, 네덜란드, 영국, 프랑스, 독일의 경우에는 1970년대에 급격한 하향세를 보이다가 1980년대에

표 8-1. 1975-1991년 기간 동안 남성 고령노동자 취업률의 변화

	1975			1991			1975-91 기간 동안의 변화율		
	55-59세	60-64세	65세 이상	55-59세	60-64세	65세 이상	55-59세	60-64세	65세 이상
오스트레일리아	85.8	66.1	16.6	65.6	43.4	9.0	-20.2	-22.7	-7.6
캐나다	83.6	67.9	17.5	69.4	44.3	10.9	-14.2	-23.6	-6.8
핀란드	74.2	55.1	29.4	57.4	28.0	7.1	-16.8	-27.1	-22.3
프랑스	81.3	55.1	13.6	64.2	19.1	3.5	-17.1	-36.0	-10.1
독일	82.7	55.2	10.6	n.d	n.d	n.d	-12.5[*]	-23.3[*]	-6.2[*]
아일랜드	n.d	76.1	27.4	n.d	60.2	16.5	n.d	-15.9	-10.9
이탈리아	n.d	42.1	7.3	n.d	34.4	5.2	n.d	-7.7	-2.1
일본	89.3	76.8	43.6	91.7	70.6	37.6	+2.4	-6.2	-6.0
네덜란드	76.8	62.3	8.0	60.6	20.8	n.d	-16.2	-41.5	n.d
뉴질랜드	n.d	n.d	n.d	n.d	53.3	9.4	n.d	n.d	n.d
노르웨이	86.6	76.9	37.6	81.2	62.2	19.2	-5.3	-14.6	-18.3
포르투갈	80.4	73.7	36.0	73.9	58.1	22.2	-6.5	-19.6	-13.8
스페인	84.4	68.6	18.6	68.9	43.0	3.6	-14.5	-25.6	-15.0
스웨덴	88.9	72.3	19.1	85.0	62.9	14.7	-3.9	-9.4	-4.4
영국	89.7	74.6	15.6	71.6	51.0	8.4	-18.1	-23.6	-7.2
미국	79.8	61.6	19.5	74.4	52.0	14.7	-5.4	-9.6	-4.8

주: * 1975-1990 기간의 변화율
출처: OECD, 1995: 18.

약간의 회복세를 잠시 보였으며, 1990년대에는 다시 급격히 감소하기 시작하였다(OECD, 1995: 43).

(2) 조기퇴직 증가요인

고령노동자들의 취업률 및 퇴직연령의 급격한 감소와 조기퇴직의 증가는 OECD 국가들에서 공통적으로 나타나는 현상이다. 그렇다면 이러한 현상들의 원인은 과연 무엇일까?

이와 관련하여 두 가지 상반된 입장들이 존재하고 있다. 첫째는, 고령노동자가 노동을 포기하게 만드는 사회정책상의 여러 혜택에 초점을 맞추어 취업률의 감소를 설명하고자 하는 입장(유인적 요인)이고 둘째로는 선진 산업국가들의 경기침체로 인한 고용의 둔화 또는 감소와 기업체들의 노동력 감축 조치에 따른 결과로 보는 입장(배척적 요인)이다(OECD, 1995: 9).

예컨대 퇴직 연령범위의 하향조정, 노령연금수급 조건의 완화 등이 고령노동자의 노동동기를 저하시키고 결과적으로 이들 연령집단의 조기퇴직을 자극한다는 것이다. 이에 반하여 배척적 요인에 초점을 맞춘 입장은 조기퇴직의 증가와 고령자 취업률 저하의 더 직접적인 원인은 노동시장의 변화에 기초하고 있다고 본다. 예를 들면 1970년대 초반부터 서구사회에 나타나기 시작한 고실업 문제와 하위계약, 임시직 노동의 증가 등 노동시장의 합리화 경향 그리고 내부 노동시장의 쇠퇴 등이 고령노동자들을 일자리에서 점차 배제시키고 그 결과 조기퇴직이 증가하게 된다는 입장이다.

1970년대 이후 서구 선진국의 노동시장에서 공통적으로 나타난 특징으로 고도실업과 조기퇴직 경향을 들 수 있다. 먼저 고도실업 현상은 이 시기에 발생한 석유파동 및 세계경제의 전반적인 침체로 인한 노동수요의 절대적인 감소 그리고 베이비 붐 세대의 본격적인 노동시장 진입에 따른 노동공급의 과잉에 일차적인 원인이 있는 것으로 생각된다. 그리고 대외 경쟁력 제고를 위한 기업의 전략으로서 작업공정의 기계화 및 경영합리화로 인한 기업의 수요감소도 고도 실업의 장기화에 중요한 영향을 미치는 것으로 보인다.

다음으로 고령노동자의 조기퇴직 경향이 심화되고 있는 이유로는 상당부분 고도실업 현상과 이러한 문제를 해결하기 위한 정책적 노력에 기인하고 있다(이정우, 1996: 80). 그렇다면 선진 산업국가들의 고실업 상태와 조기퇴직의 증가는 과연 어떤 관계가 있는 것일까?

1980년대 독일, 영국 프랑스 등 서구 복지국가들에서는, 노동력 수급조절의 책임을 맡은 국가가 주도하고 노조와 사용자 집단의 합의에 의한 연대계약 형태의 정책결정에 의하여 조기퇴직을 유도하는 각종 사회 정책적 조치들을 취해 왔던 것이 사실이고 이 조치들은 종종 젊은이들과 취업의 기회를 나누어 갖자는 사회적 캠페인과 함께 시행되었다.5) 그러나 조기퇴직의 보다 직접적인 원인은 내부노동시장의 변화에 기인한다. 많은 노년학자들은 노인의 노동성취도가 젊은이들에 비해 떨어진다고 생각하는 우리 사회의 통념이 지나치게 단순화된 채 신봉되고 있고 이러한 사고가 노동시장에서 고령노동자들이 점차 주변화되어 가는 근본적인 원인이라고 생각한다.

이것 이외에도 기업이 고령노동자들의 퇴출을 선호하는 이유는 다양하다. 첫째는 생산성에 비해서 고령노동자들이 받는 임금수준이 젊은 노동자들에 비해 높고 또한 고령노동자들은 직장에서 연장자 우선 원칙이라는 특권을 누리고 있다. 결과적으로 기업으로서는 고령노동자를 고용하는 경우 많은 비용이 필요하기 때문에 되도록 이들을 배제시키려 노력한다. 둘째로 이들은 젊은이들에 비하여 평균 교육수준이 낮고 가진 기술은 이미 낡아빠진 것이기 때문에 결과적으로 새로운 욕구에 적절히 대응하지 못한다. 셋째, 재교육 비용의 문제이다. 이들을 재교육시키는 경우 새로 습득된 기술을 사용하는 기간이 한정되어 있는 관계로 기업은 비용·효과의 측면에서 이들을 선호하지 않는 것이다. 넷째, 기업에서는 빈자리 연결망을 통하여 하위직 노동자들의 승진이 이루어지는데, 고령노동자의 퇴출은 이러한 방식의 노동력 이동을 가능케 하고 결과적으로 노동자들의 작업의욕을 높인다는 것이다. 마지막으로는 '실업조절 기능'은 개별 기업체의 이해관계와도 부합된다는 것이다. 조기퇴직을 위한 제도적 경로의 사용과 고령노동자들이 퇴직을 원한다는 사실이 기업으로 하여금 조기퇴직을 노동력 감축의 합법적 방법으로 동원하는 방향으로 자극하고 있기 때문이다.

---

5) 예컨대 프랑스의 미테랑 정부가 추진한 1980년대 초반의 연대계약을 통한 조기퇴직 연금의 실시와 젊은 실업자 집단을 대상으로 한 일자리제공 프로그램이 그 좋은 예가 된다.

2. 노후 소득보장 정책

노후 소득보장의 방법은 두 가지로 대별된다. 첫째는 노동이다. 고령노동자들은 장애자와 마찬가지로 노동시장에서 소외되기 쉬운 집단이다. 따라서 이들의 노동에 대한 보호 대책이 필요하다. 노동시장 정책을 통하여 이들의 취업과 고용유지를 돕는 방법이다. 둘째는 각종 사회보장 급여 등 사회 정책적 방법들을 동원하여 소득을 보장해 주는 방법이다.

1) 노동시장 정책

(1) 고령노동자 고용의 보호

이것은 기업이 노동자를 연령상의 이유로 해고할 수 없는 법을 제정하는 것을 말한다. 대표적인 예가 미국의 고용차별금지법(1968년)이다. OECD 국가들에서 이익집단들이 연령차별금지법 제정을 시도하고 있으며 현재는 미국 이외에 캐나다, 프랑스만이 관련법을 통과시켰다. 그러나 이 법에 허점이 없는 것은 아니다. 고용주는 연령 이외에 실력을 이유로 이들을 해고시킬 수 있으며 또한 정년퇴직 계획은 회사가 제공하는 여러 가지 유인책으로 강화될 수도 있기 때문이다. 네덜란드에서는 고령노동자 해고율이 일정 수준을 넘지 못하도록 지방 고용사무소에 감시기구를 두고 있다. 스웨덴의 고용보호의 입법은 명시적으로 고령노동자들을 언급하고 있다. 고용안전법은 45세 이상 노동자들을 해고하는 경우에 6개월 이전에 소견서를 첨부해야 한다.

(2) 보호고용과 부분고용

대부분의 회원국들이 취업과 교육부문의 공공 프로그램을 마련하고 있지만 노인들의 참여율은 그다지 높지 않은 실정이다. 적극적 노동시장 정책을 펴는 스웨덴의 경우에도 고령노동자들의 참여가 저조하다. 고령 실업자들의 재취업을 위한 노력도 타 연령집단에 비해 낮다. 예컨대 영국의 'Restart'(재출발 프로그램)에 등록된 50세 이상의 노동자 비율은 전체 등록자 수의 14%에 불과하였다. 또한 스웨덴의 경우, 등록된 취업희망자 수는 1990년 1/4분기에 55세 연령집단의 경우 5%에 불과하였다. 1987년 캐나다 '취업계획' 프로그램에 참가한 55세 이상 실업자 수는 이보다 연령이 낮은 실업자들의 참여율보다 훨씬 낮았다.

일본에서는 65세 정년퇴직 시까지 고령노동자들이 직장을 유지하도록 제도적 밑받침을 하고 있으며 고용주들에 대한 보상을 실시하고 있다(보호고용의 예). 스웨덴에서 실시하고 있는 부분제 고용(부분제 정년퇴직)은 노동시장 유연화에 따른 노후 소득보장 정책의 일례이다. 동시에 이것은 고령노동자들의 고용유지에 목표를 둔 적극적 노동시장 정책의 일례이다. 이 정책은 부분제 정년퇴직과 병행하여 실시되며 이 경우 고령노동자의 소득은 부분제 고용에 따른 임금과 부분연금에 의해 보장된다.

2) 연금 정책의 변화

고령노동자들의 취업률 저하와 퇴직연령의 하향화 경향은 OECD 국가들의 일반적 추세라고 이미 설명하였다. 다음에는 조기퇴직자들의 소득보장에 대한 OECD 국가들의 다양한 대응책에 대해 알아보겠다.

표 8-2. OECD 국가들의 공적연금 개시연도

국가	남	여
오스트레일리아	65	60
캐나다	65	65
핀란드	65	65
프랑스	60	60
독일	65	65
아일랜드	66	66
이탈리아	60	55
일본	60	58
네덜란드	65	65
뉴질랜드	61	61
노르웨이	67	67
포르투갈	65	62
스페인	65	65
스웨덴	65	65
영국	65	60
미국	65	65
오스트리아	65	60
벨기에	65	60
덴마크	67	67
그리스	65	60
아이슬란드	67	67
룩셈부르크	65	65
스위스	65	62

출처: OECD, 1995: 80 재구성.

(1) 공적연금

첫째가 공적연금의 급여이다. 산업사회 노동자들에게 공적연금은 노후소득보장의 가장 중요한 방법이다. <표 8-2>는 OECD 국가들의 공적연금의 개시연령에 관한 것이다. 조기퇴직 또는 정년연장의 경우에도 이 날짜를 기준으로 새로운 날짜가 주어진다. 대부분의 경우 65세가 정상이고 여자의 경우는 5년이 짧다. 이 연령은 1980년대까지만 해도 점차 낮아지는 경향을 보였다. 그러던 것이 90년대 와서는 고정되는 경향으로 변화했다. 프랑스의 경우 1970년대에는 대부분의 봉급생활자집단의 정년퇴직 연령이 60세로 하향 조정되었고 1982년에는 모든 노동자들의 정년퇴직연령이 60세로 통일되었다. 스웨덴은 1976년 67세에서 65세로 낮추었다. 이러한 조치는 당시 심각하던 젊은이들의 실업문제를 해결하기 위한 것이었는데, 스웨덴 사회보장 재정상태가 흑자였기 때문에 시작된 것이다(OECD,1995: 81).

정년퇴직 연령을 높인 나라들도 있다. 뉴질랜드는 1992년부터 6개월씩 늘려 2001년에는 65세를 목표로 한다. 미국은 65세에서 67세로 높였다. 1983년의 개정 사회보장법에 의하여 전액노령연금 개시연령이 2000년까지 매년 2개월 씩 연장되어 2005년에는 67세로 조정하는 것이 목표다. 오스트레일리아와 영국은 2014년, 2020년 두 단계에 걸쳐 여성의 연금수급 개시 연령을 65세로 높일 계획이다.

(2) 조기퇴직연금

연금수급 개시 연령에 도달하기 전부터 조기퇴직 연금을 수령하는데 다만 감액된 형태의 연금급여가 시행되는 경우도 있다(벨기에, 캐나다, 스페인, 핀란드, 프랑스, 그리스). 미국의 경우, 남성노동자들은 1961년부터 소정기간 동안 기여하고 62세에 도달하면 80%수준의 감액연금을 받는다. 여자의 경우도 마찬가지이다(1956년부터). 현재 미국 남자 공적연금 수혜자 중 2/3가 조기연금을 수급한다. 연령 하한선은 62세이며 연령에 따라 감액비율이 달라진다. 정상퇴직 연령에 도달하기 전 5년간은 매년 5-6%씩 감액된다.

미국과는 대조적으로 프랑스, 벨기에, 스웨덴의 감액연금 수급자수는 소수이다. 그 이유는 다른 형태의 조기퇴직 관련 사회적 급여의 수준이 공적연금의 조기퇴직 연금의 그것보다 높기 때문이다. 장기 직업활동 또는 고통스런 노동을 수행하는 노동자들에게 지급되는 전액 노령연금은 대개 30년 또는 그 이상의 기간을 노동에 종사한 노동자들에게 지급된다. 독일, 오스트리아, 벨기에, 이탈리아 등이 여기에 해당된다.

조기퇴직 연금은 연금수급 개시 연령에 도달하기 전에 퇴직하는 노동자들의 소득보장을 위한 프로그램이다. <표 8-3>은 OECD 국가들이 1970년대 이후 시행해 온 조기퇴직 연금 프로그램들을 설명한 것이다. 언뜻 보기에 내용이 매우 복잡해 보이지만, 크게 세 가지 사회적 위험에 대한 보상원칙에 기초하고 있다. 첫째는 노령이라는 사회적 위험에 대한 보상 방법이다. 다시 말해서 고령 실업자들을 노동자로 분류하는 대신 노동시장에서 퇴직한 인구집단으로 분류하는 것이다. 이어서 노령연금 수급규정의 완화와 노령연금 수급연령의 조정을 통하여 이들에게 연금급여를 실시한다. 대부분의 OECD 국가들에서 일반화된 방법이다.

둘째는 실업이라는 사회적 위험에 대한 보상 방법이다. 일반적으로 고령노동자들의 재취업은 일반 노동자들에 비해 힘들 뿐 아니라 재취업에 소요되는 기간도 길다. 따라서 고령실업자들 대부분은 장기 실업자들이다. 실업보험의 급여조건은 재취업을 전제로 하기 때문에 수급조건이 까다롭고 복잡하다. 또한 급여 지급기한도 1년 이내로 제한되어 있는 것이 일반적 현상이다. 이 방법은 이러한 실업급여 조건의 완화와 수급기간의 연장을 통하여 실업 상태에 있는 고령노동자들에게 실업급여를 제공하는 것이다. 독일, 프랑스, 영국, 네덜란드 등의 나라들이 이 프로그램을 시행하고 있다.

셋째는 장애라는 사회적 위험에 대하여 보상을 실시하는 방식이다. 다시 말해서 고령실업자의 만성실업 상태를 장애상태와 동일시하는 것이다. 따라서 실업이 발생한 후 일정 기간이 경과하여도 취업하지 못하는 일정 연령 이상의 노동자가 실업 상태에 있는 경우, 비록 신체적 장애로 인한 장애급여 대상자는 아니지만 장애자로 분류한 다음 장애급여 수급조건을 완화하여 급여를 실시하는 방법을 말한다.

3. 조기퇴직 경로의 국가별 비교

서구 복지국가들은 만성적 고실업 문제를 해결하는 방법의 하나로 1980년대
부터 다양한 조기퇴직 경로들을 개발하였다. 여기서는 서유럽의 다섯 나라(프
랑스, 독일, 영국, 네덜란드, 스웨덴)와 미국에 한정하여 각 국의 사례들을 정리
하고자 한다.

1) 각 국의 사례

(1) 프랑스: 실업 경로를 통한 조기퇴직

프랑스의 경우 1982년 예비정년퇴직(pre-retirement) 프로그램에 의한 조기
퇴직 연금이 제공되기 이전까지 고령노동자들의 주된 조기퇴직 경로는 국가실
업기금(FNE)에 의한 보상이었다. 실업노동자는 60세부터 공적 연금 개시가 시
작되기 전 기간 동안 국가 실업기금이 제공하는 급여 덕분에 임금의 70%수준
의 소득을 보장받을 수 있었다.

고실업의 문제 해결을 위하여 사회보장 제도의 다양한 급여를 통한 조기퇴
직 유도가 특징적이다. 우선 정년퇴직 연령을 65세에서 60세로 낮추어(1983)
고령노동자들의 퇴직을 유도하였다. 또한 연대계약(Solidarity Contract, 1982)
에 의하여 예비퇴직 프로그램을 만들고, 55-59세 연령집단의 고령노동자들에
게 조기퇴직 연금의 문호를 열어주고, 기업은 이들이 떠난 자리에 젊은 노동자
를 일정기간 의무적으로 고용하도록 규정함으로써 실업률의 완화를 시도하였

표 8-3. OECD국가들의 조기퇴직 연금 프로그램

	정규 퇴직	조기 퇴직	프로그램	특징
독일	65	63 60 58	"정규정년퇴직"(1973) 실업(1957) 조기퇴직연금(84/98)	15년 기여, 52주의 실업기간 젊은 실업자와 자리를 바꾸는 경우 조기퇴직 가능, 단체협약 방식, 퇴직자는 사회보장 기여를 계속함, 최후 봉급의 최소 65%의 퇴직수당, 그 자리에 젊은 실업자 취업시키는 사용주에게 국가35%보조
오스트 리아	65(남) 60(여)	60(남) 55(여)/ 60(남) 55(여)	장기퇴직활동(1961) 실업(1974)	35년의 활동, 연금액 감액 없음 장기 실업상태의 고령노동자(최근 15개월 동안 최소 52주), 계속 기여한다는 조건, 실업보험과 동일비율연금, (가구당 자산에 기초하여 제공되는)일반 실업수당보다 높은 급여수준
벨기에	60(남) 60(여)	60(남) 60(여) 60(남)/ 55(여) 60(남)/ 55(여) 64(남)	감액연금 보험수리원칙에 의함(1957) 젊은 실업자와 자리를 바꾼다는 조건으로 연금 지급(83) 실업(78-82) 장기직업활동	매년5%씩 감액 정상 연금액 수준으로 지급함 1년 이상 실업상태의 고령노동자 : 감액되지 않은 연금 45년간 활동한 대상자 또는 힘든 일 종사자
캐나다	65	60 60	캐나다 정년퇴직 계획에 따른 정규 정년퇴직(82) 임의 조기퇴직연금(79)	60-70세 기간 중 어느 때나 받음, 다만 65세 이전 수급하는 경우 연 6%감액 실업수당과 같은 수준의 연금
덴마크	67(남)/ 67(여)	60(남)/ 60(여) 60	조기퇴직연금(84) 임의조기퇴직연금(84) 임의조기퇴직연금(79.1)	건강상 또는 사회적 이유로 소득능력 50%이상 감소, 정규 퇴직연령 도달하기 전, 요보호자 케어, 소득상한선제 적용, 독신일 경우 제조업노동자 임금의 42%, 부부64%(1991), 초과소득을 가진 경우 감액연금 힘든 일에 종사한 사람 실업보험에 가입한 봉급생활자와 자영업자들에 적용함, 실업이든 일하든 상관없이 신청가능, 급여상 감액 없이 연 200시간 노동 가능, 재정은 노사가 공동부담, 급여수준은 실업수당과 동일
스페인	65	60 64	보험수리 원칙에 의한 감액연금 특별정년퇴직(81) 힘든 일자리의 노동자 조기퇴직연금	조기퇴직, 매년 8%씩 연금감액 단체협약에 의함, 고용주는 64세 퇴직자와 실업자 교체의무 부두하역노동자, 철도노동자, 광부 등

	정규 퇴직	조기 퇴직	프로그램	특징
미국	65[a]	62	보험수리 원칙에 의한 감액연금(1961)	매년 6.67%(월0.55%)씩 감액
핀란드	65(남) 65(여) 63[b]	60(남) 60(여) 55(남)/ 55(여)	실업(71) 실업(78-85)	장기실업자들을 위한 연금 (최근60주 동안 200일 이상 실업수당 수령자) 장애연금과 동일수준 정기실업자들을 위한 연금, 장애연금과 동일수준
프랑스	60[c]	60 60 60 60 55 55	감액조기퇴직연금(~83) 조기퇴직연금(83) 소득의 보장(72-77) 소득의 보장(77-83) 연대계약(83-88) FNE특별수당(79)	연5%씩 감액 37.5년 이상 불입한 경우 연5%씩 감액 비자발적 실업의 경우 일반 실업수당보다 높은 수준의 급여 자발적 조기퇴직자들에게 지급 경제적 이유로 해고, 젊은 실업자와 자리바꿈, 계약에 따라 정규정년퇴직연금 지급시까지 재정지원 해고 피용자에게 지급, 최근 봉급의 65%를 사회보장상한선 내에서 지급, 상한선 초과분의 50%
이탈 리아	60(남)			35년 동안 기여
노르 웨이	67	66 65	조기퇴직연금(89) 조기퇴직연금(90)	최소 10년 기여한 사람, 최소율에 의한 감액연금 수급자, 전액 연금이 지급되나 조세부과 (상동)
네덜 란드	65	57 1/2	실업	65세까지 실업수당 지급
영국	65(남)/ 60(여)	62-64 (남)/ 59(여)	JRS(77-88)	실업자와 자리바꿈, 77년 말에는 실업수당 수준 약간 미달, 78년부터 주당 23-25 파운드로 인상
스웨덴	65	60 60 60	보험수리원칙 감액연금 조기퇴직연금(72) 실업(74-91)	65세 이전 퇴직자 연6%씩 감액 최고 수준의 실업수당 60세 연령 실업자로서 실업수당 또는 비보험자 실업급여(KAS)수령자

주: a) 60세 이상 장애인, 64세에서 62세로 낮춤
   b) 공공부문, 표준정년퇴직연령 63세
   c) 83년까지 65세, 78-80년까지 58세, 80-86년까지 55세
출처: OECD, 1995: 83-85

다. 조기퇴직 신청은 노동자의 자발적인 의사에 기초하며 조기퇴직 연금은 임금의 80% 수준을 유지하도록 하였다. 그러나 기업들은 과중한 예비퇴직 프로그램의 재원부담을 이유로 개정을 요구하기에 이르렀고 1984년 실업보상체계의 개정을 골자로 하는 개선책이 출현하였다.

종전까지 주로 기업이 부담하던 예비퇴직 연금의 재원은 대부분 국가로 이관되었다. 실업보험 기금에 의한 실업급여는 단기 실업자들에게 집중되기에 이르렀다. 국가에 의한 조기퇴직 연금의 수급조건이 강화되자 고령 실업자들이 다시 실업급여를 신청하는 수가 급격히 증가하였다. 현재 조기퇴직자의 주된 소득원은 실업보험에 의한 급여와 실업자들을 위하여 국가가 정한 사회적 미니멈 급여의 혜택(RMI)이다.

(2) 독일 : 사회보장 급여를 통한 다양한 조기퇴직의 경로

독일의 대량실업이 사회적, 정치적 이슈로 부각하기 시작한 것은 1980년대부터이다. 이때부터 조기퇴직은 대량실업 방지노력의 하나로 간주되었다. 대량실업 사태는 2000년대까지 지속될 전망이고 조기퇴직은 이제 노후 소득보장의 재원마련 문제와 함께 가장 중요한 사회적, 정치적 토픽이 된 실정이다. 독일 조기퇴직 정책의 발달은 두 단계로 나눌 수 있는데 그 첫째는 공적 연금제도 내에서 수급조건과 수급 시기의 조정을 통하여 조기퇴직자들의 소득보장의 문제해결을 모색한 단계이다. 둘째 단계는 1980년대 이후로 국가, 노조, 기업 등 행위자들의 합의에 따라 조기퇴직 경로 개발을 통한 실업문제의 해결을 모색한 단계이다. 조기퇴직 경로 개발을 통한 대량실업의 해소는 소요 재원의 확보라는 문제와 노동공급의 감소라는 문제에 봉착하여 전망이 밝지만은 않은 것이 사실이다.

독일의 조기퇴직 경로는 노동시장 퇴출과 공적연금 개시 시기 사이의 간극을 메우는 소득보장의 방법이다. 크게 실업보상 경로, 예비퇴직 경로, 장애연금 경로, 세 가지로 구성된다. 실업보상을 통한 경로는 만성적 실업상태에 있는 57.5세 연령의 고령노동자에게 해당되는 것으로 대상자는 60세에 이를 때까지 실업보상을 받고 이어서 특례노령 연금으로서 연금수급으로 이어지는 경로를 거친다. 예비퇴직 경로는 58세부터 예비퇴직 연금을 받다가 63세에서 65세의 3년 동안 어느 한해에 공적 연금 수급으로 이어지도록 만든 경로를 거친다. 여성과 중증장애인의 연금수급은 60세이다. 장애연금 경로는 건강경로라고도 불리는데, 고령실업자가 질병보험의 질병 또는 사고에 의한 노동무능력 판정을 받으면 장애보험의 수급대상자로 편입되었다가 만기 공적연금 개시 시기인 65세부터 연금 수급으로 이어지는 조기퇴직의 경로이다. 이들 경로에 소요되는 재원의 조달은 다양한 주체들이 분담한다. 실업보험, 건강보험, 장애보험, 특례노령 연금 등이 바로 그것이다.

1992년에 연금제도 개혁이 단행되었다. 기여율이 상향조정되고 일반조세를 통한 국가의 재정 보조가 증대되었으며, 수급연령에 있어 중증장애인(수급연령 60세)을 제외한 대부분의 경우, 65세로 상향조정되었다. 그리고 이 연령에 도달하기 3년 전부터 조기퇴직이 가능하도록 문호를 개방하였으나 이 경우 연금 총액의 일정부분이 감액되도록 하였다.

(3) 네덜란드: 사회보장에 의한 경로에서 사적 경로로

사회보장 급여를 통한 조기퇴직 경로의 개발은 1979년과 80년대에 걸쳐 활성화되었다. 다양한 프로그램의 개발을 통하여 고령노동자들의 퇴직을 유도하였다.

조기퇴직의 경로로는 두 가지가 대표적이다. 실업 경로와 질병/장애경로가 그것이다. 실업경로에서는 57.5세 이상의 실업자들에 대한 실업급여가 세 가지 프로그램에 의하여 제공되며 65세의 연금 수급 개시 연령까지 이어진다. 질병/장애경로는 실업 경로보다 대중적이고 일반화된 조기퇴직의 경로이다. 이 경로는 질병보험과 장애보험 급여들로 구성된다. 질병보험은 최고 1년 동안 급여를 제공한다. 그 이후에도 계속 와병상태인 경우 장애급여로 이어지며 장애급여는 공적연금 개시 시기인 65세까지 지급된다.

이상에서와 같이 네덜란드의 조기퇴직 경로는 사회보장의 다양한 프로그램을 통해서 고령노동자들의 퇴직을 유도한 것이 특징적이었다. 그러나 1987년의 사회보장 재건 계획은 이러한 조기퇴직 유도정책에 커다란 변화를 초래하고 있다. 변화의 핵은 사회보장 경로의 감축과 개별적, 사적 조기 퇴직경로의 권장 그리고 실업경로의 재원을 실업보험에서 사회부조로 바꿈으로써 급여수준을 낮추고 지출규모를 축소시킨 것 등이다. 네덜란드의 사적 조기퇴직 제도로서 특기할 만한 것은 'VUT'(1977) 제도이다. 이 제도는 고령노동자와 그를 고용한 기업 간의 개별적인 계약에 기초하여 시행된다. 특히 1987년 사회보장 재건 계획에 의하여 사회보장 경로를 통한 조기퇴직이 어려워지자 노동조합들의 주목을 받기 시작하였다. 기업으로서도 사회보장 경로를 통한 고령노동자 퇴출이 어려워지자 이 제도에 의한 조기퇴직을 선호하기 시작하였다. 현재 이 제도는 60-64세 연령집단의 주요 조기퇴직 경로가 되고 있다.

이상에서 언급한 3국은 공통적으로 실업문제 해결을 위하여 다양한 사회보장 급여를 통하여 고령노동자 조기퇴직을 유도하고 있다는 특징이 있다. 사회보장을 통한 조기퇴직 경로의 발달은 1980년대에 절정을 이루었다. 네덜란드의 경우에는 1980년대 말부터 사회보장 재건 계획의 가동으로 사적 조기퇴직 경로가 가장 일반적인 방법으로 자리잡고 있다는 점에서 여타의 두 나라와 차이를 보인다.

(4) 영국 : 사회부조와 사적 경로의 혼합

1970년대부터 조기퇴직 현상이 가속되었다. 이에 따라 노동당과 보수당은 조기퇴직을 실업퇴치를 위한 정책 대안으로 삼는 데 동의하였다(Kohli, 1991: 226). 그러나 집권 보수당 정부는 조기퇴직 정책에 소요되는 예산을 이유로 시행하지 않았다. 결과적으로 고령노동자들은 사회부조와 보충급여 등 부조성 급여와 기업연금 등 사적 연금을 통한 소득보장 방법에 주로 의존하고 있다.

영국의 조기퇴직 경로는 4가지로 요약할 수 있다. 공적 예비퇴직 경로, 실업 경로, 질병 경로, 산업재해 연금/기업연금 경로 등이다. 공적 예비퇴직 경로는 'JRS(Job Release Scheme)'로 대표된다. 'JRS'는 일종의 조기퇴직 연금의 유형으로서, 일정범주 전일제 노동자들이 그들의 일자리를 젊은 실업자들로 채운다는 조건으로 물러나는 것이다. 1977년에 시작되어 1988년까지 약 25만 명의 고령노동자들 이 제도를 통하여 직장을 떠났다. 이것은 사회보장 경로를 통한 유일한 방법이지만 1980년대 말부터 정부의 철저한 재정 통제로 인하여 지원자 수가 급격히 감소하였다.

영국의 조기퇴직 정책의 특성은 자유주의적 노동시장 정책과 실업상태에 처한 고령노동자들의 기초생활 보장을 목적으로 한 사회부조의 급여, 부조성 보충급여 등 소극적 사회보장 정책을 시행하고 있다는 점이다. 조기퇴직의 결정은 고령노동자와 기업의 계약에 따른 개별적 선택에 의해 이루어진다. 회사는 기업 연금과 기타 사적 연금을 통하여 고령노동자의 퇴직을 유도하고 국가와 공공단체는 빈곤한 퇴직자에 대한 기초생활 보장을 실시한다.

(5) 미국 : 조기퇴직 경로의 사유화

미국의 경우에는 1970년대 중반부터 고령노동자들의 실업이 증가하기 시작

하였다. 그 이유는 베이비 붐 세대가 노동시장에 진입하기 시작했고 여성노동
또한 증가했기 때문이다. 스탠딩은 이 시기부터 '고령노동자들의 점진적 주변
화'가 이루어지기 시작했다고 보고 있다(Standing, 1986: 329-348). 사회보장
신용기금(SSTF)의 재정 위기가 심각해지자 지미 카터는 정년퇴직 연령을 65세
에서 70세로 높였다. 1983년 레이건은 조기퇴직을 억제하는 다양한 규정을 마
련하였다.[6]

조기퇴직자의 다수가 사회보장의 급여에 의존하고 있는 유럽국가들과는 달
리 미국의 경우에는 사적연금에 의존하는 경우가 많다.[7] 'ERIP'[8]에 의한 조기
퇴직이 그 좋은 예이다. 미국은 의무적 정년퇴직 연령이 규정되어 있지 않은
나라이다. 또한 연령차별금지법(1968)에 의하여 고령으로 인한 해고를 법으로
금지하고 있다.

(6) 스웨덴 : 부분퇴직과 노동시장 정책의 병용

노동원칙에 의해 운영되는 호의적인 노동시장이 발달해 있고 저실업이 공존
하고 있다. 따라서 다른 유럽국가들처럼 고령노동자들에게 조기퇴직의 압력을
넣을 필요가 없다. 고령노동자들의 노동활동 참가율은 1970년대 이후 계속 낮
아지는 추세이며 연령이 높아질수록 참가율은 더욱 더 감소한다. 감소의 원인

---

6) 조기퇴직 억제 장치들은 ① 65세 이전 퇴직자들에 대한 벌금, ② 67세 전액연금을 받도록
   연금액을 점진적 증액체계로 바꿈, ③ 정년퇴직을 연기하도록 보너스 또는 인센티브 제공,
   ④ 퇴직연금을 받으면서 감액 임금의 일에 종사하는 사람들에게 낮은 수준의 과징금 부과
   등이 있다.
7) 한 조사에 의하면 미국 55세 남성 노동자의 경우 35%, 55-61.5세 연령집단의 남성노동자
   의 61%가 기업연금 수급자들이었다. Kolli(M.), *Time for Retirement*, p.270 재인용.
8) 'ERIP(Early Retirement Incentive Program)'은 1980대부터 미국 기업들이 적용하기 시작
   하여 조기퇴직의 주된 경로가 되었다. 기업 구조조정과 인력규모의 감축을 목적으로 주로
   50대 중반 피고용인들을 대상으로 회사별로 실시하는 프로그램이다. 회사가 파격적인 퇴직
   일시금과 높은 기업연금 등의 조건을 제시하고 조기퇴직을 유도하는 단기 프로그램이다.

은 첫째, 강철, 광산, 조선 부문 기업들이 불황을 이유로 많은 노동자들을 사퇴시켰기 때문이다. 둘째, 사회보장 제도의 변화와 계약보험 제도들이 조기퇴직에 유리한 조건을 제공하였기 때문이다.

한편 계약제 노동 또는 시간제 노동에 종사하는 노동자의 수는 계속 증가하였다. 고령노동자들의 경우 60-64세 연령집단과 65-67세 연령집단의 노동자수가 지속적으로 증가하고 있다. 국영 노령연금의 수급연령은 1976년에 70세까지 연장하여 노동자는 자신의 선택에 따라 63-70세 동안 정년퇴직 시기를 스스로 결정하도록 하였다. 소위 유연성 있는 정년퇴직 정책이다. 스웨덴의 조기퇴직 경로로서 다른 나라들과 차이나는 점은 부분 연금제도의 시행이다.[9] 공적연금 이외에 노사 간 단체 협약에 의한 다양한 보충연금들이 시행되고 있으며 결과적으로 60-64세 부분연금 수급자들의 평균소득은 연금 수급 이전 소득의 약 80-90%로 매우 높은 수준을 유지하고 있다.

2) 일반적 경향

이제까지 살펴본 조사 대상국들의 노후 소득보장의 일반적 경향은 세 가지로 정리할 수 있다.

첫째, 정년퇴직의 유연화 경향이 강화되고 있다. 미국의 경우 연령차별금지법은 정년퇴직 연령의 삭제를 목표로 한다. 스웨덴의 부분퇴직제도는 고령노동자 자신의 선택에 따라 퇴직시기를 임의로 선택하도록 함으로써 사실상 종전의 고정된 정년퇴직 연령을 폐지한 것이다. 고정된 정년퇴직제도의 퇴직연령은

---

9) 스웨덴의 부분연금 제도는 1976년에 창설되었다. 국가와 지방보험협회가 공동 운영한다. 수혜대상자는 60세에 반액연금과 반일제 노동을 선택할 수 있다. 기타의 조건으로는 첫째, 60-65세 연령층을 대상으로 하며, 둘째, 주당 5시간 이상의 노동 시간수를 줄여야 하며, 또한 주당 노동시간이 17시간 이상이 되어야한다. 셋째, 연금과 노동을 병행하는 노동자의 소득은 일정 수준을 초과할 수 없도록 상한선을 정하고 있다.

육체적인 나이에 기초하고 있다. 그런데 정년퇴직의 유연화는 이러한 기존의 퇴직 개념과는 일치하지 않는 연령 개념에 기초하고 있는 것으로 해석할 수 있다. 다시 말해서 일할 의사와 능력이 퇴직의 새로운 기준이 되는 것을 의미한다. 이는 육체적 연령에 기초한 정년퇴직에서 기능적 연령에 의한 정년퇴직의 개념으로 바뀌어 가는 것을 의미하는 것이다.

둘째, 노후 소득보장의 수단이 다양화되고 있다. 복지국가의 공적 노령연금은 노인층의 주된 소득원이었다. 그러나 조기퇴직 경로의 개발과 정년퇴직 유연화 정책은 노후 소득의 다원화 현상의 원인으로 작용하고 있다. 부분퇴직/노동 제도의 도입을 통한 임금, 사회보장 급여들(조기퇴직 연금, 실업보상, 장애급여, 질병급여, 산재급여, 사회부조급여와 기타 실업부조 등 보충급여), 기업연금과 기타의 사적연금의 급여 등이다.

셋째, 정년퇴직의 개념이 희박해짐에 따라 직업활동기와 노년기의 구분이 점차 모호해지고 있다. 복지 국가의 개인의 생애과정은 유년기, 장년기, 노년기 3단계로 나뉘는데, 이 중에서 노년기는 연금수급에 의존하여 생활을 영위하는 것을 특징으로 한다. 그러나 스웨덴, 미국의 경우에서 알 수 있듯이 노후 주소득원이 연금과 임금의 혼합형태로 바뀜에 따라 노년기의 시작=연금수급의 시작이라는 기존 복지국가의 노년에 대한 개념이 점차 변화하고 있다. 또한 노년기가 휴식의 기간이라는 개념도 점차 희박해지고 있다.

기 뻬렝은 복지국가의 사회보장 목표를 노동자와 가족의 소득의 보장으로 제시하였다(Perrin, 1976: 227). 이러한 사회보장 목표는 노후 소득보장 정책에서 점차 약화되고 있는 것같이 보인다. 즉, 그가 말한 소득보장의 개념은 사회보장의 급여가 임금 소득의 수준과 동일하거나 버금가게 함으로써 임금의 공백기 동안 노동자와 가족의 실질적인 생활수준을 보장해 주는 것이었다. 그러나 공적연금의 급여수준은 실업의 증가, 조기퇴직의 증가 등으로 말미암아 노동자의 실질적인 소득을 보장하기 어렵게 했다. 이에 대한 보완책으로 기업연금제의 도입, 기타 개인연금에 의한 보충적 급여 등의 방법이 다양하게 도입되고 있다. 아울러 자유주의적 복지국가 정책 노선으로 선회한 일부 국가들에서는 사회보장 급여의 공백, 사회보장 급여수준의 저하 등으로 인하여 조기퇴직자 집단의 빈곤화가 가속화되고 있다.

4. 조기퇴직의 사회적 영향—생애과정 유형의 탈제도화

생애주기의 제도화와 탈제도화는 기유마르의 노년사회학의 주된 주제이다.10) 그녀는 생애주기의 제도화를 산업사회 노동자생활에서 획일적으로 나타나는 현상으로 이해하고 있다. 이것은 생애기간 동안 안정적이고 지속적으로 나타나며, 연대기적인 (연령에 기초한) 생애 기간들(유년기, 장년기, 노년기)이 지속적으로, 순서에 따라, 표준화된 형태로 나타나는 것이 특색이다.

조기퇴직은 노인들에게 대단히 인기가 높다. 노인 세대와 젊은 세대 간의 노동 재분배는 사회보장 급여 등 마땅한 세대 간 소득의 재분배만 이루어진다면 참으로 정당하고 긍정적인 목표가 될 수 있다(Kohli, 1991:29). 그러나 또 한편으로, 조기퇴직은 세대 간의 교환과 재분배 이슈를 더욱 날카롭게 한다. 왜냐하면 조기퇴직은 퇴직연령이 앞으로 당겨짐을 의미하는 것이다. 이렇게 되면 이미 실업의 증가와 인구의 노령화로 재정문제가 어려운 노령보험의 세대 간 재정 부담상의 형평문제가 재검토되지 않을 수 없는 것이다.

---

10) Guillemard(A.-M)의 주된 관심 영역은 정년퇴직과 사회보장 정책의 관계이다. 그녀는 조기퇴직의 증가와 노후 소득정책의 변화가 3단계로 구성된 생애과정(생애주기)에 근본적인 변화를 초래하였다고 주장한다. Guillemard(A.-M.), Paradigmes d'interprétation de la sortie anticipée d'activité des salariés vieillissants, Un bilan de la recherche comparéè internationale, *Travail et Emploi*, DARES, No. 63. Doc. fran., 1995, pp.16-19, Pour une analyse des interactions entre protection sociale, modèles d'emploi et organisation sociale du cycle de vie 참고.

여기서는 선진 산업국가들의 조기퇴직의 증가와 조기퇴직 경로의 개발이 사회보장에 미치는 영향이 무엇인지 생애주기의 관점에서 살펴보도록 한다. 유년기, 노동 활동기, 노년기로 구성되는 3단계 생애과정은 복지국가 생애주기를 대표한다. 공적연금이 정년퇴직 시기 결정과 노후 소득보장의 기능을 수행함으로써 복지국가의 생애주기는 제도화되었다. 그러나 이와 같은 현상은 조기퇴직 현상으로 말미암아 점차 약화되었다. 정년퇴직 제도의 존재로 인한 노동자의 퇴직에 관한 결정권 상실은 생애과정과 사회보장 제도 사이의 연결관계를 복잡하게 만든다. 그러나 스웨덴의 경우는 다소 예외로서, 정년퇴직 체계와 3단계 생애과정 모델 간의 긴밀한 연결관계를 유지하고 있다.11)

공공 정년퇴직 체계가 결정적 퇴직에 계속 영향을 주게 되면 생애과정 마지막 단계의 사회적 조직화도 종전과 대동소이하며 노년으로의 진입을 만드는 경계선도 이전과 별로 달라지는 게 없다. 그러나 그 이외의 나라들에서는 정년퇴직 계획뿐만 아니라 한 사람이 생애과정의 어떤 단계에서 다음 단계로 이동하는 경로, 단계마다의 경계선 등에 있어서 심각한 변화가 일고 있다. 생애과정의 마지막이 더 이상 규범적 스케줄에 따르지 않는다고 해서 그것이 개별화되었다고는 볼 수 없다. 왜냐하면 개인이 더 이상 거기에 영향력을 행사할 수 없기 때문이다. 조기 퇴직자들 대다수는 특히 프랑스와 영국의 경우 자발적으로 퇴직하지 않는다. 오직 독일에서만 개인적 선택권이 다소 남아있는 편이다. 사실적 조기퇴직의 경향은 노동시장 조건과 회사의 전략들에 연루되어 있다.

생애과정의 연대기적 조직화와의 결별은 그것의 탈표준화12)를 초래한다. 사

---

11) 스웨덴 노동자는 자신의 선택에 따라 63세-70세 기간 동안 정년퇴직 시기를 스스로 결정한다. 이에 관해서는 본문 (pp.19-20) '스웨덴: 부분퇴직과 노동시장의 병용'에서 이미 설명한 바 있음.
12) 생애과정의 탈표준화란 유년기, 노동활동기, 노년기로 구분되어 모든 노동자들에게 보편적으로 적용되어 왔던 3단계 생애과정이 점차 붕괴되는 현상을 의미한다. 결과적으로 노동활동기와 노년기의 구분이 모호해지며, 유년기 동안에 실시되던 교육이 생애 전 과정으로 확대되는 현상 등이 여기에 해당한다고 볼 수 있다. 생애과정의 탈표준화에 관해서는 Kohli,

회적 상태로서의 정년퇴직과 전이체계는 앞으로 전개될 경로, 노령으로 진입하는 시점 등을 예측하는 것을 불가능하게 만들었다. 생애과정 모델의 제도화는 생애 제3단계에 동질적인 의미와 정체성을 부여하는 통일된 원칙이었다. 그러나 '정년퇴직=노년기의 시작'이라는 사회적 통념이 무너지고 있으며 생애과정의 마지막 단계가 희미해지고 있다. 셋째 단계는 여가와 비활동으로 특징지어지던 것에서 탈피하여 보수와 관계없는 자유노동, 교육, 자유시간 등이 대상자들의 활동상에 교차되며 나타나는 시기로 바뀌어가고 있다. 이처럼 조기퇴직은 생애과정 3단계를 잠식해 버렸다.

1980년대 노조, 고용주, 국가 3자 사이의 합의에 의해 추진되었던 조기퇴직 정책은 1990년대 들어 변화하고 있다. 정부는 인구 노령화 추세와 퇴직연령의 하향조정이 균형을 취할 수 없다는 것을 알게 되었다. 이런 이유로 대부분의 정부는 조기퇴직 정책을 중단하기에 이른 것이다. 그들은 공적연금 제도를 개혁하기 시작하였다. 독일과 미국에서 만기 연금수급 연령을 이미 상향조정하였고, 정년퇴직 체계를 더욱 유연하게 만들어 부분적 정년퇴직을 제공하는 방법에 대한 연구가 진행 중이다. 또는 스웨덴의 경우와 같이 유연화된 정년퇴직을 제도화한 나라도 있다. 이러한 제도들은 결정적 퇴직의 시기를 늦출 수 있다. 그러나 정년퇴직 연령의 조정만으로는 불투명하며 노인고용을 촉진시키는 고용정책이 병행되어야 효과를 거둘 수 있을 것이다.

5. 전망과 한국 사회보장에 시사점

1) 전망

OECD 국가들의 조기퇴직 현상과 관련하여 정년제도와 사회보장을 전망해

1991, p.382.

볼 수 있다. 먼저 정책적 의미에서 조기퇴직 현상의 확대가 사회보장 제도에 미치는 영향으로 획일적 정년제도의 변화를 들 수 있다. 이들 중에서 스웨덴식 개혁, 즉 부분연금 제도의 운영을 통한 정년제의 유연화는 노후 소득의 보장을 복지국가가 책임진다는 전제 아래 노인이 노동과 휴식 중에서 자유로이 선택할 수 있도록 배려하였다는 점에서 우리나라의 노후소득보장 정책에 시사하는 점이 많다.

앞으로 OECD 국가들의 조기퇴직 현상은 계속 확대될 것이다. 이와 관련하여 노동, 자본, 국가 각각의 입장과 상호관계를 전망해 보겠다. 우선 노동자는 고용의 안전을 보장받고 싶어할 것이고 고용주는 자신이 행사할 수 있는 재량권의 영역을 넓히려 할 것이다. 국가는 이들 사이에서 사회적 지출의 통제와 연금 재정의 수지균형을 이유로 개입의 폭을 점차 넓히려 할 것이다. 이들 3자 관계에 관한 첫째 전망은 낙관론에 기초한 것으로서, 이 세 행위자들이 수정된 정년퇴직의 개념, 다시 말해서 유연화된 형태의 정년제도에 대한 세 행위자들 간 합의의 도출이다. 이 경우 행위자로서 국가의 적극적 개입이 요구된다.[13] 둘째는 비관적인 전망으로서, 이러한 삼자 간의 합의의 결렬이 가져올 결과이다. 이렇게 되면, 세 행위자들은 점점 더 화합하기 힘든 각자의 대안에 집착하게 될 것이다. 이에 대하여 어떤 조치가 내려지지 않는다면 서구 사회는 젊은 이들의 실업문제와 고령자 해고에 따른 결과를 동시에 해결해야 하는 어려운 상황에 봉착하게 될 것이다. 결과적으로 선진 산업사회의 인구 노령화에 따른 노령정책의 위기를 헤쳐나갈 수 없게 될 것이다.

---

13) 유연화된 정년제도란 노동자 소득이 보장되는 일자리와 연금 수급권, 양자 택일 또는 병행 등의 선택 사항들을 대상으로 노동자가 자유로이 선택할 수 있는 권리를 보장하는 것을 말한다. 스웨덴에서 시행되고 있는 새로운 형태의 정년제도가 하나의 예라 할 수 있다.

2) 한국 사회보장에 시사점

우리나라는 고령노동자들의 취업률이 앞서 살펴본 OECD 국가들에 비하여
월등히 높다. 또한 노후 소득원 역시 이들 국가들과는 달리 매우 다양한 것이
특색이다. 반면 기업정년은 매우 낮기 때문에 공적연금 수급 시기와의 간극이
존재한다.

(1) 우리나라 고령노동자 취업 현황

우리나라 고령노동자 소득보장의 문제는 앞에서 살펴본 선진 산업국가들의
경우와는 상당한 거리가 있다. 우선 55-64세 연령집단 노동자들의 취업률이
매우 높은 수준이고, 그것도 1960년대 이후로 계속 높아지는 추세이다. <표
8-5>에서 알 수 있듯이, 우리나라 55-64세 연령집단의 경제활동 참가율은
1995년의 경우 전체의 64%로, 15-64세 연령층의 경제활동 참가율(65.1%)과
별로 차이가 없다. 또한 55-64세 연령집단 경제활동 참가율은 스웨덴(66.9%),
일본(66.2%)을 제외한 프랑스, 독일, 영국, 미국보다 월등히 높다.

한 연구조사 결과에 따르면 우리나라 고령 취업자의 비율은 1960년대 이래
지속적으로 증가해 왔으나 1987-1993년 사이에 특히 급속히 증가하였다.
1985-1995년에 전체 취업자의 연평균 증가율이 3.1%이던 것에 비해 고령 취
업자는 연평균 5.9% 속도로 꾸준히 증가했다(허재준, 전병휴, 1998: 19). 이는
대부분의 선진 산업국가들의 고령노동자 취업률이 감소하고 있는 것에 비하면
예외적이라 할 수 있다. 고령노동자의 취업상황을 직종별로 보면 농업분야 종
사자 비율이 43.2%로 가장 많고 그 다음이 노무직(18.7%)으로, 농업종사자
비율이 매우 높다(허재준·전병휴, 1998: 19).

우리나라 고령노동자 노동활동 참가율이 높은 이유에 대해서 허재준은 첫째,

표 8-5. 각 국의 고령자 경제활동 참가율(전 산업, 55-64세, 1995)

	전체	남자	여자
한국	64.1(65.1)	79.7(79.0)	50.4(51.5)
일본	66.2(76.5)	84.8(90.8)	48.5(62.2)
호주	44.9(75.4)	60.9(85.6)	28.6(65.0)
프랑스	36.1(67.3)	41.5(74.8)	30.9(60.0)
독일	42.8(71.0)	54.5(80.3)	31.3(61.3)
스웨덴	66.9(77.0)	70.4(79.0)	63.4(74.9)
영국	51.5(73.8)	62.5(82.1)	40.9(65.4)
미국	57.2(77.8)	66.0(85.0)	49.2(70.7)

주: ( ) 안은 15-64세 인구 전체, 남자, 여자의 경제활동 참가율
출처: 한국노동연구원, 1996: 13. 재인용

노령 연금제도가 갖추어져 있지 않은 점, 둘째 가족 사회보장 기능의 약화 등의 영향으로 고령기에도 노동시장에 남아 있고자 하는 사람이 많은 점, 셋째 고령기에도 자녀교육, 결혼 등 자금 수요로 인하여 경제활동의 필요가 높은 점, 넷째 자아실현을 하려는 가치관, 그리고 마지막으로 고도 성장 과정에서 기업의 노동수요가 지속적으로 증가해 온 결과 등을 요인으로 설명하고 있다(허재준, 1998: 62-63).

(2) 우리나라의 정년퇴직 제도와 노후 사회보장 제도의 현황

우리나라는 공무원과 교육 분야 종사자 등 일부를 제외하고 대부분의 사무직 노동자들과 임금 노동자들의 정년은 법으로 정해져 있지 않다. 우리나라 근로기준법 시행령에는 "사업주가 근로자의 정년을 정하는 경우에는 60세 이상이 되도록 노력해야 한다"고만 규정하고 있을 뿐이다.14) 그러나 우리나라의 대부분 기업들은 자체적으로 기업정년제를 실시하고 있다. 기업정년을 55세로

---

14) 근로기준법 시행령 19조.

정하고 있는 곳이 전체의 66.5%로 가장 많으며 남자의 평균 정년퇴직 연령은
56.9세, 여자는 52.5세이다(박영범: 64).

한편 우리나라는 노동자들을 위한 노후 사회보장 제도가 서구 복지국가들만
큼 잘 발달되어 있지 못하다. 결과적으로 연금소득이 정년퇴직 후 노후생활의
주된 소득원으로 자리잡지 못한 상태이다. 공무원 연금과 사립학교 교직원 연
금은 이미 급여를 시작하였으며, 각각 정년퇴직과 동시에 연금급여를 실시한
다. 이와는 달리 국민 대다수가 가입 대상인 국민연금 제도는 1988년에 시작
하여 아직도 급여가 본격적으로 시행되고 있지 않다. 연금수급 연령은 60세이
다. 우리나라 대부분 기업들의 기업정년이 55세인 점을 감안한다면 이는 현실
성이 회박한 규정이다. 그러나 개정 국민연금법은 가입기간 10년 이상인 자로
서 60세 이전에 퇴직하는 경우에, 55세부터 '조기노령연금'을 지급하도록 규정
하고 있다(개정 국민연금법, 1998.12.31. 제56조 4항).

(3) 우리나라 노후 소득보장 정책의 방향

노후 소득보장은 노인의 일상생활에서 가장 기본적인 것으로서 노인복지의
제1 조건이라 할 수 있다. 노후 소득보장을 위해서는 국가의 적극적인 노동시
장 정책과 사회보장 정책이 협조관계를 유지하면서 발전해야 한다.

첫째, 적극적인 노동시장 정책이란 노인취업을 증가시키기 위한 대책을 의미
한다. 고령노동자들은 여러 가지 이유로 노동시장에서 배척 당한다. 그 이유
중 하나는 이들의 생산성에 비하여 이들을 위해 기업이 부담하는 비용이 크기
때문일 것이다. 따라서 기업들에게 부담을 덜 지우면서 고령노동력을 기업에
유지시키고 또한 실직한 고령노동자들에게 취업교육, 취업알선을 목적으로 하
는 모든 수단과 방법을 동원하여 고령실업자들의 재취업 또는 취업을 지원하
도록 노력해야 할 것이다.[15]

둘째이자 마지막은 사회보장 제도의 정비이다. 우리나라의 사회보장 제도는 사회보장의 두 가지 목표라 할 수 있는 가입자 기초생활 보장 기능과 실질적인 소득보장 두 가지 중 어느 한가지도 제대로 수행하고 있지 못한 실정이다. 국민연금의 경우 현재의 급여만으로는 수급자의 기초생활 보장과 실질적인 사회보장 제도 두 가지 목표 중에서 어느 하나도 제대로 수행하기 어렵다.16) 노후 최저생활의 보장은 국민 연금제도 내의 무거출 급여의 신설을 고려할 수도 있고(이 경우 재원은 공공기금으로 충당되어야 할 것이다) 아니면 경로연금 제도17)와 같은 별도의 제도를 만들어 해결할 수도 있다. 어떤 것이 되었든 간에 무거출 노령연금 급여의 신설은 국민연금 규정상의 경과조치의 미비로 급여대상에서 제외된 고령노동자의 최저생활을 보호할 수 있다는 점에서 중요한 의미를 지닌다. 또한 국민연금 가입자의 실질적 수준의 직업소득의 보장 방법으로는 프랑스의 예에서 보듯이 노사에 의한 보충연금의 운영을 고려해 볼 수 있을 것이다.18)

---

15) 허재준은 고령자 취업 활성화 방안을 ①고령자 노동시장의 정책과제, ②의중임금을 낮추기 위한 정책, ③고령자 임금 노동시장의 노동공급을 감소시키는 정책, 세 가지로 나누고 각각에 다양한 프로그램들을 제시하고 있다. 허재준·전병유, 『고령자 노동시장』, 노동연구원, 1998, pp.71-78.
박민서는 고령자 고용촉진법의 개정 및 정비, 퇴직 노인들을 위한 직업훈련 및 적응훈련 프로그램의 실시, 노인 적합 직종의 적극적 개발노력과 채용지도, 고령자 기피현상에 대한 심층적 조사와 연구, 노인복지 공장의 설치와 운영 등 정부 차원의 정책과 민간 기업의 노인 취업의 참여확대, 구인, 구직센터의 활성화, 노인취업에 대한 일반의 인식전환과 노인의 의식구조 개선을 제안하고 있다. 박민서, 「고령화사회의 노인취업실태와 바람직한 방향」, 『한국사회정책』 제5집 제1호, 1998, pp.342-348.
16) 예를 들면, 보험료 불입기간이 짧거나 불입액이 적기 때문에 초래될 수 있는 낮은 급여 문제와 결과적으로 이 급여가 수급자의 기초생활을 보장해 주지 못하는 문제에 대하여 국민연금 제도는 아무런 대응책도 마련해 놓고 있지 못하다. 또한 국민연금법은 가입자의 실질적인 직업소득의 보장에도 미치지 못한다.
17) 경로연금의 도입과 시행방안에 대해서는 이가옥, 1999, pp.149-204. 참고.
18) 프랑스의 보충연금은 의무가입을 원칙으로 하며 노동자의 실질적인 직업소득의 보장을 목적으로 운영한다. 그리고 그 재원은 노사가 공동으로 부담하는 보험료로 충당된다. 신섭중

　우리나라 고령자 취업의 문제는 1950년대에 출생한 베이비 붐 세대가 고령 노동자 집단에 소속되는 2010년경에는 어려움이 예상되기 때문에 장기적인 계획을 세우고 점진적으로 접근해야 할 것이다. 정년퇴직 연령을 상향조정하는 것은 특히 우리나라처럼 기업정년이 낮고 많은 노동자들이 기업정년 이전에 퇴직하는 현실을 감안할 때 아무리 강조되어도 지나침이 없다.

　우리나라 기업정년은 점차 상향조정되어 연금수급 개시 연령인 60세까지 단계적으로 변화를 시도하는 것이 필요하다. 이에 따라 파생되는 기업의 비용부담은 각종 제도 개선을 통하여 해결할 수 있는 문제들이다. 예를 들면, 연공서열제 봉급체계로 인한 고령노동자의 높은 임금 수준을 능력제 봉급체계로 바꾸고 퇴직금 제도도 기업연금 제도로 바꾸는 등 개혁을 통하여 기업이 추가 비용 없이 고령노동자들의 고용을 유도하도록 지원하는 방법을 생각할 수 있다. 또한 각종 고령자 고용촉진법의 경로를 통한 각종 인센티브 제도의 도입과 세제 지원 등을 통하여 기업들이 고령노동자들의 재취업을 돕는 방법도 하나의 대안이 된다.

외, 『세계의 사회보장』 프랑스 편, 유풍출판사. 1994.

제9장
서구 사회보장의 위기와 한국 사회보장의 과제

　제9장에서는 서구 사회보장 위기와 관련해 사회보장의 철학에 대해 논의해 보고자 한다. 이러한 시도는 사회보장의 기본원리와 제도 그리고 이들 존재의 사회적 가치를 찾아내는 데 그 궁극적 목적이 있으며, 위기의 국면에 처해 있다고 할 수 있는 서유럽 국가들의 사회보장 제도들의 정당성을 변호하기 위한 것이다. 또한 이를 통해 서구 사회보장의 위기가 우리에게 주는 시사점을 찾아낼 수 있다. 물론 서구 사회보장 제도가 당면하고 있는 과제 전부가 우리 사회보장의 과제라고 할 수는 없지만 위기의 내용에 대한 인과관계의 분석과 전문가들이 제시하는 서구 사회보장의 과제와 미래에 대한 예측은 사회보장 제도의 정립단계에 있는 우리에게 시사하는 점이 적지 않다.

　우리나라의 사회보장 제도와 정책은 서유럽 국가들과 비교해 볼 때, 시작부터 전개과정에 이르기까지 파행적인 경로를 거쳐 오늘에 이르고 있다. 우리나라의 사회보장은 1960년대 초 제3 공화국의 지배세력을 이루고 있었던 군부세력의 일방적인 제안에 의해 시작되었고, 기술관료 집단에 의해 제도화되어 오늘에 이르렀다 해도 과언이 아니다. 결과적으로 우리나라의 사회보장 제도는 가입자 집단인 국민들의 욕구에 민감하게 대응하지 못하며 우리 사회가 안고 있는 빈곤문제 등의 사회문제 해결에 효과적이라고 말하기 어려운 실정이다. 오히려 국가에 의한 통제와 관리운영이 용이한 방향으로 발전해 가고 있다.

예컨대, 우리나라의 의료보험은 수지균형과 비용절약 등 의료보험 관리, 운영에 있어서의 합리성에 지나친 강조를 둔 나머지 의료보험이 보험가입자들의 다양한 의료욕구를 어떻게 효과적으로 대응하느냐 하는 데 대한 공개적이고 민주적인 논의는 간과되고 있는 실정이다. 이러한 본말전도적인 사회보장 논의는 사회보장의 운영과 보호 기술의 발전에는 기여할지 모르나 사회보장을 민주적이고 가입자 중심의 제도로 발전시키는 데에는 아무런 도움도 되지 못한다.

본고에서는 내적, 외적인 요인들로 인하여 위기 상황에 처한 서유럽 국가들의 사회보장 제도들의 상황을 간결하게 정리해 보고 이러한 어려운 상황을 타개하기 위한 방법에는 어떤 것이 있는지 살펴볼 것이다.

1. 서유럽 국가 사회보장 제도의 공통적 특성

1) 사회적 목표와 경제적 목표의 조화와 균형

최근 들어 해양오염의 문제가 우리 사회의 심각한 사회문제로 대두되고 있다. 얼마 전 여천 앞 바다 유조선 좌초에 따른 기름 유출사고에 이어 비슷한 종류의 사고가 남해안에서도 일어나 해안의 오염은 물론 어부들의 생계를 위협하는 요인으로 부각되고 있다. 남해안 지역 어민들과 사고를 낸 기업들 간에 보상을 둘러싼 실랑이가 점차 고조되고 있다. 이러한 피해자 집단과 가해자 집단의 이해관계의 갈등은 점차 고조될 전망이다.

남해안 임해공업단지의 조성은 경제성장을 통한 국력배양이라는 국가목표의 달성을 위하여 국가에 의해서 제안·실행되고 있는 사업이다. 공장건설과 제품의 생산·유통은 국가적 차원에서 보면 국부의 증대와 고용의 창출이라는 실익을 가져다 주는 것이지만 공장 건설로 인한 해안 생태계의 변화는 인근 어민들의 생계를 위협하는 부작용을 가져온다. 경제적 효율의 측면에서 본다면 임해공업단지의 조성에 따른 해양오염과 어민들의 경제적 손실은 공업단지 건설이 가져다 주는 생산의 증대와 고용의 창출 등의 경제적 실익에 비하면 매우 사소한 것인지 모른다. 그러나 어민집단에게 어장의 오염과 황폐화는 당장 생계에 치명적인 타격을 가져다 주는 중대한 사건이므로 임해공업단지의 건설에 무조건 찬성할 수는 없는 문제이다. 이처럼 개개인의 이해관계와 국가사회 전체의 이해관계가 항상 일치하는 것은 아니며 이는 조화와 절충을 통해서만 해결할 수 있는 문제인 것이다.

사회보장에 관한 논의는 임해공업단지 건설을 둘러싼 국가와 인근지역 주민들 간의 이해관계의 절충과정과 흡사한 성격을 지닌다. 사회보장 제도는 가입자 집단의 사회적 기본욕구를 사회적 연대원칙에 기초하여 해결한다. 이 점에서 사회보장 제도는 무엇보다도 먼저 사회적인 성격을 띠는 제도임에 틀림없다. 그러나 전체로서 국가 사회보장 체계는 국가경제의 능력 안에서 비용이 조달되어야 하고 또 제도 안에서 수입과 지출이 균형을 이루는 건전 재정이 보장되도록 설계·운영되어야 한다. 이러한 점에서 사회보장제도는 경제적 성격을 동시에 지니는 제도임에 틀림없다. 그러나 목표의 우선 순위에서 볼 때 가입자 집단의 사회적 욕구의 충족이라는 사회적 목표는 욕구충족에 있어서의 국가집단의 생산성이나 경제적 효율과 관련된 거시적이고 고차원적 목표보다 본질적이고 일차적인 목표이며 따라서 국가집단의 목표에 우선하는 목표임에 틀림없다.

우리나라 사회보장 제도는 국가에 의해서 제안되고 실현되어온 나머지 아직까지도 가입자 집단의 정책적 차원의 주도권이 인정되지 않고 있는 실정이다.

이러한 상태에서 과연 사회보장이 추구하는 본질적이고 일차적인 목표라 할 수 있는 가입자 집단의 사회적 욕구가 효과적으로 충족될 수 있는지에 대해 따져 볼 필요가 있다.

2) 인간의 기본적 권리로서의 사회보장

사회보장은 개인과 가족의 인간적 권리의 한 형태라 할 수 있다. 인권의 첫째 개념은 근로임금 또는 봉급에 의존하여 살아가는 모든 개인들과 가족의 생활상의 안전의 권리이다. 도시나 공장 주변과 같이 익명의 사람들이 모여 사는 사회에서 일상생활은 자연히 자기 지향적이고 가족위주가 될 수밖에 없다. 이런 사회에서 임금 또는 봉급은 개인과 가족의 일상생활을 가능하게 하는 주된 수단이 된다. 따라서 이러한 사회에서는 임금과 봉급의 항구성과 안전성이 보장될 필요가 있다. 봉급생활자와 그 가족에게는 질병, 사고, 실업, 퇴직, 사망 등 불의의 사고로 인한 봉급의 감소 또는 단절을 예방할 수 있는 안전 기제가 필요한 것이다. 특히 현대 사회처럼 봉급생활자와 가족집단이 사회구성원 대다수를 차지하는 사회에서 이들의 생활안전은 사회의 보편적인 가치로서 중요성이 인정되어야 마땅한 것이다. 또한 이들의 생활상의 안전보장을 목적으로 하는 사회제도가 정착될 필요가 있다.

인권의 두 번째 개념은 최저생활의 권리이다. 전근대 사회, 즉 종교적인 사회에서 빈곤문제는 교회와 사찰이 부담하는 사회적 과제였다. 이리하여 교회는 사회구성원들의 정신적 지배자의 위치를 공고히 할 수 있었다. 근대는 탈종교적이며, 근대인들 대다수에게 교회나 사찰은 더 이상 일상생활의 주요 부분이 되지 못한다. 전근대에서 근대로의 변화는 종교지향적인 것에서 탈종교적인 것으로의 전환 또는 점진적인 변화를 의미한다. 또한 이는 빈곤문제의 해결책으로 자선을 대신할 시민사회 차원의 도덕적 실천을 점차적으로 요구하는 것을 의미한다.

사회복지는 근대 사회의 특성 중 하나이다. 이는 시민사회적 도덕 또는 시민사회 구성원들의 도덕성에 기초한 활동이다. 근대 사회에서 교회 또는 사찰은 빈곤문제 해결의 주체가 되기 어렵다. 이 문제는 시민사회 수준에서 그 해결책을 모색해야 한다. 그 개별적이고 소극적인 방법은 박애 또는 사회사업이 될 것이고 제도적이고 적극적인 방식은 사회보장 제도화를 통한 사회적 미니멈 권리의 보장이 될 것이다.

시민사회 구성원들은 그가 인간이라는 이유만으로 사회 또는 국가로부터 최저생활을 보장받을 권리를 지닌다고 볼 수 있다. 이처럼 시민사회에서 빈곤의 문제는 시민적 도덕성의 표현이라 할 수 있는 사회복지(박애사업과 사회보장)를 통해 해결할 수 있는 것이다.

3) 사회정의와 사회보장

인간은 개인적 권리의 주체로서 개체이기도 하지만 동시에 그가 속한 사회와 유기적 관계 속에서 살아가는 사회적 존재이기도 하다. 사회구성원 개개인의 물질적 풍요와 빈곤, 정신적 안녕과 불행 등은 타인에게 영향을 주기도 하고 타인의 빈곤 또는 안녕과 불행의 원인이 되기도 한다. 사회적 정의의 가장 기초적인 것은 구성원들의 최저생활을 사회가 보장해 주는 것이다. 보다 진보된 사회정의의 개념은 구성원들 간의 지나친 불평등-기회의 불평등, 부의 불평등을 완화하는 일이 될 것이다. 사회정의의 실현은 사회보장의 목표체계의 일부를 구성하는 중요한 개념이다.

2. 시장 지향적 사회보장과 복지 지향적 사회보장

시장의 속성은 행위주체로서 개개인의 이윤추구의 동기와 개체들 간의 관계에 있어서의 경쟁질서를 기초로 한다. 이것이 우리 사회와 사회 구성원들이 지닌 속성의 일부가 될 수는 있을지라도 우리 사회가 시장 지향적 사회 또는 시장사회라고 정의하는 것은 잘못된 생각이다. 인간은 얼마든지 이윤추구의 동기와는 별개의 행위 주체일 수 있으며 또한 인간관계를 반드시 경쟁 관계로만 규정할 수는 없다. 협동의 관계, 이타적이고 집단 지향적 관심에 기초하여 얼마든지 발전할 수 있기 때문이다.

그럼에도 불구하고 사회는 곧 시장을 의미한다는 사고방식이 우리 사회의 도덕적 기준이 되는 이유는 아마도 매스컴의 영향과 사회적 분위기의 지배적인 영향에 기인하는 듯하다. 역사적으로는 30여 년 동안 지속되어 온 경제성장 위주의 국가 이데올로기가 낳은 결과이다. 1960년대 이후 자유시장경제 이데올로기는 우리 사회의 지배적인 경제 이데올로기로 군림해 왔다. 자유시장경제 이데올로기가 군림하는 사회의 사회보장을 포함한 모든 사회제도들은 시장 질서를 원활히 유지하기 위한 수단으로 간주된다.

시장 지향적 사회보장은 시장질서의 원활한 유통을 위해서 존재하는 보조적이고 수단적인 사회보장 제도를 의미한다. 사회보장의 모든 급여는 시장의 원활한 활동에 도움이 되는 한도 내에서만 시행된다. 국가개입은 극소화되며 안전을 위한 대안 마련은 더 이상 사회적 공통관심사가 아니고 안전을 택할 것이냐 모험과 투기를 택할 것이냐의 문제도 순전히 개인적인 선택사항일 뿐이다. 따라서 국가가 운영하는 의무가입 제도로서의 사회보장은 사회적인 오류이며 사회악이고, 개인의 순수한 의지에 의해서 선택되는 사보험만이 합리적이며 사회적인 선이 된다. 그러나 이러한 시장경제와 시장 지향적 사회보장이 19세기 후반 이후 산업사회의 발전에 보편적인 흐름이라고 볼 수 없다. 따라서 자유시장 질서가 우리 사회와 사회 구성원들의 보편적인 의사를 반영한다고 볼 수는 없는 것이다.

사회보장의 기본원리는 개인주의와 집단주의 경쟁의 논리보다는 협동의 논리에 기초하고 있다. 이는 시장의 논리와 극명한 대조를 이룬다. 사회보장은 임금 노동자와 가족의 생활안전 문제, 자본주의 사회의 빈곤과 질병의 문제를 사회의 집단적 내지는 연대적 노력을 통해 해결하고자 한다. 또한 사회보장은 시장경제의 기본원리와는 달리 국가 또는 공권력의 개입과 주도 등을 당연한 것으로 받아들인다. 사회적 미니멈의 보장, 노동자와 가족의 정상 소득의 보장, 질병으로부터 개인과 가족의 건강 보장 등에 있어서 국가의 개입을 당연시한다. 국가의 개입은 국가사회 수준의 공동선 실행에 궁극적인 목적을 두는 것이다. 따라서 국가의 영리추구가 강력히 배제된다.

사회 지향적 사회보장은 국가의 영리성이 배제되는 동시에 사회보장의 운영원리가 가입자 집단의 욕구충족과 이들의 복리증진에 목표를 두는 제도를 가리킨다. 이와 같은 사회 지향적 사회보장은 경제적 효율의 논리 또는 국가 경제의 목표와 종종 갈등관계에 놓이기도 한다. 서유럽 국가, 예컨대 프랑스, 영국, 독일 등의 나라에서 사회보장과 국가의 역할은 경제적 어려움 속에서 여하간 사회보장 본연의 목표를 구현하는 가에 대하여 고민하고 있다. 이에 비하여 우리의 사회보장 제도가 지향하는 바는 과연 무엇일까? 시장질서의 보조적인 수단에 불과한 것은 아닐까? 우리의 사회보장은 가입자들과 그 가족들의 사회적 욕구를 충족시키는 데 효과적인 사회제도로서 자리잡아 가고 있는 것일까?

3. 비스마르크 사회보험에서 스웨덴 사회보장까지
   —사회보장의 기본원리 확립과 그 동인

사회보장은 개인과 가족의 빈곤과 생활 불안정의 문제를 사회구성원들 간의 연대성을 기초로 해결하려는 노력이라 정의할 수 있겠다. 이는 역사적으로 서구 사회의 산업화에 따른 사회문제 해결을 목적으로 제안·발전해 온 것이다. 비스마르크에 의해서 처음 제안된 사회보험이 서구 사회에 도입된 이래 1세기에 걸쳐 사회보장의 이념이 확산·발전해 왔다. 1992년은 베버리지 보고서가 발표된 지 50주년이 되는 해였다.[1]

베버리지 보고서는 여러 각도에서 그 의의를 찾을 수 있으나 그 중에서도 특히 주목해야 할 점은 '사회적 미니멈의 보장'을 기본으로 하는 사회보장의 권리개념이 구체화되었다는 점이다. 사회보장의 권리가 기본이 되는 사회권은 현대 사회의 구성원으로서의 권리, 즉 시민권의 하나를 구성하고 있다.[2] 서구 사회보장 제도들은 비스마르크의 사회보험 원칙과 베버리지의 사회보장의 원칙에 기초해 발전해 왔다. 현대 사회의 사회권 역시 이들이 실시한 사회보장 제도의 급여에서 발전된 개념이라 할 수 있다.

1) 비스마르크 사회보험

비스마르크는 국가 주도에 기초하여 역사상 처음으로 사회보험을 실시한 것

---

1) 베버리지 보고서 50주년을 기념하여 영국을 비롯한 세계 각처에서 기념 세미나와 기념출판이 있었다. 여기에 특기하는 것은 국제사회보장협회에서 출간되는 ISSR, 1992이다.
2) 일반적으로 시민권은 재산권, 참정권, 사회권으로 구성된다. 이 중 사회권은 시민의 경제·사회적 권리로서 국가로부터 최저생활을 보장받을 수 있는 권리를 의미한다. T. H. Marshall은 서구 사회에서 시민권이 확립된 경로를 18세기 재산권 개념의 확립, 19세기 참정권 개념의 확립에서 찾고 있다. 사회권은 20세기에 들어 서구 사회에서 확립된 개념으로 보고 있다. T. H. Marshall, Social policy. 참고.

으로 알려져 있다. 그는 일정 소득수준 미만의 노동자와 가족들을 질병, 산업
재해, 노령 등의 사회적 위험으로부터 보호하고자 하는 목적에서 사회보험을
실시하기 시작하였다. 그는 사회보험의 의무가입 범위를 일부 저소득 노동자
집단에 국한시키고 이들에게 국가와 자본이 보험비용 일부를 부담하는 방식으
로 사회보장의 문제를 해결하였다. 그는 산업입국을 위한 국가정책의 일환으로
사회보험을 실시한 것으로 알려져 있다. 따라서 개인과 가족의 복지증진보다는
노동력의 보호를 통한 산업입국과 국가 산업정책의 추진에 정향된 제도였다.[3]
사회보험의 급여는 가입자와 그의 부양가족에게 주어지는 것이었으며 따라서
사회보험의 권리는 일부 노동자 계급에게만 한정된 개념이었다고 볼 수 있다.

2) 베버리지 사회보장

베버리지는 국민연대성에 기초한 사회적 미니멈의 보장을 기초로 하는 사회
보장 원칙을 제시하였다. 그는 산업사회 구성원과 가족의 소득 감소나 단절과
관련된 모든 사회적 위험들로부터 이들을 보호하고 임금노동자 집단의 범위를
넘어서서 모든 봉급생활자들과 자영업자들, 기타 경제활동인구 전체로 사회적
미니멈의 급여를 확대하는 새로운 사회보장 원칙을 제시하였다. 그는 산업사회
구성원과 가족의 기본권리로서 사회적 미니멈의 보장을 목적으로 하는 사회보
장 제도의 구축을 주장하였고 이것의 착상은 전후 노동당 정부에 의해서 실현

---

3) 이와 같은 견해는 사회정책론에서 일반화된 주장으로, 특히 P.Baldwin은 유럽의 대부분 국
   가들의 사회보장 정책이 국가 주도하에서 시작되어 점차 노동자 및 농민 계급의 요구에 기
   초한 사회 주도적 발전 패러다임으로 바뀌어 갔다고 주장하고 있다. 같은 관점에서
   Esping-Andersen은 비스마르크 사회보험정책을 권위주의적 국가에서 일방적으로 제안·실시
   된 것으로 간주하고 이러한 사회정책과 제도가 주류를 이루는 국가를 복지국가의 세 가지
   유형 중 보수주의적 복지국가로 분류하고 있다. Baldwin(Peter), *Politics of social solidarity*,
   Cambridge univ. press, 1990., Esping-Andersen(Gösta), *Three worlds of welfare capitalisme*,
   Polity press, 1990.

되었다. 그가 착안한 사회보장의 권리는 사회구성원 모두에게 평등하게 제공되는 사회적 미니멈의 급여를 포함하고 있었다. 그리고 이보다 높은 수준의 보장은 개인의 선택과 시장기능에 넘기고자 하였다. 또 한편으로 그는 국민부조(사회부조)를 잔류시켜 사회보장 급여의 보조적 기능을 맡도록 하였다.

3) 스웨덴 사회보장

비스마르크의 사회보험과 베버리지의 사회보장 이념은 독일과 영국을 포함한 서구 사회보장 제도들의 발전에 중요한 영향을 미쳤다. 1950년대와 1960년대 서구의 사회보장은 특히 노동운동에 기초한 노동자 계급의 요구에 의하여 점차 이들의 사회권적 기본권으로 확립되기 시작하였다. 그 결과 1970년대에 확립된 서구 사회보장의 기본원리는 현대 사회구성원으로서 최저생활을 보장받을 권리에 이를 초과하는 소득에 대해서도 보장을 받는 수준으로까지 발전하였다. 예컨대 서구 여러 국가들의 노동자와 가족은 60세에 직장에서 퇴직하는 것과 동시에 그와 가족이 종전에 누리던 경제적 생활수준을 그대로 유지할 수 있는 수준의 사회보장의 연금급여를 보장받을 수 있게 된 것이다.

이는 곧 현대 사회의 구성원으로서 시민에게 주어지는 사회보장 권리의 수준이 최저생활의 보장수준을 넘어 실질적 생활수준의 보장에까지 이르렀음을 의미한다. 스웨덴의 사회보장 제도는 사회구성원과 가족의 사회적 미니멈 수준의 소득보장 단계를 넘어 실질적 소득의 보장과 무상의료의 목표를 실현함으로써 역사상 가장 완전한 형태의 사회권을 확립하였다. 이러한 사회권 확립이 스웨덴에서 가능할 수 있었던 것은 강력한 노동조합과 농민조합 그리고 이들이 연합된 형태로 노동운동을 전개하면서 국가를 대상으로 끊임없이 요구한 결과로 보는 것이 타당하다.[4]

---

4) 신광영, 「스웨덴의 사회복지 정책」, 『비교사회복지』 제1집, 한림대 사회복지 연구소 간.

1950년에서 1970년대 중반까지 진행된 서구 사회보장의 대 도약은 무엇보다도 고도의 경제성장이 뒷받침되었기 때문에 가능했다. 뒤뻬루(Dupeyroux)는 이 기간 동안 서구 사회보장의 대 도약이 가능하였던 원인을 매년 5% 이상의 경제성장, 인구구조의 대변화,5) 의학과 의료 기술의 발달6)과 심리상태의 변화7) 등의 요인들로 설명하고 있다. 같은 기간 동안 서구 여러 나라의 사회보장은 가입 대상자 범위와 적용대상의 사회적 위험의 범위 등에 있어서 괄목할 만한 성장을 경험하였다. 이 기간 동안 서구 여러 나라들에서는 사회적 연대성에 기초한 사회보장 권리의 실천이 과거 어느 때보다도 여러 사회계층들로부터 지지를 받기에 이르렀다. 경제적 자유주의자들의 사회보장에 대한 공격은 사회보장 원칙 그 자체에 대한 것보다는 사회보장의 행정 및 재정 방식에 모아졌을 뿐이다.

4. 서구 사회보장 위기의 원인

1973-1974년 기간 동안에 시작된 서구의 경제위기는 사회보장이 당면한 위기와 때를 같이 하여 일어났다. 그러나 경제위기가 사회보장 위기의 하나이자 전부의 원인은 결코 아니라는 것에 유의해야만 한다. 예컨대 노령보험 재정위

---

5) 구체적으로 말하면, 인구의 도시이동, 봉급생활자 비율의 빠른 증가, 외국 단순 노동인력의 대량 이입, 1940-1950년대의 출산율 증대에 이은 출산율의 급격한 저하 등이다. Dupeyroux(J.-J), *Droit de la Sécurité Sociale*, 12e éd., Paris, Précis Dalloz, 1993, p.61.
6) 다시 말해서 의학과 의료기술의 발달에 따른 의료비의 증가 및 의료보험의 지출 증대를 의미함. 위의 책, p.61.
7) 심리상태의 변화는 첫째, 전쟁을 치르면서 사회구성원들 간에 확산된 연대성, 둘째, 의료비의 폭발적 증대와 화폐가치 저락으로 인한 중산층의 의료문제와 노후보장 문제에 대한 연대적 노력에 대한 수용 등을 들 수 있다. 특히 저축에 의한 노후보장 방식은 화폐가치의 저락 앞에 속수무책이었다. 위의 책, p.61.

기는 경제위기와는 전혀 별개의 것이다. 이는 인구의 노령화에 따른 경제활동인구와 피부양인구 집단 간의 불균형에서 초래된 것이기 때문이다. 뒤뻬루는 사회보장이 겪고 있는 위기상황에 대한 만족스런 해결책의 부재와 신자유자들의 위기상황의 악용이 서구 사회보장의 위기상황을 더욱 어렵게 만드는 요인으로 작용하고 있다고 본다.[8] 이들은 마치 경제위기의 주된 원인이 사회보장을 포함한 사회서비스 분야의 국가 예산지출의 비대에 기인한다고 주장하면서 이 분야의 국가예산을 최소화할 것을 끈질기게 주장하고 있기 때문이다. 따라서 결과적으로 사회적 빈곤의 해결과 구성원들의 생활 안정을 목표로 하고 있는 사회보장의 문제해결 능력에 재정능력의 부족으로 말미암아 치명적 영향을 미치고 있는 것이다.

기 뻬렝은 사회보장의 위기 원인을 사회보장 제도 내적인 데서 기인하는 것과 제도 외적인 요인들로 구분해 설명하면서 서구 사회보장이 다시 발전하기 위해서는 제도 내적인 개혁과 제도 외적인 상황에 적응하는 것이 필요하다고 주장한다.[9] 제도 내적인 요인은 곧 사회보장 제도 자체 논리의 불합리성이나 조직상의 결함 등을 의미하는 것으로서 위기상황을 극복하기 위해서는 이들 내적인 요인들에 대한 논의와 그를 기초로 한 과감한 개혁이 필요할 것으로 전망된다. 우선 사회보장이 처한 위기상황을 외적인 환경의 진단으로부터 접근하고 제도 내적인 개혁과 사회보장의 외부환경에 대한 적응문제를 전망해 보도록 하겠다.

1) 사회보장과 사회

사회보장은 자율적이고 고립된 것이기보다는 경제, 인구, 사회적 환경과 유

---

8) Dupeyroux(J.-J), 앞의 책, p.65.

9) Perrin(Guy), "L'avenir de la protection sociale dans les pays industriels, crises, défis et mutation des valeurs", revue *Futurible* oct.-nov. 1985, pp.29-52.

기적이고 복합적인 관계를 맺고 있는 제도적 하위체계이다.10) 따라서 지금의 위기상황과 같이 이들 환경과 사회보장과의 관계가 후자에 영향을 미치는 경우에는 그 관계를 명확히 하고 새로운 관계를 모색할 필요가 있다. 좀더 구체적으로 서구 경제성장 양식의 변화, 인구학적 변화, 사회적 가치들의 변화의 분석과 전망 그리고 이들을 기초로 한 새로운 관계 정립이 사회보장을 위기에서 구출하는 하나의 해결책이 될 수 있다.

(1) 경제성장 방식과 사회보장의 관계

실업자 수의 증대는 실업보험의 수입부문 감소와 실업보험을 비롯한 각종 사회보험 부문의 지출증대에 직접 혹은 간접적 원인으로 작용하고 있다.11) 실업자 수의 증대는 경제위기에서 비롯하는 것이기는 하지만 현재의 경기가 회복된다고 해서 서구 사회의 실업문제가 자연스럽게 해결되리라는 보장은 없는 것으로 보인다. 왜냐면 기술의 발달, 생산현장에서의 기계화 및 자동화의 추세, 그리고 정보 체계의 발달 등은 그 동안 인간의 노동으로 해결하던 부분을 기계의 힘으로 해결할 수 있게 했기 때문이다. 기계화, 자동화, 정보화의 추세가 앞으로 계속 된다고 한다면 현재의 사회보장의 재정방식, 즉 노동을 통한 소득에서 공제되는 보험료로 재정을 충당하는 방식에는 치명적인 손실이 발생하게 될 것이다. 따라서 경기가 회복되면 사회보장의 재정문제가 해결되리라는 가설은 부분적인 가설에 불과한 것이다.

고용증대를 위해서는 기업의 생산성 회복을 위하여 국가가 지원하는 일 이외에 고용창출을 위한 별도의 노력이 필요하다. 그러나 이러한 노력은 어디까지나

---

10) Perrin(Guy), 앞의 책, p.34.
11) 실업자 수의 증대에 따른 사회보장 지출의 증대는 실업보험을 비롯하여 가족수당, 의료보험, 그리고 노령연금 부문 지출증대의 직접 혹은 간접적 요인이 되고 있다. Dupeyroux, 앞의 책, p.65.

한계가 있는 것이고 보편적 사회보장의 권리를 지속적으로 보장하기 위해서는 별도의 노력이 필요하다. 현재까지 특히 독일과 프랑스를 비롯한 유럽 대륙국가들의 사회보장은 직업소득에서 일정비율로 공제되는 보험금으로 사회보장 재정의 중요부분을 충당하여 왔다. 그러나 이러한 재정방식은 앞으로의 생산양식의 변화와 조화되는 새로운 방식으로 변화되어야 할 필요가 있다. 그 하나의 예는 조세방식을 사회보장의 주요 재정방식으로 도입하는 것이다. 또한 일부 북구 나라들이 실시하고 있는 기계설비에 대하여 사회보장세를 부과하는 방법을 고려할 수도 있을 것이다.

(2) 인구학적 변화와 사회보장

1940년과 1950년대에 있었던 서구 사회의 베이비 붐에 이어 1960년대부터 서구 사회의 출산율은 지속적인 하락 또는 정체현상에서 벗어나지 못하고 있다. 서구 사회의 인구정체 현상은 가족수당 제도에 의한 출산장려라는 국가의 가족정책과도 불가분의 관계에 있다. 그러나 가족정책은 인구 구조의 변화에 제한적이고 부분적인 기여밖에 하지 못하고 있는 실정이다. 의학의 발달과 의료보험의 확대, 영양상태의 개선과 안전한 생활 여건의 조성 그리고 작업장에서의 안전 조치의 발달과 사고 예방을 위한 노력 등은 인간의 평균수명과 노후 기대수명의 연장을 가져온 요인들이다. 그 결과 서구인들은 퇴직 후 보다 긴 수명을 향유할 수 있게 되었으며 노령보험과 의료보험의 지출은 끊임없이 증대되고 있다. 이는 한마디로 인구의 노령화가 사회보장의 재정적자의 주요원인이 되고 있음을 입증하는 것이다.

인구 노령화에 관한 각종 보고서들은 인구구조 및 노령보험의 장래를 어둡게 전망하고 있다. 2025년에는 서구 여러 나라의 60세 이상의 인구가 전체인구의 1/4-1/5을 차지할 것으로 전망된다. OECD 국가들의 75세 이상 노령인구

비율은 1980년에서 2010년 기간 동안 36%에서 50%까지 증가할 것이다.[12)]
인구 노령화 추세의 지속과 관련한 전망은 현행 사회보장 재정상태의 회복을 불
투명하게 하고 있다. 재정문제를 들어 노령연금 제도를 폐지하는 것은 더욱 불
가능한 일이다. 사회보장의 위기에도 불구하고 서구인들이 사회보장에 대하여
강한 집착을 보이는 주된 이유는 바로 연금제도에 대한 강한 집착 때문이다.[13)]
　서구 국가 대부분의 노령보험 재정방식은 분할방식에 기초하고 있다. 매년
경제활동인구가 부담하는 노령연금의 재원이 연금 수급자들의 생활을 보장한
다. 이와 같은 상황 아래에서 경제활동인구의 정체와 연금생활자 수의 증대는
전자가 더욱 많은 부담을 하거나 또는 후자가 적게 받는 방법 이외에는 재정적
자 문제를 해결할 수 없을 것이다. 대안의 일례로서 프랑스는 1980년대 말부
터 노동자 연금방식의 일부를 적립방식으로 전환하고 있다. 그러나 적립방식으
로의 전환이 노후보장 문제를 해결해 준다고 볼 수 없다. 적립방식은 개인의
노후보장 노력에 전적으로 의존하는 것이기 때문에 사회 전체로서 노후보장의
문제를 해결하기에는 부족하다. 오히려 이 방식은 개인적인 적립금액이 노후를
충분히 보장할 수 없는 사회주변 계층의 노후 생활을 위태롭게 하고 결과적으로
빈곤 노인들의 문제를 새로이 제기할 것이다. 또한 재정방식으로서 적립방식은
화폐가치의 저락에 효과적으로 대응할 수 없기 때문에 미래의 노령연금 재정방
식으로는 한계가 있다.

---

12) Cyrill(van Overbeigh), *L'assistance aux étrangers, la solution internationale*, Bruxelles, Albert
　　Dewit, p.II, 앞의 책, p.34-35, 1912. 재인용.
13) 예컨대 프랑스에서는 1985-1986년 기간에 있었던 신자유주의자들의 사회보장 반대의 담
　　론에도 불구하고 모든 여론 조사들의 결과는 사회보장에 대한 대중의 절대적 지지를 확인
　　해 주고 있다. 그리고 정치권력은 그 결과에 승복하여 공적 노령연금의 축소 계획을 취소
　　하지 않을 수 없었다. 이들의 승복은 바로 사회보장에 단호한 조치가 필요하다고 치더라도
　　이러한 조치들은 사회보장의 폐지로 지향된 것이 아니고 오히려 사회보장 제도를 위기에
　　서 구출하는 쪽으로 취해져야 한다는 그들의 판다는 의미하는 것이다. Dupeyroux (J.-J),
　　앞의 책, p.222 참고.

인구 노령화에 대한 사회보장의 장기적 대응책이 필요하다. 그 하나의 예로서 연금제도의 3층 보장방식을 들 수 있다.[14] 그 방향으로 제시할 수 있는 것은 노령연금 제도는 출산의 장려를 목적으로 하는 국가의 가족정책과 사회보장의 가족수당 활성화와 병행될 때 재정적자의 문제를 더욱 효과적으로 대응해 나아갈 수 있을 것이다.

(3) 가치관의 변화와 사회보장

사회적 가치관의 변화는 사회보장의 위기와 관련해 중요한 몫을 하고 있으나 이것은 재정위기나 인구의 노령화처럼 가시적 수치로 설명할 수 없는 것이기 때문에 종종 간과되는 경향이 있다. 그러나 사회 구성원들의 가치관의 변화에 사회보장이 적응하지 못하는 경우 그 존립의 정당성이 위협받는 것이기 때문에 이에 대응할 만한 심도 있는 사회보장의 개혁과 새로운 가치관의 정립을 위한 노력이 필요하다. 가치관의 변화는 노동, 가족, 연대성 부문에서 일어나고 있다.

독일, 프랑스 등의 사회보장 제도는 전통적 사회보험 원리에서 탈피하지 못하고 있다. 다시 말해서 사회보장의 권리는 노동공동체의 참여의 유무와 그 참여기간에 따라 결정되며, 법에 의한 부양 가족범위에 포함되는 가족 성원들에게 파생적 사회보장권으로서 부분적 급여가 실시되며, 직업, 직종 연대성에 기초한 복잡다단한 제도들로 구성되어 있다. 이러한 제도는 근원적인 개혁과 새로운 상황에 대한 적응 노력 없이는 사회의 새로운 욕구들과 사회보장에 기대에 효과적으로 대응할 수 없다. 새로운 욕구와 기대의 충족은 고사하고 존립

---

14) 3층 보장방식이란 의무 가입방식에 의한 기초연금 급여, 노사 협약에 의해서 운영되는 보충연금의 급여, 개인의 자율적 가입에 의한 사설보험에 의한 급여의 세 가지 급여들로 노후보장을 하는 방식을 말한다. 이러한 방식은 이미 1972년 스위스 연방헌법 34조 4항에 나타나 있다. Perrin, 앞의 책, p.51.

자체도 위협을 받을 상황에 처해 있다. 실업자와 노인인구 비율의 증대는 정규적 노동, 사회보장에의 가입기간 등에 기초하여 지급되는 기존의 실업급여와 연금급여 방법만 가지고는 새로운 형태의 사회적 빈곤문제를 해결할 수 없다. 사회구성원 모두의 최저생활 보장이 가능한 사회보장으로의 방향 전환 없이 사회보장의 사회적 정당성은 희박해진다.

가치관의 변화와 사회보장의 위기의 관계를 생각해 보자. 우선, 노동에 대한 가치관이 바뀌고 있다. 유럽사회에서 새로이 형성되는 노동에 대한 가치관은 작업장에서 짜여진 시간표에 따라 아침부터 퇴근시간까지 있어야 하는 억압된 형태의 노동, 규칙적인 형태의 노동을 거부하는 방식으로 전개되고 있다. 앞으로는 시간표를 자유로이 선택할 수 있는 소위 반일제(part time)노동이 점점 확산될 것이다. 노동과 개인적 업무들-여가, 자원봉사, 창의적 활동에의 시간할애 등-을 적절히 배합하여 개인의 생활 시간표로 결정하는 경우가 점차 늘어갈 것이다. 작업장의 경우도 노동시간이 점점 더 단축될 것이다. 관료제와 통신의 발달에 따라 그 동안 고용부문의 저장고로 간주되었던 서비스 분야에 중대한 구조변화가 일어날 것이다.15) 젊은 세대들은 점점 더 틀에 얽매인 노동형태를 거부하고 개인시간과 노동을 임의적으로 배합할 수 있는 형태의 직업을 선호하는 경향이 있다. 이러한 노동에 대한 가치관의 변화에 걸맞게 사회보장 역시 변화해야 하는 것이 당연하다.

현행 제도들은 대부분 직업소득을 기초로 한 공제와 급여를 주된 원칙으로 하며, 조세에 의한 재원충당과 사회구성원의 기본권으로서 사회권적 급여를 부차적인 원칙으로 하고 있다. 그 결과 비교적 안정적이고 높은 소득을 가진 사람들에게는 그들의 소득을 보장하는 데는 효과적이지만 빈곤 노인이나 실업자들의 보호에는 효과적이지 못하다. 노동 가치관의 변화와 함께 사회보장의 원

---

15) Perrin, 앞의 책, p.39.

칙에도 변화가 있어야 할 것이다. 다시 말해서 최저 소득의 보장이 주가 되고 직업소득의 실질적 보장이 보완적인 것으로 작용하는 방향전환이 요구된다. 또한 사회보장 급여와 관련하여 직업활동의 개념 확대가 요구된다. 재생산, 적응을 위한 활동 등이 직업활동의 확대된 개념 속에 포함되어야 할 것이다. 예컨대 아동의 케어와 관련된 활동, 학업, 훈련, 평생교육과 공공서비스 등이 직업활동의 확대된 개념 속에 포함되어야 한다.

노령연금과 실업보험 분야에서 변화되어야 할 부분은 다음과 같은 것들이다. 연금분야에 있어서는 정규적 직업활동과 개인적인 일을 번갈아 하면서 개인적 삶을 영위해 가는 미래 노동자들의 노후생활을 보장하기 위하여 퇴직연령의 선택이 현재의 획일적이고 경직된 제도에서 개인의 선택이 가능한 쪽으로 변화되어야 할 것이다. 결과적으로 가입자로 하여금 일하는 기간 동안에는 직업활동에 의한 소득으로 생활하고 개인적 활동에 종사하는 경우에는 대체 소득적 성격 또는 사회권적 성격의 연금으로 생활이 가능토록 변화되어 나아가야 할 것이다.

실업보험과 관련해서는 재적응 기간 동안에 한시적으로 급여가 시행되는 현재 원칙에서 탈피하여 훈련, 교육, 기타의 활동기간 동안에 실질적인 삶이 가능하고 또한 재적응을 위한 노력이 보장되는 수준의 급여가 시행되어야 할 것이다. 고용은 전일제 근로자들의 전유원칙에서 탈피하여 반일제 노동자들이 참여하도록 재조정이 필요하며 이는 실업자 수의 증대에 큰 몫을 하게 될 것이다. 사회보장은 이러한 반일제 노동자들의 직업활동과 개인적이고 창의적인 활동이 어우러진 생활이 가능하게 하는 급여를 통해 이들에게 실질적인 생활보장 제도로 남을 수 있을 것이고 그에 따라 사회보장의 거출 방식과 급여조건에 일대 변화가 요구된다.

이러한 일련의 변화에 걸맞은 사회보장의 형태는 우선 거출 방식으로 조세에 의한 재정방식이 기본이 되어야 할 것, 급여의 조건과 관련된 기본원칙으로 최저생활보장을 위한 급여의 보편화와 추가적으로 지급되는 기여 정도에 따른 차등적 급여가 부가적으로 지급되는 형태의 사회보장이다.

2) 제도 내적인 원인

(1) 사회보장 능력의 위기

재정능력의 위기는 경제위기와 밀접한 관계를 지닌다. 그러나 경제위기가 해소된다고 해서 사회보장 재정능력의 위기가 말끔히 사라진다고 생각하는 것은 잘못이다. 새로운 형태의 빈곤문제—실업자들, 빈곤 노인들의 생활보장의 문제 등—에 효율적으로 대응하기 위해서는 기존의 재정방식을 조세에 의한 것으로 전환할 필요가 있다. 이미 언급한 바와 같이 직업소득에서 공제되는 보험료로 사회보장 재정의 주요 부분을 충당하고 있는 현재의 방식에 일대 전환이 필요하다.

미셸 후꼬는 사회보장 능력의 위기와 관련하여 "무한한 인간의 욕구에 대응해야 하는 이미 끝나버린 제도"[16]라고 표현하였다. 다시 말해서 인간이 지닌 안전과 건강에 대한 욕구는 무한한데 비하여 욕구 충족을 위한 사회보장 제도의 재정능력은 이미 한계에 이르렀다는 것이다. 이는 특히 의료보험과 관련된 표현으로서 의료보험의 재정위기를 극복하기 위해서 수입의 증대 또는 지출의 축소 이외에는 묘안이 없다는 것이다. 그리고 선택은 사회가 해야 하는 것이 당연하다.

---

16) "Le système fini face aux demandes infinies", Brunhes(B.), Sécurité Sociale: l'enjeu, éd. Syros, pp.39-63, 1983.

(2) 효율성의 위기

효율성의 위기는 가용자원의 부적절한 이용에서 비롯되는 것으로, 주로 사회보장의 관료화 즉 적응기제들의 경색, 서비스 기능의 내향성 등의 경향을 지칭한다. 이 위기의 타개를 위해서는 사회보장 종사 인력의 교육 및 훈련, 사회보장 제도와 피보호자 간의 인적 유대의 개발이 필요하다. 특히 후자와 관련하여 피보호자들의 대표가 사회보장 행정에 적극 참여할 수 있는 길이 열려야 할 것이며, 사회적 욕구의 변화를 평가하는 방법상에 일대 변혁이 있어야 할 것이다.

(3) 정당성의 위기

정당성의 위기는 사회보장의 영속성에 손상을 가져온다. 이러한 위기는 사회보장 제도의 수많은 결함들에서 유발된다. 경제위기의 시대를 맞으면서 제도적 결함에 의한 사회보장의 비효율화 경향은 사회보장 존립의 정당성에 대한 비판으로까지 비화되는 경향이 있다. 새로운 욕구의 출현에 제대로 대응하지 못하는 사회보장의 문제만으로 정당성의 위기를 설명하는 것이 충분함에도 불구하고 신자유주의의 공격-사회보장이 개인생활을 침해한다는-은 사회보장의 정당성 위기 문제를 더욱 복잡하게 만드는 원인이 되고 있다. 사회보장이 그가 도와야 할 사회의 최저빈곤 계층의 생활에 지나치게 개입하고 있다는 그들의 주장은 사실무근에 불과하다. 기 뻬렝이 지적한 바와 같이, "사회보장은 현재 신자유주의가 기치로 내건 반국가주의론의 일상적이고 불명예스런 대상이 되고 있을 뿐"이다.17)

---

17) Perrin, 앞의 책, p.32.

5. 서구 사회보장의 위기가 한국 사회보장 발전에 시사하는 점

1) 서구 사회보장 위기의 시사점

최근 미국 상원이 빈곤가정에 지급하는 아동양육수당 관계법의 개혁안을 통과시켰다. 많은 빈곤가정의 어머니들과 아동들이 연방정부가 지급하던 사회보장 급여를 더 이상 받지 못하게 되었다.[18] 이처럼 이웃나라 미국에서는 신보수주의[19] 복지개혁이 회오리바람처럼 일고 있다. 이에 비해서 유럽 국가들의 복지개혁은 덜 혁명적이다. 프랑스의 경우 종전까지 노사 보험료에 재정의 대부분을 의존하던 데서 탈피하여 점차 국가 조세에 의한 재원 조달의 폭을 확대해가는 방향으로 사회보장 재정의 개혁이 논의되고 있는 것은 참으로 대조적이다.[20] 사회보장 재정의 조세화는 국가지출의 증대와 세입규모의 확대를 의미하며 이는 곧 작은 국가, 조세 부담의 축소를 통한 시장경제의 활성화를 부르짖는 신보수주의적 재정 및 사회보장 정책에 정면으로 반대되는 정책결정이다.

정도의 차이는 있으나 독일 역시 신보수주의 개혁에 무관한 것은 마찬가지이다. 영국에서는 사회보장 급여 중 노령연금의 부가적 급여 부분을 사회보장이 아닌 사보험의 영역으로 전환시키는 작업이 진행되고 있다. 또한 국민보건 서비스 부문에서 시장경제원리에 기초한 병원 또는 의료공급자들 간의 경쟁 원리를 도입하는 등 일부에서 민영화가 진행되고 있다. 그러나 영국의 사회보장 개혁도 미국에서 보는 것처럼 연방정부 개입에 철저한 비판과 사회보장의 예산

---

18) Le Figaro, 1995.9.27. 기사.
19) 여기서의 신보수주의는 앞에서 거론한 신자유주의(néo-liberalisme)와 완전히 동일한 개념임을 밝힘.
20) 1991년 2월 1일, 프랑스에서 도입한 CSG(contribution sociale généralisée)는 처음에는 조세의 방법을 통해 프랑스 사회보장 재정적자 문제를 해결하고자 만든 제도였으나 점차 사회보장 재정의 국가 부담분을 보장하기 위한 방법으로 자리잡아 가고 있다.

지출에 있어서 국가의 재정부담에 대한 철저한 반대 등과 같이 과격하고 급진적인 내용은 아니다. 이러한 양대륙의 차이는 과연 어디서 비롯되는 것일까?

가장 큰 이유는 제도의 차이와 상이한 제도 속에서 생활한 주민들의 경험 차이로 설명할 수 있다. 유럽의 사회보장은 사회보험 위주의 급여를 의미한다. 이는 국가나 공권력이 제공하는 구빈적 급여와는 판이하게 다른 것이다. 다시 말해서 서유럽 국가들의 사회보장 급여는 보험료 납부라는 가입자의 기여의무에 대한 반대 급부로서 주어지는 완전한 권리이다. 이러한 급여가 급여의 대부분을 차지하고 있기 때문에 자선적 사회보장 급여를 받으면서 죄책감 또는 수치심을 느끼는 공적부조 수혜자 중심의 미국 사회보장과는 본질적으로 차이가 있는 것이다.

주민들의 경험이 다르기 때문에 생기는 차이도 크다. 서유럽 국가의 주민들은 사회보장 급여가 제공되는 안전한 사회 속에서 살아왔다. 이들 국가에서 사회보장 제도의 안전망이라는 개념은 이미 공공 서비스 개념으로 확고하게 자리를 잡고 있는 상태이다. 반면 시장개념이 확고한 미국 사회에서는 오래 전부터 생활의 안전망조차도 필요한 사람이 돈을 지불하고 사는 것이라는 개념이 발달해 왔고 이를 담당하는 사보험들이 잘 발달해 있다. 생활안전의 법제도화, 즉 공공서비스의 하나로서 사회보장 정책의 보편화는 미국인들에게 매우 생소한 개념이다. 이들에게 사회보장이란 구빈적 성격을 띠는 공적부조 급여를 의미하며 따라서 사회보장은 사회로부터 의심과 적의에 찬 평가를 받게 된다. 또한 현재의 상황에서처럼 신보수주의 이데올로기가 득세하게 되면 사회보장에 대한 비판은 더욱 거세지고 마침내 희생양이 되어 그 생존의 안전마저 위협받게 되는 것이다. 신보수주의적 이데올로기의 득세와 사회보장의 위기가 구미 국가들 중에서 국가의 공공복지 지출 수준이 열악하고 사회보장 제도가 낙후된 미국에서 가장 심각한 것은 위에서 설명한 신보수주의와 사회복지 사이의 관계를 잘 설명해준다.

서유럽 국가의 사람들 대부분은 사회보장이 절대 필요한 것이라고 믿고 있다. 이들은 국가와 사회보장에 깊이 연결되어 있으며 사회보장이 제공하는 노령연금에 의존하고 있는 사람들이 대부분이다. 이러한 상태에서 신보수주의 이데올로기 공세에 의한 개혁의 회오리가 발생하기는 대단히 어렵다. 다시 말해서 서유럽의 경우는 미국이나 일본 등 우리의 주변 국가들이 제기하고 있는 보수주의적 물결과는 무관하거나 거의 유사점을 발견하기 어렵다.

그러나 서유럽 역시 1980년대부터 사회보장과 관련해 재정적인 어려움에 처해 있다. 그 원인을 간략히 정리한다면 다음 세 가지로 요약할 수 있다. 첫째, 의료보험의 수지균형의 어려움이다. 이에 대해서는 이미 독일, 영국 등이 적자해소를 위한 조치를 내놓았다. 이들은 주로 의료 공급자인 의사, 병원 등의 남진을 막고 공급자들 간에 경쟁원리를 도입하고자 했다.

노령연금의 경우 서유럽 국가들이 위기 타개책의 하나로서 적립방법에 의한 재원확보 범위를 점차 확대하고는 있으나 적합하지는 않다는 비판이 많다. 또한 저소득층의 노후 기초생활 보장을 목표로 하는 기본연금의 비율이 동결되거나 줄어드는 반면 이것에 지급하는 보충연금 제도들이 번성하고 있다. 이러한 현상은 노후 '빈익빈 부익부'를 가중시킬 뿐 사회연대 또는 국민연대 원칙에 기초하여 퇴직 후 노인들이 누구나 건강하고 문화적인 삶을 살도록 하는 데는 아무런 도움을 주지 못한다.

마지막으로 실업문제의 악화에 따른 사회보장의 변화이다. 1970년대 초반까지 서구 사회가 고도 성장을 계속하던 기간 동안에는 소수의 실업자들에 대한 수당의 지급과 직업 재활훈련을 제공하였다. 이때만 하여도 실업과 젊은이들의 빈곤문제는 지배적인 사회문제가 되지 않았으나 오늘날 서유럽 국가들이 공통적으로 당면하고 있는 문제는 젊은 층의 대량실업 사태와 이들을 포함한 신빈곤층의 급속한 팽창에서 찾을 수 있다. 일반적으로 늘어나는 실업자 집단에 관한 대책은 나라마다 다소 차이가 있긴 하지만 일반적으로 사회보장의 제한된 예산 범위 안에서 해결을 모색하고 있기 때문에 임기 응변적이고 자원 절약적인 성격이 강하며, 실업수당의 지급과 직업훈련 참가 등이 수당 지급조건으로 첨가 또는 강화되고 있는 추세이다.

전반적으로 긴축된 복지예산의 범위 내에서 늘어나는 빈곤층의 문제, 실업자들의 생계문제를 해결하려 들기 때문에 복지정책에 있어서 근본적인 개혁이나 획기적인 조치들은 기대하기 어려운 실정이고 주로 기술적인 논의와 이를 통한 해결방법을 모색하고 있다. 국가수준에서 획기적 개혁, 사고의 전환 등을 내용으로 하는 보고서가 몇 가지 간행되는 것 이외에 획기적인 조치나 개혁은 좀더 시간을 두고 지켜봐야 할 일인 것 같다.

2) 한국 사회보장의 과제

(1) 목표와 발전방향의 명확화

사회보장의 목표와 관련하여, 서구 사회보장을 두 가지 유형과 목표로 분류할 수 있다. 첫째는 비스마르크 유형으로, 이는 사회보장의 목표를 경제활동인구의 소득 안전을 보장하는 데 주안점을 둔다. 노인, 아동, 장애자 등 노동시장에서 소외된 계층의 복지문제는 국가적 차선 또는 국가연대의 원칙에 기초한 별도의 복지제도에서 기본생활을 보장해 주고 있다. 다시 말해서 보험과 부조로 이원화된 사회보장 제도로 되어 있는 것이다. 둘째는 베버리지 유형이다. 영국의 사회보장 제도는 그 대표적인 예가 된다. 이 제도는 모든 국민의 의료와 사회적인 기본욕구의 충족을 주된 목표로 하고 있다. 이때 사회보장이 제공하는 급여는 직업활동에서 오는 소득과는 무관하다. 사회보장의 급여는 사회구성원으로서 국가 또는 사회를 대상으로 요구할 수 있는 인간의 기본적 권리(사회보장의 권리로서 사회적 미니멈 보장의 권리)의 성격이 강하다. 이때 사회보장의 기본목표는 소득의 보장에 있다기보다는 사회 속에 존재하는 빈곤자와 빈곤의 문제를 해결하는 데 있다.

우리의 사회보장은 이 두 가지 목표를 동시에 추구하고 있다. 그러나 이 두 가지 중에서 어떤 유형과 목표를 우선적으로 추구할 것인지 결정할 필요가 있다. 이러한 결정은 사회보장 발전을 위한 전략으로서 매우 중요하다.

(2) 공론화의 중요성

1994년 보건복지부를 중심으로 의료보험과 사회보장 전반의 개혁 논의와 사회보장 기본법안에 대한 공청회가 여러 차례 있었다. 이러한 공론화 과정은 사회보장이 국민의 복지를 위한 제도로 자리잡고 발전해 나가는 데 중요한 역할을 한다. 그러나 우리의 경우 아직까지 사회보장 논의의 공론화가 충분히 이루어지고 있지 못한 것이 사실이다.

일반적으로 사회보장 전문가들과 담당 공무원들을 제외하면 사회보장 제도와 사회보장 급여는 일반에게 매우 생소한 것들이다. 의료보험의 문제는 여전히 전문가 수준에서만 거론되고 해결방안이 모색되고 있는 정도이다. 의료보험과 사회보장에 관한 대중 홍보와 교육은 사회보장 학계와 보건사회부가 추진해야 할 중요한 사업이다. 따라서 가입자들이 사회보장의 문제를 발견하고 스스로 해결할 수 있도록 기초를 마련해 줄 필요가 있다. 노동조합 간부들을 위한 교육 역시 사회보장 발전에 매우 중요한 부분이다. 사회 저변에서 사회보장이 여론화될 때 매스컴의 사회보장에 대한 관심도 증대될 것이다.

우리의 사회보장은 금세기 초 서유럽에서 발달한 사회보장 제도들에서 추론한 기본 원리와 철학 등을 기초로 시작되었다. 그러나 우리의 경우 국가가 주된 행위자로서, 시작부터 모든 정책결정을 거의 주도해 오다시피 하였다. 또한 사회보장 제도 도입의 논의와 제도개혁 작업은 주로 사용자, 노동자 그리고 가입자 단체들을 초청한 자리에서 공청회를 열어 이들의 의견을 종합·정리하여 원안에 반영하는 방식으로 진행되고 있는데, 우리 사회의 주도권은 항상 정부의 손안에 있고 정부는 사용자측과 긴밀한 관계를 유지하면서 사회보장 문제를 포함한 산업현장에서의 문제들을 해결하려 하고 있다. 그 결과 우리의 사회보장 제도는 가입자들의 복지를 위한 것이라기보다는 국가의 경제정책의 보조수단의 성격이 지배적이며 사회보장의 재원조달에 있어서도 기업에 전가되는 부분보다는 본인이 자신과 가족의 안전을 위한 비용을 부담하는 경향이 짙다. 이러한 제도는 서유럽 국가들의 사회보장 제도들처럼 가입자들의 복지 지향적 사회보장 제도와는 판이한 파행적 사회보장 제도에 불과하다.

(3) 신보수주의 이데올로기의 타당성과 합리성에 대한 연구와 토론의 필요성

신보수주의 물결이 우리 사회를 휩쓸고 있으며 그것이 사회보장의 발전에 역행하는 것임을 부인할 수 없다. 미국과 일본의 신보수주의는 복지국가와 국가복지 제도, 그리고 국가의 복지지출 증대에 적대적이고 민감한 반응을 보인다. 우리는 이러한 미국과 일본의 직접적인 영향권 안에 있다. 또한 사회보장의 발전에 있어서도 서유럽 국가들보다 이들 나라들로부터 지배적인 영향을 받고 있다는 것은 불행한 일이다.

신보수주의가 주장하는 내용들 중의 많은 부분은 과학적 검증을 거쳤거나 역사적 사실이라기보다는 하나의 주장에 불과하다. 미국이나 일본에서와 같이 우리 사회에서도, 이러한 생각에 동조하는 사람들은 사회구성원들의 복지증진과 관련해 국가의 역할을 부정적으로 본다. 따라서 이들은 국가복지 정책에도 부정적이고 적대적인 태도와 행동을 취한다. 빅 죠지와 월딩은 복지국가에 대한 이들, 신우파의 태도의 특징을 다음 8가지로 정리하여 설명한다.[21]

첫째, 이들은 포괄적 복지국가의 건설은 불가능하다고 본다.

둘째, 이들은 길더의 설명처럼 복지국가가 생활의 불확실성이나 위험 등을 부정하고 외면하며 결과적으로, 인간이 살다보면 도저히 피할 수 없는 미지의 것마저 순치시킴으로써 자본주의 정신뿐만 아니라 인간의 본성을 왜곡시키고 있다고 비난한다.[22]

셋째, 이들은 복지국가가 복지에 대한 그릇된 관념에 기초하고 있다고 주장한다. 예컨대 복지 국가론자들은 평등과 분배에 대한 지나친 강조, 개인적 선택과 개인적 책임에 대한 중요성 간과, 복지를 국가복지와 동일시하고 복지제공자로서 시장, 자원봉사 부문, 가족 등을 무시하는 것, 책임과 의무보다 권리에 대해서만 지나치게 강조하는 경향, 마지막으로 우리 사회의 미래에 대해 지나치게 낙관적으로 전망하는 것 등의 과오를 범하고 있다고 주장한다.[23]

넷째, 이들은 인간의 자유가 복지국가의 관념과 실천에 의하여 위협받고 있다고 주장한다.

다섯째, 이들은 복지국가가 제공하는 서비스들이 비효율적이고 비능률적이라고 비판한다.

여섯째, 이들은 복지국가가 기업에 과중한 조세를 부담 지우고, 개인들에는 저축의욕을 감퇴시킴으로써 경제적으로 파멸을 조장한다고 주장한다.

일곱째, 이들은 복지국가가 사회적으로도 파멸을 조장한다고 주장한다. 예컨대, 하이에크는 집합주의의 발전과 그로 인해 불가피해지는 중앙집중식 경향은 독립심, 자기의존, 개인적 주도권 그리고 지방책임 등을 파괴시킨다고 믿고 있다.[24]

여덟째, 복지국가는 모든 사회문제들을 위한 해결책으로 각각의 정책이 있다고 믿고 시행한 결과 실제적으로는 빈곤, 보건, 교육의 불평등 문제들을 여전

---

21) Vic George & Paul Wilding, *Welfare and Ideology*, London, Harvester, 1994, pp.14-35.
22) 위의 책, p.23.
23) 위의 책, pp.26-27.
24) 위의 책, p.31.

히 해결하지 못하고 있다고 주장한다. 또한 복지국가 정책의 실시는 각종 이익 집단들의 세력을 강화시키고 결과적으로 정부의 정당상과 영향력을 약화시킴으로써, 정치적 파멸을 조장한다고 주장한다.

사회복지 연구자들은 신보수주의의 반복지 논리를 연구자의 입장에서 겸허히 받아들여 연구하고 우리의 정치, 경제적 상황에서 신보수주의를 능가하는 복지지향적 국가발전의 목표와 논리체계를 구축할 시점에 도달했다고 본다. 결론적으로, 사회보장의 발전은 개인주의 사회에서 연대주의 사회로, 경제성장 위주의 국가 정책에서 삶의 질 향상을 강조하는 국가 정책으로의 근본적인 방향의 전환 없이는 불가능한 것이다.

제10장

사회보장의 기본원리 측면에서 살펴본
국민기초생활보장법의 문제점

국민의 기초생활보장이 사회보장의 주요 목표 중 하나라는 것은 재론의 여지가 없다. 또한 이것을 국민의 권리인 동시에 국가의 의무로 인정하는 것이 현대 사회보장의 원리이다. 생활보호법의 낙후성 문제는 이미 오래 전부터 거론되어 왔다.[1] 그러던 것이 1990년대 말 경기불황과 IMF 사태로 실업이 사회 문제로 대두되기에 이르렀고 마침내 1999년 9월 7일 국민기초생활보호법이 국회의 심의를 거쳐 제정·공포되었다. 이어서 제정된 시행령 및 시행규칙에 따라 2000년 10월부터 새로운 법에 기초한 공공부조 업무가 시작되었다.

이 법이 생활보호법에 비해서 여러 가지 점에서 한 단계 발전한 것이라는 점은 재론의 여지가 없다. 따라서 제10장에서는 우선 이 법의 제정이 가져다 긍정적인 부분을 사회보장의 목표와 원리라는 측면에서 정리해 보고자 한다. 또한 이 법이 현대 사회보장의 목표와 원리에 잘 부합하는지의 문제에 대해서도

---

1) 일례로 윤찬영, 「생존권적 기본권과 공적부조」, 『한국 사회복지의 선택』, 나남, 1995.

논의해 볼 것이다. 이 법이 목표로 하는 기초생활의 보장과 자활 조성은 공공부조법의 차원에서만 고려되어서는 안 되며 사회보장 법제 전체의 균형적 발전이라는 차원에서 논의되어야 할 주제이기 때문이다.

최근 복지국가 위기 이후 선진 산업국가들의 사회보장 제도들은 사회변화에 대한 적응 노력을 계속하고 있다. 실업의 증대와 빈곤문제의 상존에 당면하여 사회보장 정책들이 빈민과 실업자들을 부조적 성격의 무거출 급여들의 신설 쪽으로 방향을 잡아가고 있고 결과적으로 공공부조 부문의 중요성이 커지고 있는 것이 사실이다. 그러나 과연 이러한 현상이 산업사회의 사회보장 원리와 목표의 근본적인 변화를 의미하는 것일까?

이러한 나라 밖의 경향과 우리나라 국민기초생활법의 제정은 일견 괘를 같이하는 것처럼 보인다. 여기에서는 내용분석을 통해 이 법의 긍정적 측면을 살펴보고 이 법이 지니고 있는 여러 가지 문제점들을 사회보장 원리의 측면에서 비판적으로 접근하고자 한다.

이러한 문제 접근 방식을 통해 우선 현대 사회보장의 목표로서 국민복지 기본선 또는 사회적 미니멈 개념의 변천을 분석할 것이다. 이어서 현대 사회보장의 목표와 원리로서 국민기초생활 보장의 개념 정의를 시도하고 국민기초생활 보장법에 대하여 논의할 것이다. 이 법은 사회적 빈곤 문제의 대안, 그리고 실업자 집단의 기초생활 보장 방법이라는 두 가지 의미를 지닌 것으로 판단된다. 빈곤과 실업의 문제는 사회보장 제도가 대상으로 하는 문제이자 위험이다. 사회보장의 목표와 기본원리를 기초로 이 법의 내용과 의미를 이론적 차원에서 접근하여 보고자 한다. 마지막으로 결론에서는 이 법의 테두리 내에서 개선의 대안을 찾아보고 이어서 우리나라 사회보장 제도의 국민복지 기본선 확보의 과제가 과연 어느 방향으로 구현될 수 있는지에 대하여 간단히 언급하고자 한다.[2]

---

2) 새로 제정된 법에 관한 비판적 논의가 자칫 이 법의 제정에 참여한 사람들의 순수한 동기와 목적을 훼손하는 것은 아닐까 우려된다. 그러나 이 글은 정책적인 목적보다는 사회보장 이

1. 국민복지 기본선 또는 사회적 미니멈 개념의 기원과 역사적 전개

국민의 기초생활 보장에 관한 국가의 의무와 대상자 권리 개념은 선진 산업 사회에서 발원하여 전개된 개념으로서 국민기초생활 보장법의 내용과 문제점의 분석에 앞서 현대 사회보장의 목표[3] 중 하나라 할 수 있는 국민복지 기본선 또는 사회적 미니멈의 기원과 역사적 전개에 관하여 살펴보고자 한다.

1) 사회보장의 권리로서 최저생활보장 개념의 기원과 발전

서구 사회에서 공공부조는 빈곤대책의 주체가 교회에서 공권력으로 이관되면서 나타났다. 서구 사회의 세속화(탈종교화)에 따라 빈곤과 빈민에 대한 부정적 태도가 형성되었으며 빈민집단의 관리가 점차 사회적 차원의 부담으로 인식되기 시작하였다. 특히 경제적 자유주의 이념이 사회를 지배하기 시작한 초기 산업 사회의 빈곤대책은 빈민행정 비용을 절감하기 위하여 국가에 보호를

론에 대한 발표자의 관심에서 쓰여진 것임을 강조하고 싶다. 현재까지 기초생활 보장 사업의 합리적 시행 방안의 모색 등 정책적이고 기술적인 논의는 풍성한 데 비하여 이 법의 목표와 원리에 관한 이론적 차원의 논의는 거의 전무한 실정이다. 따라서 본론에 들어가기에 앞서서 필자는 앞으로 사회보장의 기초생활보장 목표와 원리에 대한 이론적 논의가 활성화되기를 기대한다.

3) 사회보장의 목표는 직업활동상에서 일어나는 제반 위험들(질병, 노령, 실업, 재해 등)에 대한 보상을 통하여 노동자와 가족의 소득을 보존하고, 빈곤문제의 해결을 위하여 사회구성원들이 일정 소득수준의 생활을 하게 되는 경우 급여를 제공함으로써 그의 기초생활을 보장하여 주는 것이다.

영국 사회보장과 관련하여 베버리지는 사회보장의 목표를 "국민복지 기본선(NATIONAL MINIMUM)의 보장"으로 정하였다. 또한 기 뻬렝은 현대 사회보장의 목표를 ①직업활동 소득의 보장과 ②사회적 미니멈의 보장(SOCIAL MINIMUM)으로 보았다. 기 뻬렝의 두 번째 목표는 베버리지의 "국민복지 기본선의 보장"과 동일한 것으로 이해할 수 있다. Guy Perrin, *Securité Sociale*, Lausanne, Réalités Sociales, pp.93-115, 1993.

신청하는 빈민들에 대해 가혹하리만큼 엄격한 자산조사가 실시되었다. 더 나아가 빈민은 보통 사람과는 달리 감시와 억압의 대상이었다. 격리수용, 강제노동 등이 보호의 조건으로 강요되었다. 영국에서 19세기 말까지 지속된 빈민법의 역사는 구빈 비용의 절감, 빈민에 대한 감시와 처벌 등으로 특징지어지며, 빈민법의 급여는 빈민의 권리와는 거리가 먼 성격을 띠고 있었다.

빈민의 기초생활 보장을 빈민의 권리이자 국가의 의무로 처음 규정한 것은 18세기 말부터 19세기 초 프랑스 혁명기의 일로 알려져 있지만, 이것이 제도화하여 빈민을 위한 급여로 제공되기 시작한 것은 19세기 말 사회보험이 성립되면서부터이다. 비스마르크 사회보험법은 산업체에 종사하는 노동자들 중에서 일정소득 수준 이하의 빈곤 노동자들의 가입을 의무화하고, 산업재해, 질병, 노령 등이 실현된 노동자와 가족들에게 기초생활 보장 수준의 급여를 제공하였다. 이들 빈곤 노동자들이 사회적 기본욕구의 박탈상태에서 고통받고 있었다는 점에서 보면 일반 빈민들과 다를 바 없지만 노동에 의하여 자신과 가족의 생계를 해결한다는 점은 구별되는 것이었다. 따라서 노동자 집단에 대한 사회보험의 급여는 빈민법의 급여와는 본질적으로 차이가 있었다. 이 급여는 노동자에게 사회보험 가입과 재정적 기여의 반대급부로 주어지는 것으로 노동권 개념의 연장선상에 위치한 사회보장의 권리로 이해할 수 있다.

19세기 말 영국에서의 변화는 노동권적 개념의 기초생활 보장의 권리와는 별개의 색다른 방향으로 진행되었다. 그것은 시민권의 사회권 개념의 발전이다.[4] 사회권의 기본은 기초생활의 보장으로 19세기 말 영국 사회에서 사회정책의 주된 이슈로 제기된 것은 사회문제로서 빈곤과 빈민에 대한 새로운 인식과 빈민법의 폐지였다. 빈곤문제에 대한 새로운 인식은 부스와 라운트리 등 사회과

---

4) 마샬은 서구 사회의 기본권이 18세기의 시민권, 19세기의 참정권 그리고 19세기 말에서 20세기에 걸쳐 사회권으로 분화되었다고 설명한다. Marshall(T.H.), *Social Policy*, London, Hutchinson, 1965.

학자들이 도시 빈민지역을 대상으로 한 사회조사의 결과를 발표하면서부터 시작되었다.5) 이 조사로 당시 사회에서 빈곤문제의 규모가 알려진 것보다 훨씬 크고 심각하다는 것이 밝혀져 충격을 주었고, 빈곤이 새롭게 사회적 관심의 대상이 되었다. 즉 1909년 빈민법위원회 보고서를 통해 산업사회에서 빈곤의 원인은 다양하며, 빈민의 나태와 무절제 등 성격적 결함에서 비롯되기보다는 산업체계의 다양한 구조적, 운영적 특성들과 관련되어 있다는 것이 밝혀졌다.6)

이상에서 설명한 내용은 종래의 개인적 빈곤에서 사회적 빈곤 개념으로의 변화라고 요약할 수 있다. 동시에 빈민법의 테두리 내에서 행해지고 있었던 비인간적인 성향의 자산조사가 도덕적 판단의 도마 위에 오르게 되었다. 1834년 (신)빈민법의 원칙에서 벗어난 중요한 변화는 1908년의 노령연금법의 제정이었다. 이 법은 노후 기초생활의 보장이 사회권으로 인정되었다는 점과 연금수급 대상자에 대한 자산조사나 교육 없이 연금이 지급되기 시작하였다는 점에서 중요한 의미를 지닌다. 다시 말해서 이 연금법의 핵심 이념은 빈민법의 오명에서 벗어나서 빈민(빈곤노인)의 기초소득을 보장하는 것이었다. 이 연금급여는 무거출 연금으로 자산조사 없이 수급권자에게 최저생활수준의 정액급여 형태로 지급되었다. 사회권으로서 국민복지 기본선 개념은 1911년 영국의 국민보험에서도 구체화되었는데, 이 법의 기본적 이념은 국가 효율성과 관련되어 있었다. 이리하여 영국에서는 제1차 세계대전이 시작되기 전 10년 동안에 빈민법의 원리와 정책들이 거의 다 포기되었다.7)

베버리지는 현대 사회의 구성원으로서 시민의 권리인 국민복지 기본선을 국가가 보장해 주는 형태의 사회보장을 구상하였다. 국가가 운영하는 사회보장제도를 통하여 전 국민의 기초생활을 보장하는 것이다. 이때, 중심이 되는 제

---

5) 사회복지학연구회 역, 『사회복지의 사상과 역사』, 한울, 1991, pp.77-78.
6) Report of Royal Commission on the Poor Laws(London, HMSO, 1909), vol.I, p.78, p.178. 재인용.
7) 위의 책, p.79.

도는 사회보험이다. 사회보험의 급여는 정액제 급여를 원칙으로 하며 국민복지 기본선에 해당하는 액수가 자산조사 없이 대상자들에게 제공되었다. 이리하여 그는, 시민의 권리로서 사회보험의 급여가 인구집단 전체에 확대되면 공공부조의 급여는 점차 사회보험의 권리를 보완하고 보충하는 제도로 축소될 것이라고 기대하였다. 그에게 현대 사회보장 권리를 대표하는 것은 사회보험에 의한 국민복지 기본선의 보장이었으며, 자산조사를 전제 조건으로 하여 일정 소득수준 미만의 빈민집단에만 선별적으로 적용되던 공공부조의 기초생활보장 개념은 사회보험 권리에 대하여 보완적이고 주변적인 권리에 불과하였다.

요컨대 베버리지 이후 영국 사회보장의 특성이라는 것은 자산조사를 전제하지 않은 보편적 급여가 국민기초생활을 보장하고 공공부조는 이것을 보완하는 급여로 자리바꿈한 것이다. 이 보편적 급여는 그 수준에 있어서 사회적 미니멈(social minimum 또는 national minimum)에 해당하며, 사회보장이 정하는 위험이 실현되었을 경우 자동적으로 개입한다. 베버리지의 기초생활보장 원리는 시민권적 이념에 근거한 것으로, 국가는 자산조사에 관계없이 모든 사람의 기초생활을 보장해 주어야 한다는 원칙에 기초하고 있다.

이에 비하여 독일, 프랑스 등 유럽국가들의 사회보장의 권리는 노동권 개념의 연장이라 할 수 있는 정률제 원칙의 사회보험 급여로 특징지어진다. 제2차 세계대전 이전까지 이들 국가의 사회보험 제도들은 주로 산업체 종사 노동자들과 봉급생활자들에게 제한적으로 실시되었다. 그러던 것이 사회의 산업화가 점차 확대됨에 따라 산업체 종사인구가 증가하게 되었고 따라서 사회보험 가입자들도 증가하기 시작하였다. 정률제 원칙의 사회보험 급여는 수급자의 기초생활을 보장해 주지 못하는 수준에 머물 수 있다. 이러한 이유로 정률제 원칙의 사회보험을 운영하고 있는 나라들은 급여의 적절성 보장을 목적으로 여러 가지 보완적 조치들을 발전시켜 왔다. 첫째는 보험료 소득의 원천인 임금과 봉급의 적절성 보장을 위하여 최저임금제가 병행·실시된다. 또한 가족단위의 기초생활 보장을 위한 가족수당 내지는 아동수당 제도가 실시되어 노동자 가족의 최저 생활을 보장한다. 마지막으로 무갹출 노령연금의 실시, 실업부조의 실시 등이다.

결과적으로 20세기 중반 서구 복지국가들의 사회보장은 베버리지 사회보장 원리에 기초한 기초보장 제도와 비스마르크 사회보험 원리에 기초한 직업소득의 보장 제도를 하나의 제도 내에 포함하게 되었다. 요컨대 현대 사회보장의 기초생활보장의 권리는 두 개의 역사적 기원과 전개에서 형성된 혼종적 개념이라는 것이다.[8] 첫째는 시민권적 기원에서 발전한 개념으로서 인간은 빈곤에서 탈피하여 건강하고 문화적인 생활을 보장받을 권리를 보장받는다는 개념이다. 둘째는 노동권적 기원에서 나온 것으로서 노동임금 또는 기타 직업소득에 대한 대체 소득[9]의 하한선 보장을 의미한다.

현대 사회보장의 목표로서 기초생활 보장 또는 국민복지 기본선의 보장은 시민법 전통의 영국의 경우이든, 노동법 전통의 독일 또는 프랑스의 경우이든 간에 사회보험의 급여가 중심이 된 개념이라 할 수 있다. 사회보험의 급여는 소득을 위협하는 각종 사회적 위험들과 연관되어 제공되는 것이므로 급여의 전제조건으로서 대상자의 빈곤상태의 증명이나 자산조사가 요구되지 않는다. 현대 사회보장에 있어서 공공부조(사회부조)의 급여는 사회보험 급여를 보완하는 주변적 개념에 불과하다. 우리나라 국민기초생활보장법의 급여는 공공부조의 급여

---

8) 사회보장 목표와 원리의 혼종성은 원래 빈곤문제 해결 방법으로, 시민의 기초생활 보장의 목표와 원리(이것은 시민권 개념의 사회권으로의 분화와 발전에 연관되어 있다)와 노동자 소득의 보장의 원리(이것은 노동자 계급의 권리로서 기초생활 보장과 경제생활 안전 보장의 권리의 제도화와 관련되어 있다)를 의미한다. 이 중에서 노동자 소득 보장의 권리로서 경제생활 안전의 권리에 대해서는 이 논문의 목적과 부합되지 않는 것이므로 본고에서는 거론하지 않기로 한다.

9) 대체소득(revenu de substitution)이란 노령, 실업, 질병, 사고, 사망 등 사회적 위험이 실현됨에 따라 발생하는 소득의 감소 또는 단절 문제를 해결하기 위하여 노동소득의 연장선상에서 보장되는 노동자 권리로서의 사회보장 급여를 의미한다.

에 포함된다.

서구 복지국가들의 사회보장의 최근 동향을 살펴보면, 실업자와 신빈곤 계층의 기초생활 보장을 목표로 한 부조성 급여가 다양화되고 있으며 이들 중 상당수가 공공부조의 급여들로 구성되어 있는 것이 사실이다.[10] 그러나 부조성 기초보장 급여의 증가가 사회보장의 목표와 기본원리의 근본적 변화를 의미하는 것은 아니다. 더욱이 공공부조 부문에 있어서의 노동연계적 복지(workfare) 원리의 부활은 신자유주의적 복지정책으로 선회한 일부 지역에서만 관찰되는 변화일 뿐 현대 사회보장 정책의 일반적 경향이라고 볼 수 없다. 이에 대해서는 국민기초생활보장법의 문제점 부분에서 추가로 논의하기로 한다.

2. 국민기초생활보장법의 제정 배경과 의의

이 법의 제정 배경으로 다음과 같은 세 가지를 살펴볼 수 있다.

첫째는 종전의 생활보호법의 낙후성 문제이다. 생활보호법은 대상자 선정에 있어서 인구학적 기준 적용, 급여수준의 열악성, 급여 내용의 측면에서 빈곤 탈피를 위한 적극적인 지원보다는 빈곤 현실에 대한 최소한의 대응 등 공공부조 제도로서 제 기능을 하기에는 문제가 있다는 평가가 지배적이었다.[11] 공공부조의 개혁을 위한 시민단체들의 요구도 이와 궤를 같이 한다고 볼 수 있다. 둘째는 상황적 배경으로 1990년대 말부터 나타나기 시작한 대량 실업의 문제, 빈곤의 확산, 새로운 형태의 빈곤 출현 등 빈곤문제의 규모와 성격이 과거와 다른 양상을 보이기 시작하였고, 특히 IMF 사태를 전후한 실업자 수의 폭발적

---

10) 문진영, 조흥식. 김연명. 「국민기초생활제도와 복지국가」, 『국민기초생활과 생산적 복지』. 한국사회보장학회 정책토론회 자료집. 1999.
11) 윤찬영, 「국민기초 생활법의 제정 의의와 잠재적 쟁점에 관한 연구」, 한국 사회복지학 연구회, 『상황과 복지』 제7호, 2000, pp.86-111.

증대에 대한 대책으로서 국가의 신속하고 적극적인 개입이 필요한 상황이었다. 셋째, 이와 같은 상황적 배경과 맞물리면서 법 제정의 핵심적 주체로서 시민단체의 공공부조 개혁을 목표로 한 적극적인 활동이 전개되었다. 이전에도 생존권적 기본권의 실현을 위한 시민단체의 헌법 소원과 입법 청원 활동이 있었다. 그러나 대량실업에 의한 빈곤의 확산, 계층체계의 동요와 몰락 등 사회의 기본질서를 위협하는 중대한 시점에서 국민최저생활을 확보하기 위한 시민단체의 활동이 정치적으로 수용되면서 법 제정으로 결실을 맺게 된 것이다.12)

표 10-1. **생활보호법과 국민기초생활보장법의 주요내용 비교**

구분	생활보호법	국민기초생활보장법
법적 성격	국가에 의한 보호적 성격 - 보호 대상자, 보호기관	국가의무와 권리적 성격 - 수급자, 수급권자, 보장기관
대상자 구분	인구학적 기준에 따른 구분 - 거택보호대상자: 18세 미만 아동, 65세 이상 노인 등 근로무능력자 - 자활보호대상자: 인구학적으로 경제활동이 가능한 근로능력자	대상자 구분 폐지 - 근로능력자는 구분 - 연령기준에 신체·정신적 능력과 부양, 간병, 양육 등 가구여건 고려
대상자 선정기준	소득과 재산 기준	소득 인정액이 최저생계비 이하인자 소득 인정액=가구별 소득 평가액+재산의 소득환산액(2003년부터 실시)
급여 종류	생계보호, 의료보호, 교육보호, 해산보호, 장제보호, 자활보호	생계급여: 모든 대상자 지급(근로능력자는 자활관련 사업과 연계하여 조건부 지급: 조건부 생계급여) 주거급여의 신설: 임대료, 유지수선비 등 주거안정을 위한 수급품. 의료, 교육, 해산, 장제보호 등은 좌동
자활지원 계획		근로능력자 가구별 자활지원계획수립 - 근로능력, 가구특성, 자활욕구 등을 기초로 자활계획 수립 - 자활에 필요한 서비스를 체계적으로 제공하여 수급권자의 자활촉진

출처: 보건복지부, 2000년 국민기초생활보장 사업안내, 2000.4.

---

12) 류진석, 「국민기초생활 제도의 현황과 과제」, 미간행 논문, p.1.

3. 국민기초생활보장법의 내용과 의의

1) 생활보호법과 국민기초생활보장법의 비교

생활보호법과 대비하여 국민기초생활보장법의 주요 내용을 <표 10-1>을 통해 구체적으로 살펴보면 다음과 같다.

(1) 권리성의 강조

국민기초생활보장법의 급여는 수급대상자의 권리인가? 이 법에 정한 급여를 권리로서 명시한 부분은 눈에 띄지 않는다. 그러나 우리나라 사회보장기본법 9조에 사회보장 급여가 국민의 권리임을 명시하고 있으므로, 이를 우회적으로 해석하여 국민기초생활보장법에 의한 급여가 대상자의 권리로서 주어지는 것이라 할 수 있다. 또한 종전의 생활보호법과 비교할 때, 이 법에는 권리성을 표방하는 용어들이 다수 포함되어 있다. 예컨대, '수급권자', '보장기관' 등의 용어 사용이 그것이다. 이로 미루어 종전의 법에 비해서 새 법에서는 공공부조 급여와 서비스의 권리성이 강화되었다고 볼 수 있으며, 이것은 사회보장 권리의 측면에서 볼 때, 하나의 발전임에 틀림없다.

(2) 수급권자의 범위확대와 선정기준의 합리화

과거의 생활보호법에서는 대상자 집단을 거택보호 대상자, 시설보호 대상자, 자활보호 대상자로 구분하던 것을 국민기초생활보장법에는 이러한 기준을 없애고 근로능력 여부, 연령 등에 관계없이 최저생계비에 미달하는 모든 가구에 대하여 생계비를 지급하도록 하였다. 즉 인구학적 기준이 철폐되었고, 부양의무자 기준과 소득 인정액 기준을 부양의무자 기준과 소득 인정액 기준을 적용하여 최저생계비 수준 이하의 가구는 최저생계비를 받도록 하였다. 이는 수급권자의 범위를 확대한 것이다. 따라서 국민기초생활보장법에서 수급권자의 범위는 첫째, 부양의무자의 조건, 둘째 소득 인정액이라는 두 가지 조건에 의해 결정된다.

(3) 급여 종류의 다양화와 급여 수준의 향상

급여 항목은 생활보호법이 규정하고 있던 6가지에다가 주거급여 항목이 추가되었다. 생활보호법에서는 주거급여가 생계급여에 포함되어 있었으나 새 법에서는 주거급여를 분리하여 신설하였다. 주거급여의 종류(법 제11조)로는 임차료(시행규칙 제8조, 9조), 유지수선비, 주거 안정비, 전세자금 대여(시행규칙 제8조) 등 다양화하여 수급자의 실질적인 주거 안정을 도모하고 있다.

생계급여(법 제9조)는 일반생계급여, 조건부 생계급여(법 제9조 5항), 긴급급여(시행규칙 제41조)로 분류된다. 조건부 생계급여는 근로능력이 있는 대상자에게 자활훈련 계획에 참여하는 것을 조건으로 지급하는 생계급여를 의미한다. 긴급 생계급여는 수급대상자가 급여신청을 마친 후 긴급히 생계급여를 필요로 하는 경우 지급되는 생계급여로 지급기간은 1개월을 원칙으로 한다.

급여 수준은 최저생계비와 가구소득 차액을 보충하는 급여 방식에 따르며 소득 등급과 가구 규모에 따라 차등급여를 실시한다(법 제9조 4항). 국민기초생활보장법의 테두리 내에서 지급하는 생계급여 수준은 다음과 같다.[13]

급여수준 = 최저생계비 – 가구소득(소득인정액) – 타법지원액

---

13) 류진석, 앞의 논문, p.5.

이상에서 알 수 있듯이 국민기초생활보장법에서는 긴급급여 및 주거 급여의 신설, 자활지원계획과의 연계 아래 조건부 생계급여를 규정하고 있는 등 급여 종류에 있어서 다양화를 이루었으며, 또 한편 과거의 정액제 급여방식에서 탈피하여 소득과 가구 규모에 따른 차등적 급여 방식을 통하여 수급자의 기초생활 보장을 도모하고 있다는 점이 큰 특징이라 할 수 있다.

(4) 수급자 자활목표의 강조

국민기초생활보장법의 특징 중의 하나는 수급자의 자활 목표가 강조되고 있다는 것이다. 생계급여 중 조건부 생계급여는 자활 사업에 참여하는 것을 조건으로 지급하도록 규정되어 있다. 이는 단순히 근로기회 제공이라는 차원에서 벗어나 수급자의 근로능력, 가구여건, 자활의욕 등을 고려하여 가구별 자활지원 계획을 수립하고 이에 기초하여 자활지원을 하는 데 있다. 자활지원 서비스에는 직업훈련, 자활공동체 사업, 자원봉사 등이 있다. 또한 생계급여를 가구소득 산정시 근로활동에 의한 소득 일부를 공제해 주는 방식으로 근로 유인장치를 마련하고 강구하였으며, 생계급여와 근로활동을 연계함으로써 근로의욕의 저하와 빈곤 함정에 빠지는 것을 방지하고 있다.

4. 국민기초생활보장법의 문제점

1) 국민복지 기본선과 사회적 안전망

사회적 안전망에 대한 논의가 최근 들어 매우 활발하게 진행되고 있다.[14] 국

---

14) 사회적 안전망 구축에 관한 논의는 사회복지학회 등 학계와 시민단체를 중심으로 활발하게 전

민기초생활보장법 제정과 관련한 논의는 특히 IMF 사태 이후 더욱 활성화되었고 대량실업의 대안으로서 사회적 안전망 구축의 필요성에서 출발하였다. 즉 과거의 생활보호법은 기초생활 보장 기능을 수행할 수 없기 때문에 개혁이 불가피하다는 논리이다. 이때 사회적 안전망은 사회보장 제도와 동일한 개념으로 생각할 수 있다. 그리고 국민복지 기본선의 개념도입을 통하여 사회적 안전망을 구비한다는 의도에서 법 개정의 논의가 시작되었다. 그렇다면 그 결론으로 구체화된 국민기초생활보장법의 권리는 과연 국민의 기초생활 보장의 권리를 대표할 수 있는 것일까?

현대 사회보장은 두 가지 역사적 기원을 가지고 있으며 두 가지 이념이 뒤섞인 혼종적 개념이라는 것에 대해서 이미 언급한 바 있다.[15] 그 첫째는 국민복지 기본선의 생존권적 기초이다. 현대국가의 모든 구성원은 인간다운 생활을 할 권리를 지닌다. 이는 우리나라 헌법에 명시되어 있는 생존권적 기본권으로서 위에서 언급한 사회보장기본법에 명시되어 있다. 따라서 빈곤상태에 이르면 누구든지 국가를 상대로 기초 생활의 보장을 요구할 권리가 있다. 이 법에 의한 급여는 이런 맥락에서 이론적으로 국민의 권리를 대표한다. 그러나 사회보장의 기초생활 보장의 권리로서 생존권적 개념 또는 시민권적 기초에 앞서 발전시켜야 할 부분은 노동자 또는 직업활동을 수행하는 사람이 가지는 기초생

개되었다. 예를 들면, 김연명, 「저성장 고실업사회 사회적 안전망을 짜자」, 『IMF 시대와 한국 사회복지』, 참여연대 사회복지 특별위원회 자료모음집, 1998.10.21., 문진영, 「고실업 저성장 시대의 사회적 안전망 구축에 관한 연구」, 『한국사회복지학』 통권 제35호, 한국사회복지학회, 1998., 참여연대 사회복지특별위원회, 「사회적 안전망 구축방안: 생활보호제도의 전면개혁을 중심으로」, 『IMF 시대와 사회복지』, 참여연대 사회복지특별위원회 자료모음집, 1998., 문진영. 조흥식. 김연명, 「국민기초생활제도와 복지국가」, 『기초생활보장과 생산적 복지』, 정책토론회. 한국사회보장학회 등이 있다. 또한 사회적 안전망이라는 용어 사용에 대한 비판적 견해도 존재한다. 예를 들면, 윤찬영. 「국민기초생활법 제정의 의의와 잠재적 쟁점에 관한 연구」, 『상황과 복지』 제7호, 한국사회복지학연구회 편, 인간과 복지, 2000.

15) 본론 '사회적 미니멈의 기원과 역사적 전개'에서 언급하였다.

활 보장의 권리이다. 또한 우리 사회에서 노동은 기초생활 보장을 요구할 수 있는 가장 확실한 기초가 된다. 빈민이 국가를 상대로 '열심히 일하였으나 먹을 것이 없으니 먹을 것을 달라'는 논리가 '가난하니 먹을 것을 달라'는 요구보다 강한 힘을 가진 것으로 느껴지는 것은 우리 사회 구성원들이 노동, 즉 생산활동을 제1의 사회적 가치로 여기고 있기 때문일 것이다.

이에 비하여 빈곤자의 권리로서 생존권의 보장은 국가와 사회구성원들의 도덕성을 전제로 하는 것이기 때문에 국민기초생활보장법이 우리 사회에 정착되기까지는 국민을 상대로 한 홍보와 계몽을 통한 공론화 과정이 필요하다. 그리고 공론화를 위한 노력은 사회보장 제도의 발전에 도움이 되는 것이기 때문에 시간과 노력이 많이 들더라도 이 과정을 거치게 되면 우리 사회의 복지 수준이 한 단계 더 상승할 것으로 기대된다.

그러나 빈민에 대한 기초생활 보장의 요구만큼 중요한 것은 직업활동의 권리로서 기초생활 보장의 제도 정립이다. 노동의 대가인 임금 또는 봉급은 일차적으로 본인과 가족의 생활을 가능하게 해야 한다. 더 나아가 실업, 퇴직, 질병, 사고, 사망 등으로 인한 소득의 단절 또는 감소 시에도 정상적인 생활이 가능하도록 소득을 보장해야 한다. 이 경우 소득은 사회보장 급여에서 대체소득의 개념에 해당한다. 대체소득은 노동에 의한 임금 개념의 연장으로 보아야 마땅하며, 그 최저 기준은 노동에 의하여 생활을 꾸려 가는 모든 사람들과 가족의 기초생활 보장 급여이다. 이러한 논리적 맥락에서 볼 때, 우리나라의 국민연금과 고용보험 등 사회보험 급여들의 기초생활 보장 기능의 강화와 새로운 형태의 무거출 급여의 신설을 통하여 실현되는 것이 합리적이다. 이상의 급여들을 중심으로 국민기초생활 최저선 또는 국민복지 기본선이 설정되어야 한다. 바로 이것이 현대 사회의 사회보장 원리에 충실한 명실상부한 국민기초생활 보장의 개념이다. 그리고 여기서 누락되는 대상자들의 빈곤문제 해결을 위하여 국민기초생활보장법에 의한 급여가 위에서 설명한 기초보장 급여(들)의 공백과 부족함을 메우는 보충적, 보완적 급여로서 존재해야 한다.

이상의 논의를 요약하면, 사회보장 권리로서 기초생활 보장 권리는 2중 구조로 구성되어 있는데, 첫째는 생존권적 기본권 개념이고 둘째는 노동권적 개념이다. 세계 각 국의 사회보장 제도는 여러 가지 방식으로 기초생활 보장을 실시하고 있다. 그러나 우리나라처럼 사회보험과 공공부조의 2원적 구조로 짜여진 사회보장 급여체계를 가진 경우에 있어서 기초생활 보장의 목표는 1차적으로 사회보험 급여의 최저기준 설정과 급여의 확대를 통하여 실현하고 그래도 빈곤상태에 남게 되는 인구에 대한 기초생활 보장을 공공부조 급여에 의해 보장해 주는 2층의 '사회적 안전망' 구조가 요구된다.

따라서 우리 사회보장의 정책적 과제는 사회보험 급여의 확대와 사회보험 급여를 통한 직업활동 인구 전체의 기초보장 제도를 발전시켜 나가는 것이다. 또한 고용보험의 실업급여와 국민연금 급여의 하한선 설정과 실업자, 고령노동자 집단의 노동권적 기초에 근거한 기초생활보장 목적의 무거출 급여의 설치·운영16)이 국민기초생활법의 기초생활 보장과 함께 논의되고 또 실천되어 나가야 한다.

2) 권리로서 국민기초생활 보장

국민기초생활보장법이 생활보호법에 비하여 권리성이 강화되었다는 점은 인정된다. 그러나 전통적으로 공공부조 급여는 국가와 공공단체가 스스로를 의무화하는 결과로 실현되는 권리인 데다 사회의 연대의식 또는 도덕성에 기초한 강력한 사회적 지지에 의해서만 제 기능을 발휘하게 된다. 이 때문에 가입과 보험료 납부의무 이행에 따른 반대급부로서 주어지는 사회보험 급여의 권리에 비해서 취약한 측면이 없지 않다. 이를 보완하기 위한 조치로서 이 법에는 이

---

16) 실업자와 가족을 위한 실업부조를 하나의 예로 들 수 있다.

의신청 제도를 규정하고 있다(법 제7장 이의신청, 부칙 제9조 경과조치). 그 내용을 살펴보면, 서면뿐 아니라 구두로도 이의신청을 제기할 수 있고 이 경우 해당공무원은 이의신청서를 작성할 수 있도록 협조하여야한다고 명시하고 있다는 점에서 종전의 생활보호법에 비하여 개선되었다고 할 수 있다. 또한 보장기관의 최종적 결정에 불복하는 경우 법에 규정되어 있는 불복제도를 거치지 않고 행정소송을 제기할 수 있는 길이 열려 있다.[17] 이와 같이 법에서 보장하고 있는 수급권의 청구권적 성격에도 불구하고 시·군·구청장의 수급권자에 대한 각종 처분의 불복제도의 본질적인 한계 때문에 기초생활보장 제도의 실제 운용에 있어서는 그 권리성이 훼손될 위험이 매우 클 것으로 예상된다.[18]

　권리성 훼손 위험성은 예산배정 방식에서도 나타난다. 기초생활보장 급여의 집행기관인 시·군·구의 기초생활보장 예산은 국가보조금, 시·도의 부담 예정액 그리고 자체 예산의 3부분으로 구성되어 있다(법 제43조 3항). 과거의 생활보조 제도에서처럼 중앙정부에서 나누어 준 예산에 머릿수를 맞춰 예산을 편성·집행하던 것에 비하여 초과 보장비용의 인정(법 제43조 5항), 보장기금의 적립(법 제44조 2항) 등은 진일보한 것으로 나타난다. 그러나 이러한 새로운 규정들은 지방자치단체장과 지방행정 기관의 담당 공무원들의 복지마인드가 전제되지 않고서는 수급권 보장에 있어서 발전을 기대할 수 없다. 좀더 근원적인 방법으로는 수급자 규모의 변동에 따른 필요예산이 바로 충당될 수 있도록 예산배정 시스템을 구축하여야 한다.[19] 기초생활보장 예산이 기초단체의 예산에 반영되기 위해서는 중앙정부와 광역단체의 교부금이 하달되지 않더라도 이

---

17) 행정소송법 제 18조 제1항의 규정은 "다른 법률에 당해 처분에 대한 행정심판의 재결을 거치지 아니하면 행정소송을 제기할 수 없다는 규정이 있지 않는 한" 행정심판을 제기하지 아니하고 행정소송을 할 수 있다고 규정하고 있다. 이찬진, 「국민기초생활보장제도 안착을 위한 시민·사회계의 대책」,『월간 복지동향』18호, 2000년 3월, p.22. 재인용.
18) 위의 책, p.25.
19) 문진영, 「국민기초생활보장법(토론2)」,『사회복지관련법 설명 자료집』, 2000 한국사회복지학회 춘계학술대회. 2000.4.22. p.23.

를 예산안에 반영, 법정 보조금이 나올 때까지는 우선적으로 자치예산에서 기초생활보장 예산을 집행토록 하고 나중에 정부 및 광역단체의 보조금으로 보충하는 식의 유연한 예산운용을 내용으로 하는 '예산편성 기본조례'가 필요하다. 또한 생활보장위원회의 기능을 활성화하고 재정자립도를 고려한 부가급여나 자활프로그램에 대한 기준을 담은 '기초생활보장조례' 제정운동도 매우 중요하다.[20]

이찬진씨는 국민기초생활법의 제정 배경과 관련하여 이 법의 제정은 소수엘리트 집단의 입법운동과 경제위기라는 상황하에서 가능하였던 것으로 빈곤층의 관심과 투쟁에 의하여 얻어진 것이 아니라는 태생적 한계를 지적한 뒤, 더욱 확실한 권리로 정착하기 위해서는 이들을 중심으로 한 수급권 운동의 전개, 전문위원 확충, 조례제정 운동, 법률구조 활동의 중요성을 역설하고 있다.[21] 그리고 현재 이러한 운동이 일부 시민단체들을 중심으로 이미 시행단계에 접어들었다.[22] 이러한 이해당사자들 중심의 권리확보 운동은 이 법의 정착을 앞당기게 할 것으로 기대된다. 그러나 사회보장의 권리는 국민의 지지 없이는 정착되기 어려운 것이므로 이 법에 대한 사회적 관심과 여론의 형성이 중요하다. 따라서 앞으로의 사회보장 입법과 관련한 시민운동의 방향 설정에 있어서 대국민 홍보와 교육이 입법의지의 관철 이상으로 중요하게 다루어져야 한다.

3) 노동연계복지(workfare)와 사회보장의 원리

이른바 '워크페어(workfare)'란 '노동을 통한 복지', 다시 말해서 노동연계

---

20) 이찬진, 「수급권 운동의 과제와 지역운동모델」, 『월간 복지동향』 제21호, 2000년 6월, p.14.
21) 위의 책, pp.12-15.
22) 편집부, 「국민기초생활법 수급권 찾기 운동의 첫 기획소송」, 『월간 복지동향』 제24호, 2000. 9.

복지를 의미한다. 이 워크페어에서 노동력은 권리에 우선하는데, 그 이유는 노동이 가능한 빈곤자는 일에 대한 대가 이외에는 아무 것도 받지 않으며, (공권력으로부터)도움을 받기 위해서는 노동을 해야 한다는 원칙에 기초하고 있다.[23) 1980년 이후 서구 사회보장 정책의 노동연계 복지 이론은 신빈곤 문제에 대한 레이건주의적 해법이다. 이 이론은 전근대적 공공부조 이념의 현대적 변용이라 할 수 있다. 이런 사고에 영향을 받은 사회적 미니멈 소득제도에 관한 유럽적 철학은 빈곤의 제거가 미니멈 소득의 보장에 직업적 재활과 사회적 재활 노력이 혼합된 복합적 성격의 사회권 인정을 요구하고 있다. 다시 말해서 첫째(워크 페어)의 경우 보호받을 권리는 노동에서 나오는 데 비하여, 둘째 경우 노동으로의 복귀 노력은 보호 권리의 보장과 함께 부과된다.

국민기초생활보장법에서 규정하고 있는 조건부 생계급여는 노동연계 복지의 성격을 부각시키고 있다. 자활지원서비스의 체계적인 지원은 과거의 생활보호법에서 형식적으로 운영되던 자활 사업을 강화한 것으로 해석할 수 있다. 그러나 첫째, 노동연계 복지의 급여와 서비스가 경험적 차원에서 논란의 대상이 되는 이유는 그 실효성에 대한 찬반양론이 엇갈리기 때문이다. 종전의 생활보호 사업의 테두리 내에서 시행된 자활보호 사업(영세민 취로사업)의 경우가 여기에 해당한다고 볼 수 있다. 또한 외국에서 진행해 온 노동연계 복지 프로그램들이 복지 프로그램의 복지 의존성을 해소하고 취업을 통해 경제적 자활을 원조하려는 목적을 제대로 이루지 못하고 있기 때문에 노동연계 프로그램의 개발에 앞서 많은 연구가 필요하다는 주장이 학계에서 제기된 것도[24) 그 실효성에 대한 우려에서 나온 것이라 할 수 있다. 따라서 자활지원 계획의 현실 적합

---

23) Guy Perrin, 앞의 책, p.126.
24) 정기원, 「국민 기초생활보장을 위한 정책과제」, 『계간 사회복지』 1999년 겨울호, pp.41-42; 박능후, 「국민기초생활보장법과 근로연계복지정책」, 『보건복지포럼』 제37호, 1999년 10월, pp.26-37.

성 검토와 실효성 있는 정책의 추진, 직업훈련, 취업알선, 공공근로 사업 등의 노력에 있어서 노동부 등 타 부처와의 유기적인 협조 등이 자활급여(법, 제 15 조)의 성패를 좌우할 것이다.[25]

그러나 이 법이 기존의 빈곤계층 이외에 구조조정에 의해 발생하는 새로운 실업자 집단을 대상으로 한다는 점을 고려하면 후자에 대한 노동연계복지 원칙의 적용은 사회보의 원리의 측면에서 문제점이 발견된다. 왜냐하면 노동연계복지에 있어서 실업자 상은 노동을 기피하거나 혐오하는 성향이 강조되고 있는 데 반하여 이러한 것은 현재 우리 사회의 실업자들과는 거리가 멀기 때문이다. 따라서 우리 사회의 실업자 집단을 위한 기초생활 보장 문제는 국민기초생활보장법 이외의 제도들, 예를 들면 고용보험 적용 범위의 기초생활 보장 기능의 강화와 새로운 철학과 원리에 기초한 실업부조의 신설을 통하여 접근하는 것이 현대 사회보장의 이념에 부합되는 것이라고 판단된다. 여기서 유럽의 국가들이 최근 장기 실업자들과 신빈곤 계층을 위하여 개발한 사회적 미니멈 보장 정책들과 기초생활 보장을 위한 새로운 형태의 급여들[26]에 대하여 연구할

---

[25] 자활계획은 사회복지직 공무원이 수급자의 노동능력, 가구여건, 자활촉구 등을 감안하여 수립하도록 하고 있다. 김미곤 씨는 자활급여가 실효를 거두기 위해서는 사회복지직 공무원의 수를 7500명 수준까지 증원하는 한편 기존 생활보호 업무와 노동부의 직업훈련 및 구직 활동 지원 업무를 연계하여 수급자에 대한 종합적인 서비스를 실시해야 한다고 주장하였다. 아울러 시, 군, 구 종합전산망, 의료보험, 국세청 등의 관련 전산망과 노동부의 전산 시스템을 적극적으로 활용해야 한다. 김미곤, 「빈곤대책으로서의 국민기초생활보장법」, 『도시연구』 제5호, 한국도시연구소, 1999.
[26] 예를 들면, 벨기에의 기초생활보장 특별제도(minimex, 1974년 8월 7일 법), 룩셈부르크의 기초생활보장법 제정 및 국민 사회복지서비스 제도(1986년 7월 26일 법), 프랑스의 기초생활보장 제도(1988년 12월 1일 법) 등이 신설되었다. 이들 제도들은 공통적으로 최저임금 수준에 약간 미달하는 수준의 기초생활을 보장하기 위하여 대상자의 소득에 따라 차등적 급여가 실시하며, 직업재활이라는 궁극적 목표달성을 위하여 고용서비스(직업훈련, 취업알선 등을 실시하는 기관)와의 관계를 의무화하고 있다. 이들 제도들이 시행하는 급여와 서비스는 빈곤의 소멸은 기초생활 보장과 직업적, 사회적 재활 노력이 결합된 사회권의 보장을 통하여 실현된다는 유럽적 사회복지 철학에 기초한 것으로 기초생활 보장의 조건으

가치가 있다고 본다.

4) 보호의 사각지대 문제

공공부조는 거주지 구호의 원칙을 택하고 있기 때문에 거주지가 불명확한 빈민집단에 대한 보호의 문제가 제기된다. 국민기초생활보장법에서도 이와 같은 문제가 생길 것으로 예상된다. 등재되어 있는 주민등록지에 거주하고 있지 않은 대상자 집단, 예를 들면 노숙자, 쪽방거주자, 이혼절차가 진행 중인 별거자, 혼인신고를 하지 않고 동거하는 자, 무허가 주택거주자, 주거시설이 아닌 교회 등에 임시거처를 마련한 자, 그리고 여러 가지 이유로 인하여 주민등록지와 실제 거주지가 다른 자들은 보호 대상에서 제외된다.[27] 이에 대해서는 수급권 찾기 운동의 방법을 통하여 거주지 문제를 가진 수급대상자의 주민등록 등재 운동을 전개하는 접근이 요구된다.[28] 또한 행정적 수준에서는 무허가 건물 또는 주민등록상의 거주지로 인정하기 어려운 경우일지라도 실제 거주지로 인정되면 수급자격을 인정하는 보완 조치가 필요할 것이다.

공공부조는 현대 사회보장의 기초생활보장을 위한 완전한 권리로서는 한계가 있다. 따라서 새로 제정된 국민기초생활보장법이 빈민집단의 생활을 제대로 보장하기 위해서는 수급권자 집단의 계속적인 권리실현 운동이 전개되어야 할 것이다. 국민기초생활보장과 관련하여 우리나라 사회보장의 정책적 과제는 다

로서 노동이 부과되는 노동연계복지의 원칙과는 근본적으로 다르다. Guy Perrin. "Sécurité Sociale et pauvreté dans les pays déveoppés", *Sécurité Socialer* réalités sociales Lausanne, pp.205-206, 1993,

27) 류정순, 「국민기초생활보장법의 주요 쟁점과 대안」, 2000년 한국 사회복지 정책학회 자료. pp.10-11.

28) 「국민기초생활보장법 수급권 찾기 운동의 첫 기획소송 — 잃어버린 주소 찾기」, 『월간 복지동향』 제24호, 2000.9, pp.21-23.

음 두 가지로 요약된다.

첫째는 기존의 생활보호 대상자들(빈민층)에 대하여 이들의 최저생활을 좀더 확실하게 보장해 주는 일이다. 이것은 새로 제정된 법의 적용을 통하여 점진적으로 실천할 수 있게 될 것이다. 둘째는 실업자와 빈곤노동자 등 새로 발생하는 빈곤층의 기초생활 보장의 과제이다. 이에 대해서는 새로운 원칙과 기준에 따른 접근이 요구된다.

21세기 노동의 미래[29]는 낙관적이지만은 않다. 고용구조의 변화에 따라 이미 실업자와 빈곤노동자 문제가 지배적인 사회문제로 대두하고 있다. 또한 소득의 재분배 문제와 관련하여 사회보장 제도의 중요성이 더욱 증대될 것이다. 우리나라의 사회보장도 이에 대한 중장기적 대응책을 마련해야 할 것이다. 사회보장 목표 중 하나인 기초생활의 보장은 1차적으로는 노동자의 권리 차원에서 해결 방안을 모색하여야 한다. 따라서 우리나라 사회보험 급여들의 기초생활 보장 기능이 확대되고 강화되어야 하며 이와 동시에 기초생활 보장의 개념과 수준의 재정립이 필요하다.

---

29) 21세기에는 상용직 노동자 수의 감소, 시간제, 부분제 노동 형태의 증가가 예상된다. 로마 클럽보고서, 『노동의 미래』, 동녘. 1999.

제11장
한국 사회보장의 특성과 과제

1960년대에 도입된 우리나라 사회보장 제도는 지난 40년 동안 빠른 속도로 변화해 왔다. 그 결과 4대 사회보험의 기본 골격과 국민기초생활보장 체계가 자리잡게 되었다. 또한 사회복지사들을 중심으로 한 사회복지서비스 제공의 장으로서 사회복지기관, 종합사회복지관, 사회복지시설들의 수와 규모가 급격하게 증대되었다. 그러나 이들 각각의 분야들은 전체 사회보장 제도들이 통합되거나 조정된 목표 아래 발전해 온 것이 아니라 사회보장 개별법의 형태로 발전하였기 때문에 상호 간 유기적 관계와 교류가 부족한 실정이다. 다시 말해서 현재의 사회보장은 전 국민 생활안정의 보장이라는 목표를 실현하는 데 많은 문제점을 지니고 있다. 실천적 측면에서의 문제도 물론 중요하지만 사회보장 이론의 부재는 더욱 큰 문제이다. 산발적으로 뻗어 나가고 있는 개별법과 제도들을 하나로 묶어 설명할 수 있는 이론의 개발이 필요하다. 근간 사회문제화되고 있는 실업자 집단의 사회보호 문제는 금융위기의 여파에 따른 일시적 현상이기보다는 산업사회 노동의 변화와 연관된 구조적인 문제이다. 그러므로 실업자 생활안정 대책과 사회보장 급여체계에 관한 개혁 논의는 좀더 체계적이고 장기적인 관점에서 접근해야 한다.

현대 사회보장은 20세기 산업사회의 산물이다. 우리 사회는 산업화로 이행하는 것과 동시에 정보화 사회를 향하여 나아가고 있는 중이다. 이러한 사회변화에 따른 사회보장의 적응은 현재의 문제를 해결하는 데 있어서 반드시 고려해야 할 요소이다.

제11장에서는 사회보장 목표와 기본원리에 기초하여 우리나라 사회보장의 구조적 특성과 문제점을 법 기술적 차원에서 비판적으로 고찰하고자 한다. 둘째, 우리 사회 최대의 사회문제라 할 수 있는 실업자 집단과 빈곤자 집단의 사회보장 권리의 실현을 위해 현재 가지고 있는 사회보장의 기초보장 급여들의 구조를 점검하고 대안을 제시한다. 셋째 법 기술적인 차원이 아니라 일반적이고 정책적 차원의 논의로서, 우리나라 사회보장이 처한 대표적인 환경적 요인들을 ①통일, ②노동의 변화, ③페미니즘의 세 가지 관점에서 정리하고 이들과 관련된 사회보장의 미래전망을 시도한다.

이 장은 크게 네 부분으로 구성되어 있다. 먼저 현대 사회보장의 목표와 기본원리를 체계화하고 이어서 사회보험의 급여, 공공부조의 급여 그리고 사회복지서비스의 관계를 설명할 것이다. 다음 부분에서는 우리나라 사회보장의 특성과 문제점들을 분석할 것이다. 그리고 우리나라 사회보장의 과제를 제도 내부 문제들의 개선이라는 차원과 환경의 변화와 관련된 외부 요인들에 대한 사회보장의 적응이라는 차원으로 나누어 논의할 것이다. 마지막으로 결론에서는 우리나라 사회보장이 추구해야 할 방향을 제시할 것이다.

1. 사회보장의 목표

사회보장이란 개인과 가족의 경제생활 안전보장을 목적으로 하는 권리이다. 인권으로서 사회보장의 권리는 세계인권선언(1948) 22조에 명시되어 있고, 이 것은 국제노동기구가 채택한 필라델피아선언의 사회보장 일반화에 관한 권고와 함께 2차대전 이후, 서구 복지국가들과 신생독립국-우리나라를 포함한-들의 헌법에 중요한 영향을 미쳤다.[1] 사회보장 권리를 실현하기 위한 주된 수단은 사회보장 제도이다.

각국의 사회보장 제도들은 나름대로 사회보장의 권리를 구체화하기 위한 급여를 실시하고 있는데 그 수준은 나라마다 다르다. 사회보장의 목표는 베버리지 보고서와 국제노동기구의 협약에서 제시하고 있는 내용을 기준으로 제시할 수 있다. 베버리지 보고서(1942)에 나타난 사회보장의 목표는 전 국민을 대상으로 사회적 미니멈을 보장하는 것이었다. 이것은 의식주 및 기본 욕구의 충족에 필요한 최저수준의 급여이며, 베버리지는 사회적 미니멈 급여를 모든 사람들에게 평등한 수준으로 제시하는 것을 사회보장 급여의 목표로 제시하고 있다.

반면에 국제노동기구 협약 제67조와 제69조는 노동자와 가족에 대한 실질적 소득의 보장과 의료적 기본욕구 충족을 사회보장의 목표로 제시하고 있다. 다시 말해서 소득의 단절 또는 감소를 초래할 수 있는 9가지 사회적 위험들(국제노동기구 협약 제102조)에 대한 적절한 보상을 통해서 소득의 안정성을 보장해 주는 것을 사회보장 급여의 목표로 제시하고 있는 것이다.

현대 사회보장은 앞에서 언급한 두 가지 목표, 다시 말해서 전 국민에 대한 사회적 미니멈의 보장과 직업활동을 수행하는 인구집단 전체를 대상으로 소득의 안정과 의료의 기본욕구의 충족을 목표로 하는 제도라 할 수 있다. 그러나 1950년대부터 사회보장에 대한 시민들의 기대수준이 향상되고 이를 밑받침할

---

1) Saint-Jours(Y.), *Traité de Sécurité Sociale*, T.1, 1983, p.5.

만한 물질적 풍요에 힘입어 급여 내용과 수준이 괄목할 만큼 향상되었다. 그리하여 사회보장이 커버하는 영역은 물질적 욕구충족 수준을 뛰어넘어 케어, 장애인과 사회주변 계층의 직업재활 및 사회적 재활에 대한 지원 등 사회정책 전반으로 실로 광범위하고 다양해졌다. 이러한 적극적인 노력을 통하여 사회보장 제도가 달성하고자 하는 궁극의 목적은 현대의 모든 사회구성원들의 인간성의 만개(épanouissement de la personne humaine)를 돕고 창의적이고 생산적이며 인간 중심적인 사회를 실현하는 것이다.

1) 사회보장의 기본원리

국제 사회보장 협회(ISSA)의 1953년 회의에서 결의된 사회보장 원칙은,

- 사회보장권리성과 적용에 있어서의 평등성
- 적용대상자 범위의 보편성
- 전 국민을 대상으로 한 무료 의료의 제공
- 국가와 고용주에 의한 비용 전액부담의 원칙
- 피보험자의 관리, 운영 참여의 원칙
- 급여수준의 적절성과 충분성의 원칙
- 이민노동자와 가족의 수급권의 지속성 보장 등이다.

이상의 사회보장 목표와 원칙을 기초로 우리나라 사회보장에 대한 논의의 기준을 제시한다면 첫째, 사회보장은 대상으로 하는 사회적 위험과 가입대상자 범위에 있어서 포괄적이고 보편적이어야 한다(보편성의 원칙). 둘째, 사회보장의 급여수준은 전 국민의 사회적 미니멈의 보장과 노동자와 가족의 소득보장에 충분할 정도로 조정되어야 한다(사회적 미니멈의 보장과 급여의 충분성 원

칙). 셋째, 국가는 사회적 미니멈의 보장과 의료보장을 위한 비용을 보장해야
한다(국가책임의 원칙). 넷째, 사회보장 행정에서 민주원칙과 가입자 참여가 존
중되어야 한다(행정의 민주 원칙).

2) 사회보장의 권리로서 사회보험, 공공부조, 사회복지서비스의 개념과 이들 간 관계

현대 사회구성원의 사회보장 권리는 사회보험, 공공부조, 사회복지서비스라
는 세 가지 방법을 통해 실현된다.

첫째, 사회보험은 사회적 위험들에 대한 보상을 통하여 대상자의 소득을 보
장해 주는 것이다. 사회보험은 직업활동상에 개입될 수 있는 제반 사회적 위험
들에 대한 급여를 실시함으로써 직업소득의 안정을 보장해 주고 결과적으로
대상자와 가족의 경제생활 안정을 실현하는 데 목적이 있다.

둘째, 공공부조는 극빈층에 대한 최저생활을 국가가 책임지는 것으로서 전통
적인 사회보호의 방법이다. 그러나 산업사회에서 사회보험이 도입되고 보편화
됨에 따라, 그리고 사회보장제도가 시작되면서부터 공공부조는 사회보장 권리
실현에 있어서 보완적·보충적[2] 역할을 수행하는 것으로 축소되어 버렸다.

셋째, 사회복지서비스의 권리적 성격은 앞서 언급한 두 가지 종류의 권리와
다소간 차이를 지닌다. 즉, 두 가지의 경우에는 급여의 종류가 현금 또는 현물
로 되어 있는데 반하여 사회복지서비스의 경우에는 케어, 직업재활 및 사회적

---

2) 여기서의 보완적이라는 의미는 사회보험의 보편화에도 불구하고 사회보장 권리에서 궁극적
으로 소외된 사람들의 생활안정을 위하여 개입하는 공공부조의 기초생활 보호를 목적으로
한 급여의 사회보장적 성격을 의미하며, 보충적이라 함은 사회보험 법정급여가 커버하지 못
하는 영역의 사고들에 대하여 공공부조에서 제공되는 긴급 구호적이고 임기응변적인 급여의
사회보장적 성격을 말하는 것이다. 사실 복지국가의 사회보장은 사회보험 권리의 일반화와
보편화를 의미하며 공공부조는 사회보험을 보완, 보충하는 역할을 수행하는 것이 일반적 경
향이다.

재활 서비스, 전문가의 상담이나 예방 노력 등 서비스 위주로 구성되어 있는 것이 특징적이다. 또한 앞서 언급한 두 급여가 법정 급여의 성격과 수급자 개인의 권리적 성격을 띠고 있는데 반하여, 사회복지서비스의 경우에는 임의성이 강하며 개별화된 권리의 성격보다는 프로그램 운영을 통한 혜택 또는 서비스의 제공으로서의 의미가 크다고 본다. 사회복지서비스는 비물질적 서비스 이외에 자선적 성격의 급여도 포함하는데 이 두 경우 모두 사회보험의 권리와 사회부조의 권리에 보충적, 보완적으로 개입한다고 볼 수 있다.

전체적으로 볼 때, 현대 사회의 사회보장 권리 실현의 구조는 사회보험 급여의 확대 노력을 통하여 전체 경제활동인구의 기초생활 및 소득안정을 기하고, 이러한 사회보험 권리로부터 결과적으로 배제되는 사람들에 대한 기초생활을 국가가 공공부조 급여를 통하여 해결하며 금전적·물질적 급여 외에 기초생활의 영위에 요구되는 제반 사회복지서비스를 법적 권리의 차원이 아니라 지역사회 복지의 원리와 참여민주주의의 원칙에 의하여 해결하는 것으로 하고 있다. 그러나 최근 서구 복지국가의 실업과 빈곤의 해결을 위한 무갹출 급여들이 증가하고 있다. 이들은 공공부조의 전통적 급여들과는 권리의 성격, 재원조달의 원칙이 되는 사회연대의 성격에 있어서 차이를 보이고 있다.

2. 우리나라 사회보장 권리의 특성과 문제점

1) 3원화된 권리체계

우리나라 사회보장기본법 제3조는 헌법이 정한 국민의 사회보장 권리를 구체화하는 작업의 하나로 동법 제2조에 사회보장의 기본이념에 대하여 설명하고 있다.[3] 이어서 사회보장법 제3조에는 사회보장의 용어정의를 통하여 사회보장 권리 보장의 방법들을 열거함으로써 사회보장 권리의 범위를 제시하고 있다. 이에 따라 우리나라 사회보장 권리의 종류를 사회보험의 권리, 공공부조의 권리, 사회복지서비스의 권리 및 기타 권리로 정리할 수 있다. 또한 우리나라 사회보장의 권리들은 사회보험 급여, 공공부조 급여 그리고 사회복지서비스, 기타 복지제도와 관련된 급여들로서 구체화된다고 본다. 이 세 종류의 급여들은 각각 사회보험 개별법, 국민기초생활보장법 그리고 사회복지사업법 등 사회복지서비스 관련법들[4]에 의해서 구체화된다.

2) 사회보장 입법화 시기와 과정상의 특성

사회보험 개별법으로는
- 의료보험 분야의 국민건강보험법
- 노령연금 분야의 국민연금법, 공무원연금법, 사립학교교직원연금법, 군인연금법
- 산업재해보상보험 분야의 산업재해보상보험법
- 실업 및 고용보험 분야에 고용보험법이 있다.

---

3) 사회보장기본법 제2조는 사회보장의 기본 이념으로, 모든 국민의 최저생활 보장 및 개개인의 생활수준 향상을 목적으로 제도와 여건을 조성해야 한다는 내용을 제시하고 있다.

4) 사회복지사업법 제2조(정의)에서는 사회복지사업을 다음의 법률에 의한 보호. 선도 또는 복지에 관한 사업과 사회복지 상담, 부랑인 보호, 직업보도, 무료숙박, 지역사회복지, 의료복지, 재가복지, 사회복지관 운영, 정신질환자 및 완치자 사회복귀에 관한 사업 등 각종 복지사업과 이와 관련된 자원봉사 활동 및 복지시설의 운영 또는 지원을 목적으로 하는 사업을 말한다고 정의하고, 관련법들로 ①생활보호법, ②아동복지법, ③노인복지법, ④장애인복지법, ⑤모자복지법, ⑥영유아보육법, ⑦윤락행위 등 방지법, ⑧정신보건법, ⑨성폭력 범죄의 처벌 및 피해자 보호 등에 관한 법률, ⑩입양촉진 및 절차에 관한 특례법, ⑪일제하 일본군 위안부에 대한 생활안정 지원법, ⑫사회복지 공동모금법, ⑬장애인·노인·임산부 등의 편의증진 보장에 관한 법률, ⑭가정폭력방지 및 피해자보호 등에 관한 법률 등을 열거하고 있다.

공공부조 관련법으로는
- 국민기초생활보장법과 의료보호법이 있다.

사회복지서비스 분야에는
- 사회복지사업법이 있다.

이들 중에서 사회보험 개별법들은 중심적 위치를 차지한다. 그러나 이들은 사회보장 기본법이 없는 상태에서 개별법의 형태로 발전해 왔기 때문에 공통적인 목적이나 상호 연계성에 대한 고려가 부족한 실정이다. 우리나라 사회보장 개별법들은 산업화의 초기단계라 할 수 있는 1960년대 초반부터 입법화되기 시작하였다. 입법화의 내용과 시기를 정리하면 <표 10-1>과 같다.

국가에 의한 무상급여와 서비스를 원칙으로 하는 공공부조 부문과는 달리 사회보험은 가입과 기여에 기초한 보상을 실시하기 때문에 가입대상자 범위는 당연히 소득계층으로 제한된다. <표 10-1>을 기초로 우리나라 사회보험의 입법화 순서를 살펴보면 다음과 같은 특징을 발견할 수 있다.

첫째, 최초의 사회보험 형태가 나타나기 시작한 것은 1960년대 초로, 극빈층을 대상으로 한 공공부조와 사회복지서비스가 입법화된 시기와 비슷하다. 이러한 현상은 의무가입 원칙에 기초한 의료보험 제도가 시작되는 1970년대 중반에 극빈층의 보호를 목적으로 한 의료보호법이 제정되는 것과 같은 입법화 조치로 이해할 수 있다. 즉, 국가는 소득 계층에 대한 사회보장 대책을 마련하면서 동시에 극빈층의 생활 및 의료보호 대책을 따로 마련하였다. 소득 계층에 대한 대책과 빈곤층에 대한 사회보장 대책이 각각 다른 입법체계 속에서 구체화된 것을 알 수 있다. 둘째, 4대 보험들은 공통적으로 대규모 사업장 노동자들에서 중소기업 노동자들로 의무적용 범위를 확대시켜 왔다. 그러나 오늘날에 와서 의료보험과 국민연금은 산업재해보상보험과 고용보험의 경우와는 달리

표 10-1. 우리나라 사회보장 입법 및 제도

구분	법 률	제 도 및 급 여	입법시기	비 고
공공부조	생활보호법	저소득빈곤층에 대한 생활보호사업	1961	2000년 국민기초생활보장법으로 전면 개정
	군사원호보상법	군사원호대상자에 대한 원호사업	1961	
	재해구호법	재해이재민에 대한 구호사업	1962	
	의료보호법	저소득빈곤층에 대한 의료보호사업	1976	
사회보험	공무원연금법	공무원대상 연금제도	1960	
	군인연금법	군인대상 연금제도	1961	
	산업재해보상보험법	산재근로자에 대한 보상치료	1963	
	의료보험법	일반국민에 대한 의료보험제도	1963	2000.1 국민건강보험법으로 개정
	국민복지연금법	일반국민에 대한 연금제도	1973	1986년 국민연금법으로 개정, 1998년 개정
	사립학교교원연금법	사립학교교직원대상 연금제도	1973	
	국민연금법	일반국민 대상 연금제도	1986	2000.1 개정
	고용보험법	고용구조 개선 및 고용촉진, 사업장 근로자들에 대한 실업급여	1995	
사회복지서비스	사회복지사업법	사회복지법인·시설, 사회복지협의회 규정	1970	1992. 전문개정
	노인복지법	노인복지시설, 경로연금 등	1981	1997. 전문개정
	아동복지법	아동시설 등에 관한 사항	1961	1981. 전문개정
	장애인복지법	장애인 복지시설, 장애인 수당 등에 관한 사항	1981	1989. 전문개정

국민보험적 성격을 띠는 것들이어서 가입대상자 범위가 사업장 근로자 범위를 넘어 농업종사자와 자영업종사자 집단으로 점차 확대되었다. 셋째, 산업재해보

상보험법과 고용보험법의 가입대상자 집단들은 사업장 노동자 집단으로 국한
되어 있는 것이 특징적이다.

3) 사회보험 개별법이 지향하는 목표와 가입대상자 범위의 다양성

우리나라 사회보험 개별법들은 하나의 체계로서 지녀야 할 공통적인 목표와
기본원리를 가지고 있지 않은 실정이다. 그러나 동시에 이들은 적지 않은 공통
점들을 내포하고 있다. 예컨대 국민건강보험법과 국민연금법을 비교해 보면 두
가지 공통점을 발견하게 된다. 첫째, 급여수준에 있어서 가입자 소득의 실질적
인 보장보다는 사회적 및 의료의 기본욕구 충족에 정향되어 있는 점과, 둘째
가입대상자 범위에 있어서 소득계층 전부로 확대함을 목표로 하고 있다는 점
이다.

그러나 산업재해보상법과 고용보험법의 경우에는 앞에서 언급한 두 사회보
험들과 다소간 차이를 보이고 있다. 첫째, 산업재해보상보험은 가입범위가 사
업장 노동자 집단으로 제한되어 있고 급여 내용과 수준에 있어서도 우수하여
앞의 두 보험이 가지고 있는 국민보험적 성격보다는 사업장 노동자 집단의 산
재와 직업병에 따른 보상과 실질적인 소득의 보장을 목표로 하고 있음을 알 수
있다. 우리나라 고용보험법은 실업이라는 위험에 대한 보상 이외에 고용촉진을
위한 적극적인 노동시장 정책과 관련된 서비스의 실시를 목표로 하고 있다.[5]
즉 실업급여를 통한 소득의 보장 이외에 실업의 예방과 고용촉진을 위한 서비
스의 제공을 목표로 하고 있는 것이 다른 사회보험들과 구별되는 점이다. 사회
보장의 기본 원리상 사회보험은 관련법에 의해서 소득계층 전체를 의무가입

---

5) 고용보험법 제1조는 실업의 예방, 고용촉진 및 근로자 직업능력의 개발과 향상 등을 실업
   급여의 제공과 함께 제시하고 있다. 또한 동법 제4조는 고용보험사업으로서 고용안정사업,
   직업능력개발사업 및 실업급여를 실시한다고 규정하고 있다.

대상에 포함시키고 생활안전을 위협하는 제반 사회적 위험들에 대한 포괄적인 급여와 서비스를 실시해야 한다.

가입대상자의 범위를 살펴보면 경제활동 인구 전체를 의무가입 대상으로 하는 편입시킨 것은 의료보험이 유일하며, 여타의 3개 사회보험은 임시직 근로자와 일용직 근로자 집단을 의무가입 대상에서 제외시키고 있다. 또한 산재보험과 고용보험의 경우에는 사업장 근로자 이외의 자영업자 집단과 농업종사자 집단을 당연 적용 대상에 포함시키고 있지 않고 있다.

4) 급여의 종류와 수준의 다양성

급여와 서비스는 사회보장 권리의 구체적 표현이다. 급여의 내용과 특성, 문제점을 의료보험, 연금보험, 산재보험, 고용보험, 공공부조 순으로 정리하였다.

① **의료보험** : 우리나라 국민건강보험법이 규정하고 있는 급여에는 요양급여 이외에 상병기간 동안의 소득보장을 목적으로 하는 급여(상병수당)가 포함되어 있지 않다.

② **노령보험** : 우리나라 국민연금법이 규정하고 있는 급여의 종류로는 노령연금, 유족연금, 반환일시금 등이 있으며 공무원, 사립학교 교직원 등 특수직역 종사자들의 경우에는 위에서 언급한 장기급여적 성격의 급여 이외에 단기급여로서 요양과 재해부조금, 사망위로금 등을 규정하고 있다. 우리나라 공적 연금은 노령이라는 사회적 위험 이외에 장애와 사망의 경우에 대한 급여까지 규정하고 있는 것이 특징적이다.

이러한 특성은 후술할 산업재해보상보험의 경우에도 마찬가지이다. 급여의 수준과 관련하여 국민연금법이 규정하고 있는 내용은 기본급여와 부가급여로 구성된 기초보장적 급여의 성격이 강한데 반하여 공무원, 교직원, 군인 등 특수직역 연금들의 경우에는 소득수준에 따른 차등적 기여와 차등적 급여를 특징으로 하고 있고 이는 이들 특수직역 연금의 급여들이 대체소득적 급여의 성격을 강하게 띠고 있음을 의미한다.

연금급여가 노후 소득보장의 가장 기초적인 수단임을 감안하여 퇴직후 대상자와 가족의 기본욕구의 충족이 가능한 수준으로 유지해야 할 것이다. 그러나 우리나라처럼 기업정년이 55세로 한정되어 있는데다 정년까지 보장되지 않는 경우가 허다한 점을 감안한다면 만기 불입 조건을 충족시키지 못한 노동자의 경우나 연금 수급액수가 기초생활 보장의 수준에 미치지 못하는 퇴직 노동자들을 위한 대책이 필요하다. 이에 대해서는 국민기초생활보장법과 기초생활 보장의 문제에 대한 부분에서 재론할 것이다.

③ **산업재해보상보험법** : 산재보상보험법 제38조에는 보험급여의 종류로 요양급여, 휴업급여, 장해급여, 유족급여, 상병보상연금, 장의비 등을 규정하고 있다. 의료보험 급여와는 달리 산재보험의 급여는 그 종류와 급여수준이 다양하고 높으며 특히 소득의 감소와 단절에 대비한 대체소득 성격의 급여로서 휴업급여와 상병보상급여 등이 규정되어 있는 점이 특징적이다. 산재보험의 장해급여와 유족급여는 국민연금법에 규정된 급여의 종류들과 중복되는데, 급여의 수준에 있어서는 후자의 경우에 비하여 월등히 높은 것이 특징이다.

④ **고용보험** : 우리나라의 고용보험 제도는 종래의 실업보험 제도들이 목표로 하고 있던 실업자 집단을 위한 생활안정 사업 이외에 직업능력 개발이나 직업안정 사업을 포함하고 있는 것이 특징적이다. 급여의 종류는 구직급여와 취직촉진 수당 두 가지로 구성되며 후자는 조기재취직 수당, 직업능력개발 수당, 광역 구직활동비, 이주비 등을 포함하고 있다.6) 구직급여의 일액(日額)은 일반적으로 수급 대상자의 기초일액(최근 일년간의

임금총액을 365로 나눈 액수)의 절반에 해당하는 금액이다.[7]

우리나라의 고용보험은 실업급여 이외에 실업문제 해결을 위한 좀더 적극적인 대책으로 고용구조 개선과 고용능력 개발 등에 관한 내용을 포함하고 있다는 점을 긍정적으로 평가할 수 있다. 그러나 실업급여의 수준은 실질적 소득수준의 보장은 고사하고 실업자와 가족의 기본욕구 충족에도 못 미칠 정도로 열악한 것이 문제점으로 지적된다. 또한 독일, 일본 등의 경우와 비교할 때 급여기간이 지나치게 짧은 것도 문제점으로 지적될 수 있다.

⑤ **공공부조** : 공공부조의 급여는 국민기초생활보장법이 규정하고 있는 급여와 의료보호법이 규정하고 있는 다양한 보호의 내용들로 구성된다.[8] 국민기초생활법은 생계급여 등 7가지 급여를 규정하고 있다.[9] 생계급여는 일상생활에 필요한 금품제공을 통하여 기본생계를 유지토록 하는 데 그 목적을 두며 여기에 부수적으로 필요하다고 판단되는 기본욕구 충족을 위한 비용을 여타의 급여를 통하여 충족토록 하였다.

5) 행정

공공부조 행정은 전적으로 국가와 지방자치단체의 소관사항이다. 국민기초생

---

6) 고용보험법 제28조(실업급여의 종류).

7) 고용보험법 제35조, 제36조.

8) 의료보호법 제8조(보호의 내용): 진료, 처치, 수술, 기타 치료·약제 또는 치료재료의 지급, 의료시설에 수용·간호·이송 및 의료목적의 달성을 위한 조치, 분만.
   의료보호법에 의하면 소요되는 비용을 대상자에게 급여형태로 지급하는 것이 아니라 해당 기관이 의료기관에 비용을 지불하는 형식을 취하기 때문에 사회보험 또는 국민기초생활 보장법의 급여와는 차이가 있다. 참고로, 의료보호의 비용은 시·도에 설치된 의료보호 기금에서 부담한다.(의료보호법 11조)

9) 생계급여, 주거급여, 의료급여, 교육급여, 해산급여, 장제급여, 자활급여를 말한다. 국민기초 생활보장법 제7조 1항.

활보장법은 중앙과 지방 단위에 각각 중앙생활보호위원회와 시·도 및 시·군·구 생활보호위원회를 설치할 것을 규정하고 있다.[10]

사회보험은 국가가 직접 운영하거나(노동부의 고용보험 행정) 공단형태의 조직에 국가 업무를 위탁 운영하는 형식이 있다(국민연금, 의료보험, 산재보험).

국민연금 관리공단은 자격관리, 보험료 징수, 급여 결정 및 지급, 자금 대여 및 복지시설 운영 등의 업무를 수행한다.[11] 국민연금 기금운용을 목적으로 국민연금 운용위원회가 있다.[12] 기금 운용위원회는 보건복지부 장관이 위원장으로 있고, 위원으로 재경부 차관, 농림부 차관, 노동부 차관, 예산기획처 차관, 공단 이사장, 그리고 위원장이 임명하는 도합 12명의 가입자와 사용자 대표(사용자 대표 3인, 근로자 대표 3인, 지역가입자 대표들로서 농어민 대표 2인, 자영업자 대표 2인, 소비자 단체 대표 2인)로 구성된다.

노동부는 산업재해보상보험 업무를 근로복지 공단에 위탁 운영하고 있다. 이 공단의 사업은 자격관리, 보험료 징수, 보험급여 결정 및 지급, 보험급여 심리 청구 결정, 고용보험료 징수와 관련하여 노동부 장관이 위탁하는 업무 등이다.[13]

건강보험 공단의 업무는 가입자 자격관리, 보험료 부과 및 징수, 보험급여 관리, 질병 예방사업, 보험급여 비용 지급, 자산관리 사업 운영 및 증식, 의료시설 운영교육 훈련 및 홍보 등이다.[14] 공단과는 별도의 조직으로 건강보험 심의조정위원회는 요양급여의 기준과 요양급여 비용 등에 관한 사항을 심의하는 기관으로, 보건복지부 장관이 위원장이 되고 위원으로 보험자, 가입자 및 사용자를 대표하는 8인(노동조합, 사용자 단체, 지역가입자 대표 각각 2인씩, 보험

---

10) 중앙 생활보장위원회의 업무는 생활보장 사업의 기본방향 및 대책 수립, 소득 인정액 산정 방식의 결정, 급여 기준의 결정, 최저생계비 결정, 보장기금, 적립, 관리 및 지침수립 등이다(제20조 2항).
11) 국민연금법 제23조..
12) 기금운용위원회의 기능과 구성(법 제84조).
13) 산재보험법 제14조.
14) 국민건강보험법 제13조.

자 및 건강보험 심사 평가위원회 원장이 추천하는 각각 1인)으로 구성된다.

이 밖에 공단과는 별도 조직으로 요양급여 비용 평가와 적정성 평가를 위한 건강보험심사평가원이 있다.[15] 심사평가위원회의 구성은 보건복지부 장관이 임명하는 원장 및 감사, 위원 중 5인은 의약관계단체가 추천하는 자를, 3인은 공단이 추천하는 자를, 3인은 원장이 추천하는 자를, 5인은 노동조합, 사용자 단체, 농어민 단체, 소비자 단체가 각각 1인씩 추천한 자 및 대통령령이 정하는 관계 공무원 중 보건복지부 장관이 임명하는 자로 되어 있다.

우리나라 사회보험 행정의 전반적인 특성은 법인 형태의 사회복지 기관 및 시설들을 중심으로 서비스와 급여가 제공되는 사회복지서비스를 제외하고 국가 공공서비스 행정적 성격이 강하다는 것이다.

6) 재정

우리나라 사회보장의 재원조달 방식은 크게 보험료 방식(4대 사회보험)과 조세방식(공공부조와 사회복지서비스 분야 중에서 복지 조치와 관련된 지출) 두 가지로 구분할 수 있다.

일반적으로 사회보험의 보험료 방식은 노동자와 고용주 그리고 국가, 3자 부담을 원칙으로 한다. 그러나 사회보험 재정에 있어서 국가의 부담 부분은 지극히 미미하며, 대부분의 재정은 노사부담의 보험료로 충당된다. 국가는 보험료 명목으로 개개인에게 개입하지 않는 것이 특징적이다.[16] 국가의 사회보험 재정 참여는 의료보험의 경우 지역의료보험 재정의 일부를 부담한다든지 또는 관리운영비의 일부 또는 전부를 보조하는 데 머물고 있다.

---

15) 국민건강보험법, 제5장 건강보험 심사 평가원. 제56조(업무 등).
16) 공무원과 사립학교 교직원의 의료보험과 공적연금은 국가가 보험료의 일부를 부담하지만 이 경우 국가의 재정부담은 고용주 자격으로 부담하는 것으로 보아야 할 것이다.

의료보험의 재정은 노사부담의 보험료로 충당된다. 국가는 지역 의료보험 재정의 일부와 관리운영비의 일부를 부담하고 있다. 국민연금에 있어서도 국가는 국민연금 관리공단의 관리 운영비 일부를 보조하는 데 머물며, 재정은 거의 전적으로 노사가 부담하는 보험료로 충당한다. 산재보상보험의 경우에는 개별 사업장이 보험가입자가 되며 보험료는 전적으로 고용주가 부담한다. 고용보험의 경우에는 실업급여 보험료와 고용안정 및 직업능력 개발사업 보험료를 구분하여 부과하도록 되어 있다. 실업급여에 소요되는 재정은 노사가 반반씩 부담하는 보험료로 충당되며, 고용안정 및 직업능력 개발사업에 소요되는 재원은 전적으로 고용주가 부담한다. 국가는 매년 고용보험의 관리, 운영에 소요되는 비용의 전부 또는 일부를 부담할 수 있도록 규정하고 있다.[17]

국민기초생활보장법에 의한 급여 비용과 사회복지서비스 분야에서 복지조치에 소용되는 비용은, 노사에 의한 재원조달 방식으로 운영되는 사회보험들의 경우와는 달리, 전적으로 조세(국세와 지방세)에 의한 재원조달 방식에 의존하고 있다. 이 경우 국가와 지방자치단체가 재원을 분담하여 조달하게 되는데, 서울특별시, 광역시, 일반 도 사이의 재정분담 비율에 있어서 차이가 있다.[18]

---

17) 고용보험법 제80조 2항(고용보험 사무조합에 대한 지원).
18) 사회복지서비스의 재정은 국가, 지방자치단체, 사회복지법인의 3자 간 부담구조로 되어 있다. 사회복지관계법(아동복지법, 장애인복지법, 노인복지법)의 비용 부담체계는 기본적으로 국민기초생활보장법 제43조 규정에 의한 비용원칙을 준용하고 있다. 국가와 지방자치단체들 간의 사회복지서비스 재정부담: 국가와 도(특별시, 광역시) 및 시, 군, 구의 3자 간 사회복지서비스 비용분담 원칙은 대충 다음과 같다. 특별시가 관할하는 자치구의 경우에는 그 총액의 50/100 이하를 국가가 부담하고 나머지 50/100 중 특별시가 50/100 이상을, 관할구가 50/100을 각각 부담한다. 광역시 및 도가 관할하는 시, 군, 구의 경우에는 국가가 80/100을 부담하고, 나머지의 50/100 이상을 당해 광역시 및 도가, 50/100 이하를 당해 시, 군, 구가 부담한다(국민기초생활법 제43조 1의 4항). 현행 사회복지사업법에 규정된 비용부담 체계는 두 가지 유형으로 정리할 수 있겠는데 첫째, 각 복지법에 규정된 '복지조치'에 따른 비용부담, 둘째, 각 복지법에 규정된 보호업무에 소요되는 인건비와 사무비에 필요한 비용부담이다.

앞에서 논의한 전 국민을 대상으로 한 기초생활 보장의 대안으로서 실업부조, 고령노동자들의 노후 생활보장을 위한 무갹출 급여의 확대는 불가피하게 조세를 통한 공공재원의 확대를 가져오게 될 것이다. 따라서 정부의 사회보장 재정정책의 방향이 저부담 또는 수익자 부담의 원칙에서 적정부담의 원칙으로 전환될 필요가 있다. 무갹출 급여의 확대, 사회보장 재원의 조세화 경향은 프랑스[19] 등 서구 복지국가들의 최근 변화를 통해서도 확인할 수 있는 현상이다. 그러나 조세에 의한 재정의 확대는 국가 일반예산의 할애방식이나 담배, 주류 등에 부과되는 소비세나 부가가치세 등 간접세에 의존하기보다는 소득세 등 직접세의 방법이 바람직하다. 직접세 방법에 의한 재정 확대가 소득의 수직적 불평등 완화라는 사회정책적 목표를 효과적으로 실천하는 길이기 때문이다.

7) 사회보장의 권리로서 사회복지서비스 개념의 불투명성

앞에서 언급한 바 있는 사회복지사업법 제2조의 정의에도 불구하고 실제적으로 우리나라 사회복지서비스의 주된 대상은 생활보호 대상자 집단과 저소득층 인구집단에 편중되어 있는 실정이다. 서비스 제공의 주체는 사회복지사업법에 의한 사회복지 법인과 사회복지 시설 그리고 전문 사회복지사 집단이라고 할 수 있다. 사회복지서비스에는 정부가 제공하는 비법정 급여방식 서비스와 사회복지사들에 의해서 수행되는 전문서비스로 나누어 볼 수 있다. 전자의 경우, 원래 국가와 지방자치단체의 공적 책임 영역이라 할 수 있는 빈곤계층 국민들을 위한 각종 서비스를 사회복지 법인이나 시설들이 위탁받아 운영하는 방식에 의존하고 있다. 국가와 사회복지 주체들 간 이러한 관계는 '위탁조치' 또는 '복지조치' 등으로 개념화된다.[20]

---

19) CSG(Contribution Sociale Généralisée) 세제의 신설이 하나의 예이다. 소득세 납부액의 일정비율이 모든 납세자들에게 적용 부과된다.

사회복지서비스의 재정은 국가, 지방자치단체, 사회복지법인 3자 분담구조로
되어 있다. 사회복지법인의 재원은 법인이 벌이는 수익사업의 수입과 후원금
등이다. 여기에 '이용자 부담원칙'이 소극적인 수준에서나마 적용되고 있어 그
러한 수입이 법인의 사회복지서비스 재원의 일부를 구성한다고 볼 수 있다. 이
밖에 국가와 지방자치단체의 위탁조치에 속하는 재원조달은 위탁비 항목으로
제공되고 있다. 위탁비의 구성은 다소 복잡한데, '복지조치'에 따른 비용, 인
건비와 사무비, 사회복지 시설의 설치와 운영에 따른 비용 등으로 구성된다.
이들 비용은 국가와 지방자치단체가 분담하도록 하고 있다. 앞에서 언급한 조
치 관계(위탁조치, 복지조치 등)는 주된 재원조달 기관인 정부의 예산감축 조치
에 따라 수급대상자의 규모가 조절되거나 서비스의 수준의 하락을 초래함으로
써 결과적으로 수급자의 기본욕구 충족에 차질을 빚게 될 위험성이 크다. 따라
서 대안으로서 생각할 수 있는 것은 우선 금전적 물질적 급여와 관련되는 기본
욕구 충족에 관해서는 국민기초생활보장법의 대상자범위의 확대와 포괄성의
원칙을 적용하는 방식으로 해결하고 기타 사회복지서비스 중에서 필수적인 것
은 국민기초생활보장법 또는 사회복지서비스 분야의 노인복지법, 장애인복지
법, 아동복지법 등에 수급자의 권리로서 급여 또는 서비스의 조항을 명시하고
이에 대한 재원은 공공재원으로서 충당하는 것이 합리적이다.

앞부분의 논의를 통해 우리나라 사회복지서비스의 권리적 성격의 불투명성
을 알 수 있다. 이는 우리나라 사회복지서비스 법제의 특색인 동시에 문제점으
로 지적할 수 있다. 우리나라 사회복지서비스는 사회보험과 공공부조의 개별화
된 권리, 법정 급여 개념과는 달리 임의성이 강한 급여와 서비스로 구성되어
있다. 또한 인간의 기본욕구 충족에 필수적인 것들이라고는 하지만 실제로 사
회복지서비스의 내용을 살펴보면 의식주 기본욕구의 충족을 위한 비법정 급여

---

20) 김만두, 『사회복지법제론』, 홍익제, 1997.

와 상담, 케어 등 비물질적이고 전문적 성격의 서비스가 사회복지서비스의 개념 안에 혼합되어 있음을 알 수 있다.

전자의 경우는 개별화된 권리로서 기초보장 급여 또는 사회적 미니멈 급여로 전환되어야 할 것이고 후자는 전문성이 보강되어야 할 것이다. 또한 전자의 경우는 사회보장 법정급여의 영역에 포함되어야 할 것이고 후자는 민간복지기관과 시설, 그리고 전문사회복지사의 역할 범위에 포함된다. 이 두 가지의 연결은 사회복지사무소의 설치 혹은 시, 도 단위 사회복지 협의회의 채널을 통하여 원활히 이루어질 수 있을 것이다. 사회보장의 현금급여와 전문 사회복지서비스가 결합된 개념의 사회보장의 권리를 확대하는 것이 필요하다.

3. 우리나라 사회보장의 과제

1) 통일된 목표와 원리의 구축

우리나라 사회보장 제도가 해결해야 할 선결과제는 4대 사회보험 개별법들, 사회보험 체계와 공공부조, 사회복지서비스 체계에 통용될 수 있는 공통적 목표와 기본원리의 정립 문제이다. 지난 40년 동안 개별법들의 한계 내에서나마 적용대상자 범위의 확대와 급여의 내실화의 측면에서 발전이 있었던 것은 부정할 수 없다. 그렇지만 지금은 총괄적 목표와 원칙에 대한 정책적 차원의 논의가 필요한 시기이다.

우리나라의 국민기초생활보장법은 빈곤문제와 실업문제의 해결이라는 2중적인 동기에서 입법화되었고 그것이 혼란의 원인이 되고 있는 것이 사실이다. 이 법은 생활보호법, 즉 공공부조의 급여조건과 수준의 개선이라는 차원에서 1990년대 말 경제불황과 IMF 금융위기로 인한 실업자 생활안전의 문제가 사회적 현안으로 부각된 시점에서 시민사회 수준에서 입법 요구가 구체화되었고, 기존의 생활보호법인 공공부조 체계를 개혁하는 방법을 통하여 성립되었다. 이 법은 현재 사회보장의 목표인 국민기초생활 보장 또는 사회적 미니멈의 보장을 위한 가장 기본적인 법으로 인식되고 있다.

여기서 생각해야 할 문제는 사회보험과 공공부조의 2원적 급여체계를 유지하고 있는 우리나라 사회보장 체계에서 공공부조의 급여 확대가 사회보장의 장기적 관점에서 바람직한 것인지 하는 점이다. 그리고 공공부조가 국민기초생활 보장을 책임진다면 사회보험의 목표는 어떤 방향으로 정립해야 하는지 판단해야 한다. 앞으로 실업자와 빈곤노인들의 사회적 보호 문제가 우리사회의 과제로 더욱 부각될 것이고 이는 사회보장 정책을 통해서 접근할 과제임에 틀림이 없다. 이들은 보호받아야 할 국민집단인 동시에 노동공동체의 일원이다. 이들의 기초생활 보장의 권리가 이들이 처한 빈곤상태에 기인하는 것인지 아니면 노동공동체에 대한 기여에 기초하여 주어지는 것인지에 따라 그 성격이 크게 달라진다. 또한 이들 중에서 어느 입장을 택하느냐에 따라서 우리 사회보장 제도의 진로와 사회보장 권리의 성격이 결정된다고 본다.

또한 4대 사회보험들 간에도 급여의 성격과 내용에 있어서 통일성이 부족한 실정이다.[21] 의료보험과 국민연금은 기초보장적 급여의 성격이 지배적인 반면 산재보험의 급여는 피해노동자와 가족의 실질적 소득수준에 접근하는 수준까지 보상하는 데 목표를 두고 있다. 또한 의료보험과 국민연금은 국민보험적 성격을 강조하고 있기 때문에 자영업자들과 농업종사자 집단을 포함한 모든 직업집단을 당연 적용대상으로 확대하고 있는 반면 산재보험과 고용보험은 사업장 근로자 또는 산업체 종사자 집단을 위한 사회보험적 성격이 강하다.

---

[21] 사회보험 급여의 성격과 수준에 대해서는 후술할 '4대 보험 통합'에 관한 논의에서 재론할 것이다.

2) 적용 대상자 범위의 확대

산업사회의 대중은 노동자 집단이고, 역사적 관점에서 볼 때 사회보험은 이들의 생활안정을 위하여 도입되고 확대된 것이다. 따라서 우리의 사회보장 정책 목표로서 강조되어야 할 점은 비정규 노동자 집단을 포함한 노동자 집단 전체를 사회보험 당연 적용 대상으로 포함시키는 과업이다. 자료에 따르면 2000년 3월 기준으로 우리나라 비정규 노동자 수는 685만 명으로 전체 임금노동자 1,300여만 명의 50%를 넘는 규모이다.[22] 이들 중 고용보험과 국민연금에서 배제된 비율은 각각 85.4%, 85.7%로 절대 다수의 비정규근로자들이 사회보험 권리에서 배제되고 있는 실정이다. 5인 미만 사업장 노동자 집단과 비정규직 노동자 집단의 사회보험 가입은 두 가지 차원에서 접근할 수 있다.

첫째는 가입조건의 완화를 통해 적용범위를 확대하는 방법이고 다른 하나는 사회보험 관리 운영체계의 강화를 통한 방법이다. 전자의 경우 관계법들이 개정됨에 따라 상당수준의 성과를 보고 있다.[23] 그러나 아직도 많은 비정규 노동자들이 사회보험에서 배제되고 있는 실정인데 이는 보험료부담을 줄여 보려는 이유에서 기업들이 가입과 보험료 납부를 회피하고 있는 데 기인한다. 이러한 문제는 관리 운영체계의 강화를 통하여 해결해야 한다. 이를 위해서는 4대 보험의 관리 운영체계의 통합을 통한 여유인력의 활용이 많은 도움이 될 것이다. 이러한 논리는 후술할 4대 보험 통합의 필요성을 정당화시키는 것이기도 하다.

우리나라의 산재보험과 고용보험은 사업장 근로자 집단을 적용대상으로 하

---

22) 통계청, 『경제활동 인구 연보』, 2000.
23) 고용보험(1998.10), 산재보험(2000.7), 의료보험의 경우(2000.7), 관계 법령들이 개정됨에 따라 5인 미만 사업자 근로자를 위한 강제적용이 시행되고 있다. 국민연금의 가입범위는 전 국민으로 확대되었다(1998.3). 이러한 법령 개정에 힘입어 4대 보험 적용 근로자 수가 상당부분 증가하였다. 보다 자세한 내용은 원종욱 외, 『5인 미만 사업장 근로자 및 임시직 일용직 근로자의 사업장 가입자 편입방안』, 보건사회연구원, 2000. 참고.

고 있을 뿐 자영업자와 농업종사자 집단은 당연 적용대상자 범위에서 제외되고 있기 때문에 이들에 대한 산재보험과 고용보험의 가입대상자 범위 확대가 필요하다. 이리하여 소득계층 전체가 사회보험의 적용을 받게 되면 빈곤의 예방효과가 그만큼 커지게 되고 또 한편으로는 빈곤자 수의 감소로 공공부조 예산을 절약하는 효과도 가져오게 될 것이다.

최근 기업들은 구조조정 방법을 통하여 상근직 종사자들의 수를 줄이고 노동 수요 대부분을 임시직, 계약직 형태의 노동으로 충당하고 있으며, 이러한 고용 구조의 변화는 계속될 것으로 전망된다. 따라서 이와 같은 변화에 대한 사회보장의 신속한 적응이 요망된다. 현재의 사회보험 권리는 상근직 노동자 집단 위주로 구성되어 있어서 비상근직 노동자들을 위한 사회보험 권리의 확대가 절실히 필요하다. 이 권리의 확대 방향은 비상근직 노동자들에 대한 4대 사회보험 적용범위를 확대하는 것과 동시에 사회보험 권리에서 배제된 실업자 집단과 고령노동자 집단을 위하여 무갹출 급여 성격의 기초생활 보장 급여들을 설치, 운영하는 일이다. 이들을 기존 가입규정의 완화를 통하여 당연 적용대상에 포함시키는가 아니면 국민연금이나 의료보험의 경우와 같이 지역가입자 자격을 부여하여 적용범위에 포함시키는가는 정책적 선택의 문제이다. 다만 4대 보험 모두에 적용되는 하나의 기준 마련이 이들의 통합 과정으로서 요구된다. 기준의 통일이야말로 4대 보험 통합으로 가는 첫 단계이기 때문이다.

3) 4대 사회보험 통합과 관련하여

통일된 사회보장의 목표와 원리가 가장 효율적으로 실현되려면 궁극적으로는 사회보험 제도의 통합과 사회보장 업무를 전담하는 독립된 기관으로서 사회보장청의 신설이 필요하다. 통합이 가져다 줄 수 있는 이점으로 여러 가지를 생각할 수 있겠으나 무엇보다도 국민이 사회보장 권리를 실현하는 데 도움이 되기 때문일 것이다.[24] 현재 4대 사회보험 통합 추진 기획위원회가 구성되어 통합 방안에 대한 논의를 계속하고 있으나 기득권 문제와 부처 간 이기주의 등이 걸림돌로 작용하고 있다. 그러나 점진적인 접근방식을 취한다면 통합에 따른 부작용을 최소화할 수 있을 것이다.

현재의 4대 보험 개별법 체제는 적용대상자 범위, 급여체계, 관리 운영기구, 보험료 부과 기준으로서 공제대상 소득의 범위 등 기본적인 요소들 간에 위험 부문별로 차이를 나타내고 있다. 첫째 적용 대상자 범위에 있어서, 국민연금과 의료보험은 일반국민을 대상으로 하는데(국민보험적 성격) 반해서 산재보험과 고용보험의 경우에는 적용대상자 범위를 임금 노동자 집단으로 하고 있다(고전적 사회보험의 성격). 이와 같은 문제는 우리나라 사회보험의 목표와 발전방향이 불명확한 데에 기인하는 현상이다.[25]

둘째, 급여체계에 있어서는 국민연금 가입자의 경우 40년 만기 가입시 평균 소득의 60% 수준의 급여가 보장되는 반면 산재보험의 휴업급여는 70%, 고용보험 구직급여는 50% 등 다양하다. 이도 역시 우리나라 사회보험의 원칙부재에서 비롯되는 것으로서 급여가 대상자의 실질적인 소득 보장을 목표로 하고 따라서 부담에 있어서도 고부담 원칙으로 밀고 나아갈 것인지 또는 대상자의 기초생활 수준 보장을 목표로 하고 현재의 저부담 원칙을 고수할 것인지 양자 택일의 선택이 필요하다.

셋째, 관리운영 기구도 위험부문별로 상이하며, 관장하는 정부부처도 노동부와 보건복지부로 나뉘어 있어서 통합논의에 있어서 부처 이기주의가 개입하지

---

24) 사회보험 통합에 따른 편익은 관리의 효율성 제고, 수요자의 편의 증진, 제도의 질적인 개선에 따라 보호기능을 강화하고 소득계층 간 부담 형평성을 높일 수 있는 점이 있다.
25) 목표와 원칙상의 혼란은 법 적용과 관련된 기술적인 문제를 일으키기도 한다. 예를 들면, 국민연금과 의료보험의 경우에는 5인 미만 사업장 근로자를 자영업자로 분류하여 지역가입자로 편입시키는 반면 산재보험과 고용보험의 경우에는 임금노동자로 분류하고 있다. 이러한 문제는 목표와 원칙상의 합의 없이 해결되기 어렵다.

않을 수 없고 이러한 점이 통합논의의 걸림돌로 작용하고 있다.

넷째, 위험부문별로 보험료율의 차이가 생기는 것은 급여수준의 격차와 위험 발생률의 차이에서 기인하는 것이다. 그러나 보험료 부과기준에 있어서 개별 사회보험 제도들 간에 공제대상 소득의 개념과 소득의 범위가 차이가 나는 것은 조정되어야 할 문제이다.[26]

통합의 방법과 수준은 사회적 합의 원칙에 따라야 하겠지만 방법에 있어서는 ① 개별 사회보험법 테두리 내에서의 개선 및 개별법들 간의 조정과 조화, ② 부과기준의 일원화, ③ 관리운영기구의 통합, 등의 순서로 점진적인 접근을 모색하는 것이 가장 현실적인 방법이다.

사회보장청의 신설은 실업부조, 공적 연금 급여에 있어서의 무갹출 급여 등 사회보험 가입자들을 대상으로 하는 기초생활보장 급여와 공공부조 급여와의 협조적 관계, 그리고 급여체계와 민간조직 중심의 사회복지서비스 부문 간의 결합을 가능케 하여 결과적으로 국민의 사회보장 권리 구현에 도움을 줄 것이다.

4) 전 국민을 위한 사회적 미니멈 보장과 급여의 불충분성

사회보장 제도의 기초생활 보장 급여의 법적인 성격과 내용에 대한 고려는 사회보장 제도 의 발전에 있어서 매우 중요한 논의이다. 사회보장의 급여체계가 사회보험과 공공부조의 2원적 체계로 구성되어 있는 프랑스와 일본의 예를 통해 확인할 수 있다. 먼저 프랑스는 사회보험과 가족수당 급여를 중심으로 기초생활 보장망이 형성되어 있고 사회부조(공공부조)의 개입은 극도로 제한되어 있다. 반면 일본의 기초생활 보장망이라 할 수 있는 시빌 미니멈(Civil Minimum) 개념은 일본 생활보호법에 의한 급여와 기초적 사회복지서비스들로 구

---

26) 방하남, 안학순, 「사회보험 제도의 문제점 및 통합의 기본방향」, 『사회보험 통합연구』, 한국노동연구원, 1999, p.7.

성되어있다. 프랑스의 기초생활급여는 노인 미니멈, 가족 미니멈, 실업부조 등으로 나뉘어져 있지만 이들의 급여수준은 사회부조의 해당급여보다 높고 내용에 있어서도 충실한 것이 사실이다. 또한 이들은 보편적 사회보장의 급여로서의 성격을 띠고 있다. 이와는 대조적으로 일본의 미니멈 급여는 선별적 급여인데다가 현금과 서비스가 혼합되어 있기 때문에 급여의 권리적 성격에 있어서 앞의 예와는 차이가 있다.

한국의 국민복지 기본선 설정에 관한 최근의 한 연구 보고서는 국민복지 기본선을 국민복지 최저선과 국민복지 적정선의 두 가지로 개념화, 유형화하고 있다.27) 소득 보장의 차원에서만 본다면 전자는 공공부조 급여로, 후자는 사회보험 중심의 급여들로 구성되어 있는데, 국가가 반드시 보장해 주어야 할 부분은 전자로서 이것이 우리나라 사회보장의 기초보장선(내셔널 미니멈)이 되어야 한다는 논리를 펴고 있다. 이와 같은 내용은 우리의 현실에 기초한 매우 설득력 있는 논리임에 틀림이 없다. 또한 실제로 현재 국민기초생활법의 목적과도 잘 부합되고 있다. 우리의 현실은 한계계층과 저소득 노동자 계층이 소득계층별 분포도에서 매우 두텁게 자리하고 있다. 이들에게 공공부조에 의한 기초생활보장은 빈곤의 완화에 도움이 되는 방법임에 틀림없다.

그러나 공공부조 급여 중심의 기초생활 보장은 사회보험 위주의 현대 사회보장의 원리28)에도 부합되지 않을 뿐 아니라 우리 사회보장 발전의 장기적 안목에서도 결코 바람직한 대안이라고 볼 수 없다. 공공부조는 절대적 빈곤의 해소나 완화에 목적이 있는 것이기 때문에 급여 수준의 개선 또는 대상자 범위의 확대에 한계가 있다. 또한 사회보험 급여에 비해서 권리의 확실성 보장이 어려

---

27) 변재관 외, 『한국의 사회보장과 국민복지 기본선』, 보건사회연구원, 1998.
28) 베버리지의 내셔널 미니멈 개념은 공적 연금 위주 사회보험 급여의 보편화였다. 이러한 착상은 자산조사 과정을 거치지 않고 전 국민의 기초생활 보장이 가능한 사회보장 제도를 만들자는 공공부조를 배경으로 한다.

운 것이 사실이다.

이것 외에도 우리나라 국민기초생활보장법에 의한 급여는 사회보장 권리로서 여러 가지 문제점을 가지고 있다.[29] 실업자는 공공부조의 급여대상자인 전통적 빈곤층과는 차이가 있다. 이들에게 절실한 것은 노동자 권리로서 제공되는 기초생활 보장 급여이다. 사회보험 급여는 노동자로서의 권리이기 때문에 실업자의 빈곤문제도 공공부조 급여보다는 고용보험 급여 등 사회보험 급여의 확대를 통하여 해결해 나가는 것이 바람직하다. 이들을 위하여 고용보험제도 내, 또는 별도의 무갹출 급여체계로서 실업부조의 신설을 제안하고자 한다.[30] 고령노동자의 노후 기초생활 보장도 공적 연금의 기초생활 보장 기능의 강화를 통하여 해결하는 것이 바람직하다.

이와 같은 방법으로 점차 사회보험 급여들의 기초생활 보장 기능을 발전시켜 나가야 할 것이다. 그리고 공공부조는 일반 대중에게는 사회보험의 기초생활 보장을 보완하는 일시적이고 위기 상황 대처의 기능을 가진 급여로서 발전시켜 나아가는 방향이 사회보장의 발전의 장기적 안목에서 바람직하다. 그리하여 사회보장의 1차 국민복지 기본선을 사회보험 급여들의 기초보장 기능의 강화를 통하여 해결하고(사회보험 급여 중심의 기본선의 설정) 이를 보완하는 급여들로서 공공부조를 존속시키는 것이 바람직하다.

의료보험의 상병급여는 질병의 치료와 요양기간 동안 대상자와 가족의 소득 유지를 위하여 반드시 필요하기 때문에 신설되어야 한다. 아동수당의 신설과

---

29) 나병균, 「사회보장 기본원리 측면에서 살펴본 국민기초생활 보장법의 문제점」, 『남북한 교류와 사회복지계의 과제』, 2000., 한국 사회복지학회 추계학술대회 자료집, pp.393-399.
30) 예를 들면, 독일은 실업자 기초생활 급여로서 사회보험과 사회부조를 결합시킨 방법 (Bedarfsorientierte Mindestsicherung)의 도입을 논의 중에 있으며, 프랑스의 경우 실업부조와 RMI 급여를 병행 실시하고 있다. 독일에 대해서는 정재훈, 「경제적 관계의 세계화와 복지국가 발전에 대한 논의: 독일 페미니즘의 전략을 중심으로」, 『한국사회복지학』, 제40호, 2000, p.194.

가족 미니멈 보장 개입도 정책과제로서 신중히 검토할 때가 되었다.[31] 국민연금의 급여와 고용보험의 급여들은 전반적으로 그 수준이 낮아 현재의 고령노동자 집단의 노후 생활과 실업기간 동안의 대체 소득적 기능을 충실히 수행할 수 있을지 의문이다. 공적연금의 경우 소득 대체율을 높이는 방법으로 현 제도 내에서 급여수준을 조정하는 방법과 보충급여 체계의 신설 등이 있겠으나 전반적으로 우리나라 사회보험 급여가 대체소득적 기능을 강화하기 위해서는 현재의 '저부담 저급여' 원칙에서 점진적으로 '고부담 고급여' 정책으로의 방향 전환이 불가피하다.

5) 재정에서 국가책임 강화

우리나라의 경우 사회보장 행정은 개입주의적 성향이 강하지만 재정에 있어서는 반대 현상을 보이고 있다. 국가는 공공부조와 사회복지서비스 분야의 재정만 책임질 뿐 사회보험 재정은 거의 보조하지 않는 것이 특색이다. 이는 한 마디로 우리나라의 국가 사회보장 정책이 잔여적 복지모델 지향적임을 입증하는 하나의 예이다. 현대 사회보장은 절대빈곤자의 기초생활 보장 수준에서 발전하여 일반 대중의 경제생활 안전의 보장을 목표로 하고 있다. 이는 곧 국가가 사회보장 재정을 확대해야 한다는 논리와도 일맥상통한다. 우리의 사회보장 예산이 국제적 비교를 통해서도 지극히 취약한 상태에 처해있다는 사실에 주목할 필요가 있다. 우리나라의 사회보장 예산은 국민 총생산 대비 4.21%로서, 이는 OECD 국가들 평균인 22.42%에 크게 못 미치고 있으며, 이 기구 회원국들 중 멕시코와 함께 최하위에 머물러 있다.[32]

---

31) 우리나라의 산아제한 정책은 초과 달성되었다는 의견이 지배적이기 때문이다.
32) 김연명, 「사회보장 제도의 현 위치」, 『사회보장 발전 목표 설정과 정책과제』, 한국 보건사회연구원, 1998, p.46,

산업사회의 사회보장 제도는 주로 임금과 봉급에 부과되는 보험료로써 재정을 충당하고 있다. 그러나 현재 우리 사회에서는 산업화와 정보화가 동시에 추진되고 있으며, 정보화에 따른 고용구조의 변화는 고용의 불안정으로 이어지고 있다. 이런 보험료 방식의 재정방식으로는 실업자와 빈곤자 그리고 고령노동자 집단의 기초생활 보장 기능을 수행하기가 점점 어려워지게 될 것이다. 그러므로 재정방식으로서 조세에 의한 재원조달 방식이 중요하며, 결과적으로 현행 보험료 방식 위주의 재정체계가 조세방식과 보험료방식의 절충체계로 발전하게 될 것이다. 이렇게 되려면 국가의 사회보장 예산 확대는 불가피할 것이다.

6) 행정의 민주화

국제노동기구가 제시하고 있는 사회보장의 재정과 행정원칙은 공공서비스로서의 원칙과 참여민주주의 원칙의 결합에 있다.[33] 이는 사회보장 행정에 있어서 직업집단들과 노동조합 등 가입자 대표들의 행정참여를 의미하는 것이다. 우리나라 4대 사회보험의 운영에서 민주화의 정도는 이미 앞에서 살펴본 바와 같이 가입자들의 참여가 여러 분야에서 보강되어야 할 것이다. 예를 들어, 국민연금 기금은 공공자금적 성격이 큰 것은 사실이지만 동시에 가입자들의 강제 저축적 성격도 크기 때문에 기금 운용에 있어서 가입자 집단의 적극적인 참여가 매우 중요한 의미를 지닌다. 최근 국민연금 법의 개정에서 기금 운용위원회에 가입자 대표들의 수가 대폭 보강된 것은 기금 운용의 민주화라는 점에서 긍정적 변화이다. 이러한 방법이 국가에 의한 사회보장 행정의 관료화를 예방할 수 있음은 물론이다.

---

33) 나병균, 「국제적 관점에서 본 사회보장 개념의 형성」, 『상황과 복지』 제7호, 인간과 복지.

4. 환경변화와 사회보장 제도의 적응

일찍이 기 삐렝은 현대 사회보장의 위기에 대하여 언급하면서 위기의 원인을 제도 또는 체제 내적인 데서 오는 것과 체제 외적인 요인에서 비롯되는 것으로 나누어 설명하면서 사회보장 제도의 합리화와 인간화라는 내부개혁 방법과 사회보장이 처한 외부 환경의 변화에 적응함으로써 위기를 극복할 수 있다고 보았다.34) 여기서는 한국 사회보장이 처한 상황을 통일과 사회보장, 노동의 변화와 사회보장, 페미니즘의 세 관점에서 각각 간략히 서술하고 사회보장의 미래를 전망해 보고자 한다.

1) 통일과 사회보장

현재 진행 중인 북한의 점진적 개방화 정책과 남북 간의 관계개선은 화해와 평화의 분위기를 고조시키고 있다. 사회보장 제도의 개혁은 미래 어느 시점에 실현될 통일국가 국민들의 사회보장 권리 보장이라는 목표에 접근하도록 방향 지워져야 마땅하다. 현재 양진영의 사회보장 제도는 각 사회의 기본질서에 따라 매우 대조적인 특성을 보이고 있다. 북한의 사회보장 제도는 기초보장 중심의 제도를 특성으로 하고 있으며, 의료보장 체계에 있어서도 1차 진료기관의 기능이 발달되어 있는 반면 남한의 제도는 기초보장 기능이 취약하고 의료보장에 있어서 1차 진료기관의 기능이 미발달되어 있는 실정이다. 우리나라의 사회보장 제도의 개혁 방향은 북한 사회보장 제도의 장점을 우리 제도에 반영함으로써 양 제도 간 점진적인 접근이 가능하도록 하는 것이 중요하다.35)

---

34) 나병균, 「기 삐렝의 사회보장 이론 연구」, 한국 사회복지연구회, 『사회복지연구』 제16호, 2000년 겨울.
35) 오정수 교수는 "시장경제에 기초한 복지사회의 사회보장, 본인 부담과 국가의 재정부담이 결합되는 형태"로의 개혁을 제안하였다(오정수, 「시장경제에 기초한 복지사회의 사회보장,

2) 노동의 변화와 사회보장

자동화와 정보화의 물결은 노동자들을 노동의 현장에서 몰아내고, 대신 그
자리에 기계들의 노동이 들어서고 있다. 전 세계의 모든 부문과 산업에 있어서
기계가 급속한 속도로 인간을 대체하고 있는 기술혁명으로 말미암아 이(실업
자) 수치는 급격하게 증가할 것으로 예상된다.[36] 노동에 기초한 산업사회의 분
배, 재분배의 구조는 이러한 새로운 변화 앞에서 위협받고 있는 것이다. 사회
보장의 위기도 부분적으로는 이러한 과도기적 변화 앞에서 겪게 되는 과도기
적인 난관으로 해석할 수 있을 것이다. 따라서 노동과 연관되어 지급되고 있는
산업사회의 분배, 재분배의 체계는 앞으로 상당부분 수정이 불가피할 것으로
보인다. 임금과 사회보장의 급여는 노동에 대한 반대급부이기에 앞서 노동자와
가족의 생활을 유지하는 데 필요 불가결한 것이다. 일부 선진 산업국가에서 시
행하고 있는 시민임금의 개념은 기본생활에 필요한 수준의 급여가 노동과 관
계없이 하나의 권리로 주어진다.[37] 재원을 거의 전적으로 노동자와 고용주가
부담하는 보험료에 의존하고 있는 현재 사회보험 위주의 사회보장의 재원조달
방식은 이러한 노동의 변화에 맞추어 적응이 불가피 할 것으로 보인다.

이에 대한 대안으로 기 뻬렝은 기초보장적 성격의 사회보장 급여의 재원조
달방식을 보험료방식에서 조세방식으로 전환할 것을 제안하고 있다.[38] 우리나

본인부담과 국가의 재정부담이 결합되는 형태」, 『남북통일과 사회복지』, 2000년 한국사회
복지학회 추계대회 자료집). 이 밖에 추가하고 싶은 개혁의 방향들로는 제도의 내실화, 합
리화 그리고 "점진적 통일 방안에 기초한 두 사회보장 제도들간의 단계적 접근전략"(정경
배 외, 『남북한 사회보장 및 보건의료제도 통합방안』, 한국보건사회연구원, 1993)과 탈북
자, 이주자들에 대한 대책으로써 국민기초생활보장법의 적용기준 체계화와 정비확대를 통
한 해결방법 등을 생각할 수 있을 것이다. 북한지역주민의 생활보호 정책 과제에 관해서는
노용환·연하청, 「통일 후 북한 지역주민의 생활보호 정책과제」, 『보건복지포럼』, 통권 13
호 참고, 1997.

36) 이영호 역(제레미 리프킨 저), 『노동의 종말』, 민음사, 2000, p.9.
37) 김혜순 역(존마일즈 저), 『복지국가의 노년』, 한울아카데미, 1992. p.101.

라 사회보장의 기초생활 보장의 구조는, 앞에서 살펴본 바와 같이 거의 전적으로 국민기초생활보장법에 의한 급여에 의존하고 있는 실정이다. 공공부조의 급여는 공공재원으로 조달되기 때문에 노동의 변화에는 별 문제없이 적응한다고 볼 수 있으나, 이러한 방식은 현대 사회보장의 이념과도 어긋날 뿐만 아니라 미래의 기초생활보장 급여로서도 부적합하다. 따라서 실업부조, 노인을 위한 보편적인 사회적 미니멈 급여 등 국가의 재원조달에 의한 무갹출 급여가 발전적인 차원에서 논의되어야 한다.

3) 정보화와 여성 노동자 그리고 사회보장 권리

21세기 사회는 정보화 사회가 될 것이라는 전망이 지배적이다. 노동과 관련된 성불평등문제는 사회의 정보화와 함께 점차적으로 해결될 것이다. 정보화 사회는 고기술 사회이고 이러한 사회에서는 노동에 있어서 전문성의 정도가 성별 차이보다 중요하기 때문이다. 산업사회의 사회보장 권리는 주로 남성 노동자, 정규직 노동자 위주로 구성되어 있다. 가장인 남성은 밖에서 일하고 사회보장 급여는 그의 임금에 기초하여 규정된 권리였다. 이러한 형태의 사회보장 권리는 정보화 사회에는 잘 적용되지 않는 면이 있다. 우리 사회가 겪고 있는 대량실업과 고용불안정의 문제는 남성에 비해 여성 노동자 집단에서 더욱 심각하다. 여성 노동의 특성은 임시직, 시간제 노동, 잦은 작업의 중단 등의 특성을 나타내고 있다. 기업 구조조정 과정에 있어서 최대의 피해자는 여성과 고령노동자 집단이다. 그러나 이들에 대한 고용보험의 실업급여는 보편화되어 있지 않은 실정이다.

---

38) Perrin(Guy), *Sécurité Sociale*, réalités sociales, Lausanne, 1993, pp.193-213., L'Avenir de la protection sociale dans les pays industriels, Crise, défis, mutation des valeurs, *Futuribles*, oct.-nov, 1985.

  결론적으로 우리나라의 사회보장이 안고 있는 과제는 산업사회 구조에 맞추어 구성된 사회보험 위주의 사회보장 권리를 여성노동자 등 주변부 노동 계층에 확대시키는 일과 정보화 사회가 요구하는 노동의 형태에 맞는 사회보장의 권리 체계를 새로이 구축해 가는 일이라고 생각한다. 다시 말해서 현재의 사회보장 권리에서 배제된 여성노동자 중 가능한 한 많은 수를 사회보험 당연 적용대상에 포함시키는 것과 적용대상에서 제외된 여성 노동자들을 포함한 시간제, 부분제 노동자 집단, 고령노동자 집단을 위한 새로운 기초생활 보장 체계를 구축하는 것이다. 이 새로운 기초생활 보장 체계는 현행 사회보장 체계와는 무관한 형태로 구축해 나갈 수도 있고 아니면 기존의 사회보장 제도 내에 실업부조, 노인 미니멈 급여, 가족 미니멈 급여 등의 새로운 급여 항목들을 마련하는 방법으로 해결할 수도 있을 것이다.

  전반적으로 볼 때, 우리나라 사회보장 정책은 공공부조와 사회복지서비스로써 국민 기초생활 보장을 목표로 하는 잔여적 모델을 특징으로 하고 있다. 우리의 미래 사회보장 정책은 현재의 잔여적 모델에서 사회보험 위주의 제도적 모델로의 전진적인 방향 전환이 필요하다. 사회보장의 목표로서 빈곤에 대한 관심과 동시에 생활 안정이 강조되어야 한다. 이를 위해서는 사회보장 급여체계가 현재의 사회보험, 공공부조 이원화 체계에서 점차 사회보험 위주의 급여체계로 전환되어야 한다. 사회보험의 권리 위주의 기초생활보장 급여체계와 소득보장 급여체계로 전환시켜 가야 한다는 것이다.

  우리나라의 사회보장 기본법은 1995년에 제정되었다. 이 법은 제2조에 사회보장의 기본이념으로서 전 국민에 대한 최저생활의 보장이라는 최저선을 강조하는 것 외에 사회보장 권리의 보편적 목표라 할 수 있는 경제생활 안전의 보장에 관하여는 침묵하고 있다. 또한 동법 제3조는 사회보장 및 관련 용어들의 개념정의와 범위설정을 시도하고 있을 뿐 그 외에 사회보험, 공공부조, 사회복지서비스 세 권리들 간의 상호관계에 대해서는 어떤 언급도 하지 않고 있다. 한편 사회보장 권리의 실현은 일반적으로 국민연대의 원리에 기초하여 실현되는 것이므로 "사회보장의 조직에 있어서 국민연대의 원리에 기초함"을 이 법 내용의 초두에 명기함으로써 우리나라 사회보장 제도의 패러다임 전환의 전기를 마련할 수 있을 것으로 본다. 이 법에 기초하여 구성된 사회보장 심의위원회의는 국민 연대의 원리에 기초하여 미래 사회 지향적인 사회보장 장기발전계획을 수립할 수 있게 될 것이다.39)

최근의 빈곤과 대량실업은 사회보장의 안전망 기능이 허술한 우리 사회에 커다란 당혹과 위협을 안겨 주었다. 분명 현재의 신자유주의적 질서의 세계화는 사회보장의 발전에 어려움을 안겨 주고 있지만 사회적 연대 노력에 대한 사회적 요구는 더욱 커진다고 보아야 할 것이다. 이는 우리의 노력 여하에 따라서 이 난국을 사회보장 도약의 기회로 삼을 수 있다는 것을 의미한다. 그런데 지금까지 우리의 대응은 공공부조에 의한 절대빈곤의 해결이라는 지극히 잔여적이고 소극적인 대안 제시 수준에 머물고 있다. 미래의 사회보장은 노동의 변화, 여성의 사회진출 증가와 여권의 신장, 통일 등 상황의 변화에 대한 대책이 마련되어야 한다. 이제 사회보험 급여 위주의 총괄적 사회보장 제도 발전의 미래 청사진이 나와야 할 때이다. 사회보험과 가족수당 급여 위주로 경제활동인구 전체를 위한 기초생활 보장 체계와 소득보장 체계가 구성되어야 하며 사회복지서비스는 빈민을 위한 무료서비스의 성격에서 탈피하여 전 국민을 위한 보편적이고 전문적인 서비스 체계로의 전환을 모색해야 한다.

---

39) 사회보장기본법 제16, 17, 18조(위원회의 직무), 제19조, 제20조(사회보장 장기발전방향의 수립), 사회보장기본법 제정의 가장 큰 의의라 할 수 있는 것은 사회보장 심의위원회의 활성화를 통하여 사회보장 장기발전 계획을 수립하고 사회보장 발전을 위하여 노력하도록 한 점이다. 동법 시행령 제4조(실무위원회의 설치 등)와 제7조(전문위원), 그리고 이하의 조항들은 이와 같은 법의 정신을 확실히 보여주고 있다.

참고문헌

4대 사회보험 통합추진기획단, 「사회보험 관리운영개선방안」, 1999.

국민기초생활보장법(법률 제 6024호. 1999.9.7), 「국민기초생활보장법 시행령」(대
통령령 제16924호. 2000. 7. 27).

「국민기초생활보장법 시행규칙」(보건복지부령 제169호. 신규 제정, 2000. 8. 18).

권문일, 「국민연금 전개과정의 쟁점분석」, 『사회복지연구』 제14호, 한국사회복지
학 연구회, 1996.

______, 「노인의 조기퇴직 결정요인에 관한 연구」, 서울대학교 사회복지학과 박
사학위논문, 1996.

김동춘 외, 『IMF 이후 한국의 빈곤』, 나남출판, 2000.

김만두, 『사회복지법제론』, 홍익제, 1997.

김무열 역, 오리오 기아리니·파트릭 리트케 저, 『노동의 미래』, 로마클럽 보고서,
동녘, 1999.

김미곤, 「빈곤대책으로서 국민기초생활 보장법」, 『도시연구』 제5호, 한국도시연구
소, 1999.11.

김연명, 「저성장 고실업사회의 사회적 안전망을 짜자」, 참여연대 사회복지 특별위

원회 자료모음집, 1998.

______, 「4대 사회보험 통합의 의의·쟁점·과제」,『상황과 복지』제7호, 사회복지
학연구회 편, 인간과 복지, 2000.

김영순, 「복지국가 재편의 두 가지 길-1980년대 영국과 스웨덴에 대한 비교연구-
」,서울 대학교 대학원 정치학과 박사학위 논문, 1995년 2월(미간행).

김유선,『단시간 근로자 보호와 조직화를 위한 정책과제』, 한국노동사회연구소,
1999.

김진수, 조돈문, 신광영,『유럽의 노후보장 체계와 기업연금』, 한국 노동연구원,
1997.

김혜순 역,『복지국가의 노년-공적 연금의 정치 경제학-』, 한울아카데미, 1992.

나병균, 「기 삐렝의 사회보장 이론 연구」,『사회복지연구』2000년 겨울호, 사회복
지 연구회, 2000.

______, 「사회보장 권리의 측면에서 살펴본 국민기초생활보장법의 문제점」,『남북
한교류와 사회복지의 과제』, 한국사회복지학회 추계학술대회 자료집,
2000.

류진석, 「국민기초생활 제도의 현황과 과제」, 미간행 논문.

류정순, 「국민기초생활보장법의 쟁점과 대안」, 2000년도 춘계 한국 사회복지정책
학회 학술대회.

문진영, 「고실업 저성장 시대의 사회적 안전망 구축에 관한 연구」,『한국사회복지
학』통권 제35호, 한국사회복지학회, 1998.

______, 「사회적 안전망 구축방안: 생활보호 제도의 전면개혁을 중심으로」,『IMF
시대와 사회복지』참여연대 사회복지특별위원회 자료모음집, 1998.

문진영·조흥식·김연명, 「국민기초생활 제도와 복지국가」,『국민기초생활과 생산
적 복지』, 한국 사회보장학회 정책토론회 자료집, 1999.

박능후, 「국민기초생활보장법과 근로연계복지정책」,『보건복지포럼』 제37호,
1999.10.

박민서, 「고령화 사회의 노인취업 실태와 바람직한 방향」,『한국사회정책』제5집
제1호, 1998.

박영범, 한국 기업의 퇴직금 제도, 한국노동연구원 고용보험연구기획단, 1993.

변재관 외,『한국의 사회보장과 국민복지기본선』, 보건사회연구원, 1998.

송태식, 「고령화 시대의 정년제도와 노동력에 관한 연구」, 고려대학교 경제학과
    석사학위논문, 1991.
신섭중 외, 『世界의 社會保障』, 유풍출판사, 1994.
심창학·강봉화, 『복지국가』, 한길사, 2000.
오근식, 이용하, 사회보험 통합방안 연구, 국민연금 관리공단 연구센터, 1998.
윤찬영, 「생존권적 기본권과 공적부조」, 『한국사회복지의 선택』, 나남, 1995.
_____, 「국민기초생활보장법의 제정 의의와 쟁점에 관한 연구」, 『상황과 복지』제
    7호, 2000.
이영호 역, 제레미 레프킨 저, 『노동의 종말』, 민음사, 2000.
이가옥 편저, 노인복지의 현황과 과제, 나남출판, 1999.
이장우, 「대량실업시대의 고용안정 지원방안」, 『사회정책』제6집, 한국사회복지 정
    책학회, 1998.
이정우, 「대량실업시대 공공근로사업의 역할정립에 관한 연구」, 『한국사회정책』
    제5집 제2호, 한국 사회정책학회, 1998.
_____, 「퇴직 결정요인에 관한 이론적 고찰과 사회정책 과제」, 『사회보장연구』제
    13권 제1호, 한국 사회보장학회, 1997.
_____, 「조기퇴직 제도에 대한 국제 간 비교와 사회경제적 파급효과-독일, 영국,
    스웨덴을 중심으로」, 『비교사회복지』 제3집, 한림대학교 사회복지 연구
    소, 1996.
이찬진, 「수급권 운동의 과제와 지역운동모델」, 『월간 복지동향』 제21호, 2000.
    6.
_____, 「국민기초생활보장제도 안착을 위한 시민사회계의 대책」, 『월간 복지동
    향』, 제18호, 2000.3.
전광석, 국제노동기구(ILO)의 사회보장 국제 기준, 『강원법학』 제10권, 강원대학
    교 비교법학 연구소, 1998.
_____, 국제 사회보장법의 성립 및 전개, 『한림법학 FORUM』 제7권, 한림대학
    교 법학연구소, 1998.
_____, 국제 사회보장법의 이념적, 규범적 및 사회정책적 기초, 『사회보장 연구』
    제14권 제1호, 한국사회보장학회, 1998.
_____, 『獨逸社會保障法論』, 서울: 法文社, 1994.

정기원, 「국민기초생활보장을 위한 정책과제」, 『계간 사회복지』 통권 제143호, 한국 사회복지협의회, 1999 겨울.

정재훈, 「경제적 관계의 세계화와 복지국가 발전에 대한 논의 : 독일 페미니즘 전략을 중심으로」, 참여연대 사회복지 위원회 편집부, 「국민기초생활법 수급권 찾기 운동의 첫 기획소송」, 『월간복지동향』 제24호, 2000.9.

한국노동연구원, 『고실업 시대의 실업대책』, 1998.

한국노동연구원 고용보험 연구센터, 『사회보험 통합방안 연구』, 1999.

한국보건사회연구원, 『사회보험 통합관리체제 연구』, 1998.

한국여성정책연구회, 테레사 쿨라빅 외 지음, 『복지국가와 여성정책』, 새물결 출판사, 2000.

한국사회복지학회, 『한국 사회복지학』 통권 40호, 한국사회복지학회, 2000.

＿＿＿＿, 『사회복지관련법 설명회 자료집』, 2000 한국사회복지학회 춘계학술대회, 2000.4.22. 강남대 국제회의실.

허재준, 「고령자 임금 노동시장의 구조와 정책적 시사」, 『한국인구학』 제21권 제2호, 1998.

허재준·심규범, 『건설일용근로자를 위한 사회안전망 구축방안』, 한국노동연구원, 1999.

허재준·전병유, 『고령자 노동시장-현황과 정책과제』 서울: 한국노동연구원, 1998.

AISS, La Sécurité Sociale demain: Permanence et changements, Etudes et Recherches n.36, Genève, 1995.

Allshop(Judith), Health Policy and the NHS towards 2000, London, Longman, 1995.

Ambler(John S.) ed., The French Welfare State, New York, Univ. N. Y. Press, 1991.

Atkinson, A. B. & Rein, Martin. *Age, work and Social Security*, London, St. Martin press, 1993.

Baldwin(Peter), *Politics of social solidarity*, Cambridge univ. press, 1990.

Bernard Gazier & Remy Herra, "Escaping from Crisis: Structural Adjustment and Social Security in Korea", 『사회보장과 노동시장의 유연성』, 한국사회보장학회 2000년 추계국제학술회의 자료집, 2000. 11.30-12.1.

Bichot, Jacques, *Quelles retraites en l'an 2000?*, Paris, Armand Colin, 1993.

Brunhes(B.), *Sécurité Sociale: l'enjeu*, éd. Syros, 1983.

CNRPA, *Quelle place pour les retraités dans la société de l'an 2000?*, Actes de colloque des 22-23-24 octobre 1985, Paris, La Documentation franÇaise, 1986.

Cochemé, Bernard'. *Legros Florence. Les retraités : Genèse, acteurs, enjeux*, Paris, Armand Colin, 1995

Cammilleri(Anne-Françoise), La Protection Sociale en Europe: Etude de droit comparé, Paris, éd. GLN Joly, 1993.

Castel(Robert), Les métamorphoses de la question sociale, Paris, Fayard, 1995.

DAFFE/ CMF(97)25 : Aging population and funded pension schemes

de Laubier(Patrick), *La Politique sociale dans les sociétés industriélles*, 1800 à nos jours, Paris, Economica, 1984.

Développements et tendances de la sécurité sociale, Rapport du 25e Assemblée générale de l'AISS, pp.13-19, nov., 1995.

Dumont(Jean-Pierre), Les systèmes de protection sociale en Europe, Paris, Economica, 1993.

Dupeyroux(Jean-Jacques), *Droit de la Sécurité Sociale*, Paris, Dalloz, 1993.

______, *Droit de la Sépcurité Sociale*, Précis Dalloz, Paris, 1998.

ECO / CPE / WPI (97)10: The macroeconomics of aging, pensions and savings: A survey

Esping-Andersen(Gösta), *Three worlds of welfare capitalisme*, Polity press, 1990.

George(Vic), Wilding(Paul), Welfare and Ideology, New York, Harvester Wheatsheaf, 1994.

Graebner, William, *A History of Retirement, The Meaning and Function of an American Institution, 1885-1978*, New Haven, Yale univ. press, 1980.

Guillemard, Anne-Marie, *Old age and the Welfare State*, London, Sage, 1983.

______, "Salariés vieillissants et marché du travail en Europe", in *Gérontologie et*

Société, No 60, avril, 1992.

______, Emploi, protection sociale et cycle de vie : Résultats d'une comparaison internationale des dispositifs de sortie anticipé d'activité, in _Sociologie du travail_, 1993.

______, L'Equité entre générations dans les sociétés demographiquement vieillissantes: un problème d'évaluation des politiques publiques, in _Il Politico(Univ. Pavia, Italy), anno LVIII_, No. 1-2, pp.5-29, 1993.

______, Les nouvelles formes de transition entre activité et retraite en Europe : de nouveaux enjeux pour la protection sociale, in _Solidarité Santé_, No 4, 1994.

______, Travailleurs vieillissants et marché du travail en Europe, in _Travail et Emploi_, No 57, 1993.

______, Paradigmes d'interprétation de la sortie anticipée d'activité des salariés vieillissants: Un bilan de la recherche comparée internationale, in _Travail et Emploi_, DARES, no 63, La Documentation franÇaise, Février 1995.

______, Restructurations de la protection sociale et mutations du cycle de vie en Europe, in _Canadian Journal on Aging / La Revue canadienne du vieillissement_, Vol. 16 No 3, pp.411-440, 1997.

Hatzfeld, Henri, _Du Paupérisme à la Sécurité Sociale_, Paris, Armant Colin, 1976.

ILO, _From Pyramid to pillar, population change and social security in Europe_, 1989.

IRES, _Chronique internationale de l'IRES : L'avenir des retraites en débat_, numéro spécial, No 48, Institut de Recherches économiques et sociales, septembre 1997.

Jobert(Bruno), Le tournant néo-libéral en Europe, Paris, Harmattan, 1994.

______, Steffen(Monika) dir., Les politiques de la santé en France et en Allemagne, Espace social eropéen, dossier spécial n.4, 1994.

Kohli, Martin, Rein, Martin. Guillemard(Anne-Marie), & Gunsteren(Herman van), _Time for retirement, Comparative studies of early exit from the labor force_, Cambridge univ. press, 1991.

Lackzo, Frank and Phillipson, Chris, Changing work and retirement: Social policy and the older work, Open University Press, 1991.

Lenoir(Daniel), *L'Europe sociale*, Paris, La Découverte, 1994.

Ministère des affaires sociales de la santé et de la ville, Choix de données sur la protection sociale et son environnement dans les pays de l'Union Européenne, Paris,

Documention française, ISBN 2-11-087958-0, 1994.

Ministère des affaires sociales de la santé et de la ville, *Analyse comparative des systèmes de retraites au Royaume-Uni et en France*, Fran., doc. 1993, ISBN 2-11-087-962-9.

MIRE, rencontres et Recherches, Comparer les systèmes de protection sociale en Europe, Vol.1 : Rencontre d'Oxford, 1994., Vol.2 : Rencontre de Berlin, 1995.

OECD, *La Transition de l'emploi à la retraite*, Etudes de politique sociale No 16, 1995.

______, *Les Travailleurs agés et le marché du travail*, Etudes de politique sociale No 17, 1995.

______, *Les enjeux du vieillessement démgraphique: Un défi fondamental pour la politiqu*, 1996.

______, *Le Vieillissement démographique: Conséquennces pour la politique sociale*, 1998.

Pène, Didier, *La dynamique de la retraite: Une menace pour l'Europe*, Paris, Economica, 1997.

Perrin(Guy), L'avenir de la protection sociale dans les pays industriels,crises, défis et mutation des valeurs, revue *Futurible* oct.-nov. 1985.

______, *Sécurité Sociales*, réalités sociales, Lausanne, 1993.

______, *La Sécurité Sociale, Son histoire à travers les textes, T.V, Histoire du Droit international de la Sécurité Sociale*, Association pour l'Etude de l'Histoire de la Sécurité Sociale, Paris, 1993.

______, La Sécurité Sociale,son histoire à travers les tes textes, Comité Tome 1, Histoire du droit international de la Séc, Soc., 1994.

______, Pour une théorie sociologique de la Sécurité Sociale, *revue. française de sociologie, juillet-septrembre,* 1996.

Plan Juppé, n. spécialde Droit Social, Paris, mars 1996.

PUMA/SBO(97)4, *Stratégie visant à réduire les pressions budgétaires des régimes publics de retraite,* Document complet disponible sur OLIS dans son format d'origine.

Quinn, Joseph F. and Burkhauser, Richard V., Work and Retirement, in *Handbook of Aging and Sociale Sciences,* Sandiego, Academic press, 1990.

Rosanvallon(Pierre), La nouvelle question sociale; Repenser l'Etat-Providence, Paris, éd. Seuil, 1995.

Thévenet(Amédée), R.M.I., théorie et pratique, Paris, Centurion, 1989.

Vic George & Paul Wilding, *Welfare and Ideology,* London, Harvester and Wheatsheaf, 1994.

■ 저자 약력

나병균
서울대학교 문리과대학 사회사업학과(학사)
서울대학교 사회과학대학 사회사업학과(석사)
프랑스 파리 1대학교 노동 및 사회문제부 사회보장 전공(박사)
현 한림대학교 사회복지학과 교수

저서 및 논문
저서로『사회보장』(1989, 공저),『비교 사회복지』(1990, 공저),『춘천복지리포트』
(1995, 공저),『세계의 사회보장』(2001, 공저)이 있다.
논문으로는「기뻬렝의 사회보장 이론 연구」(2000),「정년제도와 사회보장」(2000),
「향약과 사회보장」(1990),「계와 사회보장」(1990) 외 다수가 있다.

사회보장론

초판 1쇄 발행 2002년 10월 15일
초판 3쇄 발행 2007년 3월 25일

저 자 / 나병균
펴낸곳 / 사회복지 전문출판 나눔의집
펴낸이 / 박정희
주 소 / (152-790) 서울시 구로구 구로3동 182-13
         대륭포스트타워 2차 1205호
전 화 / 02-2082-0260˜2
팩 스 / 02-2082-0263
nanum@ncbook.co.kr / ncbook.co.kr

가 격 / 13,000원
ISBN : 89-88662-83-0
●파본은 구입하신 곳에서 바꾸어 드립니다.